出雲の山城

山城50選と発掘された城館

ハーベスト出版

日本を代表する山城のひとつ富田城をのぞむ（安来市広瀬町）

富田城を上空から見る

十神山城と安来港

松江市内上空。松江城の奥に白鹿城、真山城が連なる

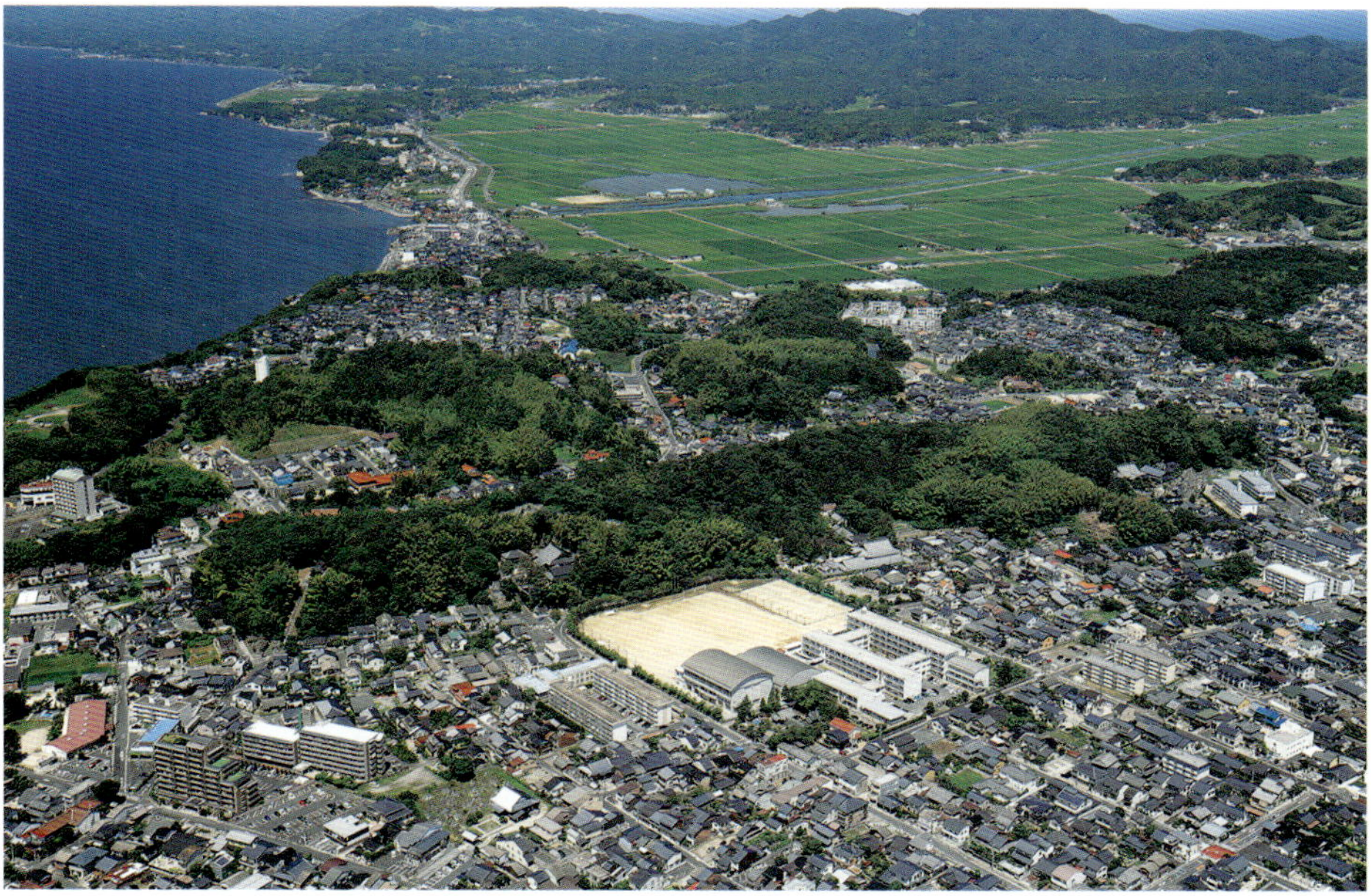

松江市内上空。荒隈城、満願寺城、本宮山城がのぞめる

代表的な遺構

土橋状の通路（佐々布要害山城）

石垣（三沢城）

堀切（三沢城）

刊行にあたって

出雲の城に関しては、これまでに島根県教育委員会が平成十年に刊行した『出雲・隠岐の城館』がありました。現在では島根県遺跡リポジトリとして、ダウンロードができるようになっていますが、一般の方が手軽に入手できるものではありませんでした。その他、古くは『日本城郭体系』がありますが、縄張り図が掲載されておらず、『中世城郭事典』は掲載されている城がそもそも少ないものでした。

そこで今回、出雲の山城の中から五十カ所を選び、縄張り図とともに、城の歴史や構造などを紹介する本をつくろうと思い立ちました。しかし五十カ所というのは、おそらく出雲の山城全体の十分の一にも満たない数であり、満足のいくものではないでしょう。しかしこれから城歩きを始めよう、出雲の中世城館の研究をやってみようという方々に対して、ガイドブックとなるものの必要性を感じました。単に五十カ所の城の紹介だけでなく、発掘調査によって明らかになった山城の実態も合わせて紹介することで、地表面には見えない世界も含めました。

本書をご覧になった方の中には、あの城が入っていない！　この城が入っていない！　と言われる方もあると思います。今回選択した五十カ所の城は、①地域的バランス、②縄張りの巧妙さ、③歴史的重要性、④登城のしやすさの四つの観点から選んでいます。そのため、登城道を地元の方たちが整備されているにも関わらず掲載されていなかったり、重要な城であっても地域的バランスに制約され掲載できなかった城などがあり、五十に絞るという作業は大変苦しい作業となりました。

ここに掲載した縄張り図は、執筆者が実際に現地を歩き作成した図面です。今回の出版にあたって、すでに過去に公表されている図面に修正を加えたところもあり、最新の成果となっています。

大多数の山城は崩れたり埋もれたりしながらも、江戸時代から現代までの約四〇〇年間、草木の中に存在しました。これら残された遺構を読み解き、図化したものが縄張り図です。多くの現地調査を行い縄張り図を描き、全国の研究者の前で発表を行い、自身の遺構の読み解き方の妥当性を問うてきた研究者を執筆者としてお願いしました。

本書をきっかけとして、さらに興味を持っていただける方が増え、出雲の山城の研究が進展することを祈念します。

平成二十五年九月

高屋茂男

出雲の山城　目次

第三章　発掘された出雲の城

第一章　出雲の山城を取り巻く世界

一、出雲の中世城館跡と城館研究

中世の城跡

　中世の城跡は、全国で四万とも五万ともいわれる膨大な数の存在が知られている。これらの城跡の多くが南北朝時代から戦国時代にかけて築かれたものである。また城の形態も山の上に造られた山城や平地の居館のほか、集落を取り囲む環濠《かんごう》集落や本願寺に代表されるような寺内町のほか、城下町をも囲んだ総構《そうがまえ》もある。城を造ったのも武士だけではなく、村人も自衛のために城を構えることがあり、「村の城」と呼ばれる。このように城館の成立過程には様々な背景があるため、その構造を分析することで築城した勢力を明らかにすることができる。

　出雲にも数多くの中世城館跡の存在が知られ、『出雲・隠岐の城館跡』に掲載される出雲の城跡は五八一件である。ただしこの中には城郭遺構として怪しいものや、複数の城郭をまとめて群として掲載するもの、そもそもここに掲載されていない城も多数あると考えられるため、実際にはその数は大きく増えるであろう。

　これら中世の城の多くが天然の地形を生かした山城で、山頂付近や尾根筋に曲輪《くるわ》を連ね、堀切《ほりきり》や竪堀《たてぼり》、土塁《どるい》などの施設が設けられ、戦国時代には畝状空堀群と呼ばれる施設も登場した。また戦国時代から織豊期《しょくほうき》にかけて、城の出入り口にあたる虎口が著しく発展し、城の改修年代を考える素材としても注目される。

　中世の城は、合戦《かっせん》にともない一度だけ使用されるものもあるが、多くが長い年月の間に何度も改修されるものが多い。現在残されている城跡は、最終的な改修を経た後、四百数十年間に崩れたり、埋まったりした姿である。

出雲の城

　出雲の城跡として最もよく知られたものは、尼子《あまご》氏の居城、富田《とだ》城跡であろう。詳細は第二章「富田城跡」と第三章「富田城跡の発掘調査」に譲るが、現在見える城跡は尼子氏の頃の姿とは異なる。これは後にこの城に入った吉川氏、堀尾氏の時代を経て改修された結果である。江戸時代に記された軍記物『雲陽軍実記《うんようぐんじつき》』には、この城をまもるための城として、尼子十旗と呼ばれる城郭がある。もちろん当時このように呼ばれていたとは確定できないが、十旗と呼ばれる城は、その地域を代表する城郭であることは間違いない。

　出雲の城館の築城の背景には、①南北朝時代に後醍醐天皇が隠岐へ流された後、脱出後の船上山《せんじょうさん》入りから、足《あし》利直冬《かがただふゆ》の出雲入部の十四世紀中頃、②尼子氏が反守護派の有力国人の反乱を押さえ、守護《しゅご》京極《きょうごく》氏から自立化の傾向を示した十五世紀中頃から後半、③尼子晴久が吉田郡山《こおりやま》城の攻略に失敗し、続いて大内義隆《おおうちよしたか》による出雲侵攻、富田城攻めの天文十一年・十二年（一五四二・四三）、④毛利《もうり》氏による出雲侵攻（永禄五年・一五六二）から、尼子義久の富田城籠城の永禄九年（一五六六）、⑤永禄十二年（一五六九）に、旧尼子家臣の山中鹿介・立原久綱らによって尼子勝久が担がれ、隠岐から島根半島へ侵入し尼子家の復興戦を展開した時期、⑥関ヶ原合戦の後、堀尾氏が出雲・隠岐へ入部（慶長五年・一六〇〇）してから一国一城令（元和元年・一六一五）が出されるまでの頃が指摘されている。

　尼子氏は守護京極氏のもと守護代として十五世紀に出雲へ入ってきたといわれ、富田を中心として領国支配に乗り出した。十六世紀初頭の経久の代には、出雲東部から出雲全域、そして石見や伯耆、備後などへの軍事行動を繰り返し支配を広げていった。この間、安来荘の松田氏や、能義郡の国人一揆を制圧、塩冶氏の家督掌握を経て、強力な領国支配を打ち立てるとともに、家臣団を編成した。こうして尼子氏は軍記物に見られる「十一州の太守」と呼ばれるように山陰、山陽に版図を広げた。ただし実際には出雲、隠岐を中心として、伯耆、石見、備後、安芸を部分的に支配したものであったので、十一州は誇張であるが、尼子氏の影響力は中国地方に広く及んだ。特に石見銀山の掌握は大きな焦点であった。このように、出雲の城を語る上では、本来は周辺の国々の状況も踏まえて語らねばならないが、今回は紙幅の都合もあるため割愛する。

　城館の構造の面から出雲の城館の時期区分をいうと、

　Ⅰ、前出の②から③の時期にかけて尼子氏が出雲国を統一し戦国大名として飛躍をしていく過程で、富田城は拠点城郭として居住、政治、文化、経済などの機能を合わせもった城郭として発展しているため、この時期をひとつの画期とすることができる。また三沢城をはじめとした、いわゆる尼子十旗といわれるような城も、各国人たちが所領支配のための拠点城郭として整備したと考えられる。

　Ⅱ、その後④から⑤の時期には、尼子氏と毛利氏の合戦の中で、毛利氏方の荒隈城や平田城、鳶ヶ巣城や、尼子家の復興戦での真山城などが利用されている。この時期には鉄砲も使用され、戦術の変化も城の構造に影響を与えたと推定される。

Ⅲ、そして⑤の後半から⑥の時期には、富田城や瀬戸山城など石垣の城に改修された時期に大きく分けることができる。また富田城も瓦葺《かわらぶき》建物が構築されている。毛利氏は広島城（広島市）を築城するなど、織豊系城郭《しょくほうけいじょうかく》を領内に構築していることと関連する。

出雲で石垣が構築された城は、富田城、三刀屋尾崎城、瀬戸山城、三沢城があげられる。ここでいう石垣とは、裏込めを用いて構築されたもので、二・三段石を積んだものは含めていない。これら石垣が構築された城は、いずれも毛利氏、堀尾氏支配下において、戦略的に重要視された城である。

城館研究の手法

城館跡の研究は、本書第二章で主にあつかう、現地を歩いて城の構造を図化した縄張り図を用いて行う研究がある。この研究手法により曲輪や堀、土塁などの施設がどのように結びついているかが明らかにされ、どのような勢力が構築したものか、どのような性格の城館かを推定することができる。

戦国期の城の特徴的な遺構のひとつに畝状空堀群がある。畝状空堀群とは、竪堀や空堀を斜面や平坦面に、畑の畝のように連続して並べた防御施設のことを言う。名称も「畝状竪堀群」「連続竪堀」「畝形阻塞《そさい》」などさまざまな名称があり、規模や形態にも差異がありさまざまな分類が試みられている。基本的には織豊系城郭には引き継がれない技術として認識されているが、織豊系城郭や地域内において先進的と評価される城館においても使用されている事例がある。そのため織豊期においても淘汰されず、共存しながら発展した可能性も残る。出雲国内で最も特徴的な畝状空堀群を持つのは、富田城に相対する京羅木山城と勝山城である。特に勝山城のものは段階的に竪堀が追加されてできたものではなく、整然と並んでいることや、上部の曲輪に「折《おり》」が見られセットで構築されたものである。最終的な使用年代は、毛利氏

兵庫県・仁位山城の畝状空堀群
（管理道によって削られ断面がみえている）

による富田城攻めの際と考えられる。この時期、毛利氏が播磨上月城を包囲した際に改修したとされる、仁《に》位《い》山城（兵庫県佐用町）においても畝状空堀群が構築されて

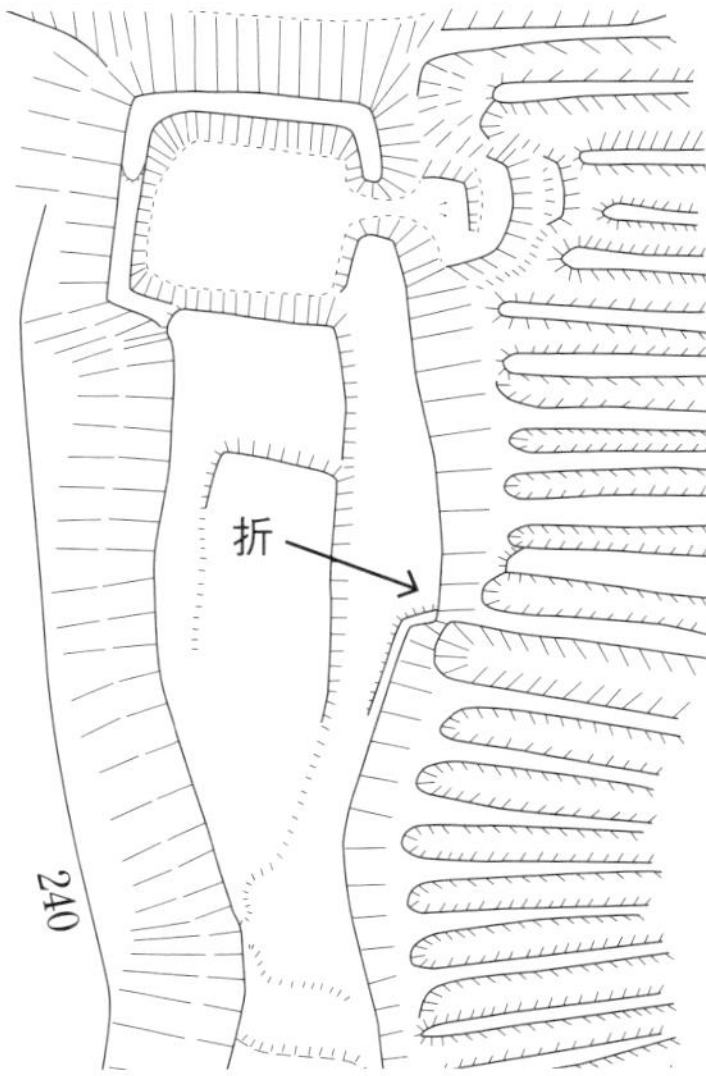

勝山城「折」部分

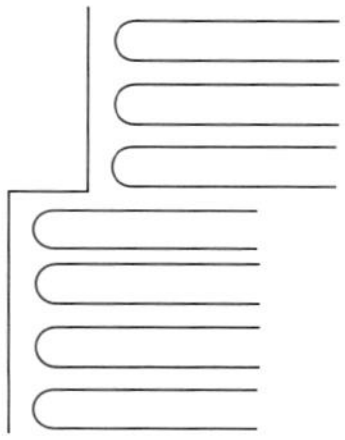
「折」模式図
曲輪のラインが屈曲したところをいう。

いる。つまり勝山城の畝状空堀群は毛利氏によるものと判断される。

出雲国内では横田山城や城山城（松江市宍道町）などで使用が認められるが、福岡県・長野城や福井県・一乗谷城に代表されるような大規模使用例は見られない。

このほか、第三章で紹介する発掘調査成果による研究手法がある。発掘調査では埋まってしまった遺構や、そこで使用された土器や瓦などの遺物が出土する。しかし山城で出土する遺物は少なく、年代決定が難しい場合もある。また遺物が出土しても遺構の年代と合わない場合もある。短期間に改修され破棄されたり、次の合戦地へ持っていかれた場合など、遺物が残らない可能性もあるためである。

また古文書などの文献を用いた研究がある。古文書には城の普請に関するものや、合戦に関する記載も多く見られる。これにより城の使用年代、改修の契機など重要な示唆を与えてくれる。

（高屋茂男）

略年表

西暦	和暦	事項
一三三三	元弘三年	後醍醐天皇、隠岐を脱出、伯耆船上山に拠る。
一三四三	康永二年	足利尊氏、佐々木高氏を出雲守護に任ずる。
一三五一	観応二年	足利直冬の軍、出雲に攻め入り諸城を降す。
一四六七	応仁元年	応仁の乱おこる。出雲・隠岐守護京極持清は東軍、石見守護山名政清は西軍となる。
一四六八	応仁二年	出雲守護代尼子清貞、国内の反京極勢力と戦う。
一四七〇	文明二年	出雲守護京極持清没する。
一四九七	明応六年	毛利元就生まれる。
一五〇八	永正五年	尼子経久、守護京極政経から事実上の守護権を継承する。
一五一四	永正十一年	尼子経久、三沢為忠が籠もる藤ヶ瀬城を攻撃する。
一五三二	天文元年	塩冶興久（経久の三男）の乱。
一五四〇	天文九年	尼子詮久が郡山城を攻める（郡山城合戦）。
一五四一	天文十年	尼子経久死去（八十四歳）。
一五四二	天文十一年	大内義隆による富田城攻め。
一五四三	天文十二年	大内義隆が出雲を退去。
一五五四	天文二十三年	尼子晴久、叔父の尼子国久、誠久父子らを討つ。
一五五五	弘治元年	毛利元就、厳島で陶晴賢を破る。
一五五六	弘治二年	毛利元就が吉川元春を石見へ出陣させ、石見銀山を尼子氏から奪取。
一五五八	永禄元年	尼子氏が再び石見銀山を奪取。

一五六〇	永禄三年	尼子晴久、死去。
一五六二	永禄五年	山吹城主、本城常光が毛利氏に降伏し、石見銀山が毛利氏の支配下になる。
		毛利元就、荒隈城に陣を置く。
一五六三	永禄六年	毛利隆元が急死。同年、毛利元就、吉川元春、小早川隆景、白鹿城を落とす。
一五六四	永禄七年	毛利氏、富田城を包囲する。
一五六五	永禄八年	毛利氏、富田城を三面より攻める。
一五六六	永禄九年	尼子義久、富田城を開城し降伏する。義久は安芸へ送られる。
一五六九	永禄十二年	山中鹿介ら、尼子勝久を擁して出雲へ入る。
一五七〇	元亀元年	山中鹿介ら、毛利軍を布部に迎え撃ち敗北する。
一五七一	元亀二年	高瀬城、真山城が落城し、尼子復興軍は拠点を失う。
一五七七	天正五年	羽柴秀吉、播磨上月城を陥れ、尼子勝久、山中鹿介ら入城。
一五七八	天正六年	上月城落城、勝久は切腹する。山中鹿介は備中阿井の渡にて暗殺される。
一五九一	天正十九年	吉川広家が出雲三郡、伯耆三郡十二万石を下賜され富田城に入城する。
一六〇〇	慶長五年	関ヶ原の戦いにより毛利氏は防・長二国となり、広家は周防岩国に転封。
一六一一	慶長十六年	堀尾吉晴が松江に城を築き、富田城は廃城となる。
一六一五	元和元年	一国一城令発布。

二、城館関連用語の解説

中世城館に関係する用語は多岐にわたるが、ここでは基本的な用語について解説しておく。

（山根正明）

本城《ほんじょう》　戦国大名や国人《こくじん》の領域支配の中枢となる拠点の城。根城《ねじろ》とも。［富田《とだ》城等］

詰城《つめじろ》　本城の背後を守るとともに本城が支えきれなくなった時に最後の拠点となる城。また土豪層の居館の背後に設けられた山城をいう。［白鹿《しらが》山城《やまじょう》砦群《さいぐん》大高丸《おおたかまる》等］

支城《しじょう》　本城を中心として領内の要地に設けられた城。枝《えだ》城《じろ》・端城《はじろ》とも。服属した国人等の本城が支城となる場合もある。敵の領域との境に設けられた支城は境目《さかいめ》の城。［佐々布要害山《さそうようがいさん》城等］

陣城《じんじろ》　戦場で造られた臨時の城。城攻めにあたって攻囲軍が足がかりとして築いた城は向城《むかいじろ》（付城《つけじろ》・対城《たいじょう》）とも。［勝山《かつやま》城等］

繋《つな》ぎの城　本城と支城の間、陣城と陣城の間などの連絡を保つために造られた城。伝《つた》えの城とも。［禅定寺《ぜんじょうじ》城等］

海城《うみじろ》　所属する船舶の管理や海上の監視・制海権の確保等を目的として築かれた城。水軍《すいぐん》城・海賊《かいぞく》城とも。［満願《まんがん》寺《じ》城等］

地取《じと》り　城地を選定すること。城館に求められる機能に応じて適地が選ばれる。

縄張《なわば》り　曲輪《くるわ》や堀切《ほりきり》などの配置を中心とした城館の平面構造のこと。またその配置設計をいう。

普請《ふしん》　縄張りにしたがって曲輪や堀切などの土木工事を行うこと。城誘《しろごしら》えとも。

作事《さくじ》　櫓《やぐら》などの建物を建てる建築工事をいう。城館は地取り→縄張り→普請→作事をへて完成されるが、中世の山城にあっては作事は簡素なもので、普請の段階でほぼ終了とみてよい。

破城《はじょう》　城の全部あるいは一部を破壊して使えなくすること。元和の一国一城令（一六一五年）によって多くの城が破壊された。城割《しろわり》とも。

曲輪《くるわ》　周囲から侵入しにくいように法面《のりめん》を急傾斜に加工して造られた平場のこと。山頂を削平したり、傾斜面を削った土を低い面に盛り上げたりして造られる。その法面を切岸《きりぎし》あるいは壁《へき》という。縄張り調査では中心となる曲輪を主郭《しゅかく》と呼び、本丸とは呼ばない。郭とも書く。本書では便宜的に「北Ⅰ郭」などと示している。水源を守るための井戸郭《いどぐるわ》（水《みず》の手郭《てぐるわ》とも）などのように、果たすべき役割に即して呼ぶこともある。

腰郭《こしぐるわ》　主郭直下の曲輪、あるいは山上の曲輪に対して山腹に取りついた形の曲輪をさす。尾根上の曲輪の、側面山腹に取りついて設けられた細長い曲輪は帯郭《おびぐるわ》という。

堀切《ほりきり》　尾根伝いの攻撃を遮断するために尾根筋に直角に掘り込んだ空堀《からぼり》をいう。複数の場合は、連続堀切・二重（三重）堀切などと呼ぶ。堀切の中央部に削り残して造られた通路は土橋《どばし》という。

竪堀《たてぼり》　傾斜地での敵兵の横の移動を封ずるために、等高線に対して垂直に山腹に掘られた堀をいう。斜面に連続して掘られている場合は、連続竪堀《れんぞくたてぼり》・畝状空堀群《うねじょうからぼりぐん》などという。

横堀《よこぼり》　等高線に平行に山腹に掘られた堀をいう。

障子堀《しょうじぼり》　山城の堀はほとんどがV字形に彫り込まれた薬研堀《やげんぼり》であるが、堀の底に障子の桟《さん》のように畦《うね》を残した堀をいう。

土塁《どるい》　土を突き固めたり削り残したりして築かれた土手のこと。土居とも。多くの場合、曲輪の端に築いて防御性を高めようとする。等高線に対して直角に築かれた場合は竪土塁《たてどるい》、長大なものは登土塁《のぼりどるい》と呼ぶ。

石積《いしづ》み　虎口《こぐち》の周辺や切岸の一部に補強の土留めとして築かれたもの。裏込めが施され、隅がきちんと整形されているものが石垣。中世の城館は基本的に土造りで、石垣は近世城郭の特徴である。見せる石垣。

櫓台《やぐらだい》　遠方を監視したり、戦況に応じて城兵に指示を出す戦闘指揮所。主郭の中に一段高くして設けられることが多い。

横矢《よこや》　虎口や土塁に近づいた敵兵を横から弓や鉄砲で射撃すること。また、そのために曲輪や土塁を城外側に張り出した場合は折《おり》、城内側に屈曲させた場合は邪《ひずみ》という。

虎口《こぐち》　城の出入り口あるいは各曲輪の出入り口をいう。小口とも書く。登り坂で入らせる坂虎口《さかこぐち》、斜面を斜めに入らせることによって土塁を食違《くいちが》いにした食違い虎口などがある。

枡形虎口《ますがたこぐち》　柵や土塁で方形に囲んだり方形に掘りくぼめたりして、その枡形の中を屈曲して城門に入らせるように造られた虎口。塁線の外に設けた外枡形《そとますがた》、内側の内枡形《うちますがた》がある。

仕寄《しより》　城攻めのこと。特に虎口や曲輪に接近して行われる攻城側の行動をいう。

後詰《ごづ》め　包囲されている味方の城を救援するための軍事行動。後巻《うしろまき》とも。

三、縄張り図の見方

ていねいに遺構面を観察して曲輪や堀切などの配置を読み取り図化したものを縄張り図という。その表現技法に厳密な規定はないが、縄張りの特徴や遺構の残り具合が理解できるように描くよう努めている。

（山根正明）

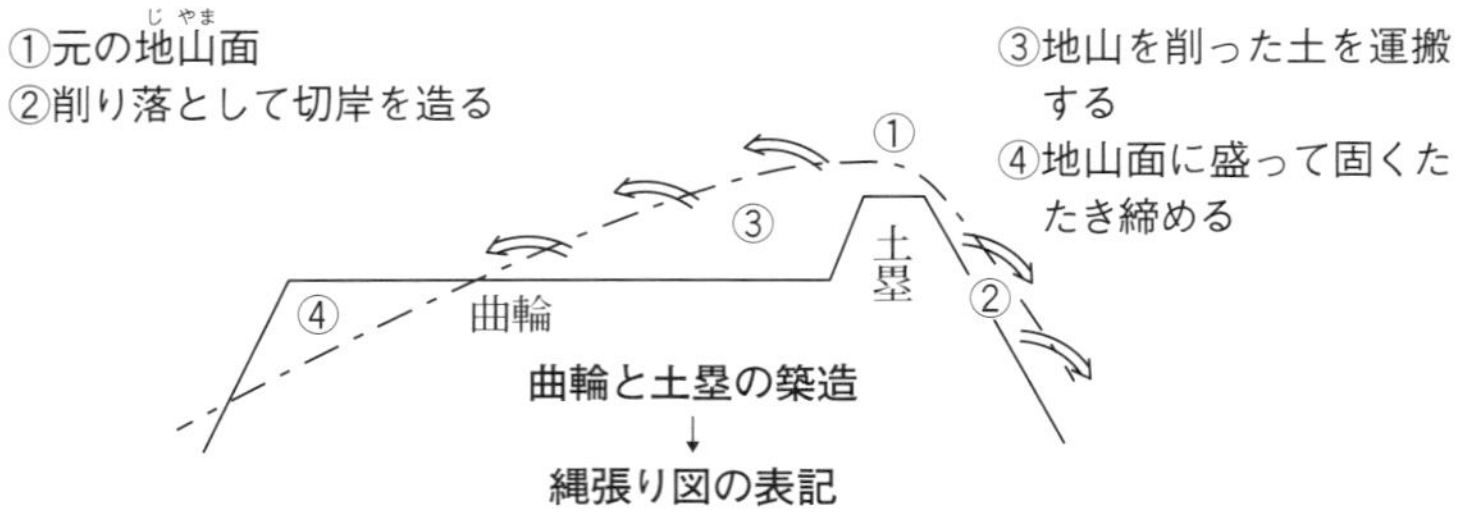

曲輪と土塁の築造

①元の地山《じやま》面
②削り落として切岸を造る
③地山を削った土を運搬する
④地山面に盛って固くたたき締める

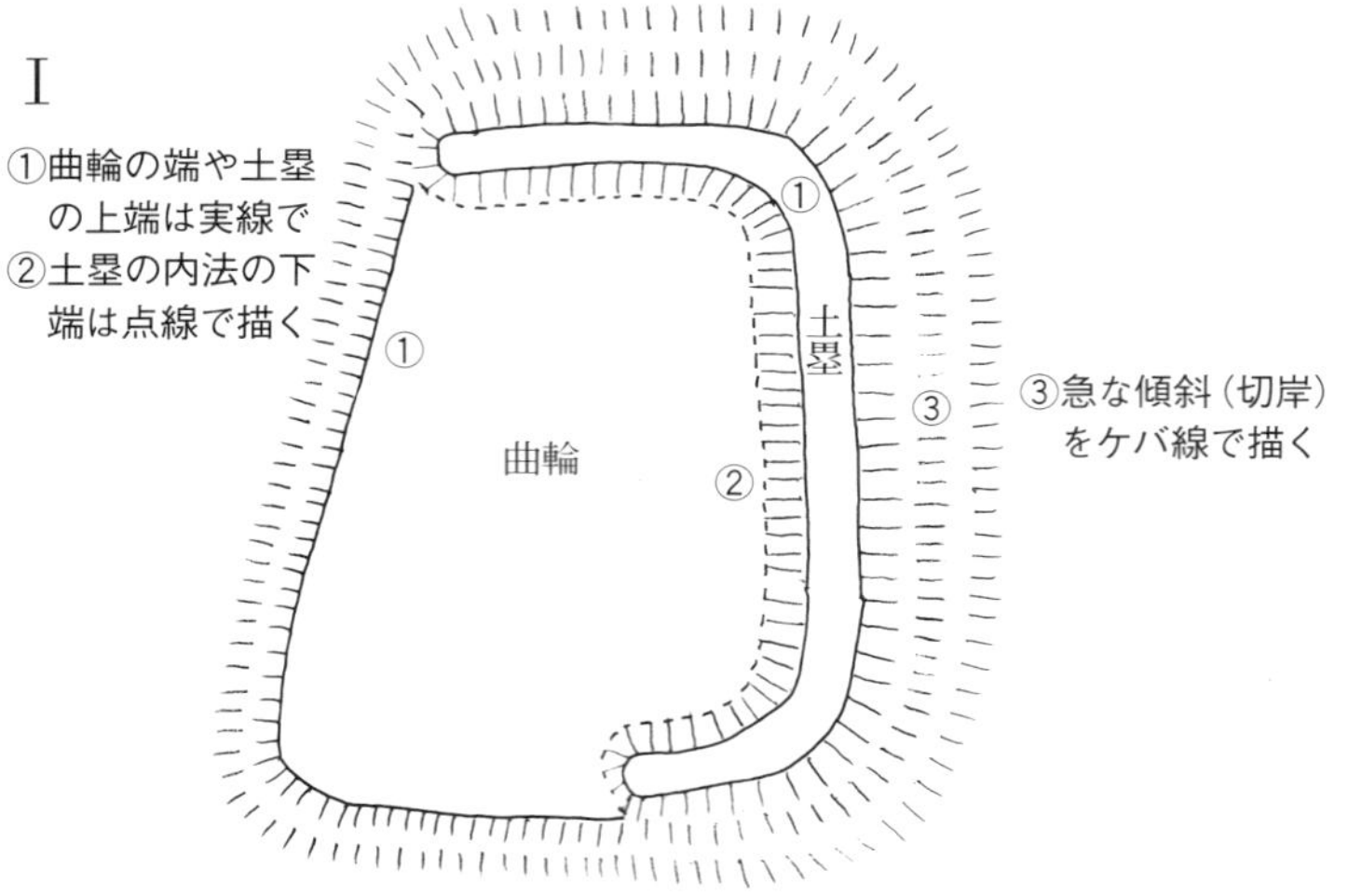

①曲輪の端や土塁の上端は実線で
②土塁の内法の下端は点線で描く
③急な傾斜（切岸）をケバ線で描く

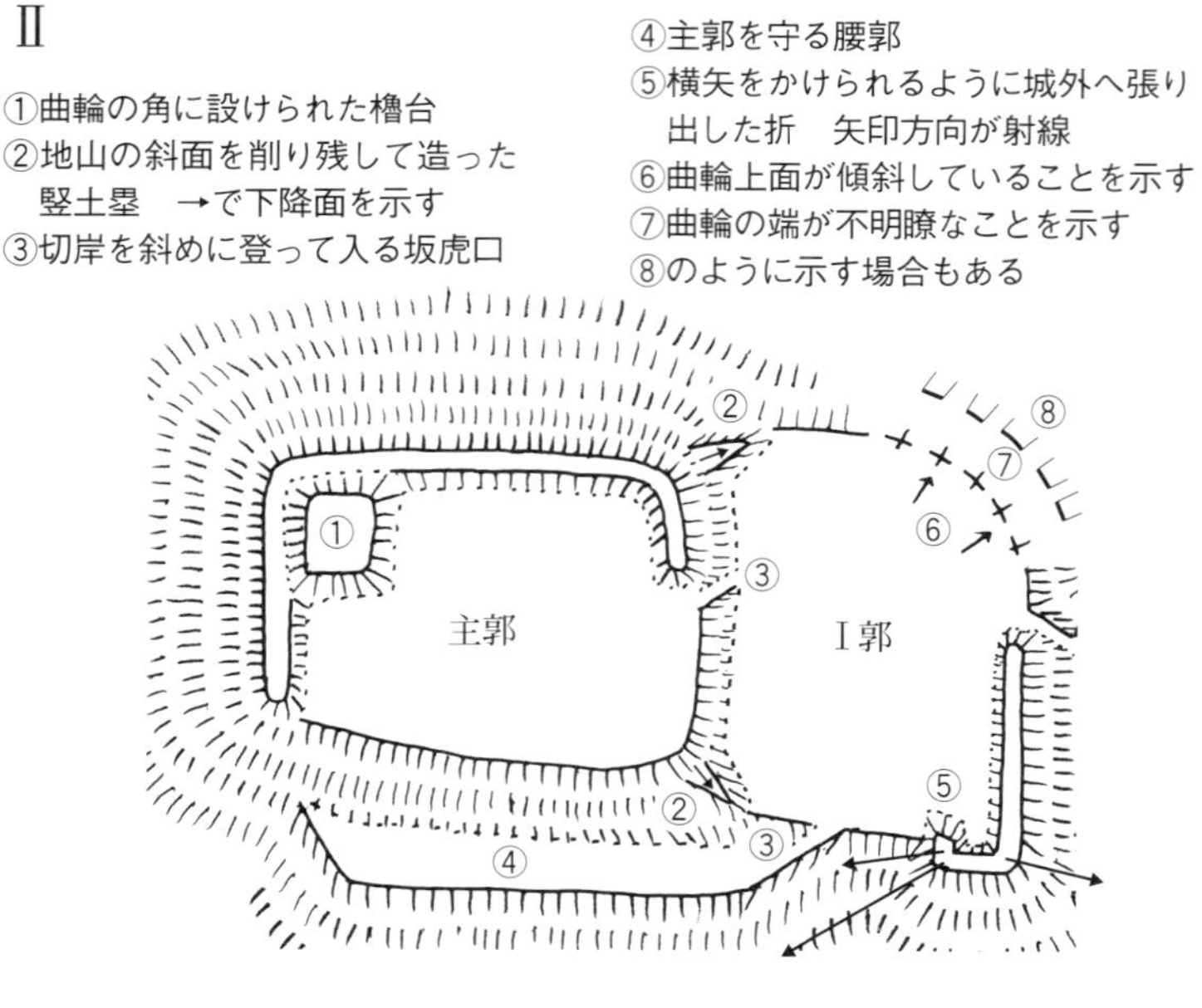

Ⅱ
①曲輪の角に設けられた櫓台
②地山の斜面を削り残して造った竪土塁　→で下降面を示す
③切岸を斜めに登って入る坂虎口
④主郭を守る腰郭
⑤横矢をかけられるように城外へ張り出した折　矢印方向が射線
⑥曲輪上面が傾斜していることを示す
⑦曲輪の端が不明瞭なことを示す
⑧のように示す場合もある

III

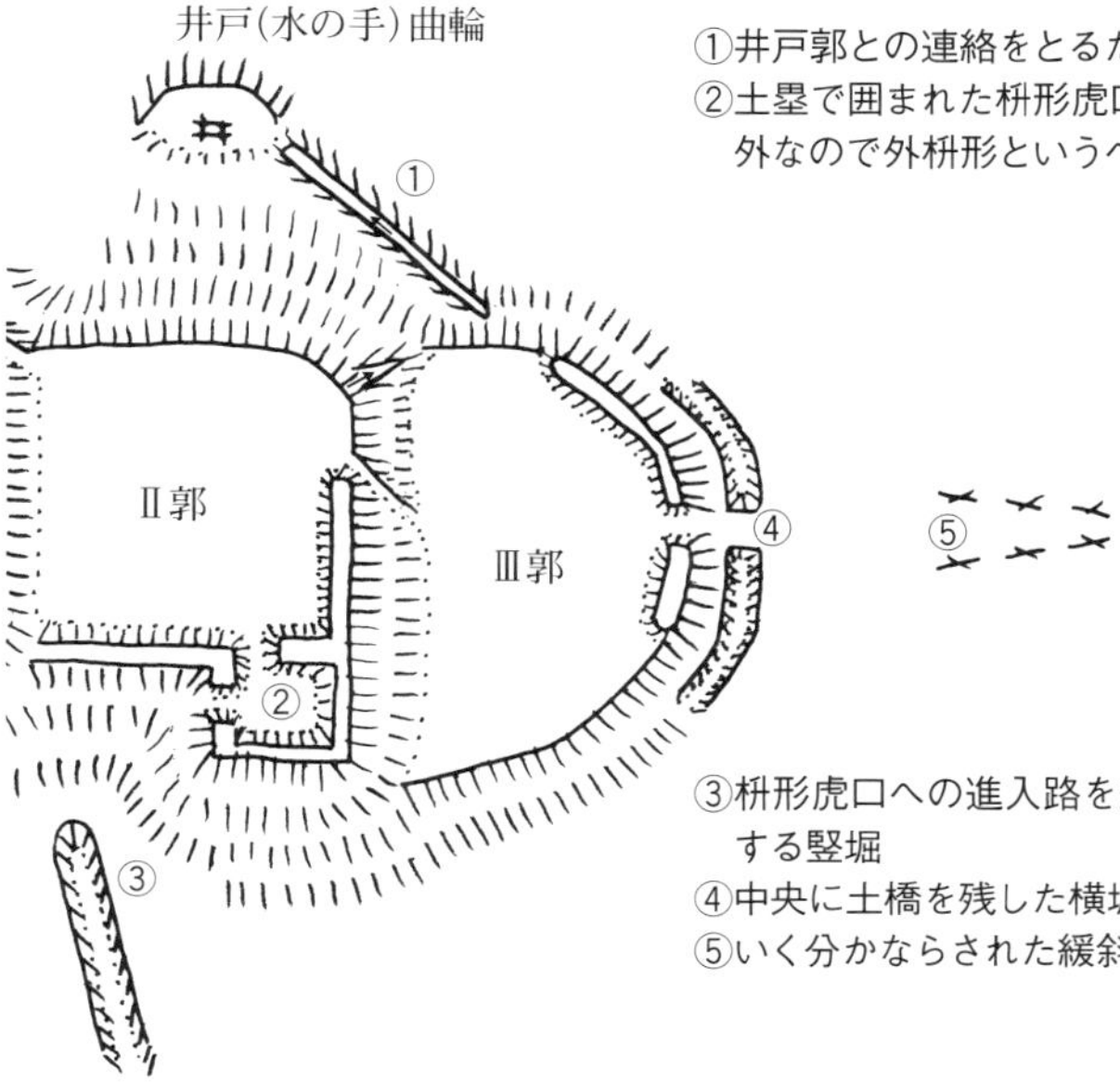

①井戸郭との連絡をとるための登土塁
②土塁で囲まれた枡形虎口　土塁線の外なので外枡形というべき

③枡形虎口への進入路を規制しようとする竪堀
④中央に土橋を残した横堀
⑤いく分かならされた緩斜面を示す

IV

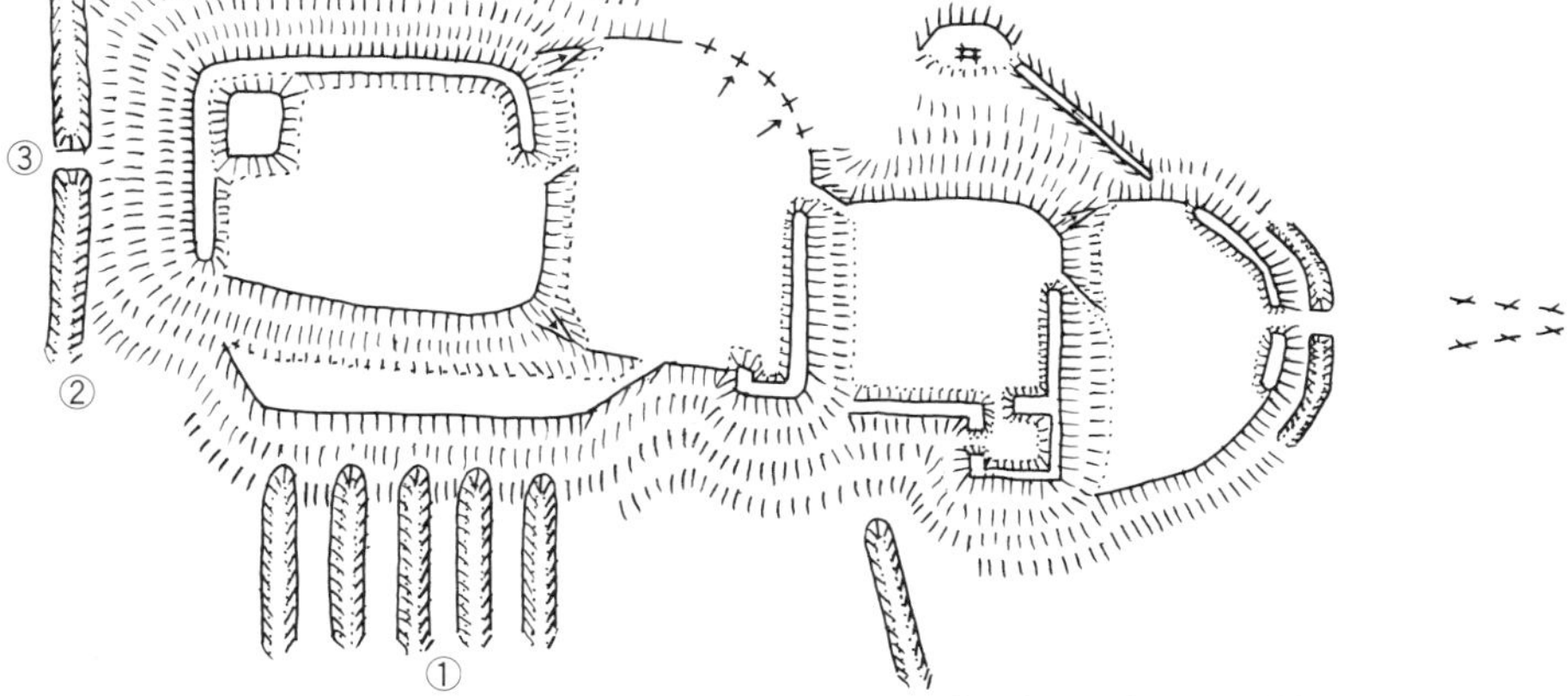

①緩斜面に掘られた連続竪堀
②尾根筋づたいの攻撃を遮断するための堀切
③堀切中央部に設けられた土橋

第二章　出雲の山城を歩く

松江市
境港市
中海
宍道湖
安来市
雲南市
奥出雲町
鳥取県
広島県
岡山県
① 富田城跡
② 京羅木山城跡
③ 勝山城跡
④ 布弁城跡
⑤ 高尾城跡
⑥ 十神山城跡
⑦ 川手要害山城跡
8 白鹿山城砦跡群
⑨ 真山城跡
⑩ 和久羅城跡
⑪ 本宮山城跡
⑫ 土居城跡
⑬ 荒隈城跡
⑭ 満願寺城跡
⑮ 茶臼山城跡
⑯ 禅定寺城跡
17 熊野城跡
⑱ 横田山城跡
⑲ 忠山城跡
⑳ 海老山城跡
㉑ 玉造要害山城跡
㉒ 佐々布要害山城跡
㉓ 宍道要害山城跡
㉔ 金山要害山城跡
㉕ 大平山城跡
㉖ 丸倉山城跡
27 高瀬城跡
㉚ 桧ヶ仙城跡
㉛ 七之郷城跡
37 高麻城跡
㊳ 城名樋山城跡
39 三笠城跡
㊵ 高平山城跡
㊶ 佐世城跡
42 三刀屋尾崎城跡
㊸ 三刀屋じゃ山城跡
㊹ 多久和城跡
㊺ 倉山城跡
46 三沢城跡
㊼ 藤ヶ瀬城跡
48 夕景城跡
田城跡
9
24
25
53
180
183
314
431
432
485

①富田城跡（安来市広瀬町）
②京羅木山城跡（安来市・松江市東出雲町）
③勝山城跡（安来市広瀬町）
④布弁城跡（安来市広瀬町）
⑤高尾城跡（安来市伯太町）
⑥十神山城跡（安来市安来町）
⑦川手要害山城跡（安来市下吉田町）
❽白鹿山城砦跡群（松江市法吉町）
⑨真山城跡（松江市法吉町）
⑩和久羅城跡（松江市朝酌町）
⑪本宮山城跡（松江市上大野町）
⑫土居城跡（松江市上大野町）
⑬荒隈城跡（松江市国屋町）
⑭満願寺城跡（松江市西浜佐陀町）
⑮茶臼山城跡（松江市山代町）
⑯禅定寺城跡（松江市八雲町）
⓱熊野城跡（松江市八雲町）
⑱横田山城跡（松江市美保関町）
⑲忠山城跡（松江市美保関町）
⑳海老山城跡（松江市鹿島町）
㉑玉造要害山城跡（松江市玉湯町）
㉒佐々布要害山城跡（松江市宍道町）
㉓宍道要害山城跡（松江市宍道町）
㉔金山要害山城跡（松江市宍道町）
㉕大平山城跡（松江市宍道町）
㉖丸倉山城跡（松江市宍道町・雲南市大東町）
㉗高瀬城跡（出雲市斐川町）
㉘平田城跡（出雲市平田町）
㉙鳶ヶ巣城跡（出雲市西林木町）
㉚桧ヶ仙城跡（出雲市多久町）
㉛上之郷城跡（出雲市上島町）
㉜神西城跡（出雲市東神西町）
㉝宇龍城跡（出雲市大社町）
㉞鶴ヶ城跡（出雲市多伎町・大田市朝山町）
㉟高櫓城跡（出雲市佐田町）
㊱伊秩城跡（出雲市佐田町）
㊲高麻城跡（雲南市加茂町）
㊳城名樋山城跡（雲南市木次町）
㊴三笠城跡（雲南市大東町）
㊵高平山城跡（雲南市大東町）
㊶佐世城跡（雲南市大東町）
㊷三刀屋尾崎城跡（雲南市三刀屋町）
㊸三刀屋じゃ山城跡（雲南市三刀屋町）
㊹多久和城跡（雲南市三刀屋町）
㊺日倉山城跡（雲南市掛合町）
㊻三沢城跡（仁多郡奥出雲町）
㊼藤ヶ瀬城跡（仁多郡奥出雲町）
㊽夕景城跡（仁多郡奥出雲町）
㊾賀田城跡（飯石郡飯南町）
㊿瀬戸山城跡（飯石郡飯南町）

〔●は尼子十旗〕

訪城にあたって

●本書に収録した城跡は、地元の有志の方々の努力によって、登城路が整備されているところもありますが、なかには整備されていないところも含まれています。その場合、私有地となっている場合が多く、立ち入りには注意が必要です。くれぐれもマナーを守った行動をお願いします。

●公園化されている城跡もありますが、城域全てが公園化されているところは少ないです。そのため散策道からはずれて行動される場合は、十分にご注意ください。

●夏場は害虫や蛇などが多く注意が必要です。基本的には秋から春先にかけてがおすすめできる時期ですが、秋は松茸など、春先は山菜などのため、立ち入りが制限されている可能性もあるので、十分にご注意ください。また狩猟の時期にも注意してください。

●服装は長袖、長ズボンで、軍手などを着用されると良いと思います。また、靴は底が薄いものだと笹や竹類の切り株で怪我をする可能性があるので、厚めのものがおすすめです。

●訪城の利便をはかるため、現地までの交通マップを載せましたが、必ずしも駐車場が整備されているわけではないので、近隣の迷惑にならないように注意してください。

●近年ではスマートフォンで自分の位置を地図上で見ることができるので、活用をおすすめします。

出雲の山城50選

富田城跡遠景

1 富田城跡《とだじょうあと》

◆所在地／安来市広瀬町
◆標　高／一八九ｍ　◆比　高／一六四ｍ
◆主な遺構／曲輪、土塁、石垣、堀切、虎口、櫓台

【地　理】

安来市広瀬町に所在する平山城で、飯梨川を外堀とし、複雑な地形を利用した中国地方で屈指の規模を誇る。背後は屏風のごとく連なる独松山等の急峻な山塊によって大軍による攻撃を妨げている。

【城　史】

出雲国守護となった京極高詮は守護代として一族の尼子持久を派遣した。尼子氏は次第に勢力をのばし、尼子清定は美保関の代官職も務めた。経久は守護の京極氏と対立し、富田城から追放されるが、塩冶掃部介の守る富田城を奇襲して奪還した。尼子氏は周辺の国人を傘下に収めながら国内統一を行い、伯耆、美作、播磨、石見、等十一カ国にまで勢力を伸ばした。上洛指向の強かった尼子氏は一時播磨の大半を制圧した。

天文十二年（一五四三）、尼子晴久は大内義隆率いる

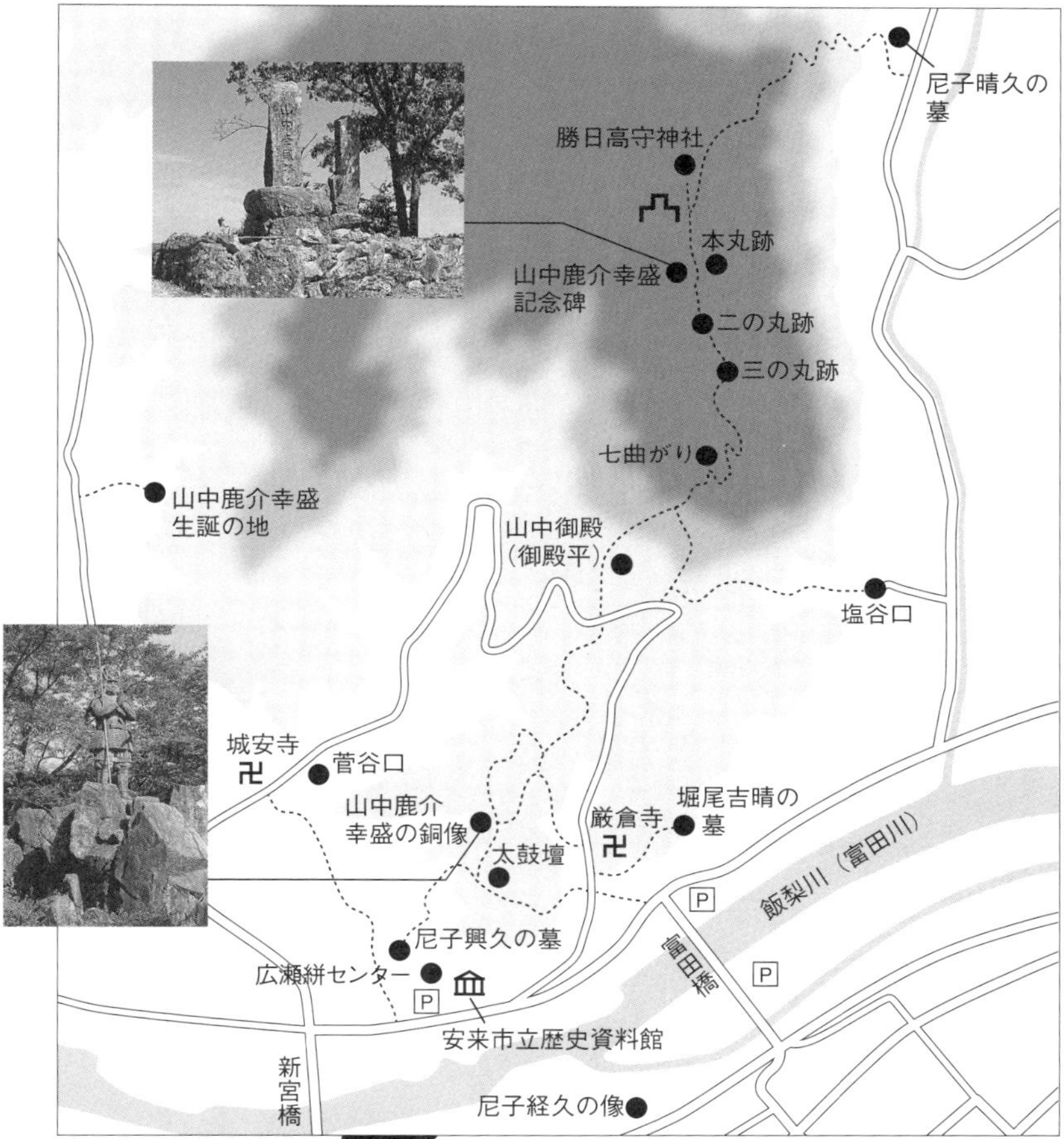
尼子晴久の墓
勝日高守神社
本丸跡
山中鹿介幸盛記念碑
二の丸跡
三の丸跡
七曲がり
山中鹿介幸盛生誕の地
山中御殿（御殿平）
塩谷口
城安寺
菅谷口
山中鹿介幸盛の銅像
太鼓壇
厳倉寺
堀尾吉晴の墓
飯梨川（富田川）
富田橋
尼子興久の墓
広瀬絣センター
安来市立歴史資料館
新宮橋
尼子経久の像
P

至奥出雲町
安来市役所広瀬庁舎
三笠山
至松江市八雲町
安来市立歴史資料館
432
安来市立病院
誓願寺
足立美術館
45
至安来市
京羅木山

大軍に包囲されたが、戦いぬき撃退することに成功した。しかし大内氏に替わって台頭した毛利氏は謀略によって、尼子氏政権下において微妙な位置に置かれた尼子一族の有力な軍事勢力の新宮党を尼子氏自ら粛清させることに成功した。また、尼子方にあって最強の軍事勢力として知られた本城常光を石見銀山周辺の領地安堵を条件に味方に引き入れた後、突如粛清したことにより、毛利氏に再び寝返った出雲国の領主層の見極めを行った。そして後方支援体制を整備し、周到な準備によって永禄七年（一五六四）尼子氏は富田城に追い込まれ包囲された。毛利氏は食糧の補給線を遮断し、攻め立てたため、永禄九年尼子義久は毛利氏に降伏した。

　毛利氏は城代に天野隆重を置き、後に吉川元春・広家が入った。広家は富田城が内陸部にあるのを嫌い、港に近い米子城の築城に着手したが、慶長五年（一六〇〇）岩国に移った。関ヶ原の戦後処理で出雲国を得た堀尾吉晴が入城し、本拠として改修したが、その後松江城を築いて移り、富田城は廃城となった。

【城の構造】

　山頂部に築かれている郭群を詰の城としているが、防御において実質的に中核的な郭は縄張上、扇の要に位置する山中御殿《さんちゅうごてん》である（図1）。事実主要な登城ルートは山中御殿に至る。尼子氏の防御構想は山頂部や山中御殿周辺から発出する多くの尾根に防御施設を築き、谷を駆け上ってくる攻城勢力を尾根に築いた防御拠点によって挟撃するものであった。

　尼子氏が降伏し退去すると、毛利氏は肥大した城域の淘汰を行い、防御拠点の縮小を行った。山頂から見て北東の尾根に延々と築かれた郭群は毛利氏に追い込まれた領主一族や領民の駐屯地と考えられ、一部を除いて普請が不十分であるため、毛利氏によって城外として放棄された地区と見ている。

　富田城の山頂部は近年発掘調査

山中御殿（御殿平）

により石垣と虎口が検出され、整備公開されている（**図2・3**）。山頂の地形は南北に細長く、大規模な堀切によって二群に分かれている。郭1には勝日高守神社が置かれており、その東南端に浅い鞍部を隔てて城外に向けて石垣が確認される。この石垣は山頂部東南端に位置しており防御の拠点であり麓から見栄えがするため、櫓台（A）が築かれていたのだろう。現状を見るとコーナーは破城され、裏込石が露出しているが、一抱えもある石の下には直接地山が見え、根石は認められないように見える。「本丸」と呼ばれている郭1の（B）、（C）は虎口に見えるが、（B）は近年の公園化によって新たに設置された可能性があり、（C）は、郭内の仕切り程度のもので全体的に普請が不十分のように見える。第二次世界大戦の時に高射砲陣地が設置されたとされているため、原形が損なわれている可能性もある。郭1の北端の郭2に面する部分が発掘調査され、岩盤を加工した通路と一二〇穴以上の柱穴が検出されたが、石垣は検出されなかった。

一方、「二の丸」と呼ばれている郭2は発掘調査によって石垣が検出されている。堀尾期の縄張とされ、「三の丸」と呼ばれている郭3に虎口（E）や郭3の南側直下を通り、郭2の虎口（D）に入る虎口が築かれている。虎口（E）は石段を登りきった所で右に折れ、すぐ左に折れる構造になっている。山中御殿からの登城ルートがそのまま虎口（E）に至るように見えるが（F）の石塁が行く手を阻んでいる。虎口（D）は石塁（G）が竪土塁となって張り出しており、郭3の南側の登城ルートを進むと虎口（D）を攻城勢力から「隠すような」位置にある。攻める側は虎口の存在に気づいたとしても後続の部隊が突進してくるため、引くことができなく堀切（H）に追い込まれ、郭1と郭2から効果的な掃射をあび、壊滅的な打撃をうけることになる。また、虎口（D）に侵入するためには短い距離で何度も方向を変えることを強要されるという、非常に巧妙な縄張りとなっている。

したがって、堀尾期の「主郭」は郭2と考える。郭1に東南方の先端部しか石垣が築かれていないのは郭2周辺を主郭としてコンパクトにまとめたかったのだろう。なお、郭3はトレンチによる発掘調査が行われており、多くの礎石や柱穴が検出されたが、注目されるのは郭のほぼ中央に堀切（I）が確認されたことである。掘底を検出していないため、堀切の形状・深さは不明だが、山頂部は堀切によって、現状よりも多くの郭によって構成されていた時期があった。郭自体の面積も狭く、上位の郭が多く築かれていたのかもしれない。その時期が毛利氏の時期なのか尼子氏なのか、又、それ以前なのかは判断できない。

郭4は通称「西の袖平《そでだいら》」と呼ばれる曲輪で両側に一抱えもある石によって築かれた石垣が残る。郭3の先端北側には小さな削平地が麓近くまで築かれており、地形に沿って防御施設が延々と築かれているのが富田城（尼子時期と考える）の特徴と考えている。郭3からしばらく下りると通称「山吹井戸（J）」がある。

郭5は通称「山中御殿」と呼ばれ（**図1**）、富田城を防御するにあたって扇の要に位置する重要な郭である。高さが約1メートル以下の上下二段からなっており、石垣の築き方が異なり、また郭5―1の（K）に埋められた虎口が発掘調査によって確認されるため、当初郭5―1が築かれ、その後郭5―2が築かれて「山中御殿」が拡張されたものと考えている。

富田城には主要な登城道として「菅谷口《すがたにくち》」、「御子守《おこもり》口《くち》」、そして「塩谷口《しおたにくち》」があり、それぞれが山中御殿で合流する縄張りになっていた。菅谷口は虎口（L）、搦手とされる塩谷口は虎口（M）に取りついていたのは間違いないと考える。問題は大手口とされる御子守口がどこに取りついていたかであった。山中御殿の（N）は大規模な破城の事例として知られ、御子守口の虎口が徹底的に破壊されたとする説もある。実際、現在見る塩谷口とされる虎口（M）は埋められていたものを発掘調査で確認し、復元したものである。

ところが、郭5―2西側から虎口（O）が発掘調査で検出された。石段を伴う幅約一〇メートルの規模である。虎口（L）（M）は虎口の幅を狭く築いてあり、防御を優先した構造であるのに対し、虎口（O）は明らかに見栄えを意識しており、この虎口が大手門の可能性が高い。それが埋められていたのである。しかも登城路は虎口を郭外に出た所で垂直に削り落されていた。その先は溜池（P）が存在する。山中御殿の縄張を復元するにあたって常に溜池（P）の存在が問題となっていた。山中御殿の防御構想とはずれていることには気付いていた。存在自体が邪魔なのである。したがってこれまで単なる溜池と見ていた（P）も徹底的な破壊により、地形もあえて変えるほどの破城が行われた結果によるものではないかと疑うようになった。虎口（L）は櫓台をともなうため、石垣の破壊で済んだが、他の虎口は完全に埋められていたことになる。

防御上郭の虎口の数は最小限度に抑えるのが理想的だが、堀尾氏は、尼子氏の時期から使われてきた登城路を変更するほどの大規模な縄張変更は想定していなかったと考えられる。堀尾氏は出雲国の国主として入国するにあたり、毛利（吉川）氏の統治の拠点であった富田城に入城したが、あくまで暫定的な軍事拠点として築いたものであり、政治・経済・流通・城下町の展開の観点から最適な地に城と城下町を新たに築くことを前提としていた事情がある。予算の関係上抜本的な縄張りの変更が出来なかったものと考えている。したがって山中御殿に三カ所の虎口を持つ従来の縄張を使わざるをえなかったのだろう。そのように考えると（N）に虎口を築く必要は極めて低いと考えられる。（N）の破壊は徹底したもので、根石すら残っていない。（N）は城下からは見えにくい位置だが大手口とされる御子守口に至る谷筋の登城路（Q）からの見栄えは良好である。したがって天守閣と同様な櫓が築かれていた可能性が考えられる。

山中御殿の（R）に立って見ると正面には御子守口からの谷を見下ろし、右側に続く尾根には通称「花の壇」と称する郭6を上位の郭として通称「奥書院」と称する郭7、通称「太鼓壇」と呼ばれる郭8、そして通称「千畳敷」と呼ばれる郭9等の広大な複数の防御拠点が存在している。左側の尾根も大土塁（S）を築いて求心性を高めようとしているが、通称「能楽平」と呼ばれる広大な郭10の独立性が強い。飯梨川方面から攻められた時に中核部の山中御殿から広大な郭群に視界を遮られ、先端部の状況が見えない。したがって（N）に高層の櫓が築かれていた可能性は高いものと考えている。

菅谷口に里御殿が築かれていたとされるが、位置は不明（発掘調査が行われ、遺物が検出されているが報告書が未発表）。

尼子氏の勢力拡大にともない富田城に接する飯梨川の河原に商業施設が集まり集落を形成し、やがて城下集落として整備・保護されていったものと考えられる。毛利氏、堀尾氏も城下集落を整備・拡張していったが、城下は度々水害に遭ったことが知られており、本拠移転の原因ともなった。寛文六年（一六六六）の大洪水によって現在の広瀬町の位置に流れていた飯梨川が流路を変えたため、城下集落は現在の飯梨川の河底に埋もれてしまった。

堰堤の整備によって昭和四十一年頃から城下遺跡が露出し始めたため発掘調査が行われ、建物跡や井戸跡、鍛冶工房跡等が確認されたが、整備公開されることはなかった。

【城の特徴】

富田城の山頂部の虎口はすべて埋められていた。また山中御殿も櫓台によって構成される虎口（L）以外の主要な虎口も埋められていた。城郭の防御構想の焦点となる虎口を可能な限り埋めてしまい、後世の人々に分からなくさせた事業を富田城で見ることができる。

毛利氏によって追い込まれた尼子氏方の将兵・住民を収容するために築かれ、後に入った毛利氏によって放棄された郭群等を見ることも面白い（急斜面を下りるそれなりの覚悟が必要・自己責任で）が、後に入国した堀尾氏が築いた城郭も見てほしい。領主の行動は領民に見られているが、幕府からもどのように統治するかを見られている。軍事力を前提に構成された家臣団を平和時に統制できるか否かを。

城を自ら破壊する「破城」をもったいないと思うかもしれない。しかし幕藩体制が整った時期に領内に富田城（松江城を新築以降は城代が管理か）、三刀屋城、瀬戸山城等、近世城郭を拠点とする有力な軍事軍団が独立して存在する危険性を考えてほしい。内乱を起こすスイッチは後継ぎにかかる派閥争い等各所に存在していた。そこに軍事力が介入すれば最悪の事態になることが予想される。

事実、伯耆国主の中村氏が居城とする米子城で起きた騒動は伯耆国内の内乱に発展し、収拾に手間取った末、隣国の出雲国主堀尾氏の支援を仰ぐ形となり中村氏にとって致命傷となった。堀尾氏は実体験としてその危険性を理解していたものと考えている。

（寺井　毅）

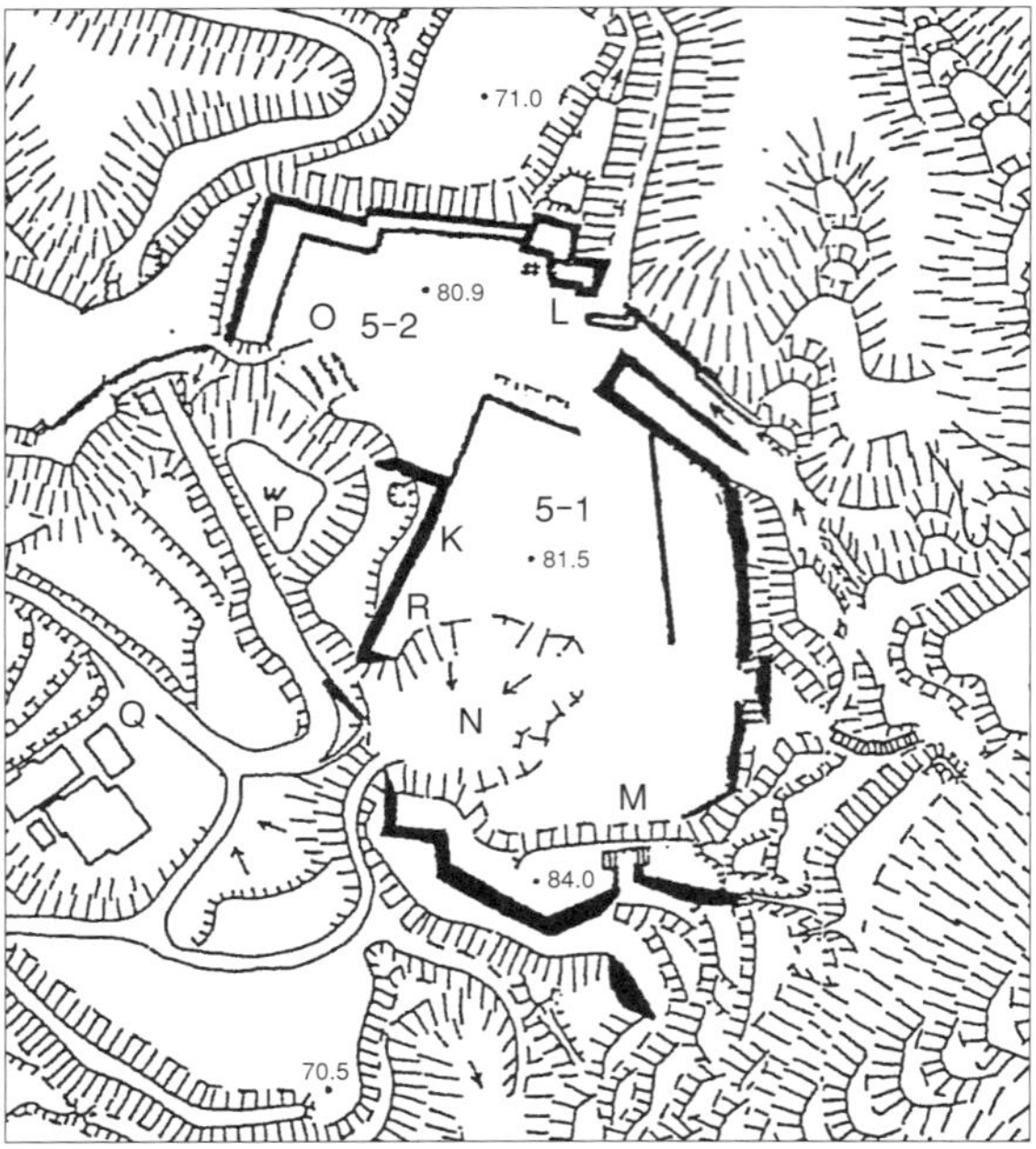

図１
富田城跡山中御殿

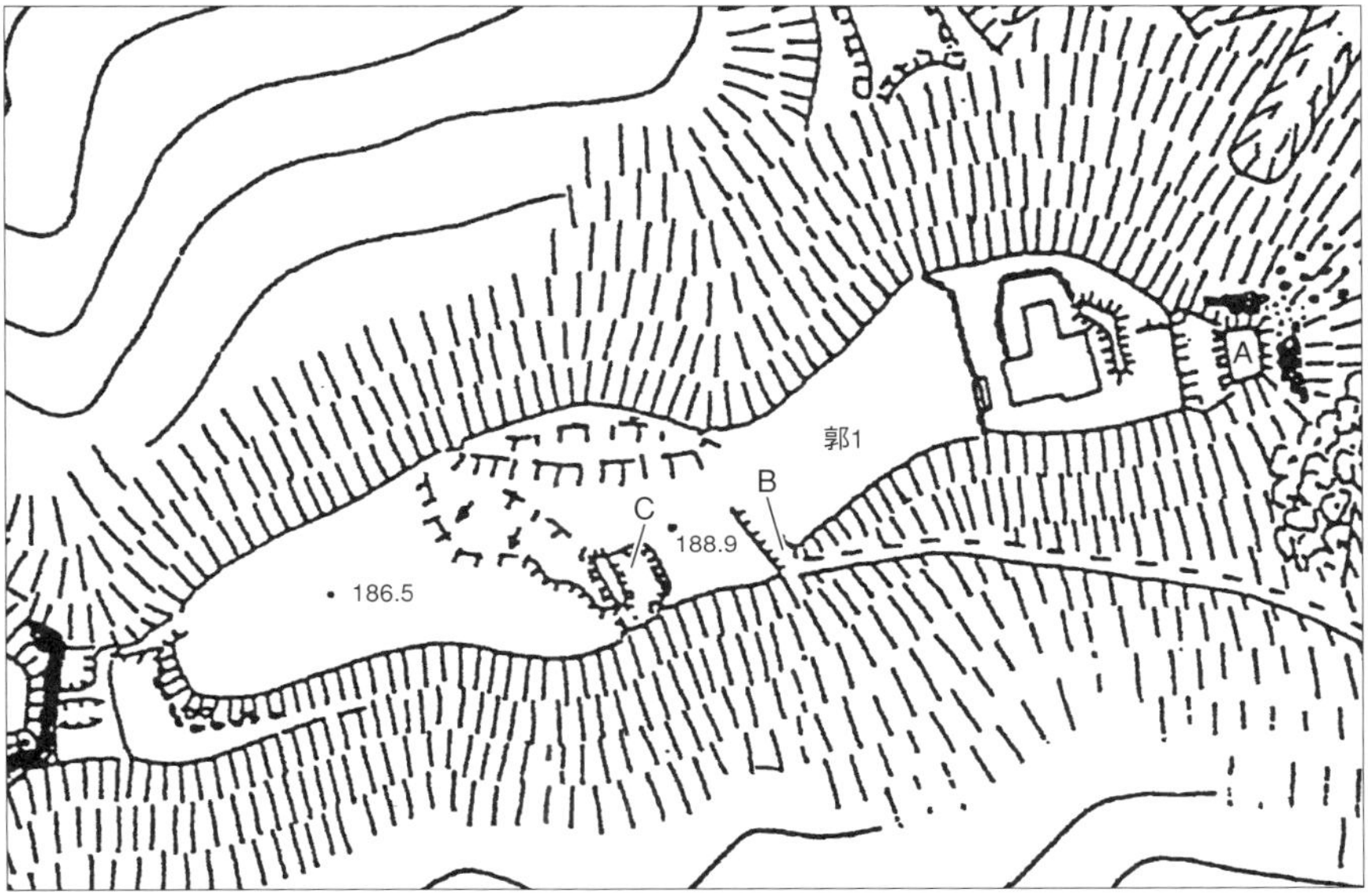

図２　富田城跡山頂部　郭１

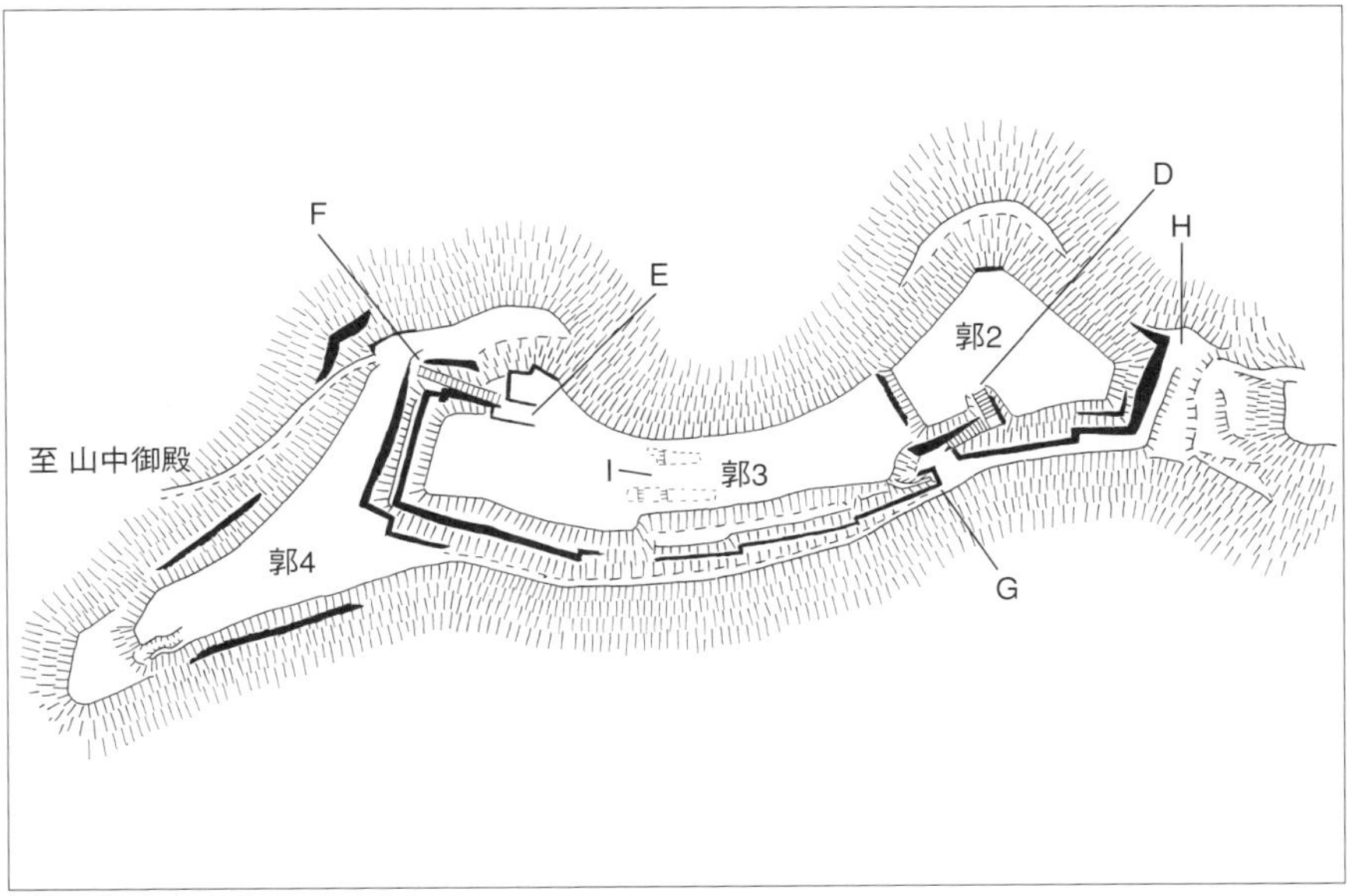

図３　富田城跡山頂部　郭２・３

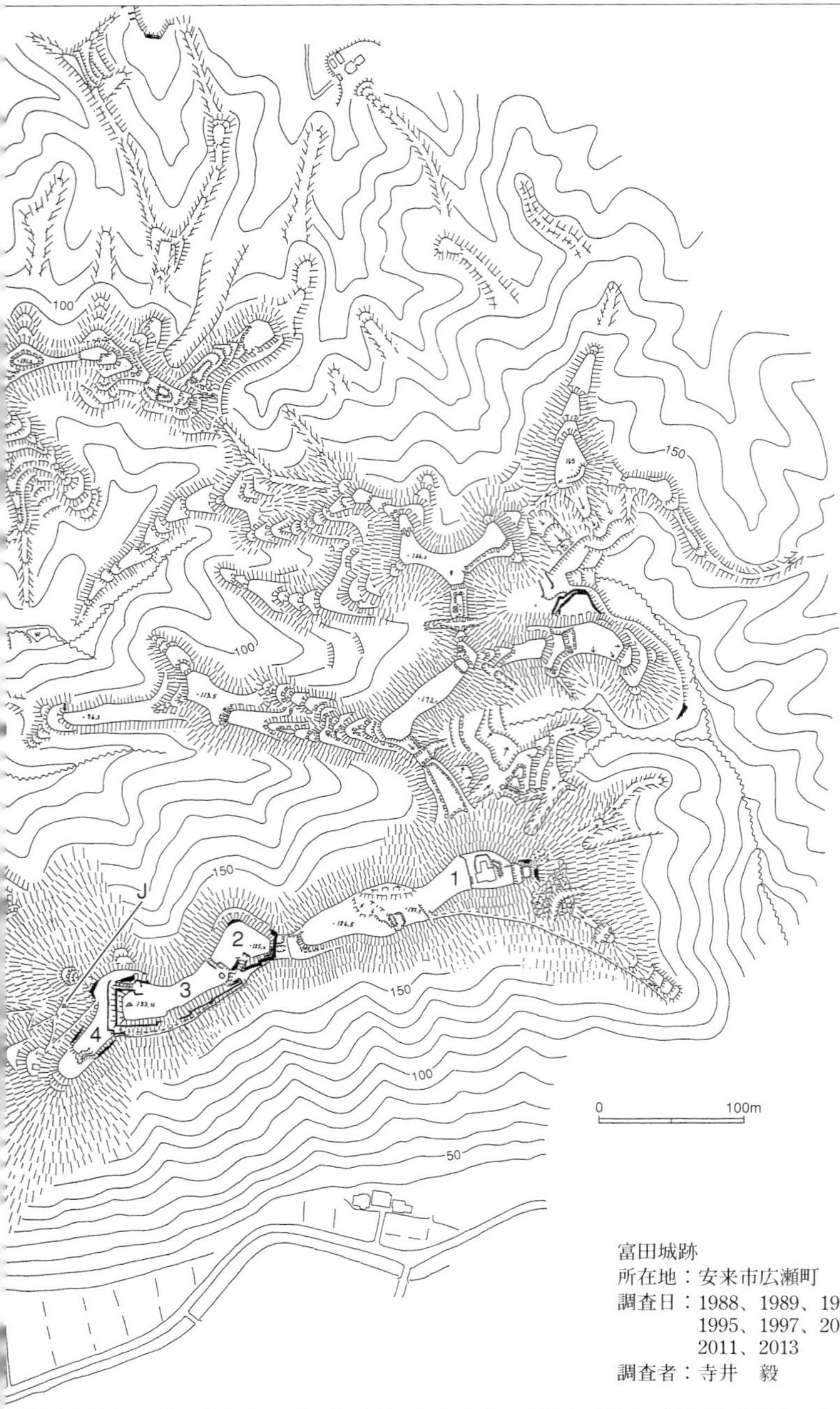

富田城跡
所在地：安来市広瀬町
調査日：1988、1989、1993、1994、
1995、1997、2003、2010、
2011、2013
調査者：寺井　毅

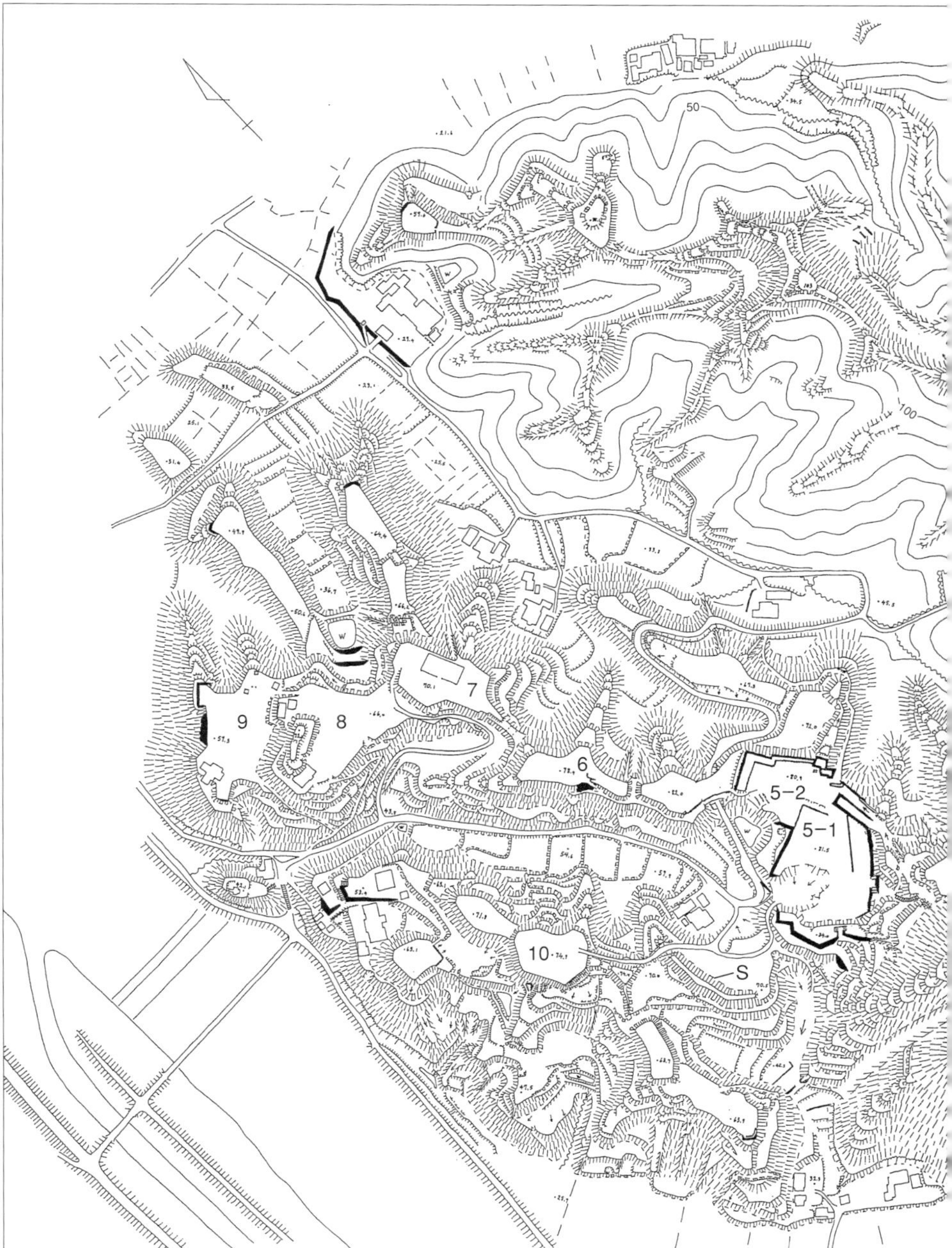
50
100
W
7
9
8
6
5−2
5−1
10
S

2 京羅木山城跡《きょうらぎさん》

◆所在地／安来市植田町・広瀬町石原・松江市東出雲町上意東
◆標　高／四七三ｍ　◆比　高／四二〇ｍ
◆主な遺構／曲輪、堀切、土塁、畝状空堀群

月山の麓からみる京羅木山

【地　理】

京羅木山は安来市広瀬町と松江市東出雲町にまたがる山で、『出雲国風土記』に登場する「高野山」とされる。京羅木山は経羅木山、掠羅木山、京良木山、境羅来山とも記される。富田城に面して背後には星上山と地続きとなっており、この道は山岳修験の道でもあった。登山口は東出雲町上意東の金比羅神社側からが京羅木山城跡へは登りやすい。ただし京羅木山城から伸びる尾根先にある勝山城跡へ直接行く場合は、広瀬町石原側から登る方がよい。

【城　史】

京羅木山は富田城と相対する山であるため、南北朝期以降たびたび陣が置かれている。観応元年（一三五〇）の諏訪部貞助軍忠状によると、佐々木氏が籠る富田城を攻めた際に、「十三日打出高野山之間、懸先陣致至極合

「金刀比羅宮」から山頂への登山道を進み、山頂手前の「荒田越」の看板を左折。

戦」と見える。その後、天文十一年（一五四二）に大内義隆が尼子氏を攻めた時や、永禄六年（一五六三）から毛利元就が攻めた際にも、京羅木山に陣が置かれている。

【城の構造】

城の遺構は、京羅木山の最高所の現在平和観音がある一帯と、そこへ至る登山道から広瀬町荒田を経て石原側へ降りるルート（荒田越え）にある遺構とに大別できる。仮に山頂遺構とA群、B群に分けて説明する。山頂遺構は平和観音があるところは樹木が伐採され、富田城を眼下にのぞめるため、大内や毛利方が富田城攻めの陣を置

aの現況

畝状空堀群

いたのがうなずける。ここの遺構は改変を受けていると想像されるものの、もともと大きく造成された様子がなく、削平地のみである。

A群は畝状空堀群と土塁が特徴的である。最高所のaが中心となる曲輪である。東西に小規模な曲輪を連ね、北側でこれらを結んでいる。東は土塁囲みとなっている。これより東に延びる尾根にも削平のあまい細い曲輪状の遺構が見られる。aより北に延びる尾根上には土塁が両側に存在し、さらに西側緩斜面に竪土塁が伸びており、その間は細い段状遺構となっている。（a）と小曲輪の回りには畝状空堀群が西南をのぞき、ほぼ全周するように取り巻いている。

B群はA群の南の尾根に位置するが、実際に行く場合は、荒田越えのルートへ戻ってから行く方がよい。ここには約二〇メートル×四〇メートルの広い曲輪があり土塁が付随し、東側の谷には池がある。さらに南へ下る尾根には、自然地形に近く曲輪とは判断しがたい地形が伸びている。荒田越えのルートには、池や平坦面が数多く存在するので、かなり標高の高い位置まで田んぼがあったことが理解できる。B群の池などもそれにともなうものである可能性がある。

京羅木山山頂の平和観音

【城の特徴】

A群の畝状空堀群と土塁の存在が最も注目される。京羅木山城を東南に尾根づたいに下ると勝山城が存在し、同じく畝状空堀群が存在する。しかし京羅木山城跡の畝状空堀群の方が雑な印象をうける。また尾根の両側や斜面へ落ちる二本の竪土塁などは、白鹿城跡周辺でも同様の土塁が確認され共通している。これらの遺構は兵の駐屯などの利用が考えられ、注目される。

（高屋茂男）

aから東へ延びる土塁

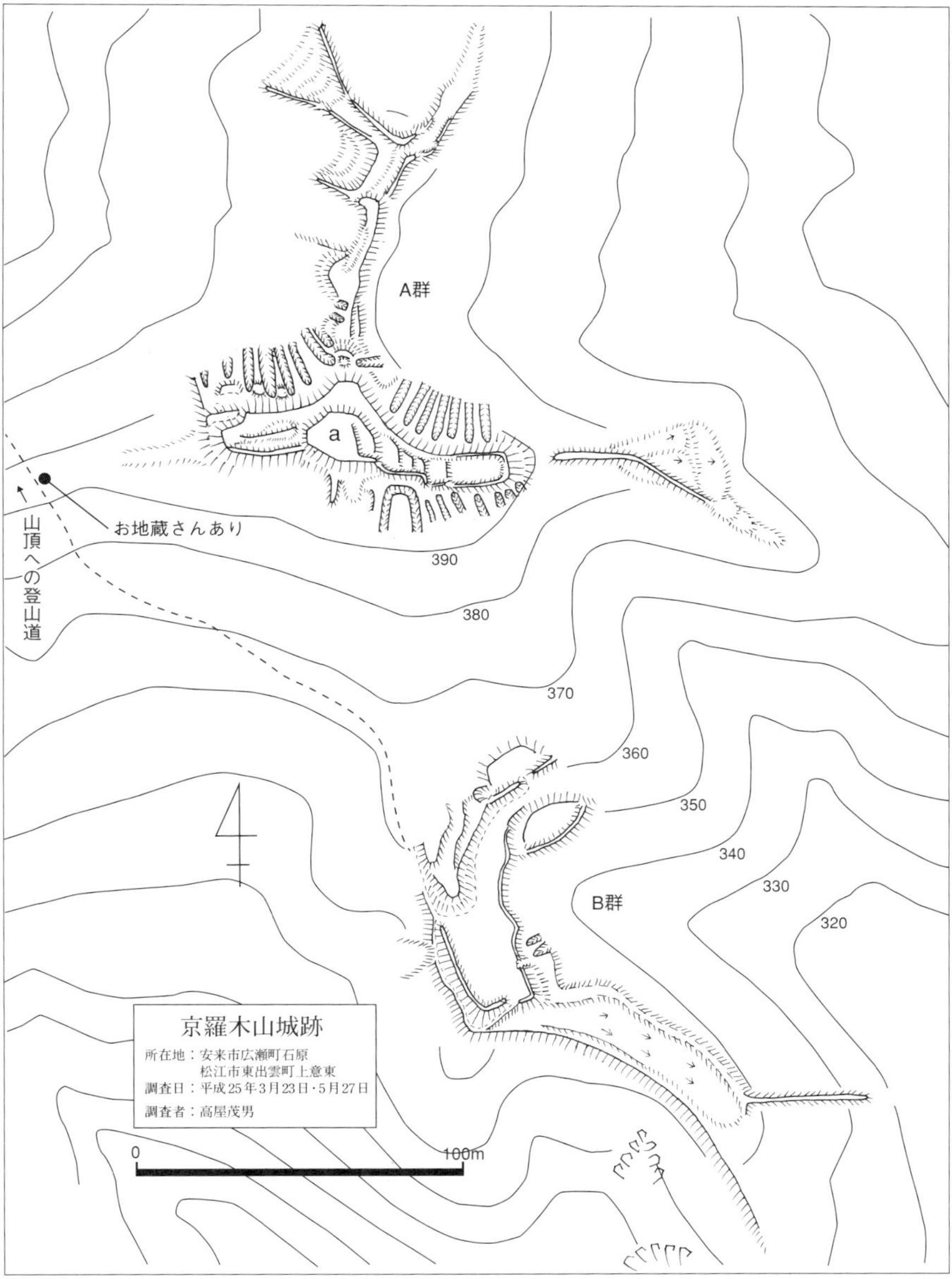

京羅木山城跡
所在地：安来市広瀬町石原
　　　　松江市東出雲町上意東
調査日：2013. 3.23・ 5.27
調査者：高屋茂男

3

勝《かつ》山《やま》城跡

（滝山城）

勝山城跡遠景

◆所在地／安来市広瀬町石原
◆標　高／二五〇m　◆比　高／三〇〇m
◆主な遺構／曲輪、土塁、堀切、畝状空堀群、桝型虎口

【地　理】

勝山城跡は富田城跡の北西に位置し、飯梨川をはさんだ対岸にある。京羅木山や新城山から派生する丘陵上に位置している。京羅木山城跡とあわせて城塞群ともいうべき遺構群である。別名滝山城とも呼ばれる。

登城には東出雲町上意東の金刀羅神社から京羅木山への登山道からそれて行く方法と、広瀬町石原から勝山城跡の西側谷部を上がり、城の北五〇〇メートルあたりから、尾根筋を南へ降りる方法がある。

【城　史】

城主には尼子家臣の田中三良左衛門と伝わる。大内義隆が天文十一年（一五四二）から十二年に出雲へ侵攻し、尼子氏の月山富田城を攻めた。大内義隆は当時西国最大の大名で、毛利元就を支配下に置いていた。大内軍は富田城攻めにあたり京羅木山に陣を置き、この城も利用されたと考えられる。その後、永禄五年（一五六二）より毛利氏が出雲へ侵攻し、永禄八年には星上山に本陣を置き、勝山城へも布陣した。

【城の構造】

曲輪は大きく三つのエリアに分かれる。①が最高所で②と③の方へ数段の細い曲輪が確認できる。①から③にかけての南側切岸には、土塁が築かれており、③のところで「折」が確認できる。③は西側と東から北側にかけて土塁があり、北側に開口して虎口としている。②の北側にも土塁で囲まれた④があり、桝形虎口となっている。

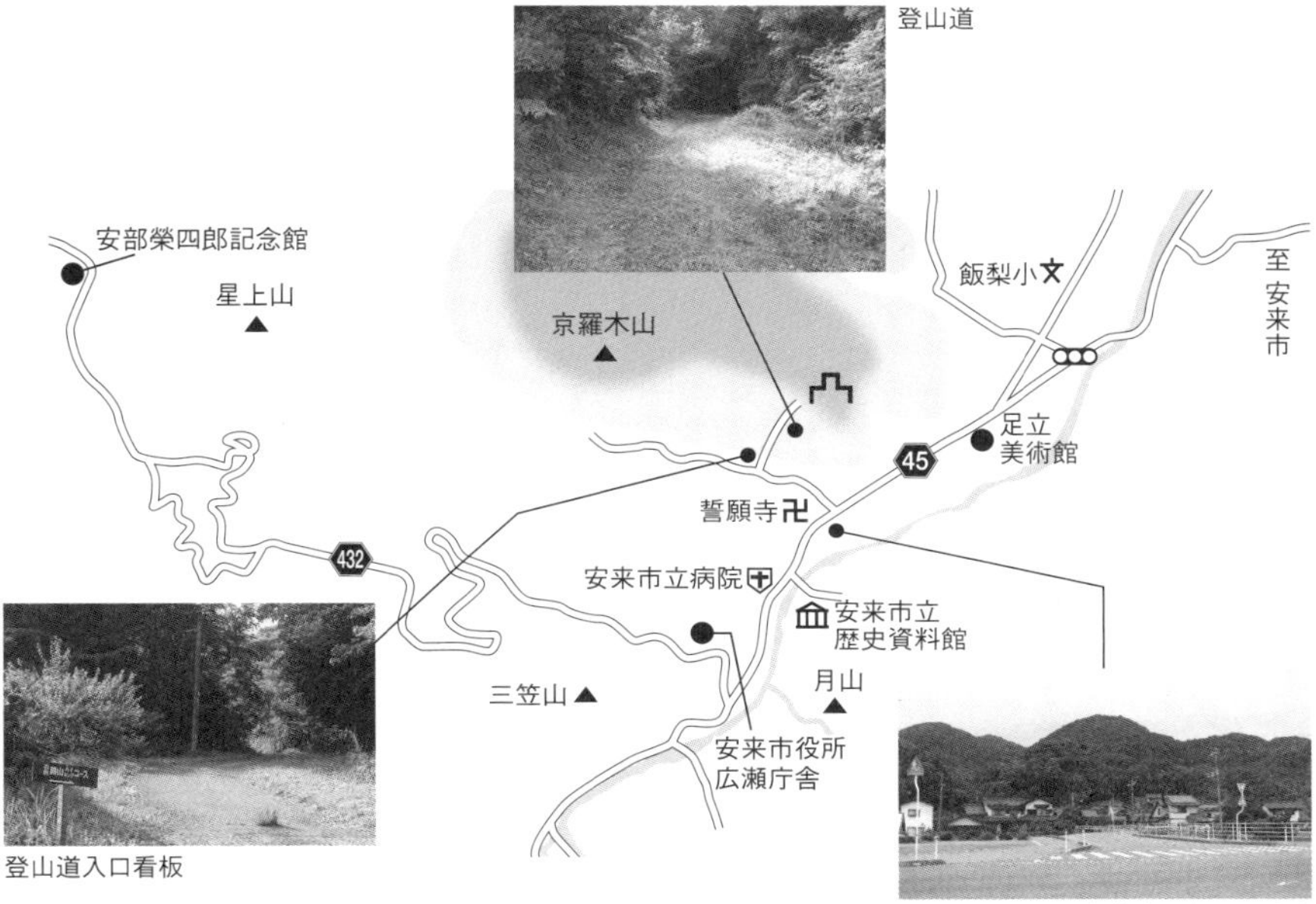

登山道

登山道入口看板

交差点から見る勝山

④西側の土塁

③北側の虎口

しかも西側は②の曲輪の塁線より張り出し横矢が効くようになっている。城域の南北の尾根筋は二・三本の堀切で遮断し、この堀切が続いて城の東側斜面全体に畝状空堀群が構築されている。畝状空堀群は堀切も含めると四十四本が確認できる。（a）の部分では「折」が確認でき、畝状空堀群の上部に横矢が効く。

【城の特徴】

勝山城跡の遺構で注目される点は大きく三点ある。一つ目は畝状空堀群と呼ばれる、斜面の部分に無数の竪堀が存在することである。県内随一の遺構である。二つ目はこの畝状空堀群の上にある曲輪の一部に「折」（a）がある点である。これがあることにより、畝状空堀群の上部に対して「横矢」が効く構造となっている。また他にも二カ所の「折」がある。三つ目は城域の北西部にある虎口が土塁囲みで、俗に「人桝」と呼ばれる桝形虎口の構造になっている点である。

畝状空堀群は全国的に存在する遺構であるが、地域ごとに集中的に存在することが明らかとなっている。勝山城の畝状空堀群は、毛利氏が播磨・上月城を攻めた際に一時的に築かれ、その後は使用された痕跡のない仁位山城に用いられていることから、毛利氏あるいはその勢力によって築かれ、桝形虎口も進んだ毛利氏の築城技術として評価されている。全国的な例を見ても、畝状空堀群の上部に「折」の確認できる事例は、永禄～天正頃の年代観ととらえてよいと考えられる。

（高屋茂男）

畝状空堀群

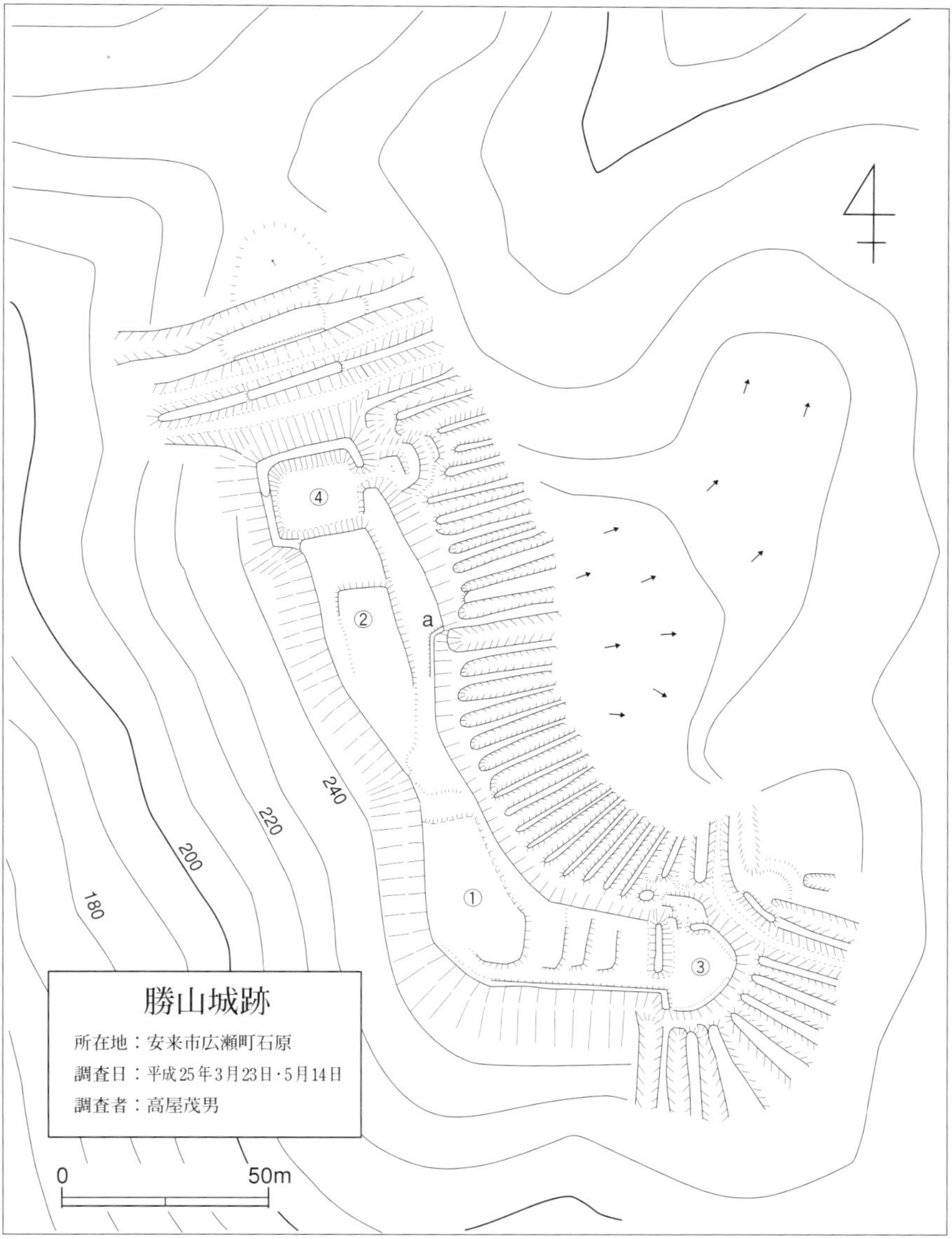

勝山城跡
所在地：安来市広瀬町石原
調査日：2013. 3.23・ 5.14
調査者：高屋茂男

4 布《ふ》弁《べ》城跡（布部城、布部要害山城）

◆所在地／安来市広瀬町布部
◆標　高／一八三ｍ　◆比　高／四〇ｍ
◆主な遺構／曲輪、堀切

布弁城跡遠景

【地　理】
布弁城跡は富田城跡の南方に位置し、飯梨川の中流域に存在する。城の北から東側は急峻な断崖になっており、天然の要害となっている。麓には布部小学校や布辨神社がある。布部は江戸期には「樋の廻たたら」を経営する家島家を中心として、宿場町としても発展した。現在も古い町並みを残している。城跡は小学校からの上がり口は分かりにくいが、神社側からは登りやすく、一部公園となっている。

【城　史】
永禄九年（一五六六）に尼子義久が毛利氏に降伏するが、永禄十一年に山中幸盛（鹿介）・立原久綱らは尼子家の再興をめざして但馬・隠岐を経て出雲入りし、忠山城や真山城を押さえ毛利の武将・天野隆重が守る富田城を包囲した。毛利方の主力が出雲入りすると、奥出雲方

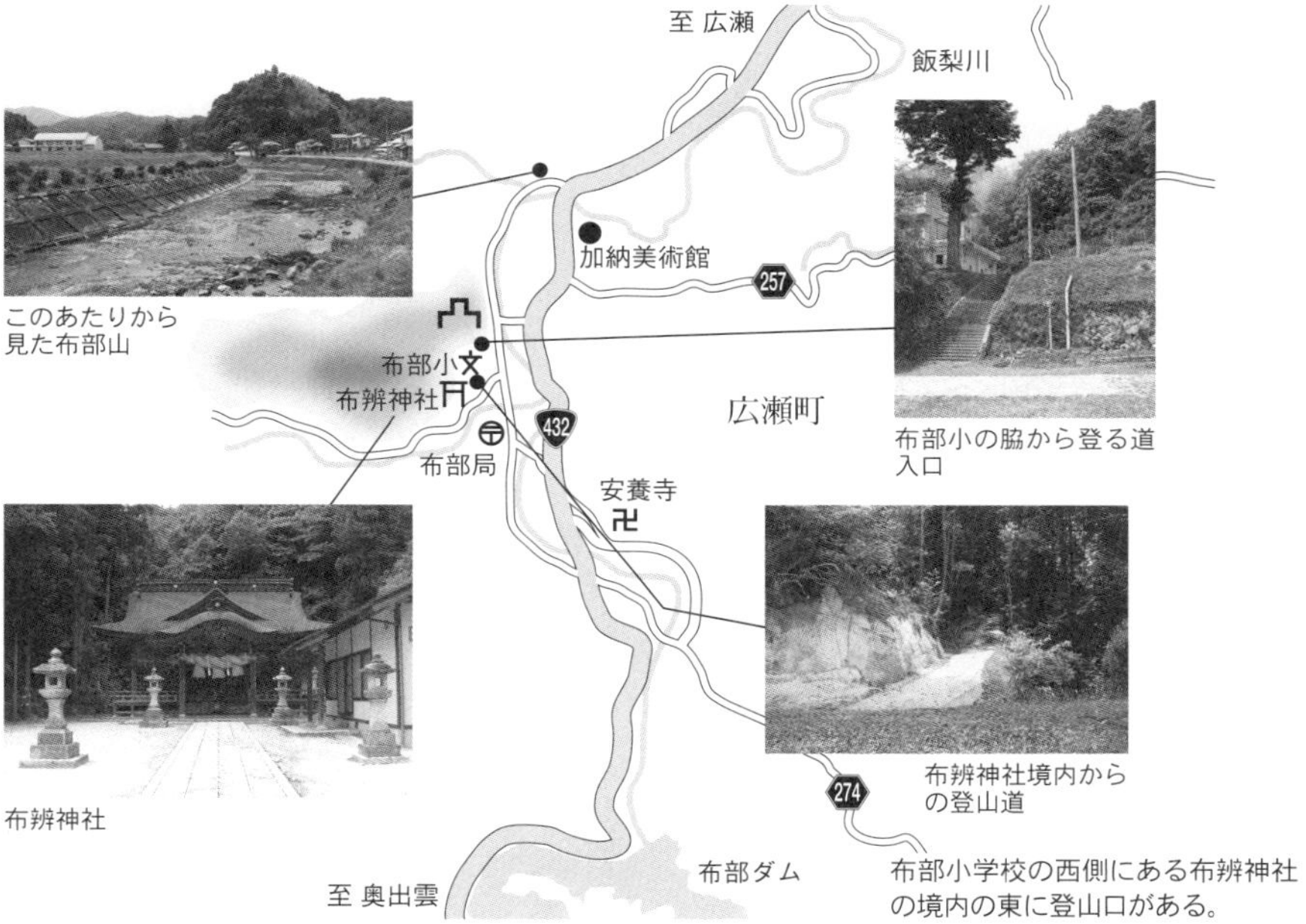

布部小学校の西側にある布辨神社の境内の東に登山口がある。

面から富田城への侵入を絶つため、山中らは布部山に陣をとった。尼子方六八〇〇、毛利方一四〇〇〇と伝わる軍勢が布部山でぶつかるが、そこに登場する中山口、水谷口という合戦地から推察すると、ここに紹介する布弁城跡とは違い、北へ二キロほど行ったあたりが当てはまる。これも踏まえると、この城での戦いというより、布部一帯での合戦と考えるべきである。なおこの戦いでは尼子十勇士の横道兵庫介が戦死したと言われる。

【城の構造】

布弁城跡は大きく最高所の三五メートル×二五メートルのAと、堀切によってB群・C群に分かれる。Aは現在愛宕神社が祀られ、木々も伐採されており、夏には愛宕祭りの灯がともる。ここからは麓の本町や比田方面、富田城がある北側への展望がきく。B・C群は小規模な曲輪を連ねる構造で、特にC群の西南部分は小規模な曲輪が存在する。AとB群の間の堀切はB、Cの北側を回り、広い平坦面へ出る。ここの通路や堀切は削られて広くなっている。またC群の下方の平坦面もその他の曲輪群の面積や削平状況から考えると、後世の改変の可能性が高い。

【城の特徴】

堀切から北へ回る通路部分が、後世の改変を受けていると考えると、概ね最高所Aが主郭と考えられるが、Aも現状で手が加えられているため、本来の形状は不明である。全体として各曲輪の面積は小さく、大規模な軍勢がよる城としては不十分である。周辺には合戦跡と伝えられる場所がいくつかあるが、城跡としては布弁城の東側に一カ所のみ調査されているだけである。合戦の歴史から考えると、明確な城跡の遺構は確認されていないものの、周辺に双方の陣跡などの遺構が今後確認される可能性も残る。

（高屋茂男）

堀切

B群の北を通る通路

山頂より南側をのぞむ

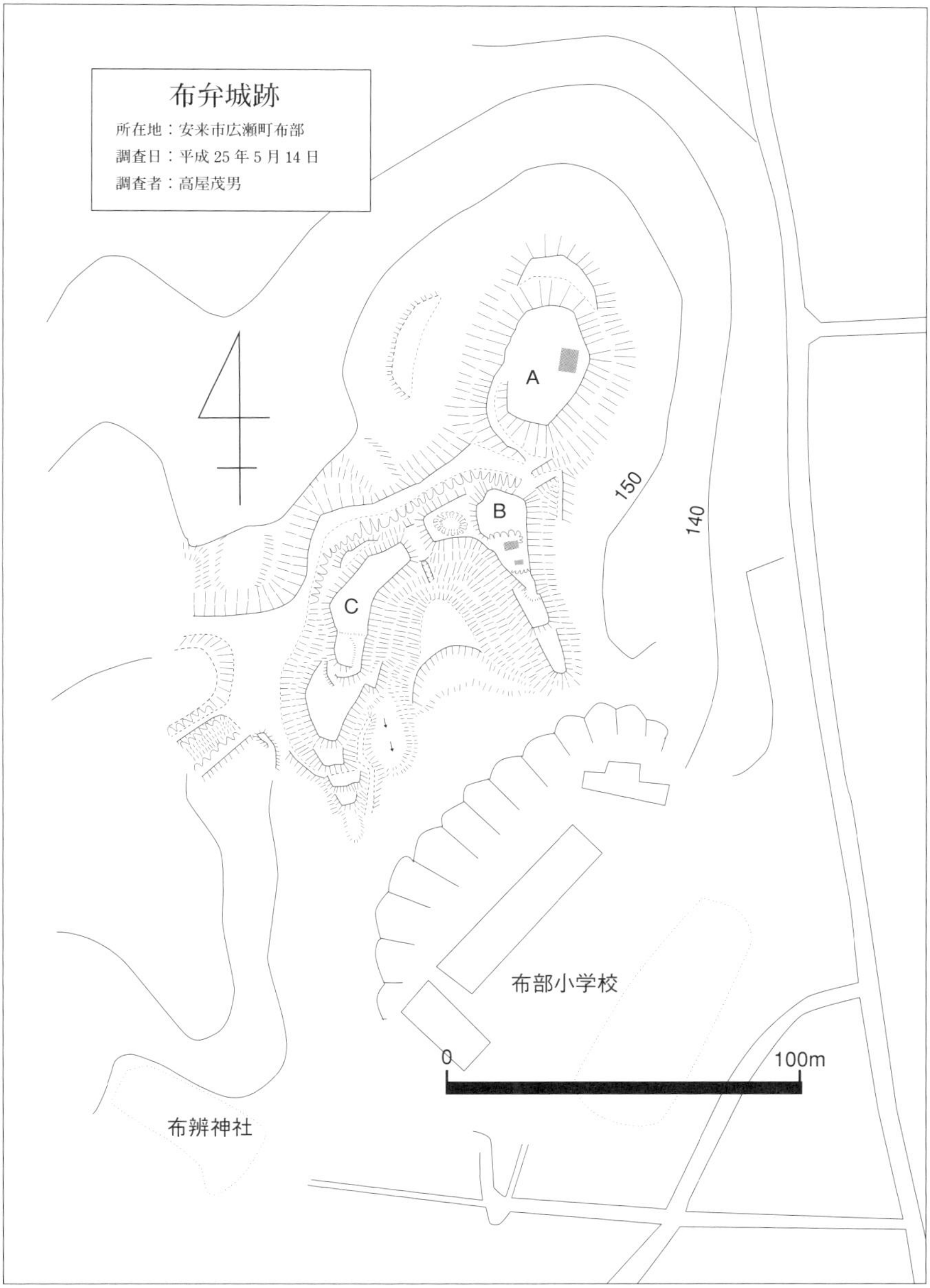

布弁城跡
所在地：安来市広瀬町布部
調査日：2013. 5.14
調査者：高屋茂男

城福寺と高尾城跡

5 高《たか》尾《お》城跡

◆所在地／安来市伯太町下十年畑
◆標　高／二七〇m　◆比　高／九〇m
◆主な遺構／曲輪、堀切、竪堀、櫓台

【地　理】

高尾城跡がある伯太町上・下十年畑は伯太川の上流に位置し、南は伯耆国に接した山間の地域である。母里から井尻、横屋、下十年畑にかけては山城が集中的に確認されている。高尾城跡の麓には城福寺が存在し、小字は「市場」である。山門には「高尾城跡」の石碑が建っている。

【城　史】

高尾城の城主は足立右馬允《うまのすけ》と伝えられている。『陰徳《いんとく》太平記《たいへいき》』や『雲陽軍実記《うんようぐんじつき》』に布部山合戦の際に、高尾右馬允・宗兵衛が、白鹿城の合戦で高尾縫殿允《ぬいどのすけ》・右馬允の名が見え、この右馬允が尼子氏の滅亡後に、足立と改姓したという。また子孫は採鉄に従事したという。また周辺では右馬允に仕えていたという稲田太郎兵衛の子孫が下十年畑字用土で野ダタラを操業したと伝えるほか、周

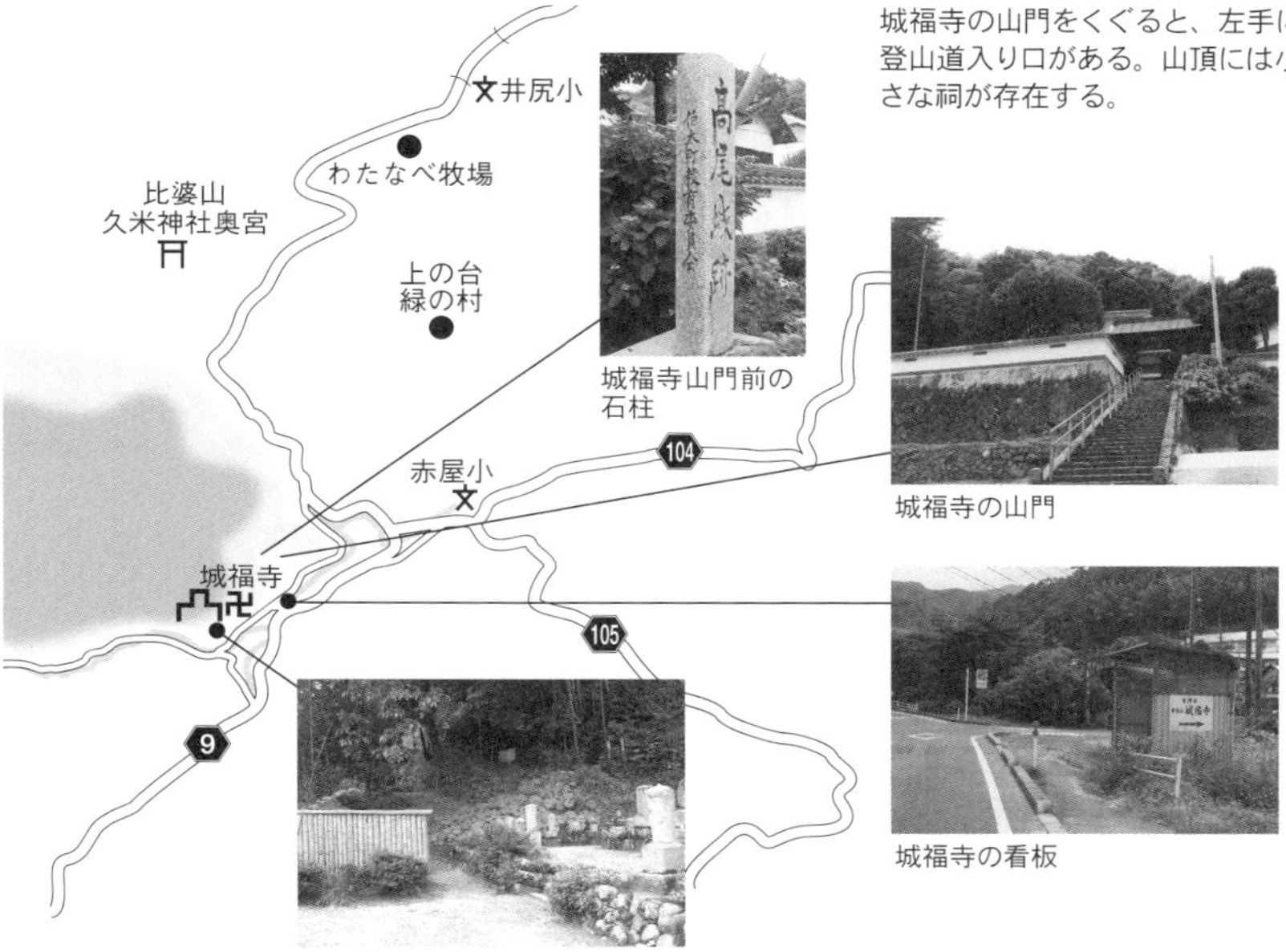

城福寺山門前の石柱

城福寺の山門

城福寺の看板

登山道入口

城福寺の山門をくぐると、左手に登山道入り口がある。山頂には小さな祠が存在する。

辺では採鉄が数多く行われていたことが確認される。なお城下にある城福寺は『雲陽誌』によると、足立右馬尉が尼子滅亡後に、主家の冥福を祈って小庵を建てたのにはじまるという。

【城の構造】

麓の城福寺境内の背後に城への登城口がある。道にそって登っていくと、Cにたどり着く。ここには小さな祠が置かれている。この曲輪の西側に土塁があり、この土塁はBへの道を兼ねている。Bには櫓台状の方形の高まりがある。その北側は大きな堀切で遮断され竪堀となって落ちている。さらにその北側にも堀切がある。この堀切の東側は、さらに上のU字形の堀切と合流している。これらの西側を通路が通っており、葛籠折《つづらお》れになった斜面を登るとAにたどり着く。この道は整備されたもので本来の道ではないかもしれない。Aは約二〇メートル×一〇メートルで、

主郭の現状

Cの現状

ここにもいくつかの祠がある。この西側は大きな堀切で遮断している。

この西側の点線で囲ったエリアには土塁、竪土塁や空堀などが存在し、城郭遺構のように見える。しかし土塁などはひと続きになったものではなく、こぶのように掻き上げられた土が積まれたようになっている。このエリアの北側には谷が入り込んでおり、田んぼが近くにせまっている。この周辺では採鉄を行っていたことが記録から明らかで、第三章の「城郭類似遺構」のように、採鉄にともなう遺構と見た方が自然であると思える。

【城の特徴】

構造的には布弁城跡とよく似ており、AとB・Cの間が堀切によって分断されている。両者の間の二重堀切に続くU字形堀切の部分は傾斜が緩く、これをつぶす目的とも考えられる。ただしU字形堀切の部分も後世の改変を否定できない。規模は小さいものの、櫓台状の遺構や、堀切などみどころもある。西側の類似遺構は異論もあろうが、その評価によって全く性格も変わるため今後に期待したい。

（高屋茂男）

二重堀切を北側から見る

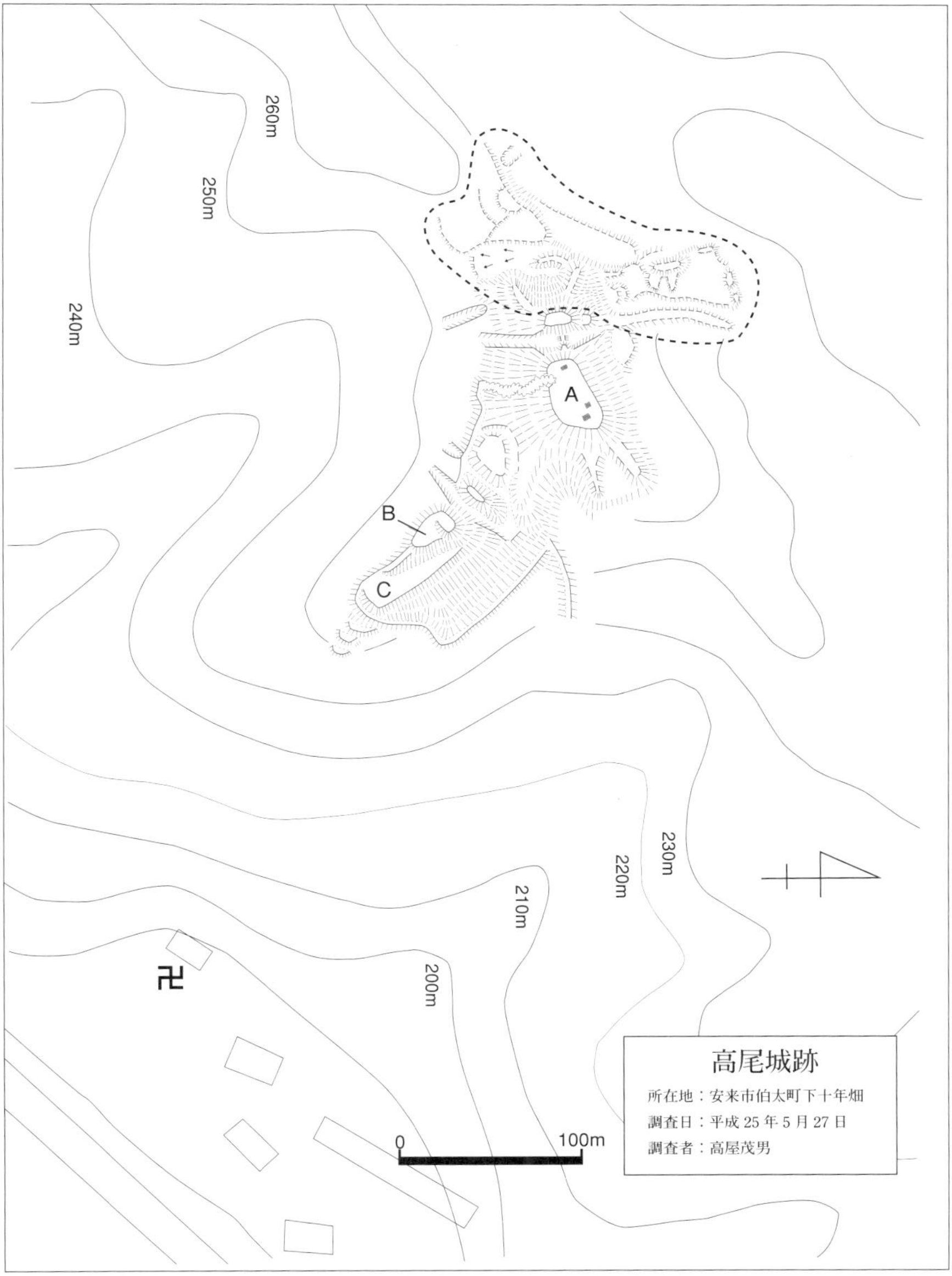

高尾城跡
所在地：安来市伯太町下十年畑
調査日：2013. 5.27
調査者：高屋茂男

6 十《と》神《かみ》山《やま》城跡

◆所在地／安来市安来町十神
◆標　高／九三m　◆比　高／九〇m
◆主な遺構／曲輪

十神山城跡遠景

【地　理】

中海南岸の安来港の東側にみえる山が十神山城である。『出雲国風土記』には「砥神島」と見え、当時は島であったと考えられるが、その後の土砂の堆積、江戸期の埋め立てなどにより地続きとなっている。山容は山頂から東へ延びる尾根上に「中十神」、さらに北東に「小十神」と呼ばれるピークがある。この尾根筋やピークに城の遺構が点在している。現在城跡は公園となり、ハイキング気分で訪れることができ、城の北側の海岸にはキャンプ場が設けられている。

【城　史】

十神山城の城主は松田氏と言われる。松田氏は安来荘の地頭で後には、島根郡にも勢力をのばし白鹿城の城主とも伝わる。十神山城はその立地から、安来津（港）とは密接な関係にあった。安来津は中世において重要な拠

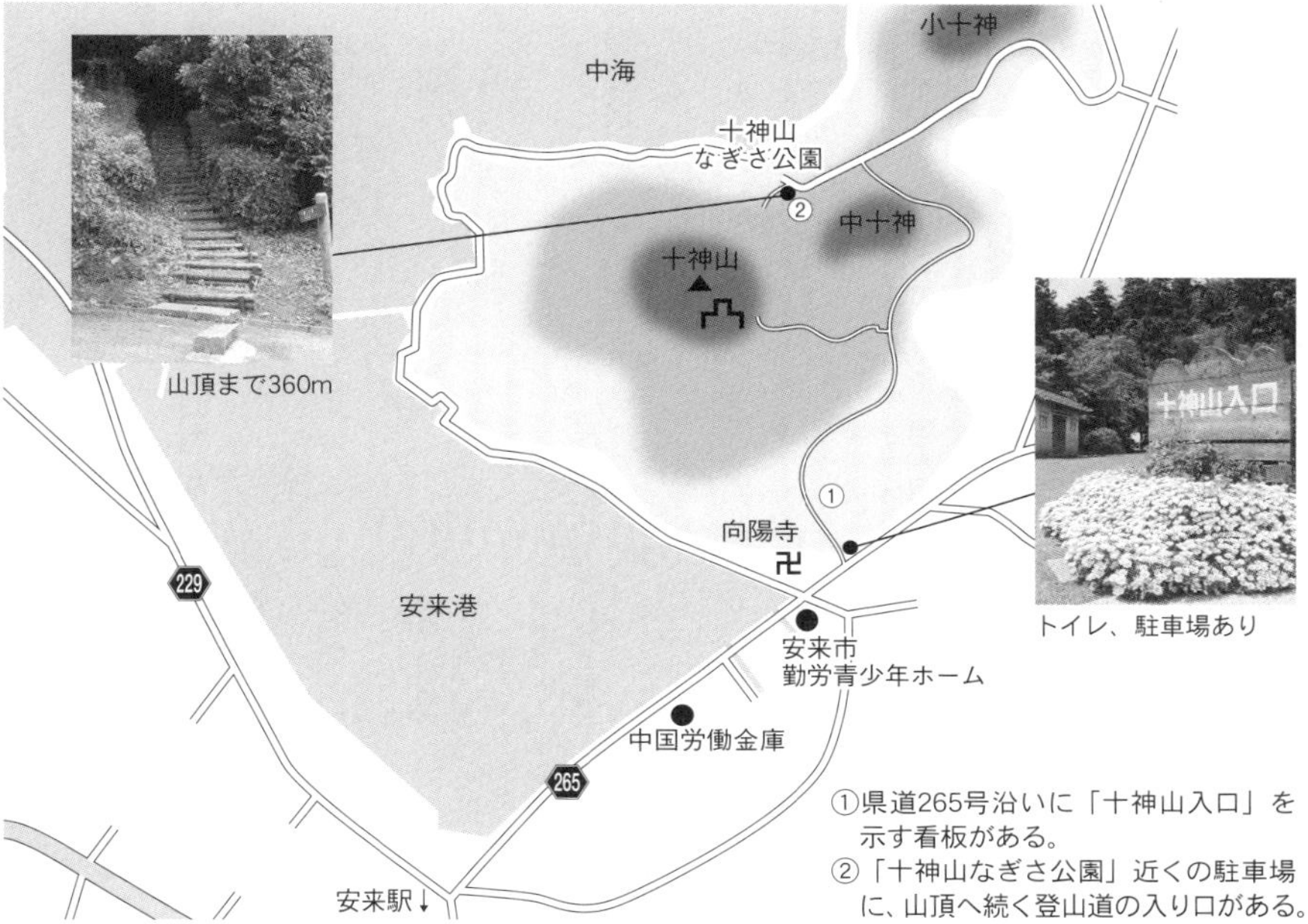

①県道265号沿いに「十神山入口」を示す看板がある。
②「十神山なぎさ公園」近くの駐車場に、山頂へ続く登山道の入り口がある。

点で、後醍醐天皇が隠岐へ配流された時も安来津から出航している。

応仁二年（一四六八）十月二十三日の「尼子清定宛生観書状」（『佐々木文書』）には、山名六郎・松田備前守らが十神山城に立て籠もり、これを尼子清定が落としたことがみえる。戦国期には富田城の外港としての重要な役割を果たしたと考えられ、永禄七年（一五六四）正月の毛利元就から粟屋就方宛て返書では、「安来表」の警固のことが記されている（『萩閥』粟屋勘兵衛）。尼子家復興戦に際しては、元亀元年（一五七〇）に尼子方が毛

（A）の現況

（A）の帯曲輪（左がA）

利方の「十神城」を落としているが（『萩閥』湯原文左衛門）、すぐさま毛利方が取り返している（『萩閥』児玉惣兵衛）。これらから安来津の重要性がうかがえ、十神山城はこの安来津の守りを固める城と言えるだろう。

中十神山の現況

【城の構造】

十神山城は大きく山頂のA部分と「中十神」、「小十神」と呼ばれるピークとに分かれる。いずれも大きな普請ではなく、小規模な曲輪が連続している。標高から考えてAが主郭と考えられる。ここには古墳があり、石棺の部材が積まれている。

【城の特徴】

ピークごとに小規模な曲輪が点在する構造で、これら曲輪の求心性は低い。

公園となっており、どこまでが本来の城の遺構なのか断定しがたいところもあるが、おおむねこのような散漫な遺構で、尾根筋に小規模な曲輪を連ねる構造であったと考えられる。

（高屋茂男）

十神山城を上空からのぞむ

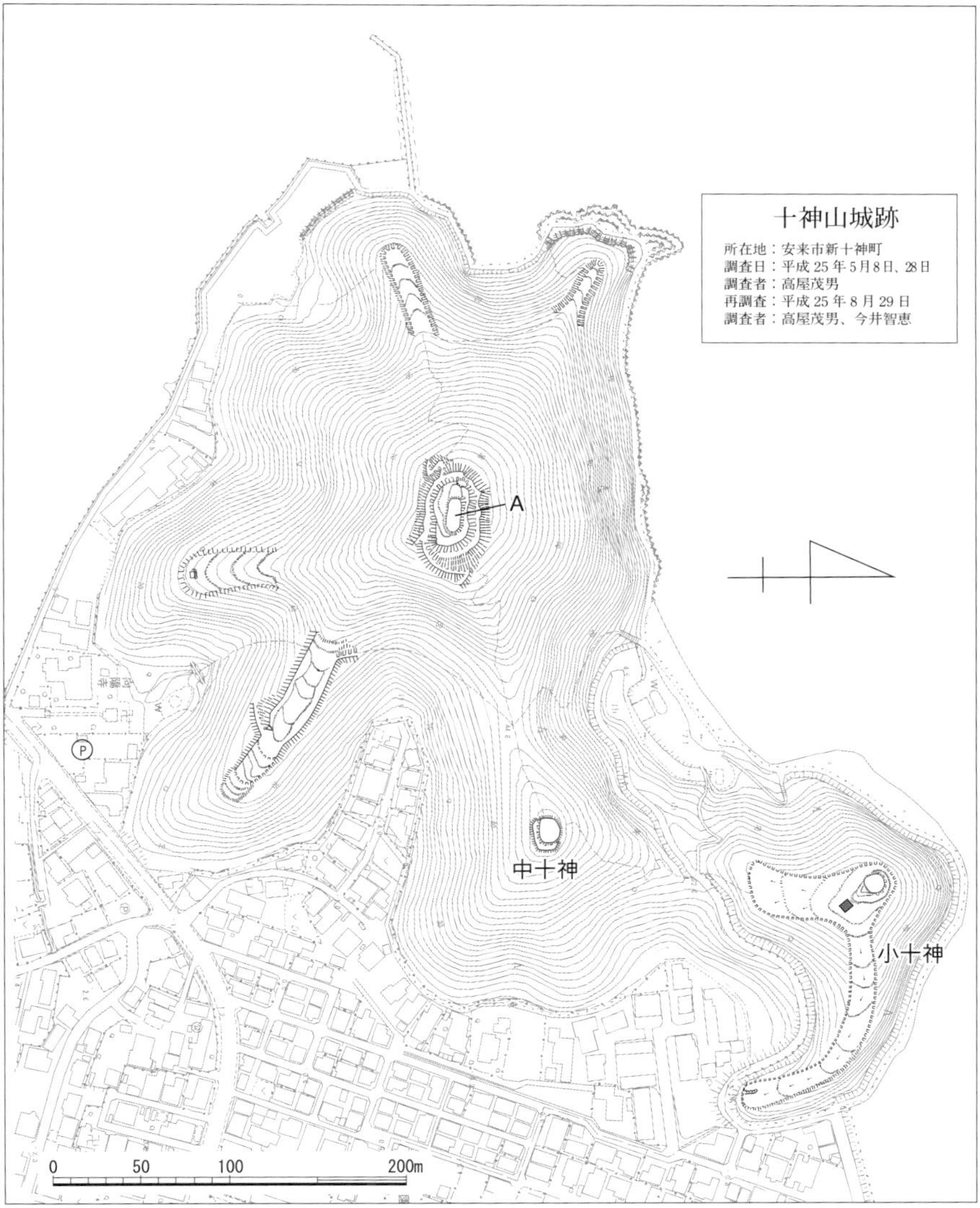

十神山城跡
所在地：安来市新十神町
調査日：2013. 5. 8、28
調査者：高屋茂男
再調査：2013. 8.29
調査者：高屋茂男、今井智恵

川手要害山遠景

7 川手要害山城跡《かわてようがいさん》

◆所在地／安来市下吉田町
◆標　高／五〇m　◆比　高／三〇m
◆主な遺構／土塁、虎口、堀切、竪堀、横堀

【地　理】

安来市下吉田町は独松山等から派生する高い尾根を挟んで広瀬と相対する地にあるため、尼子氏に重視され、軍事はもとより経済的な拠点として整備されたものと考えられる。したがってこの広い谷の両側の丘陵には多くの城郭が築かれていた。尼子氏は吉田の谷を領有する吉田氏との間に姻戚関係を進めたという。

上洛指向の強かった尼子氏は赤松氏の内紛を察知し、天文元年（一五三二）頃から美作国に侵攻している。天文六年から八年の間に三回播磨国に遠征しているが、特に天文七年六月頃からの遠征は本格的なもので、置塩城《おきしお》（兵庫県姫路市夢前町）の赤松正村（晴政）を敗走させ、播磨国の大半を支配している。このような大規模な遠征が行えたのはこの時期に美作国が尼子氏の勢力下にあったためとされる。富田城から美作国は遠いようにみえるが、富田城から尾根伝いに東に進むと吉田（安来市吉田）、

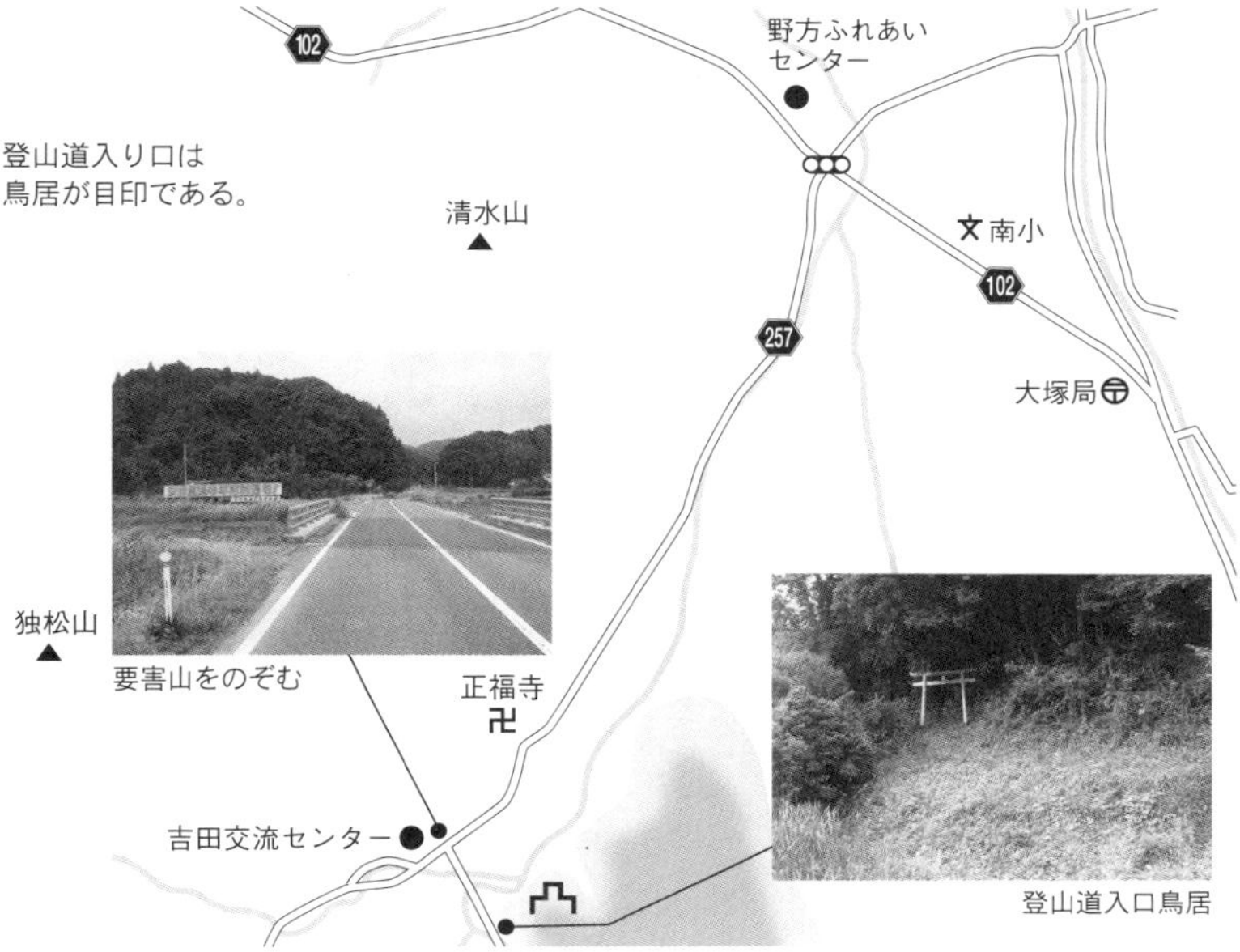

要害山をのぞむ

登山道入口鳥居

出雲国東南の安来市伯太町に至る。南東に接するのは伯耆国西南端に位置する日野郡日野町であり、日野町は美作国の北西部と接する。現在の交通網と当時の交通網は異なることに注意しなければならない。美作国と伯耆国の接点に位置する日野衆の掌握には尼子、毛利氏共に神経を尖らせていたという。尼子氏は美作国からの補給を頼みとし、毛利氏は補給路の遮断を図った。

【城　史】

尼子氏によって築かれたとされているが、手間《てま》要害山（鳥取県西伯郡南部町）等から尼子軍が撤退すると尼子氏の東部戦線が壊滅し、唯一富田城への補給中継拠点として機能していた江美《えび》城（鳥取県日野郡江府町）が落城し、毛利軍が吉田に殺到して、吉田の谷の東側に城塞群を築いた時期に改修されたものと考えられる。規模から見て、この方面の毛利軍の本陣が置かれていた可能性が高い。

【城の構造】

主郭は最高所の郭1と考えられ、北側に一段下がって郭2、南側に郭3、そして南北の郭を繋ぐ郭4が築かれている。周囲の壁は削り込まれており、特に東側の尾根筋は覗き込むと足がすくむ。郭2に虎口（A）が認められるため、郭1～4は一つの防御施設として機能していたことが分かる。郭3に認められる穴は井戸と考えられるが、狼煙の施設の可能性もある。郭5は郭1を中心とした中核部の西側に築かれており、北側に回り込むように築かれている。西側に虎口（B）が築かれており、下位の郭と連絡している。郭5の北東端は約一メートルの段差で堀切に接している。下りると北側の谷に向けて竪堀（C）が築かれている。防御のために築かれたものと考えられるが出撃道の可能性もある。郭1の東側に築かれた堀切（D）の堀底を経由して郭6に至ることができる。ここには南側の谷に下りる虎口（E）が築かれている。また、郭3の南側に築かれている堀切（F）を経由して郭5周辺の郭群に連絡が可能となっているため堀切（F）は堀底道としても活用されていたのだろう。主郭の東側、堀切（D）を隔てて郭9を中心とした郭群が築かれている。北と東側の尾根筋に堀切を築いているが、郭の南側に横堀（G）、竪堀（H）等が複雑に築かれており、当城の見所である。東側の尾根筋を警戒していたことが分かる。ただ、（I）の堀切は浅く普請も不十分なため、川手要害山自体の存続自体が無用となった（尼子氏の降伏）ため放棄されたものと考えている。地域を支配する拠点として築かれた城郭以外、特に軍事的色彩の強い、その戦いの時だけ必要とされた城郭は、存在意義が無くなると放棄されたと考えられるためである。

【城の特徴】

城郭の壁が全体的に削り込まれており、毛利側の最前線に築かれた軍事拠点と考える。地理に詳しい尼子氏の夜襲等には削り込まれた壁や横掘等を頼りに守り通し、駐屯する軍勢を戦況に応じ、北側と南側の谷から送り出す出撃拠点とした性格を併せ持った城郭である。主郭1周辺の郭群を郭5から堀切（D）、（F）を通って郭5の北側まで一周できる構造はめずらしい。大軍の迅速な出撃のためか。

（寺井　毅）

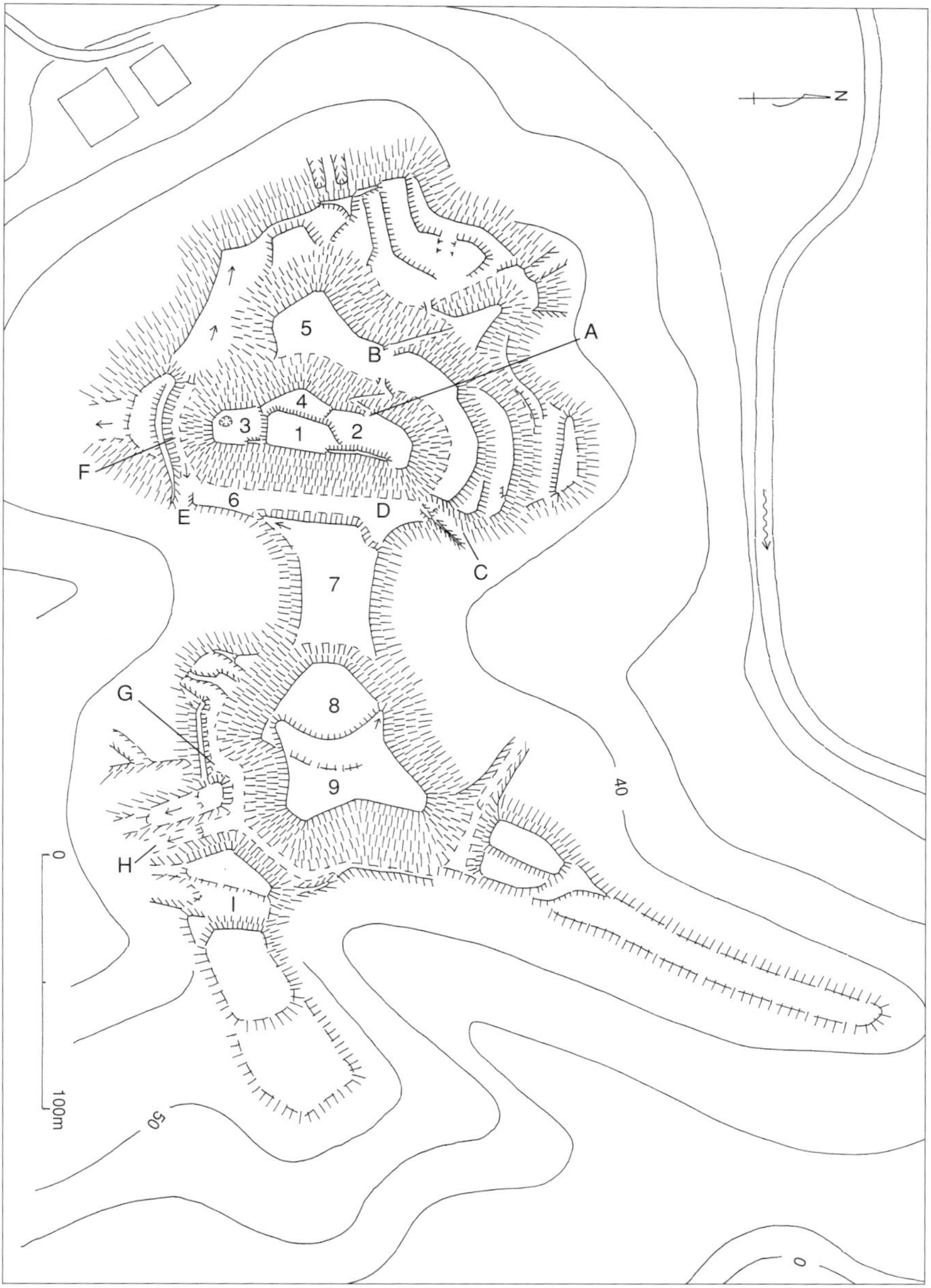

川手要害山城跡
所在地：安来市下吉田町
調査日：2000
調査者：寺井　毅

8 白《しら》鹿《が》山《やま》城《じょう》砦《さい》跡群

◆所在地／松江市法吉町
◆標　高／一五〇m　◆比　高／一二〇m
◆主な遺構／曲輪、腰郭、土塁、堀切、竪堀、連続竪堀、虎口

白鹿城主郭跡の現況

【地　理】

白鹿山城砦跡群は、松江城のほぼ真北約二・五キロに位置する。谷を挟んで北東約一キロに真山《しんやま》城跡を見上げることができる。

城砦跡群の中核である白鹿城跡に至るには、ソフトビジネスパークから真山林道を西に進み、駐車場の設けられている西の谷登山口からの北回りのルートが時間・距離ともに短くてよい。

【城　史】

白鹿城が戦国史上注目を集めたのは、雲芸攻防戦（一五六二～六六）の初期、出雲国の西半を制圧した毛利勢に対して、島根半島における尼子方の軍事拠点としてこれに立ちふさがったからである。ただ、白鹿城にはこれ以前の前史があったと考えられるが、それについては後述することとしたい。

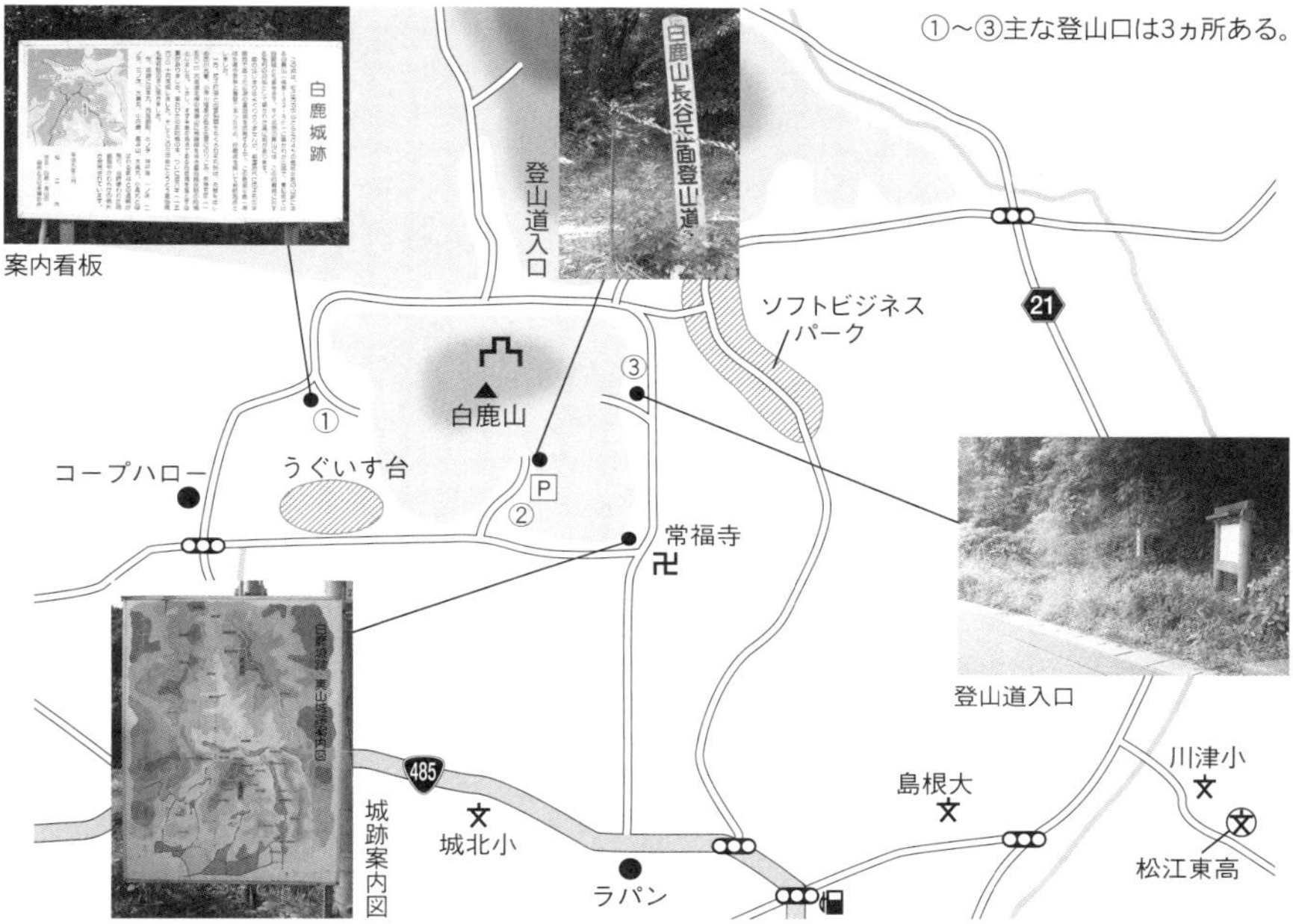

推定永禄五年（一五六二）十二月の毛利元就書状（『萩閥』兼重五郎兵衛）によると、元就は、富田《とだ》城攻略のための布陣としては、まず「あらはひ崎」に陣を構えるべきである。ここは白鹿城とは適度に離れていてしかも「水うみのきわ」である。そのうえで同日に「わくら山」を取って一城を構え、富田城と島根郡（白鹿城）との連絡を切断しなくてはならないと言っている。さらに「わくら山」に築城した後に「けいこ（警固《けいご》＝毛利水軍）」を中海に進出させて大根島に拠点を構え、宍道湖からの船団と合流させれば、白鹿城と富田城との連絡路は切断できると述べているのである。

毛利方による白鹿城への本格的な攻撃は翌年八月十三日から開始され、小白鹿などの諸丸《しよまる》固屋《こや》（小屋）を攻略した。しかし推定同年九月五日の毛利元就書状（『萩閥』児玉弥七郎）では、小白鹿を切り取り小屋を焼き上げて詰《つ》め（本城）に追い込んだが、天候が悪くて延引《えんいん》していると伝えている。

その後十日・十一日と戦闘が続き、毛利方でも多くの死傷者を出したことが十一月十三日の吉川元春軍忠《ぐんちゆう》状《じよう》（『吉川家文書』）で知られる。それによると、戦死者五名をのぞく戦傷の原因は鉄砲疵が七三％をしめ、矢疵（一三％）つぶて疵（一一％）切疵（二％）を大きく上回っている。この時点で尼子方でも鉄砲装備が充実し、戦いが銃撃戦になっていることがわかる。

一方尼子義久は、当城に麾下《きか》第一の勇将とうたわれ姉(妹とも)婿ともいわれる松田誠保を城将として籠《こも》らせていた。戦略的にも重大なこの局面に対応して、さらに弟の倫久を総大将とする救援部隊を派遣したという。『雲陽軍実記《うんようぐんじつき》』は、このとき山中鹿介ら近習衆《きんじゅうしゅう》と大身《たいしん》の面々との間に、先鋒をめぐっての対立があったこと、さらに敗走の後に両者の確執が深まったことを記している。いずれにせよ、尼子方では敗勢を挽回することがかなわず、十月中旬に誠保は毛利方に降伏し、白鹿城は毛利方の手に落ちた。

【城の構造】

島根半島の脊梁から大橋川の河口に向かって下る稜線の突起部(白鹿山)を本城とし、その南西に続く小白鹿山にも郭群《くるわぐん》を配している。さらに、白鹿山から北方の鳥ノ子山《とりのこ》に続く稜線にも大高丸《おおたかまる》・小高丸《こたかまる》などとよばれる郭群が点在する。なお、鳥ノ子山から南東に尾根筋をたどると、吉川元春が白鹿城攻めの向城《むかいじろ》にしたという真山城に至ることができる。

小白鹿山の鶯谷《うぐいすだに》を挟んだ西側の高坪山《たかつぼ》にも普請の痕がある。また小白鹿山から南西に下った尾根筋の先端の土居《どい》遺跡は、現地に残る伝承や三方を土塁《どるい》状に取り囲まれた地形からみて居館跡とみてよい。

この土居遺跡や白鹿城・小白鹿をふくむ法吉郷《ほっきごう》と松田氏との関係は、雲芸攻防戦以前にすでにあった。応仁の乱(一四六七〜七七)のさなかの文明五年(一四七三)、松田三河守が出雲国守護の京極政高から法吉郷の管理を任されている(『小野家文書』)のである。反守護方となった法吉郷の領主にかわり、松田氏が守護領に組み込まれた法吉郷を与えられたのであろう。

白鹿城より小高丸をのぞむ

おそらく松田氏は土居遺跡に土居(居館)を構え、背後の白鹿山を詰城《つめじろ》としたのであろう。それもまずは小白鹿山に普請を施して詰城(小白鹿城)とし、雲芸攻防戦にともなって戦略的重要性が増すにつれて白鹿山へと普請を拡大したのではあるまいか。

さらに、尾根伝いに背後から回りこまれることを防ごうとして、小高丸から大高丸へと稜線上の突起部に普請を拡張したのであろう。

最初に毛利方に奪取されたという小白鹿山（標高一一一・八m）は、頂上とその南北に曲輪《くるわ》を配した単純な縄《なわ》張《ば》りで、むしろその南方（A）と東方（B）に下る尾根に階段状に曲輪を配しているのが注目される。北方は通称大黒丸《だいこくまる》に、さらには本城（白鹿城）に防御をゆだねていたのであろう。

大黒丸はていねいに普請された曲輪を中心とし、本城と小白鹿城の連絡を確保する役割をもたされている。さらに、南東方向に下る尾根筋（C）を階段状に削り込んで曲輪を造成することに普請の力点が置かれている。この郭群は本城の南端から下る尾根筋の郭群（D）と呼応するものである。

いずれも長谷に向かって下る尾根筋に普請が施され、重なる曲輪とその間の切岸《きりぎし》をもって防御としている。したがって尼子方では、毛利勢の城攻めは長谷からと予想し、これを尾根筋の郭群で挟撃することで殲滅する作戦だったと考えられる。

なお、長谷と東側の白鹿谷の間に伸びる尾根筋にも普請の痕跡が部分的に認められる。通称神田丸《かんだまる》周辺がそれであるが、断続的でいかにも急造あるいは普請途中の雰囲気がただよう。

本城では主郭の北側と西側の普請が技巧的である。北側の通称御月見御殿《おつきみごてん》跡とよばれている曲輪（a）は削平がていねいで切岸も急に削られている。案内の標柱では本丸と表示されているが、やはり不適切で、本来最高所の主郭（b 通称一ノ床《いちのとこ》）こそがそれにあたる。

ただ、御月見御殿跡の北側斜面は三本の連続竪堀《たてぼり》（c）で防御されていることが読みとれる。また、東側の白鹿谷に向かって下る尾根筋には階段状に曲輪が重ねられている。この縄張りと普請は、防御正面が白鹿谷方向、つまり真山城方向を向いていることの表れである。

これまで、落城後の白鹿城については、毛利氏による改修強化をうけていない可能性が高いと考えられてきた。『懐橘談《かいきつだん》』が、尼子氏の滅亡後に毛利氏がこの城を破却したと記しているのと、縄張り調査の結果からこのように評価されてきたが、尼子家復興戦（一五六九〜七一）時に毛利勢によって改修強化されたとみるべきであろう。

竪堀と土塁（d）をめぐらせて固めた主郭の西側下方の井戸郭《いどぐるわ》、さらにその西方斜面の竪堀群、緩斜面を切断するためのV字形の堀切《ほりきり》（e）など、西ノ谷方面に向けた縄張と普請は、真山城に拠《じ》った尼子方への示威と防御のためであろう。つまり攻守所をかえてみると、小高丸

井戸郭を囲む土塁（白の実線が土塁の上端、点線が下端）

から西ノ谷の鞍部《あんぶ》を伝って回りこまれる恐れが大きかったからであろう。

なお小高丸は永禄六年（一五六三）十月十三日に陥落した。同月十八日付けで毛利元就が村上就常らに与えた四通の感状（『萩閥』村上又右衛門など）が残されているので、松田誠保が城を開いて毛利方に降伏したのはこの直後、つまり十月十七日までのことであろう。

小高丸の主郭（標高一五一・九メートル）は南北七メートル東西六メートル程度の規模で、しかも削平不十分で丸みを残したままである。尾根筋に設けられた曲輪も小規模で切岸も低い。

小高丸からほぼ真北に向かうやせ尾根には、北端の大高丸（標高二三二・四メートル）まで断続的に普請が施されている。つまり、高所を選んで曲輪を造成しているけれど、ほとんどが曲輪面積が狭小で切岸も低い。さらに途中の尾根筋はほとんど自然地形のままに残されている。堀切を掘って攻勢を遮断するという意識は認められないのである。雲芸攻防戦に際して白鹿城側が急遽造成したものを、尼子家復興戦にあたって毛利方は手を加えることなく放置したのであろう。毛利方としては西ノ谷の鞍部を防御ラインとし、これより南方を改修強化することにしたと考えられる。

【城の特徴】

珍しいことに当城には坑道戦に関わる記録が残されている。一点は、毛利方の福間元明が残した書置《かきおき》（史料Ⅰ『萩閥』福間彦右衛門）で、「らんとうの尾」より「仕《し》寄穴《よせあな》」を掘って攻め込もうとしたところ、尼子方でも「多賀丸《たがまる》」から横穴を掘ってきて互いに掘り寄せ、坑道内での戦闘となった。元明が首を取ったのをきっかけに敵方の横穴を奪い取ったというのである。

二点目は、小川助左衛門の書上《かきあげ》（史料Ⅱ『萩閥』小川喜右衛門）で、「小高丸穴口」において槍を振るって奮戦したので感状をもらったと記している。

もう一点は先に引用した吉川元春軍忠状（史料Ⅲ）で、九月十一日の「堀口衆合戦事」として吉川彦次郎ら三名の軍功をあげている。

史料ⅠとⅡは、それぞれ当家に伝わった後世の家譜《かふ》で史料性は落ちるが、史料Ⅲは信頼してよかろう。とすれば、白鹿城攻防戦においては坑道戦が戦われたのは事実と考えてよかろう。ただ、史料Ⅰのいう「らんとうの尾」や「多賀丸」が具体的にどこを指すのか、未だ解明されていない。また史料Ⅱでは、現在の地形を観察する限り、小高丸のどこに坑道を掘ったのかまた坑道を掘ってまで攻撃しなければならなかったか理解に苦しむところがある。

なお、こうした史料がいつしか白鹿城の水《みず》の手《て》の攻防と結びつけられたことはさらに問題をはらんでいる。『雲陽誌』は「石州銀山より掘子どもをよびよせ山の薄き方より掘入て水をなんなく切りぬき」と記しているし、『懐橘談』も「石州の銀山より掘子を数十人呼下し、薄き方よりぬけ穴を掘らせける」としている。なお検討を要する課題であろう。（山根正明）

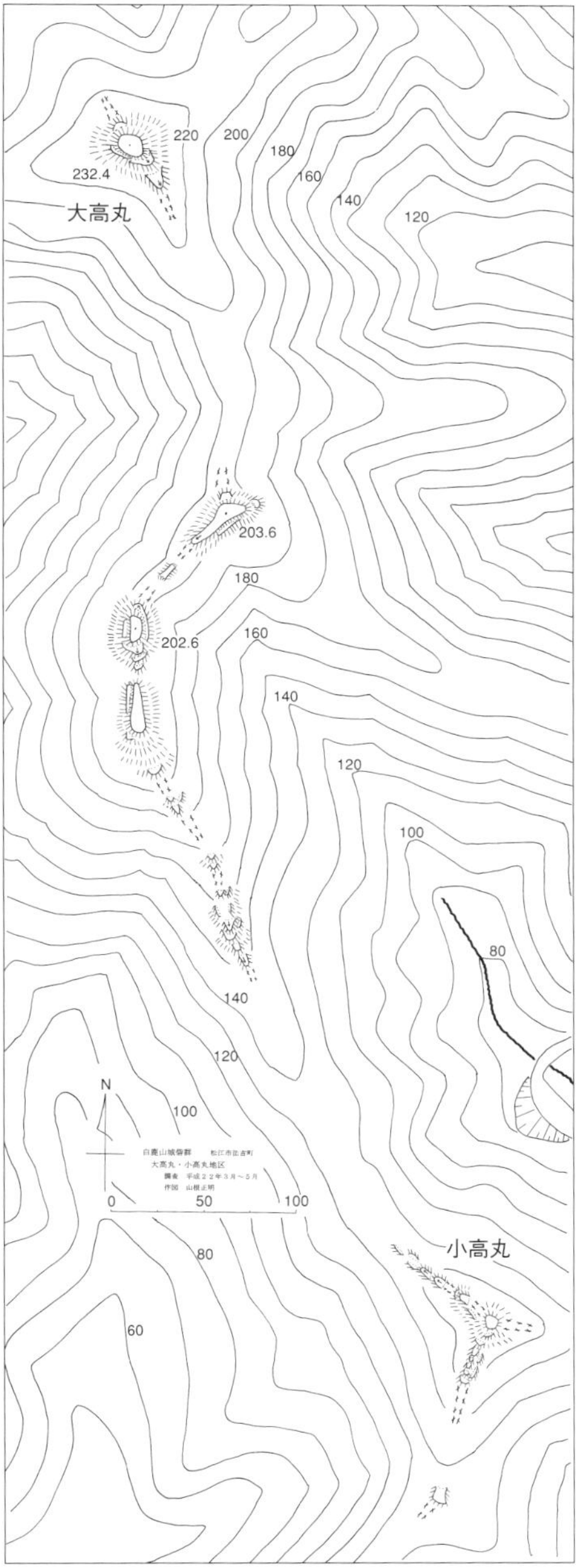

白鹿山城砦群　松江市法吉町　大高丸・小高丸地区
調査：2010. 3～ 5　作図：山根正明

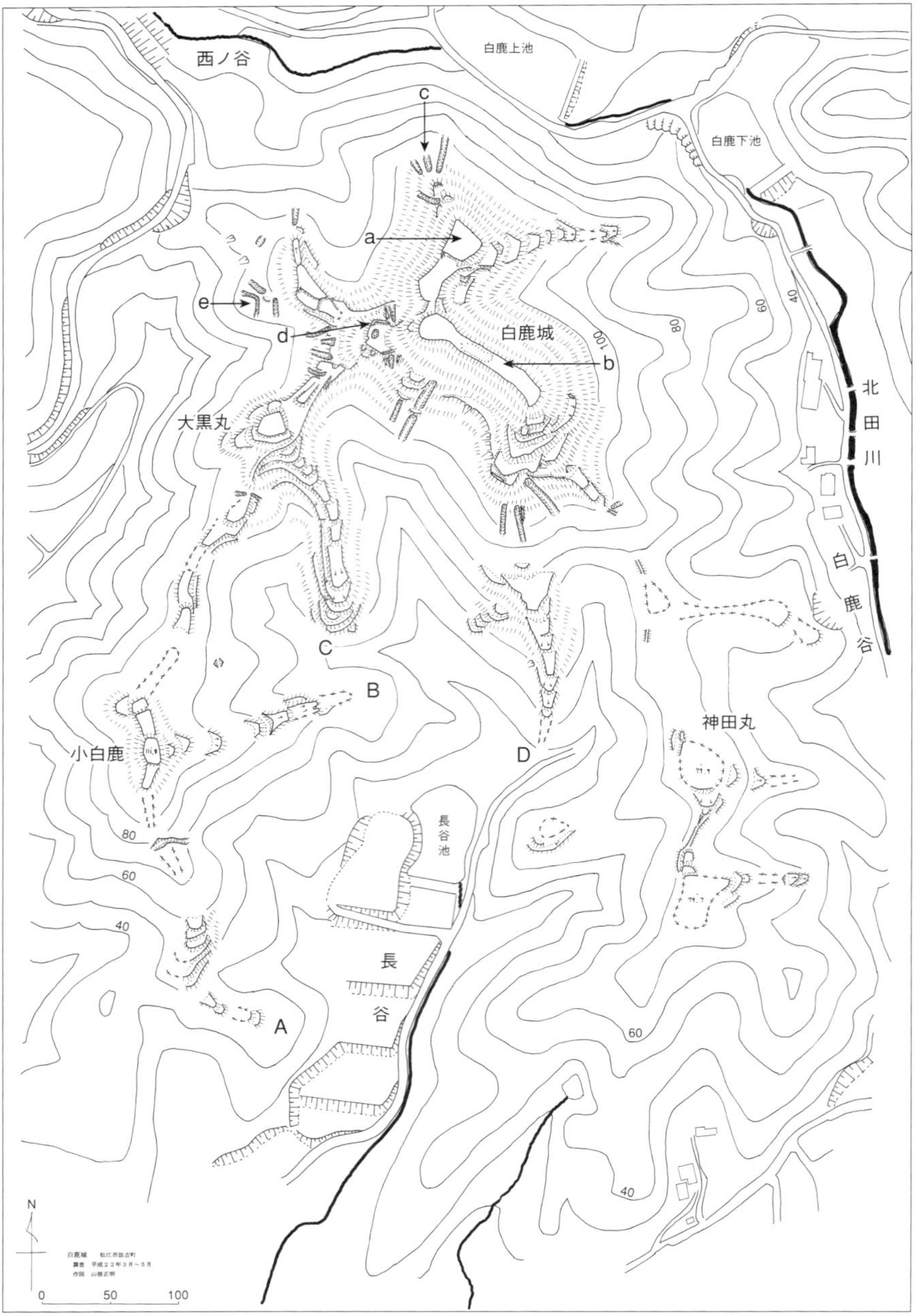

白鹿城　松江市法吉町
調査：2010. 3～ 5　作図：山根正明

9 真《しん》山《やま》城跡（新山城）

◆所在地／松江市法吉町
◆標　高／二五六m　◆比　高／二〇〇m
◆主な遺構／曲輪、土塁、石積

真山城跡山頂現況

【地　理】

真山城跡は北の鳥ノ子山で白鹿城跡と地続きになっている。真山城跡は西に位置する白鹿城跡より高い位置にあり、見下ろすことができるため戦略的にも重要な位置にある。東側には西持田から鹿島町上講武や島根町加賀へ抜ける道が通る。真山城跡へはソフトビジネスパークから真山林道を進むと、道路沿いに看板があり、そこから登ることができる。なお、文献上は真山ではなく「新山」と記されることが多いが、ここでは現行地名の「真山」を用いる。

【城　史】

『雲陽軍実記』には、平薩摩守忠度が真山に城を築いたという。『雲陽誌』によると、永禄六年（一五六三）に毛利元就による尼子氏の白鹿城攻めの際に、吉川元春が陣を置いたという。白鹿城落城後は、真山城が毛利方

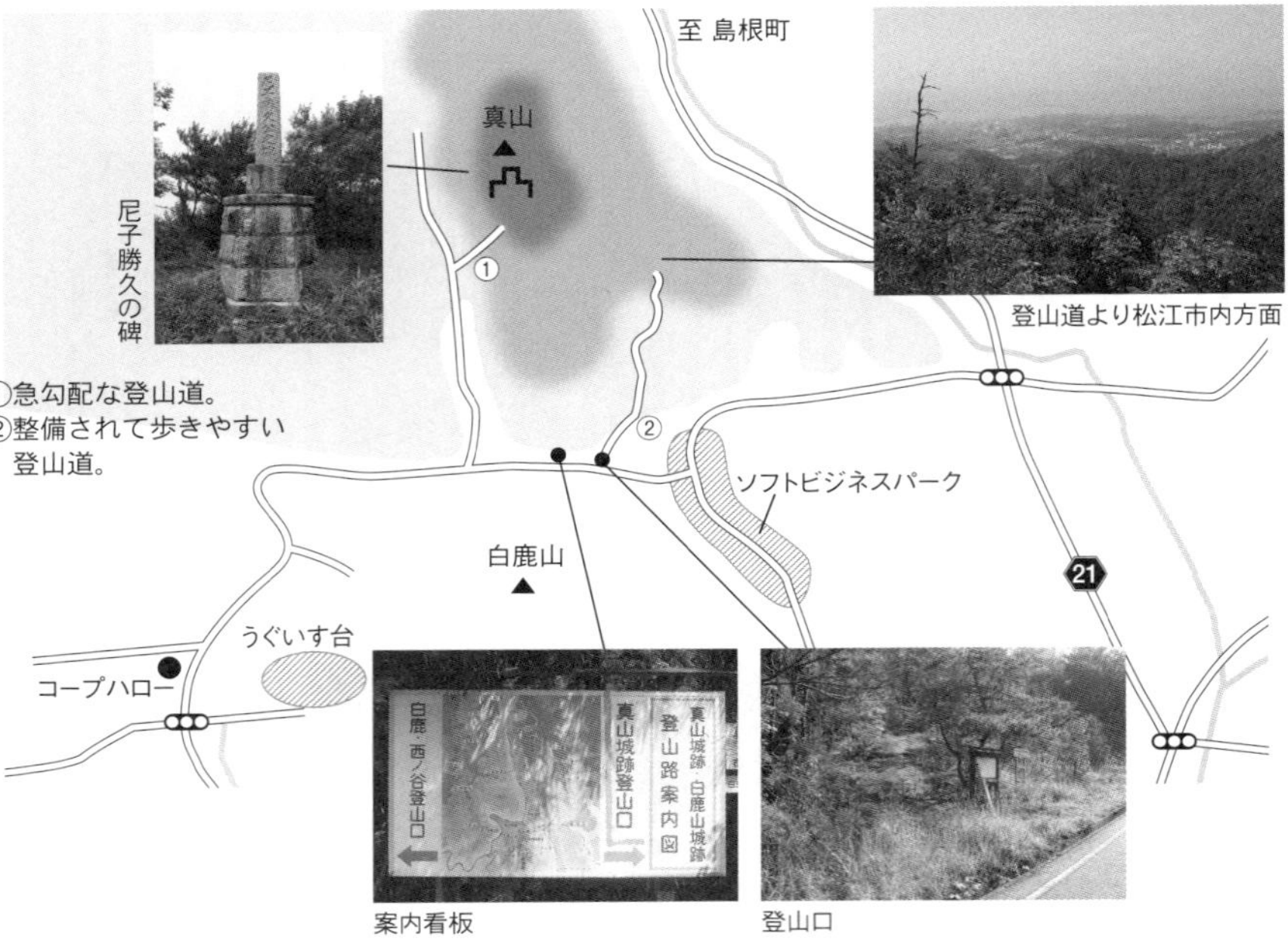

尼子勝久の碑
登山道より松江市内方面

案内看板
登山口

の拠点として普請され、多賀元信が入城している。白鹿城から北へ延びる尾根には、大高丸、小高丸などの遺構があることから、尼子期にも城として利用されていたと推定される。

永禄九年に富田城が落城した後、永禄十二年三月には、毛利方が真山城の普請を行っていた（『萩閥』巻百八巻—赤川三三）のがうかがえるが、六月には、山中鹿介・立原久綱らは尼子勝久を担ぎ、隠岐をへて出雲へ入り、真山城も占拠した。真山城が史料上、頻繁に登場するようになるのはこの頃からである。毛利方は元亀元年（一五七〇）五月には城下を焼くなどしているが、九月五日には毛利元就の病を聞き、毛利輝元、小早川隆景は、真山城や高瀬城の城下の稲を刈らせ、末次城、大勝間山城に加え、和久羅山の三カ所に兵を置き、平田を経て吉田へ帰陣している（『萩閥』野村作兵衛）。その後元亀二年三月に高瀬城が落ちると、高瀬城の米原綱寛は真山城へ落ちている（『萩閥』野村作兵衛）。その後、尼子方最後のとりでとなっていた真山城も、元亀二年八月に落城し、野村士悦が入城している（『萩閥』野村作兵衛）。その後も真山城には多賀元龍が在番した。年末詳だが毛利元康が真山城に入城した際、「御住宅之丸」の記載が見られる。

【城の構造】

真山城の構造は地形に応じて、細長く尾根上に展開している。多少の高低差はあるが、Ⅲ～Ⅳあたりが最も標高が高い。しかし標高だけで主郭を断じるわけにはいかないが、ⅡからⅣの曲輪の下を道が長く続き、尾根上の曲輪を通らずともよい構造となっているため、ⅡからⅣにかけてがこの城の中心をしめる曲輪と考えて良かろう。

Ⅴ・Ⅵの曲輪は方形に整形され、土塁や石積みも見られる。これより南東に延びる尾根にも曲輪が存在するが、削平はあまりよくなく、さらに尾根を降りると、両側を鋭く削りだした土橋状の遺構が（a）、（b）二カ所存在する。

【城の特徴】

この城は尾根上に曲輪を並べる単純な構造である。

城域の南東に存在する二カ所の土橋状の遺構は、城郭遺構かどうか悩むところであるが、真山城周辺で発掘調査された角谷遺跡でも、同様の盛り土をした土塁・土橋状の遺構が見つかっている。使用年代について考古学的には明かでないが、真山城には約二年間にわたって尼子復興軍が籠城しており、土橋状の遺構もこの戦乱の中で改修を加えられたものと推定される。

（高屋茂男）

aの土橋状遺構

Ⅲの現状

cの露出した岩盤（石垣ではない）

曲輪Ⅴ東切岸の石積

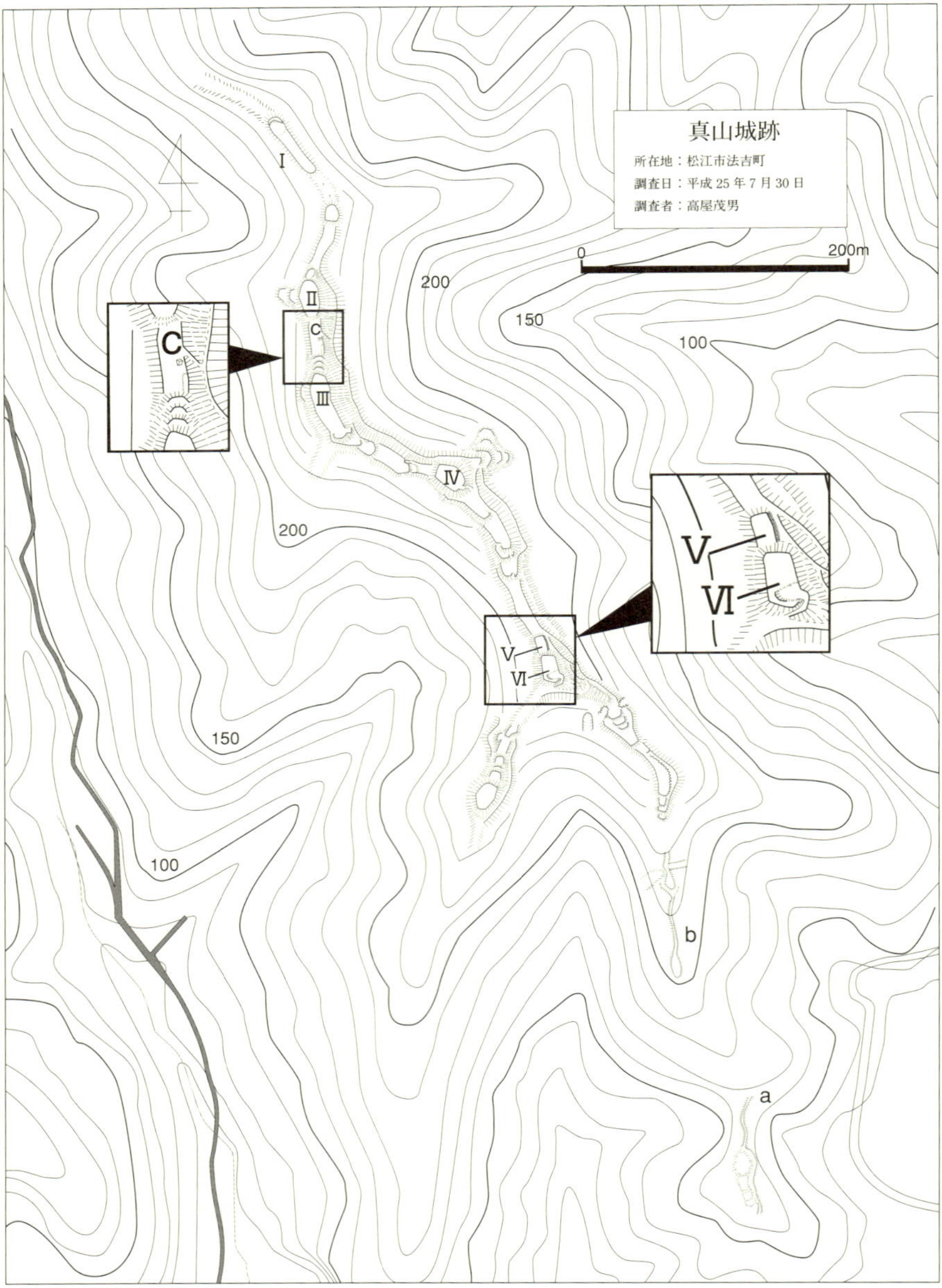

真山城跡
所在地：松江市法吉町
調査日：2013. 7.30
調査者：高屋茂男

10 和《わ》久《く》羅《ら》城跡

◆所在地／松江市朝酌町
◆標　高／二六一m　◆比　高／二四〇m
◆主な遺構／曲輪、帯郭、土塁、虎口

大橋川から和久羅城跡をのぞむ

【地　理】

中海と宍道湖を結ぶ大橋川のほぼ中間点の北側に位置する。松江の市街地から東方を見ると、和久羅山から嵩《だけ》山《さん》（三三〇メートル）の稜線が、寝仏のようにあるいは旧制松高生によればメッチェン（娘）のように横たわる。その頭部にあたるのが和久羅山であり、『出雲国風土記』の島根郡女岳に比定されている。

【城　史】

『雲陽誌』島根郡朝酌《あさくみ》村の条には、永禄年間の城主として原田右衛門大夫義重の名を記し、尼子方に属して石見江川《ごうがわ》で討ち死にしたと記している。このとき和久羅城には小出大和守らが入城していたとも記しているが、ともに伝承の域を出ない。

和久羅城が脚光を浴びるのは、雲芸攻防戦（一五六二〜六六）の初期段階において、毛利元就の戦略構想の一

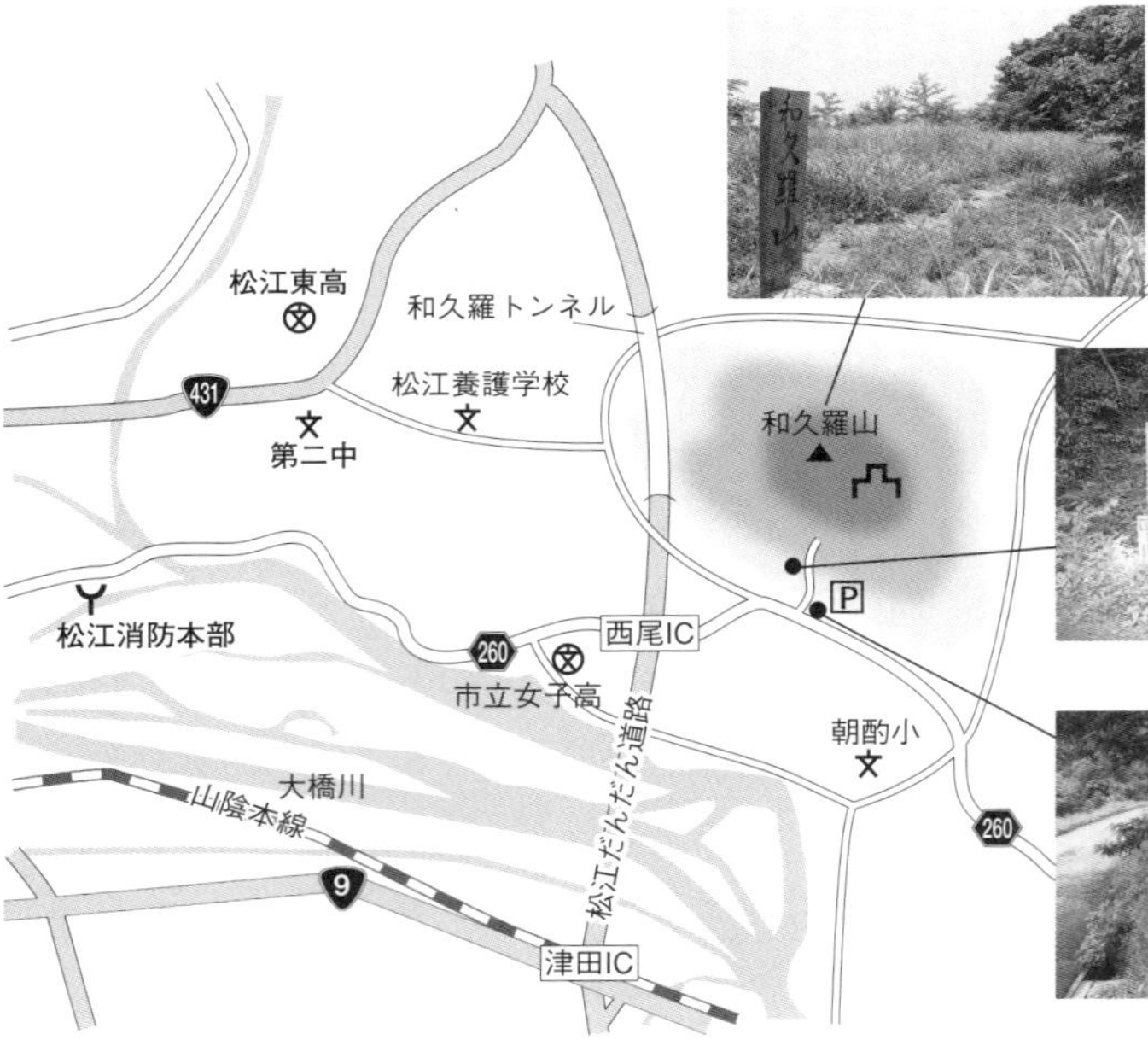

山頂の現況

登山道へは右折

環に位置づけられてからである。永禄五年（一五六二）十二月と推定される兼重元宣宛て毛利元就書状（『萩閥』兼重五郎兵衛）によると、元就は、富田《とだ》城攻略のための布陣としては、まず「あらはひ崎」に陣を構えるべきである。ここは白鹿《しらが》城へは適度に離れていてしかも「水うみのきわ」である。そのうえで「わくら山」を同日に奪って一城を構え、富田城と島根郡（白鹿城）との連絡を切断しなくてはならないと言っている。さらに「わくら山」に築城した後に「けいこ（警固《けいご》＝毛利方の水軍）」を中海に進出させて大根島に拠点を構え、宍道湖からの船団と合流させれば、白鹿城と富田城の連絡路は切断できると述べているのである。

　和久羅山は、大橋川北岸のほぼ中央部にあたり、宍道湖と中海を結ぶ水上交通路を制圧できる位置をしめている。現大橋川にあたるのだが、当時この水路は中州の点在する広大な水域で、湖中湖《こちゅうこ》（潟《かた》の内《うち》）と呼ぶのがふさわしい景観を呈《てい》していた。したがって和久羅城は、広義の海城《うみじろ》とよぶのが妥当であろう。なお、和久羅城と呼応してこの水域を制圧していたのが大橋川南岸の茶臼山《ちゃうすやま》城である。

　確かに、毛利勢が出雲国に侵入してその西半を制圧し尼子義久兄弟を富田城に追い詰めたとき、尼子方の第一

和久羅城跡から荒隈城跡をのぞむ

線に立ってこれに対抗したのが白鹿城であった。しかし、永禄六年十月に白鹿城が陥落すると、元就は東長田（現上東川津町・下東川津町・川原町付近）・西長田（西川津町・菅田町・西尾町付近）を多賀元竜に与えている。上東川津町の熊井山の麓には多賀一族の屋敷があったと言い伝えられており、「屋敷」「陣場」などの小字《こあざ》が残る。同地の西宗寺は多賀氏の菩提寺とされる。和久羅城もまた多賀元竜の居城とされたのであろう。

和久羅城が再び脚光を浴びたのは、永禄十二年（一五六九）六月に尼子勝久・山中鹿介らが島根半島に上陸し真山《しんやま》城を本拠としていわゆる尼子家復興戦（一五六九～七一）を開始してからである。真山城の東南約五・五キロに位置している同城はその向城《むかいじろ》の役割をもたされた。

元亀元年（一五七〇）九月と推定される毛利輝元・小早川隆景連署書状（『萩閥』国司与一右衛門）には、末次《すえつぐ》城（現松江城）と大勝間山《おおかつまやま》城（松江市鹿島町名分）を接収し、和久羅城との三カ所に軍勢を籠《こ》め置いて「敵城差《さし》詰《つめ》」たとある。この場合の敵城が真山城を指していることは明らかで、西方約四キロの大勝間山城、南方約四キロの末次城と並んで真山城包囲網の重要な一翼を担うことになったのである。したがって、これ以前に同城へは鉄砲衆が派遣され、野村・宇山・中島氏ら多数の毛利氏配下の武将が番将《ばんしょう》として駐屯していたことが知られる。

【城の構造】

標高二六一・八メートルの頂上から西北西に伸びた稜線を削平して階段状に曲輪《くるわ》を配置している。この地点からは、眼下の大橋川はもとより宍道湖・大社湾、中海・大根島から弓ヶ浜半島までを見通すことができる。

主郭は南端のⅠ郭で、大橋川に面して二段の腰郭《こしぐるわ》を設けている。この腰郭からはⅠ郭の北側をへてⅡ郭と結ばれる通路（a）が伸びていたと思われるが、現状では確認できない。

Ⅱ郭には中央西寄りに右折して入る虎口《こぐち》（b）が設けられており、現在の和久羅山登山道もここが頂上の入り口となっている。Ⅱ郭には放送施設（反射板）が設けられており、旧状に変更が加えられた可能性が考えられるが、大規模なものとは思われない。

高低差約三メートルで西に続くⅢ郭は、南側に幅〇・五〜二メートル程度の腰郭を配していて、二カ所にⅢ郭への虎口（c・d）を設けるとともに、Ⅱ郭の虎口やⅣ・Ⅴ郭との連絡路となっている。この南側はさらに一段低い腰郭が設けられている。

Ⅲ郭の北側のⅡ郭との接続部分は竪土塁《たてどるい》でつながれ、いったんとぎれてさらに土塁を設けている。そしてその西端では、土塁がL字に曲げられている。いわゆる折《おり》（e）を設けることで、Ⅱ郭との接続部分やⅡ郭の西端付近への横矢《よこや》が掛けられるような縄張りとみることができる。おそらくとぎれている部分ももともとは土塁でつながれていたのであろう。

Ⅲ郭の西側は、段差の少ないⅣ郭・Ⅴ郭が続きさらにⅥ郭へと続く。Ⅵ郭の西端には北側と西側の一部、さらに南側を土塁で固めた枡形虎口《ますがたこぐち》（f）が設けられている。南西端の開口部（g）は両側を土塁で固めて鳥嘴《ちょうし》状に突き出している。

ここに至るには斜面を登ることになるが、幅は約一メートル、全長が約一二メートルの土橋《どばし》（h）となっている。その下方は南側を削り落として急斜面を形成した後、登《のぼり》土塁（i）へと続く。この登土塁の内側には溝が並行して下っており、掻《か》き上げて土塁を造った痕であろう。先端部分には西側からも登土塁が下ってきており、幅約三メートルの食違《くいちが》い虎口（j）を形成している。つまり、西方からの登城路はこの食違い虎口を入って斜面を登り、さらに土橋の上を通って枡形虎口に入るという縄張りなのである。このように二本の登土塁を設けてその間の斜面を登らせる縄張りは、鳶ヶ巣《とびがす》城や西ノ谷城（出雲市久多見町）でも見ることができる。

なお、西側下方の二つの幅広の尾根上（k・l）にもかすかな加工の痕が認められる。和久羅城の曲輪上面がていねいに削平されているのに対して、自然の丸みを残しているし切岸《きりぎし》も明瞭ではなく、普請の程度に大きな差異を認めざるをえない。おそらく、当城の番衆の駐屯地として造成されたか、あるいは雲芸攻防戦以前の普請の痕跡のいずれかであろう。

【城の特徴】

在地の領主の詰《つ》めの城として築城されて以来、雲芸攻防戦時には海城として、さらに尼子家復興戦の段階では真山城の向城へと、求められる役割に変化はあるものの、雲芸攻防戦の開始当初から尼子家復興戦の最終段階まで、一貫して毛利方の陣城《じんじろ》として重要な役割を果たし続けた城である。求められる機能の変化に対応して、普請が施されたと思われるが、現状は尼子家復興戦の最終段階の姿を伝えるものである。

特に、二本の登土塁を設けてその間の斜面を登らせる縄張りは鳶ヶ巣城の北東郭群と共通するもので、尼子家復興戦時の普請であることを示している。（山根正明）

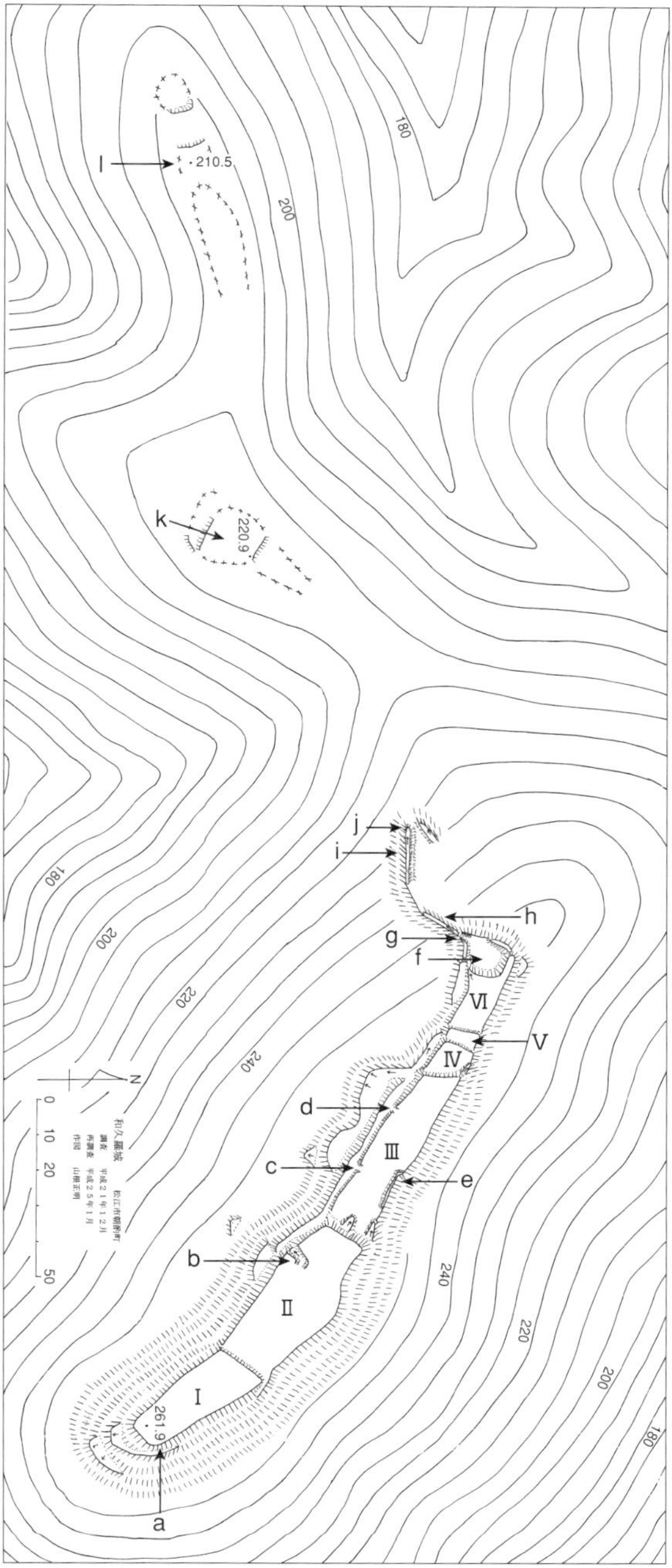

和久羅城　松江市朝酌町
調　査：2009.12
再調査：2013. 1
作　図：山根正明

土居城跡南麓からみる本宮山城跡

11 本宮山城跡《ほんぐうざん》

◆所在地／松江市上大野町
◆標　高／二七九ｍ　◆比　高／一二〇ｍ
◆主な遺構／曲輪、堀切

【地　理】

本宮山城跡は、宍道湖北岸の高山の一つである本宮山の山頂と中腹周辺に立地する。頂上にはＮＴＴの無線中継所が造られ、電波塔は撤去されたものの施設はなお残されているので、宍道湖の南岸からでもそれと認めることができる。

【城　史】

本宮山城は大野氏の本城である。大野氏は本姓紀《き》氏で、嘉禄二年（一二二六）に紀季成が将軍藤原頼経から大野荘地頭職《じとうしき》に補任《ぶにん》されている。おそらくこれ以前に、最勝光院領大野荘の荘官《しょうかん》として派遣され土着していたのであろう。

しかし大野氏は、鎌倉期の早い段階から惣領家と庶子《しょし》家に分かれており、惣領家は大野荘の西半分にあたる大野・高山・細原・大野浦の四カ所（西方）を知行《ちぎょう》し、東

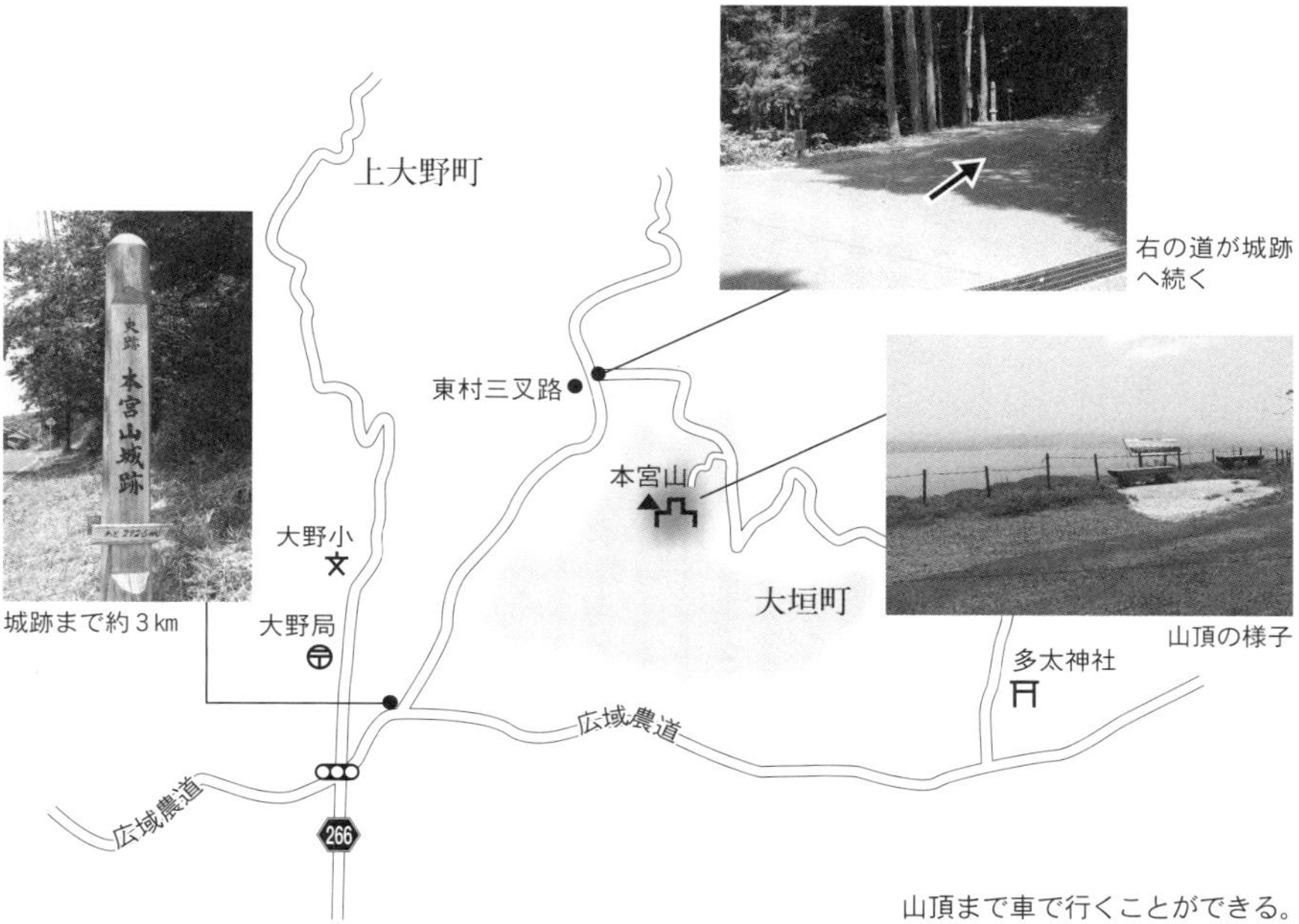

右の道が城跡へ続く
山頂の様子
城跡まで約３㎞
山頂まで車で行くことができる。

方の庶子家領は分割されて他氏へ渡ったようである。室町・戦国期になってその一部が惣領家に回復され、隣接する岡本郷も支配下に入った。

　岡本郷との境に位置する本宮山城が本格的に整備されたのはこの時期と考えられる。なお大野氏は、戦国期には一族の大垣氏とともに尼子氏に従い、その家臣団の中では「出雲《いずも》州衆《しゅうしゅう》」と位置づけられている。

　雲芸攻防戦（一五六二～六六）における大野氏の動向は定かではないが、永禄六年（一五六三）の二月から八月まで毛利元就が「相賀」に陣をしいたという（二宮俊実覚書『吉川家文書』）から、本宮山城も毛利勢によって接収された可能性が高い。

　大野氏は尼子氏の滅亡後毛利氏に服属したが、尼子勝久らによる尼子家復興戦（一五六九～七一）が始まると再び尼子方となった。しかし、永禄十三年（一五七〇）五月には、大野荘の他、大芦《おあし》・円福寺（講武《こうぶ》）・岡本の安堵を条件に毛利方に復帰した。だがこの条件は守られず、本領の大野の内も削減され、宍道《しんじ》氏の管轄下に入るよう強要されている。元亀三年（一五七二）の吉川元春書状（『吉川家文書』）には宍道元政（政慶）が大野荘の領主としてみえるので、知行権が宍道氏に移ったようである。

『雲陽誌』は、天正十年（一五八二）十月に大野高直と大垣秀清が鳶ヶ巣城《とびがす》に呼び出され、宍道政慶によって討ち果たされたとし、高野宮《たかのみや》（大垣町の内《うち》神社）の境内の二社は二人の慰霊のために大野・大垣両村の村人が建立したものと記している。

出雲の国衆《くにしゅう》に、遅れて服属した出雲の国衆を統制させるという毛利氏の方針が宍道氏と大野氏の対立を深め、大野氏の滅亡につながったのであろう。

【城の構造】

独立峰の山頂部に主郭を中心とする郭群《くるわぐん》を置き、その北方と南方・南東方向に伸びる稜線上に曲輪《くるわ》を配置している。そのため東西約二〇〇メートル南北約四〇〇メートルに及ぶ広大な城域をもつ山城である。主郭はNTTの無線中継所が造られる前は二段になっていて、ソフトテニスのボールで三角ベースができたという。その北側斜面は管理道のために攪乱されているが、地形に即して造成された曲輪が確認できる。

北方に向かって下る稜線は、中間に浅い堀切《ほりきり》（a）を設けながら曲輪として造成されている。その東側は通路（b）となっているが、後世に拡幅されたらしい。

南方に向かって下る稜線にも曲輪が造成されている。（南支郭群《みなみしかくぐん》）切岸《きりぎし》の加工はていねいだが上面の削平は不十分である。南端近くに土壇《どだん》状の高まり（c）があるが櫓台《やぐらだい》とみるには狭すぎる。主郭との間に堀切はなく、主郭南面は急斜面なので連絡は意識されていないようである。

南東方向に向かって下る稜線上に設けられている郭群は亀畑山《かめはたやま》城とよばれ、一族の大垣氏の城と伝えられている。この稜線は標高二一五メートル程度まで下ってから再び高まっており、二二五・六メートル地点に曲輪が造成されているが、北側には特段の防御施設は設けられていない。また西側の、つまり南支郭群側の切岸はあいまいで、東方と南方に向けた普請となっている。

このように亀畑山城は、緩やかな鞍部《あんぶ》に回りこんで攻撃される恐れに対しては配慮されておらず、

本宮山山頂の現況

本宮山城の主郭に防御をゆだねている。したがって、本来当城の南東支郭群と位置づけられていたのであろう。惣領家の本宮山城に対して伝承通り庶子家の大垣氏の城とすれば、強固な惣庶《そうしょ》の関係がその地取りに現れているとみることができよう。

　亀畑山城の普請は全体にていねいである。秋葉三尺坊大権現の祀られている南部の突起部は櫓台（d）である。この北側は約五メートルの切岸として削り落とされ、東側を迂回して南端の坂《さか》虎《こ》口《ぐち》（e）まで連絡している。こうした普請は大垣氏の時点ではなく、後世の大改修によるものであろうが、本宮山城との関係に変化はなく、北方からの攻勢に対しては本宮山城にその防御を依存している。

南東方向から亀畑山城跡と本宮山城跡をのぞむ

【城の特徴】

　無線中継所とその管理道のために攪乱されているのが残念であるが、在来の出雲国人《こくじん》の築城技術がほぼそのまま残されている遺構である。当城が、毛利方に接収されたらしい時期にも大規模な普請が施されなかった理由は、その高度にあるのではないか。標高二七九・四メートルの主郭からは、出雲平野から宍道湖・中海まで、また北方の日本海を見通すことができる。したがって、ことさら普請を施すまでもなく、この高所を占拠することこそが無言の威圧を四周に及ぼしたことであろう。

　反面、本来南東支郭群であったはずの亀畑山城は、おそらく毛利氏配下の武将の手によって改変されたと推定される。間近にありながら対照的な縄張りと普請をみることのできる遺構であり、大野氏の居館跡と伝える土居《どい》城と合せて見ておかれたい。

（山根正明）

本宮山城　松江市大野町
亀畑山城　松江市大垣町
調　査：2009. 1
再調査：2010. 2
作　図：山根正明

土居付近の現状（大野小学校と西光寺）背後が土居城跡

12 土居《どい》城跡

◆所在地／松江市上大野町
◆標　高／七一m　◆比　高／三〇m
◆主な遺構／曲輪、土塁、連続竪堀、横堀、虎口、櫓台、堀切

【地　理】

土居城跡は、本宮山の西麓で、西光寺《さいこうじ》の北側裏手の丘陵突端に立地する。本宮山城はこの一・二キロ東側に位置する。

城跡へは、大野の谷を大野小学校に向かって北進し西光寺境内の東側から上るのがよいが、低い丘陵なので西側の大野幼稚園の脇からでも、北方からでも上ることは可能である。

【城　史】

『雲陽誌』は、大野氏は代々今の西光寺を住居として本宮山の城を守っていたと記し、大野氏の居館跡と伝えている。大野氏は本姓紀《き》氏で、平安末期に荘官《しょうかん》として下《げ》向《こう》し、承久《じょうきゅう》の乱（一二二一）の後に鎌倉幕府から大野荘の地頭職《じとうしき》に補任《ぶにん》された。

紀（大野）氏は、大野荘内に得弘名という地頭名《じとうみょう》を所

西光寺の境内に登山口がある。
登山道入口の様子
西光寺の裏山が城跡

有していた。その内容は、建長五年（一二五三）の時点で、在家《ざいけ》（支配下の農民の家と田地等）二七宇《う》、分田《ぶんでん》二六町二段余、佃《つくだ》（直営地）四町五段という大規模なもので、さらに荘内全体に加徴米を徴収する権利を認められていた。（関東裁許状『青方文書』）

地頭大野氏の大野荘支配の拠点は、土居という小字《こあざ》地名が示すように、現西光寺境内とその南に隣接する大野小学校の校地あたりであろう。字土居の西側には堀内・堀ノ前・下堀越・堀越・北堀越など、「堀《ほり》」のつく小字が集中する。大野川を挟んで東側には堅固院・正伝寺・惣源寺など寺庵跡を伝える小字が残る。これに混じってコンヤ（紺屋か）・上コンヤなど手工業者の存在をしのばせる小字も認められる。

地形的にみても、土居は大野の谷が山地地形から水田地帯へと変わる転換点に位置し、宍道湖岸に向けて開かれた水田全体を見下ろす位置にある。そしてその東側は大野川が屈曲する地点にあたる。また西側にある小谷池《こたにいけ》は、現況は堰堤がかさ上げされていて大きな貯水量をもっているが、本来は谷頭《たにがしら》に設けられた小規模な溜池だったと推定される。

要するに、東側の大野川の取水点《しゅすいてん》と西側の溜池という二つの水源を押さえる位置にあって、大野地域の水田耕作に掣肘《せいちゅう》をくわえることのできる位置に土居（居館）を構えていたことが知られる。得弘名そのものの所在は確定できないが、地名配置と周辺の地形からすると、土居とその南面に広がる水田が、佃をはじめとする大野氏の所領の中心だったのではあるまいか。

【城の構造】

狭い丘陵の南端の突起部に精巧な縄張《なわば》りと大規模な普請を施している。まず大規模な堀切《ほりきり》によって突起部を東西に分断し、西側を主郭とし、東側をⅡ郭に造成している。堀切の北端は二股に分岐して小谷池側に下り、南端は西光寺の境内につながっているが、現状は墓地へ上がるために掘り込まれている。堀切は底幅一～二メートルで、主郭との高低差は約八メートルあるから、工事量は膨大なものであったろう。そして、これを堀底道《ほりそこみち》として最高地点から主郭とⅡ郭へ上がるようになっている。

主郭は地形に合わせて不定型であるが、断続的に土塁《どるい》をめぐらせて防御を厳にしている。東側の坂虎口《さかこぐち》に面した土塁は両側に折《おり》（a）がつけられている。堀切に面した土塁上面（b）には川原石が混じっているのが認められる。つぶて石とみるべきであろうが、補強のために混入させたとすれば、急傾斜の切岸《きりぎし》の上に土塁を築くための一技法として注目されよう。

また、主郭には長径約五メートルのくぼ地（c）が残っている。深さは二メートルあり、井戸跡であろうか。

東側のⅡ郭には、大正年間に八十八カ所巡りの石仏が曲輪《くるわ》の周囲を取り巻くように建てられている。ただ、参拝者のための登り道が新設されてはいるが、そのために曲輪の上面が大きく攪乱されたようにはみえない。主郭

中央の堀切を南側からみる

と違って土塁で取り囲むという意識はなかったのであろう。主郭との高低差は約四メートルあり、収容力の大きな曲輪で北端には櫓台《やぐらだい》ともみられる高まり（d）が残る。

Ⅱ郭の北側は急傾斜の切岸とその直下の堀切、さらに横堀と土塁で固められている。そのさらに北側は土橋《どばし》をともなう浅い堀切（e）で切断されているが、遮断効果は期待していないような普請である。

【城の特徴】

当城の特徴は南面にめぐらされた連続竪堀《れんぞくたてぼり》にある。Ⅱ郭の南側を含めて主郭からほぼ真南の西光寺本堂に向かって下る竪堀群と、南西方向に向かう竪堀群とがある。主郭の南面や南西斜面は切岸として削り込まれており、深い横堀として連続し、これに接続して竪堀が南方と南西方向に下っているのである。いずれも規模が大きく、堀底からの深さが二・五メートルから三メートルもある。

したがって、その間には削り残された旧斜面が大規模な登土塁《のぼりどるい》状に残っている。このうちほぼ中央（f）のそれだけは平滑に削平されており、曲輪としての活用を意識していたようであるが、他は自然の丸みと傾斜を残したままである。

つまり当城は、東西約一〇〇メートル南北約一二〇メートル程度の狭い城域の中に、土塁や堀切・横堀・竪堀を多用するなどの精巧な縄張りのもと、大規模で緻密な普請を施しているのである。比高が三〇メートル程度しかないうえに北方の尾根筋から見下ろされるという、地形の要害性に期待できないとはいえ、その執着には驚嘆の他はない。占領地の民衆に見せることを強く意識して造成された遺構である。

（山根正明）

主郭跡の現況

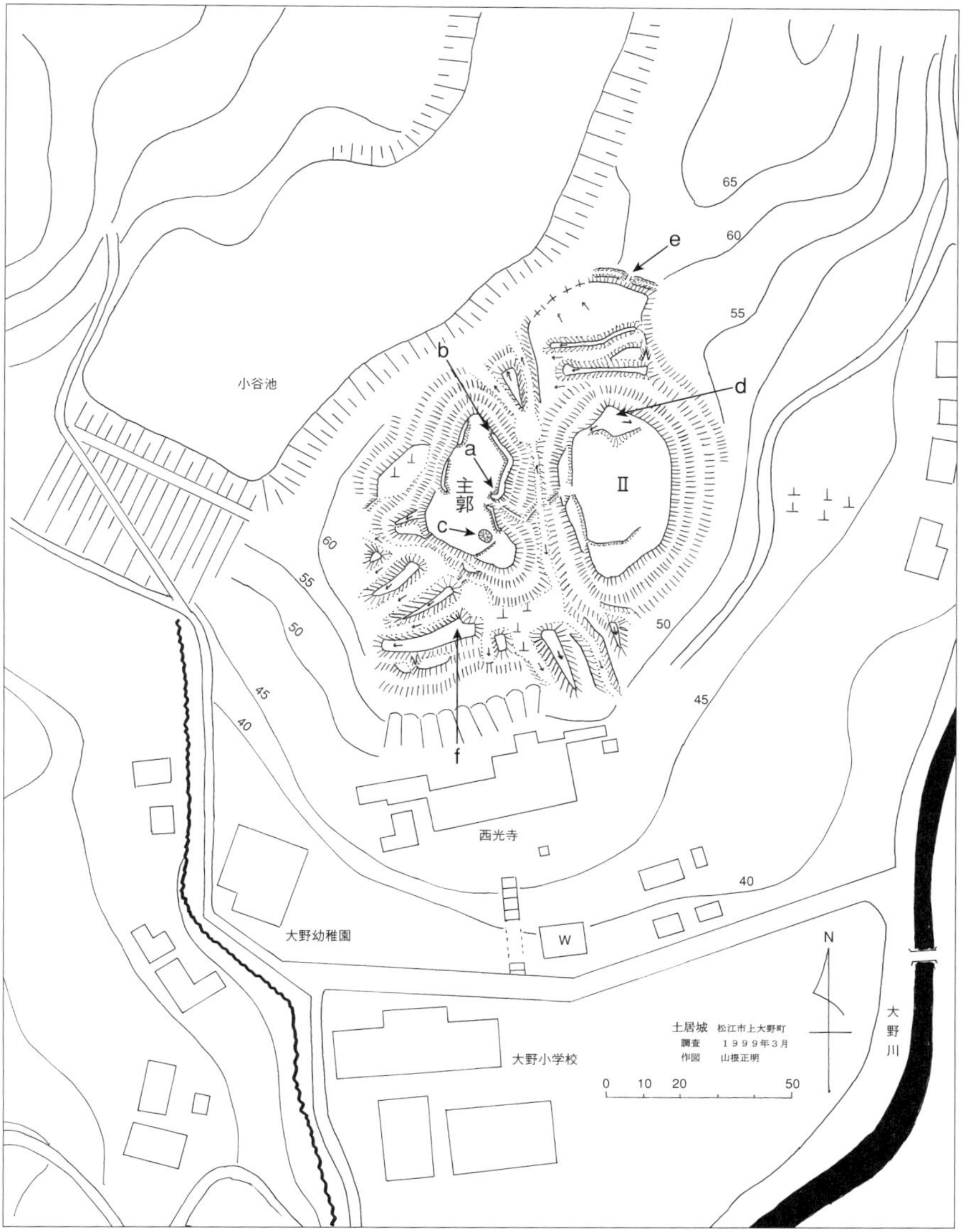

土居城　松江市上大野町
調　査：1999. 3
作　図：山根正明

白鹿城跡から見る荒隈城跡

13 荒《あら》隈《わい》城跡

◆所在地／松江市国屋町
◆標　高／五三m　◆比　高／五〇m
◆主な遺構／曲輪、帯郭、堀切

【地　理】

荒隈城跡は、白鹿《しらが》山を分水界として南西方向に伸びた低丘陵の宍道湖岸に立地する。城域の範囲は明確でないが、東端の天倫寺《てんりんじ》境内から西側の南平台《なんぺいだい》団地とその周辺が主要部と推定される。なお、東側の黒田・中原の低湿地を挟んで南方に伸びた低丘陵の突端に位置するのが末《すえ》次《つぐ》城（現松江城）である。

主要部へは天倫寺の参道から境内を北側に回りこみ、南平台団地への道をたどることになる。しかしこのルートによって実見できる遺構はほとんど無くて、大規模団地として開発された現状を見るだけである。むしろまず天倫寺境内に入り、南方の宍道湖や東方の末次・白潟《しらかた》・和久羅山《わくらやま》等の景観を把握しておいた方がよかろう。

【城　史】

荒隈城は、雲芸攻防戦（一五六二～六六）の初期段階

遺構は宅地化によりほとんど現存しない。

において、毛利元就の戦略構想に位置づけられることによっていちやく脚光をあびることとなった。

元就は尼子氏を屈服させるため出雲国に侵入するにあたって、尼子晴久と大内義隆の敗走の先例を大きな教訓としたものと思われる。つまり、元就自身が居城の吉田《よしだ》郡山《こおりやま》城に籠城して、晴久の軍勢と対峙した尼子氏の郡山攻めの場合も、その晴久の敗走を好機として一気に宿敵尼子氏を打倒しようとして富田《とだ》城を包囲した大内義隆の出雲侵攻戦の場合にも、共通する敗因が二つあった。

その一つは、長駆して敵の本拠に突入するには十分な補給態勢が整えられておらず、長期の対陣が不可能で短期決戦に頼ろうとしたことである。その二は、互いに利害対立を抱えた国人《こくじん》たちをそのまま従軍させたために、国人たちの掌握が不十分だったことである。この弱点は、富田城を包囲した大内勢から尼子方に寝返る武将が出たことに明らかである。そのために総崩れとなった大内方として従軍していた元就も、ほうほうのていで吉田郡山城に逃げ帰ったのであった。

こうした手痛い教訓から、出雲国の平野部に侵入した元就が、まず築いた拠点が鳶ヶ巣《とびがす》城であった。そして宍道湖の北岸を東へと進み、荒隈城を築いて尼子氏攻略の拠点としたのであった。

永禄五年（一五六二）十二月と推定される兼重元宣宛ての毛利元就書状（『萩閥』兼重五郎兵衛）によると、元就は、富田城攻略のための布陣としては、まず「あらはひ崎」に陣を構えるべきである。ここは白鹿城とは適度に離れていてしかも「水うみのきわ」である。そのうえで同日に「わくら山」を取って一城を構え、富田城と島根郡（白鹿城）との連絡を切断しなくてはならないと言っている。さらに「わくら山」に築城した後に「けいこ（警固《けいご》＝毛利水軍）」を中海に進出させて大根島に拠点を構え、宍道湖からの船団と合流させれば、白鹿城と富田城との連絡路は切断できると述べているのである。

　このように、毛利勢が出雲国の西半を制圧して尼子義久兄弟を富田城に追い詰めたとき、尼子方の第一線に立ってこれに対抗したのが白鹿城であった。したがって毛利元就としては、白鹿城の向城《むかいじろ》として、宍道湖岸に位置して白鹿城とは適当な距離のある荒隈崎に陣を敷き、その日のうちに和久羅山を奪取して築城し、そのうえで白鹿城攻略の方策を立てよと命じたのである。

　したがって、荒隈城は、まずは白鹿城攻略のための向城として築城されたのであった。『雲陽軍実記《うんようぐんじつき》』によると、南西の宍道湖岸には波打ち際に乱杭《らんぐい》・逆茂木《さかもぎ》が植え付けられ、船懸《ふながか》りが設けられた。東側は中原・末次の湿地に堀を掘り柵《さく》がめぐらされた。北側の比津原《ひつばら》・生馬《いくま》・法吉《ほっき》には馬の懸場《かけば》が設けられたという。

　永禄六年十月に白鹿城が陥落すると、毛利方の攻勢はいよいよ富田城に向けられ包囲陣が形成された。向城としての役目を終えた荒隈城は、包囲軍全体の後方の指揮中枢となり、前線に兵員や物資を供給する策源地《さくげんち》ともなった。元就をはじめ吉川元春、小早川隆景らは荒隈城に腰を据《す》えて長期攻囲の態勢をとったのである。

　元春は、この間の永禄六年閏《うるう》十二月から八年八月までの十六ヶ月をかけて『太平記』全四十巻を筆写している。また、元就の病気治療のために京から招かれた当代随一の名医曲直瀬道三《まなせどうさん》は、元就のために養生のみならず政治的教訓も交えた『雲陣夜話』を書き送っている。

　黒沢石斎の『懐橘談《かいきつだん》』は荒隈城について「山の長さ二十余町、其《そ》の外《ほか》谷々多し、山の頂《いただき》平かなる所に乾堀《からほり》を掘り逆茂木を構へ、六十間四面に本陣を立てたり」と記している。また、武将らは周辺の谷に陣所を設け、城外には町屋が建てられて商売が行われた。連歌師《れんがし》が招かれて連歌が興行されたり、能役者が呼び寄せられて能楽が演じられたとも記している。同書が執筆された十七世紀の中頃まで、そのような盛況ぶりが記憶されていたのである。つまり、荒隈城は末次や白潟の商業・港湾機能をも取り込み、将兵の慰安施設までも備えた一大兵站《へいたん》基地《きち》と化していたのであろう。

【城の構造】

現天倫寺境内を東端として、現佐陀《さだ》川の河口部をのぞむ宍道湖岸には、樹枝状の浅い谷を取り込んだ縁辺のなだらかな丘陵が続いている。広大な面積のわりには標高は約二〇メートルから高くても五〇メートル程度しかない低丘陵である。その高所を選んで曲輪《くるわ》が造成されたらしいが、主郭がどこであったかも実は判然としない。

南平台団地の造成に先だって行われた発掘調査では五棟の掘立柱《ほったてばしら》建物が確認され、東南平台団地造成工事に伴う調査では、尾根上の二つの曲輪と柱穴・土塁《どるい》・堀《ほり》切《きり》・溝《みぞ》・土器溜《どきだま》りなど、東側の斜面からは八段の階段状遺構（帯郭《おびぐるわ》）が認められている。

土器溜りからは、かわらけのほか灯明具や青磁・白磁の小皿、耳皿と呼ばれる箸置きなどが出土している。掘立柱建物の中で饗宴が行われていたことを物語っていよう。また、階段状遺構には柵列や礫群《れきぐん》が認められ、緩斜面を階段状に造成するとともに柵列を植えて防御としていたことがわかる（第三章・二七三頁参照）。

なお、天倫寺の北方約三〇〇メートルの小十太郎地区には丘陵を階段状に加工した痕跡が認められ、荒隈城跡の一部と考えて発掘調査が行われたが、ここでは城跡に直結する遺構は確認されなかった。

このように、周辺の丘陵の頂部には、加工を加えて曲輪に造成したと推測される地点が何カ所か残っている。まず、小十太郎地区の西側の丘陵頂部（標高四三・九メートル）に国屋《くや》配水池を造るため、これに先だって発掘調査が行われている。頂部には関係する遺構は認められないが、北側には階段状の加工段があり、南側の斜面にも帯郭と見ていい階段状の遺構が残る。

また、国屋配水池の北方約四五〇メートルの丘陵頂部（標高四一・八メートル）も、発掘調査によって、版築《ばんちく》状の大規模な盛土《もりど》工事を行った山城遺構であることが確認されている（西谷地区　但し報告書は未刊）。

一方、低丘陵の西端にも普請の痕が残る。北東の裾の妙徳寺、北西の谷あいの圓光寺、南東の麓の小堤池とに囲まれた丘陵頂部（標高三四・一メートル）には、不定形で普請の不十分な曲輪が造成されている。ただこの頂部からは北東方向と北方、西方の三方向に幅の広い支脈が伸びているが、いずれも普請の痕は判然としない。現在、墓地や畑に利用されている部分もあり、全体が低丘陵であるために後世かなり改変されている可能性が高い。

なおこの丘陵頂部自体も、南方と西方の切岸《きりぎし》が不明瞭で自然地形のままともみられるが、北東方向には虎口《こぐち》（a）が開口している。そしてこの前面は方形のくぼ地（b）が南東方向に向けて造成されている。西側の高低差は三メートル程度であり、切岸もしっかりしている。あたかも枡形虎口《ますがたこぐち》のようであるが、周囲との関係は明らかでない。

枡形虎口状のくぼ地の裏手（北西側）には逆L字形に組み合わされた土塁（c）が残る。北西方向の幅広い支脈からの進入にL字形の足にあたる土塁が立ちふさがり、二メートル弱の空隙から城域に入らせ、丘陵頂部に誘導しようとする縄張《なわば》りと考えられる。

小堤池を挟んで南方約一五〇メートルの布奈保《ふなほ》神社を中腹に抱く丘陵（標高二六・八メートル）には、石段を登りつめて境内に入った地点から低い土塁状の高まり（d）が南側に伸びている。これは一段高い布奈保神社の社殿のレベルまで続き、境内の南方では急傾斜面に連続して、西方からの攻勢に備えているかのようである。

【城の特徴】

以上述べた各地点のすべてにおいて発掘調査が行われたわけではなく、またそもそもが低丘陵のため耕作や寺社境内地などによる攪乱を受けている可能性も捨てきれない。したがって確証に欠けるのであるが、荒隈城の城域としては、東側の天倫寺境内から西側は布奈保神社の鎮座する丘陵まで、また市道北松江西生馬線を挟んだ北方までと考えておきたい。

そして、その丘陵頂部を選んで郭群《くるわぐん》が造成されたものと考えられる。しかし、それぞれの郭群が相互に防御面で緊密に依存しあっていたとは認めがたく、郭群の中でも曲輪ごとの機能分担があったとは認めにくい。そもそも荒隈城の各郭群は、最高所でも標高五〇メートル程度（比高もほぼ同一）の縁辺のなだらかな低丘陵の上に立地しており、その間に樹枝状に食い込んだ谷も浅くて、地形の要害性に依存した地取りではない。

つまり、荒隈城は一貫した縄張りのもとに一気に築城されたのではなく、そのために縄張りに求心性が欠けているとみざるをえない。おそらく、丘陵の頂部を選んで逐次郭群が造成されていったために散漫な縄張りとなったのではあるまいか。

こうした推定からすると、神西《じんざい》城の縄張りと普請に共通点をみいだすことができよう。しかし神西城は尼子家復興戦（一五六九～七一）の段階でも兵站基地として利用され続けたが、荒隈城にはその形跡がない。真山《しんやま》城の向城としては和久羅城・末次城が専らその役割を担っていた。大兵力を擁しないと防御に不安な荒隈城は、毛利方からも尼子方からも再び着目されることなく放置されたらしい。

なお、後年、出雲・隠岐両国を得て富田城に入城した堀尾《ほりお》家では、富田城からの移城にあたって父子の意見が対立したという。父の吉晴が荒隈城を推《お》したのに対し子の忠氏は、荒隈は山勢が大きくて五十万石以上の知行《ちぎょう》がなければ維持できないと反対した伝えられている。忠氏の近世的な城郭観や城下町の造成を考慮すると、荒隈城の故地《こち》を居城にという選択は考えられないものだったのであろう。

（山根正明）

荒隈城跡周辺現況図

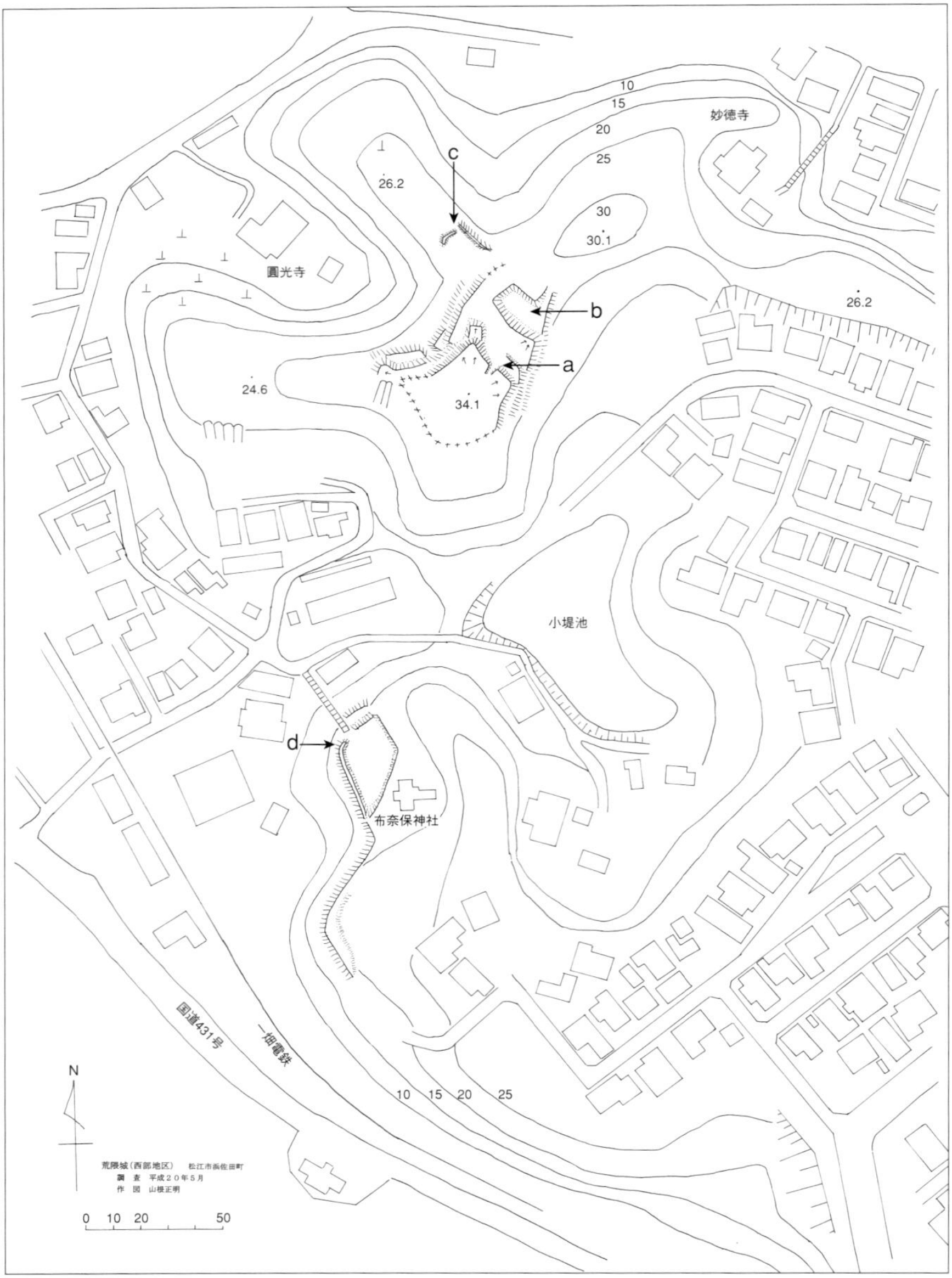

荒隈城（西部地区） 松江市浜佐田町
調　査：2008. 5
作　図：山根正明

荒隈城跡からのぞむ満願寺城跡（後方に本宮山城跡が見える）

14 満《まん》願《がん》寺《じ》城跡

◆所在地／松江市西浜佐陀町
◆標　高／二八m　◆比　高／二七m
◆主な遺構／曲輪、腰郭、堀切、横堀

【地　理】

満願寺城跡は、『出雲国風土記』が「佐陀水海《さだのみずうみ》」と記した潟湖《かたこ》と宍道湖の間に、西方から突き出した岬状の丘陵上に立地する。荒隈《あらわい》城跡の西方約二キロの宍道湖岸である。佐陀水海は当時佐陀江《さだえ》と呼ばれており、現在その一部は佐陀川を挟む東西の潟ノ内《かたのうち》として残っている。

国道四三一号で平田方面に向かうと、佐陀川を渡ってすぐにイチョウの巨木が見えるが、これが満願寺の大銀杏である。満願寺の庫裡《くり》の北側を通って裏手に回りこむと墓地に出、ここから主郭に登ることができる。

【城　史】

『雲陽誌』は、近郷五六ヶ村を領した湯原弾正忠元綱が『出雲国風土記』にいう出島《でじま》社（七釜《ななかま》大明神）の宮山をその要害としたのが始まりと記している。湯原家の家譜（『萩閥』湯原文左衛門）には、湯原信綱が大永七年

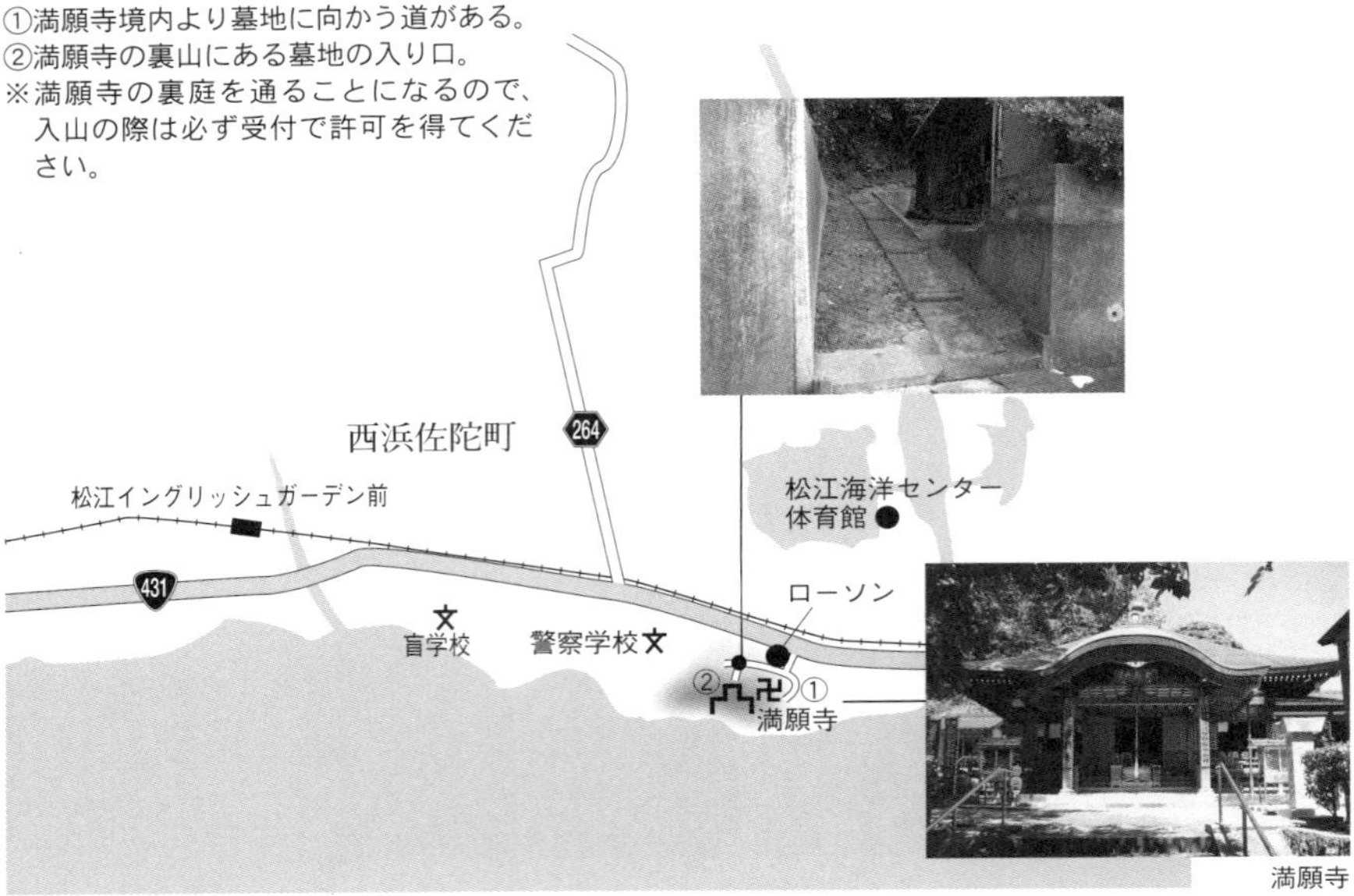

①満願寺境内より墓地に向かう道がある。
②満願寺の裏山にある墓地の入り口。
※満願寺の裏庭を通ることになるので、入山の際は必ず受付で許可を得てください。

満願寺

（一五二七）に満願寺城を築城したとあるが、ともに疑わしい。

当城が信頼できる史料で確認できるのは、元亀元年（一五七〇）十月二十五日付けの毛利元就・同輝元連署書状（『萩閥』平賀九郎兵衛）からである。ここで元就と輝元は、真山《しんやま》城に拠る尼子方が満願寺山に築城しようとしていること、これに対抗させるため神西《じんざい》城に駐屯している毛利勢が出陣することを知らせるとともに、諸将にも出陣を求めている。

元亀元年五月以降、佐陀水海の後身である佐陀江を含む佐陀地域は毛利方によって制圧されていた。ところが十月の初旬になると、このように、尼子勢が満願寺山に築城するという事態が発生したのである。毛利元就が重体に陥ったため、輝元や小早川隆景らが安芸吉田《あきよしだ》に急遽帰国した直後の出来事であり、これを好機ととらえた尼子方の反転攻勢の一環であった。

南東の和久羅《わくら》城、南方の末次《すえつぐ》城（現松江城）、西方の大勝間山《おおかつまやま》城（松江市鹿島町名分）からなる毛利方の真山城包囲陣に対して、もっとも突破しやすかったのが西方で、尼子勢は大勝間山城を奪取して佐陀江に進出し、宍道湖への出入り口を扼《やく》する満願寺山に築城したのである。尼子方では、さらに宍道湖へと進出して高瀬城に拠る米原綱寛らとの連絡路を確保するねらいがあったものと思われる。

対する毛利方は、神西城と富田《とだ》城に駐屯する軍勢を動員し、さらに中海や大橋川に仮泊《かはく》していた毛利水軍も満願寺城へと進出させた。つまり海陸両面からの反撃態勢を整えて当城を攻略したのであった。その時期は元亀元年の十二月四日以降十二日までの間のことである。

【城の構造】

満願寺山にはほぼ同じ標高からなる三つの突起部がある。このうち縄張《なわば》りが最も巧妙で普請もていねいなのは東側の突起部A（標高二八・三メートル）とその周辺である。曲輪《くるわ》はいずれも不定形であるがその上面はていねいに削平されており、主郭北側と西側の切岸《きりぎし》も急角度に削り落とされている。

主郭の北側から西側にかけて横堀（a）がめぐらされている。底幅二〜三メートル程度で、南端は西側に折れて宍道湖に落ち込む傾斜面につながっている。つまり二度クランクして変形ながらS字を描くように掘られているのである。また、西側のほぼ中央からは西方に空堀《からぼり》（b）を伸ばしている。若干の傾斜があるので竪堀《たてぼり》とみてよかろう。

主郭西側の横堀

さらに、S字の頭の部分の北側にも横堀（c）とみてよい普請の痕がある。北端は庫裡の横から墓地に上る途中の斜面に開口し、南端は墓地の造成のためにとぎれてしまっている。

突起部B（標高二八・三メートル）の周辺は全体に普請が粗放で、旧地形に応じて不定型な郭《くるわ》群《ぐん》を造成している。突起部Aとの間の墓地（d）も階段状になっているところをみると、曲輪として造成された後に転用されたことが読みとれる。

ただ宍道湖側の斜面に造られた四段の曲輪は、ていねいな普請が施されている。その南下方の湖岸に船の停泊場として利用されたと思われるわずかな砂地（e）が残されているので、これらの曲輪は停泊場を守るための普請であろう。県警察学校敷地にも曲輪が設けられていたことが確認されているので、突起部Bは佐陀江の側にも広い駐屯空間をもっていたと推定される。

突起部C（標高二七・三メートル）には小規模な郭群が造られているが、上面の削平も切岸も突起部Bより粗放である。しかし、最上段の曲輪に西側から入る虎口《こぐち》（f）が設けられているのが目をひく。

満願寺山は県警察学校の敷地とされてとぎれ、約一〇〇メートル離れて再び湖岸に沿った低丘陵（平松丘陵）へと続く。その間の警察学校の校庭の南端の宍道湖岸には「古湊」という小字《こあざ》が残っているので、船を引き上げられるような楕円形の砂浜が続く地形であったのだろう。

平松丘陵は緩やかに西側に向かって続き、最高所（標高二六・六メートル）やその周辺には普請の痕は確認できないが、県立盲学校の校地の北西端の突起部（g 標高二六・一メートル）は曲輪として造成されている。この古江《ふるえ》城は曲輪上面の削平は全体に不十分であるが、宍道湖側の腰郭《こしぐるわ》（h）は削平も切岸もていねいな普請が施されている。

以上の満願寺山とそれに続く平松丘陵で確認できる縄張りと普請は、次のようにまとめることができる。突起部B・Cと古江城は、最高所を中心の曲輪としてその周囲と派生する尾根筋に階段状に腰郭を配置するという縄張りであり、自然地形に応じた曲輪配置で、曲輪間の連絡や機能の分担という意識は認めがたい。普請の程度は概して粗放であるが切岸の削り落としには注意が払われていて、その段差と急傾斜をもって防御の基本としている。堀切《ほりきり》も竪堀もなく、竪土塁《たてどるい》がそれぞれ一カ所ずつ認められる以外は土塁も築かれてはいない。

突起部Aも基本形は同様であるが、横堀を二本もめぐらせて主郭の防御とするという点で、突起部B・Cや古江城と決定的に異なる。そもそも出雲国内で横堀の確認されているのは、平《ひら》の城跡（安来市伯太町井尻）・諏訪《すわ》城跡（雲南市大東町須賀）・三沢《みさわ》城跡と当城しかないのである。

したがって、満願寺山にはまず第一期に突起部B・Cのような縄張りと普請がAを含めた三つの突起部に施されて一応の完成をみたと考えられる。その後第二期として突起部Aだけに横堀を伴う普請が集中的に施されて強化されたが、B・Cは改修されることはなかった。平松丘陵の西端にも満願寺山の第一期と同時に普請が施されたが、この古江城も第二期に改修・強化されることはなかったとみられる。

【城の特徴】

城史の伝えるところと遺構の構造を合せて検討すると、以下のように推定できるであろう。まず第一期の縄張りと普請は尼子勢によるもので、元亀元年の十月初旬以降のことと考えられる。堀切や竪堀を伴わず、曲輪を重ねることと急傾斜の切岸をもって防御とするという縄張り観と普請技法は、熊野《くまの》城跡などの在来の出雲国人の山城に見られるところである。そして、一期のつまり尼子段階の満願寺城の中心は、突起部Bであったと思われる。そこでは、再び宍道湖の制海権を獲得すべく、突起部AとBの中間下方の宍道湖岸に設けられた船溜りと突起部Cの西側の船溜り（「古湊」付近か）の防御が重視されたのであろう。

この後、十二月四日以降十二日までの間に満願寺城を奪取した毛利勢によって改修・強化されたのが、突起部Aであった。一方で毛利方は、突起部B・Cと古江城に対しては大規模な改修を加えなかったと思われる。毛利方にとっては、尼子勢がふたたび講武《こうぶ》平野から佐陀江へ突出し、宍道湖上の連絡路を脅かすことのないよう、佐陀江の出入り口を扼する突起部Aに重点的な普請を施したと推測されるのである。

毛利方の手に落ちた満願寺城には湯原春綱らが在番《ざいばん》を命じられた。翌元亀二年二月三日の書状（『萩閥』湯原文左衛門）で、吉川元春は真山城の尼子方の来襲に備えて山下《さんげ》の普請をしっかりすべしと命ずるとともに、特に「尾首之堀御掘せ」ることを強調している。

ところでこれまで見てきたように、満願寺山から平松丘陵にかけての城域の中で、「堀」と呼ぶべきは突起部Aに掘られた二本の横堀以外にはない。したがって、元春の命じた「尾首之堀」とはこの横堀を指すと考えられる。

しかし、満願寺城の横堀の普請が湯原春綱の手によるものとは考えにくい。先の書状の十日後の二月十三日付けで春綱は、毛利輝元から「加賀《かが》小城」の普請を命じられているからである（『萩閥』湯原文左衛門）。ところが、満願寺城と島根町加賀とは直線距離で約一〇キロも離れているのである。これ以降、春綱の在番と加賀城（標高一五二メートル）の普請を伝える史料が残されていて、真山城が落城した後の元亀四年（一五七三）三月までたどることができる。

さらに、加賀城の普請を見ても特段の新しさは認められない。自然地形に即した不定型な曲輪を二段重ねただけである。ただ、島根町加賀にはもう一カ所、加賀港に突き出した岩山（標高三五メートル）の上に要害山《ようがいさん》城跡がある。結論的にいって、春綱が輝元から命じられた「加賀小城」とはこの要害山城であると考えている。

要害山城の曲輪はいずれも海側に配されており、まさしく海城《うみじろ》そのものである。しかし地山《じやま》の地形に規定されて不定型で、主郭上面も丸みを残したままである。ただ、その北東側の隅は傾斜して坂虎口《さかこぐち》とされており、主郭の東端から横矢《よこや》がかけられるように普請されている。

　このような縄張りと普請は約一キロ離れた加賀城の主郭にも認められる。同じ番将《ばんしょう》による同様な縄張り観にたった普請といえよう。ひるがえって、湯原春綱の加賀城と要害山城における普請と満願寺城の突起部Aの縄張りと普請を比較すると、両者には技法的に大きな隔たりがあるといわざるをえない。したがって、第二期に突起部Aの縄張りと普請を主導したのは出雲国外から着任した番将であり、その普請技法を用いて強化されたのが毛利期の満願寺城といえよう。

（山根正明）

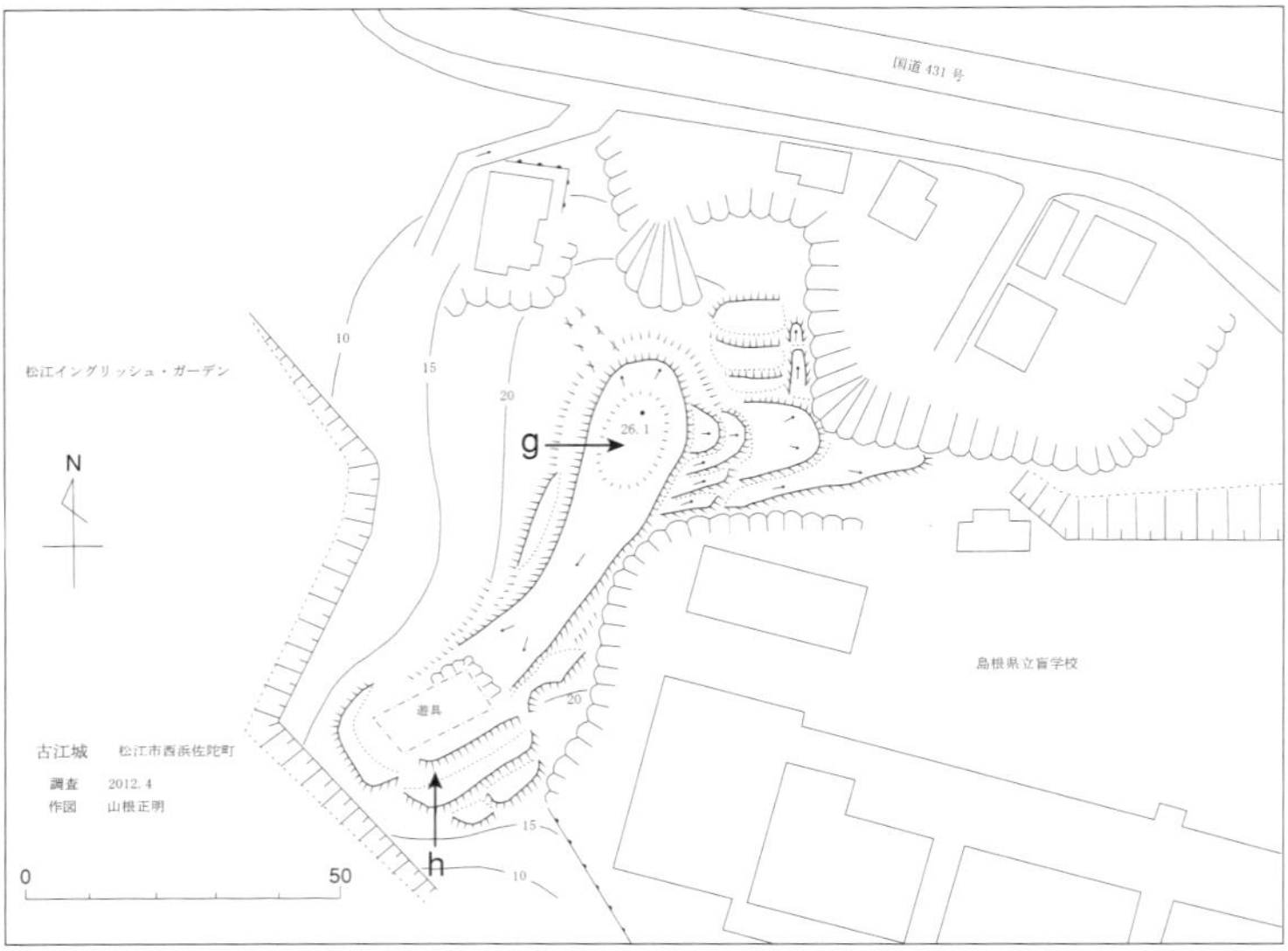

古江城　松江市西浜佐陀町
調　査：2012. 4
作　図：山根正明

満願寺城　松江市西浜佐陀町
調　査：2012. 3～4
作　図：山根正明

15 茶《ちゃ》臼《うす》山《やま》城跡

茶臼山城と意宇平野

◆所在地／松江市山代町
◆標　高／一七一m　◆比　高／一五〇m
◆主な遺構／曲輪、堀切、畝状空堀群、虎口

【地　理】

茶臼山城跡は古代には神名樋野と呼ばれ、宍道湖北岸からも特徴的に見える山である。南には出雲国府跡がある意宇平野が広がり、北には大橋川、西には宍道湖、東には中海と軍事的重要性が高い。その他、北に和久羅山城の望み遠く、真山城、白鹿城も見える。

【城　史】

茶臼山城の城主は、『雲陽誌』に「俚民茶磨山の古塁といふ、村井伯耆守の城跡なり」とある。村井氏は史料に村井三郎兵衛尉殿（「竹生島奉加帳」）、村井又次郎（『佐々木家文書』「京極氏奉行人連署奉書」）、村井清知（『秋上家文書』「村井清知書状」）、山代無来殿之内七郎兵衛（『富家文書』「富重孝・林孝秀連署売券状案」）に村井氏関係の名が見える。これらの史料から村井氏は山代に所領を持っており、京極氏とともに近江から出雲へ入

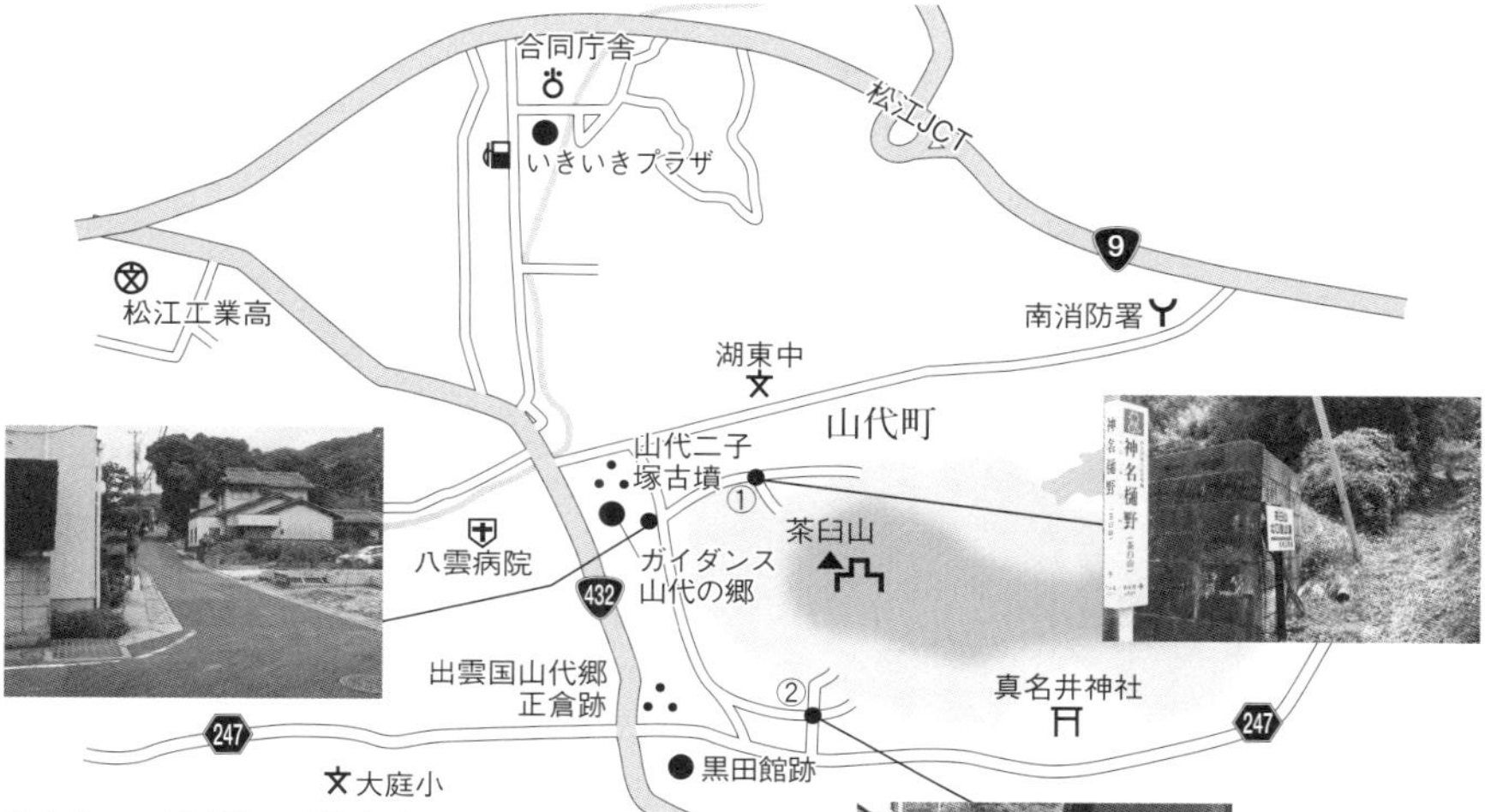

①山代二子塚古墳と山代方墳の間にある道路を南下する。道半ばで東に続く道を進むと登山口を示す標識がある。
②真名井神社から西に500m程行った地点に北に向かう道がある。山に向かって進むと、先の電柱に登山道を示す標識がある。
※駐車場はガイダンス山城の郷を利用するとよい。

この道を北進すると右手に登山口を示す標識がある

ってきたと考えられる。また村井氏以外を城主と伝えるものに、「迎接寺《こうじようじ》曼荼羅《まんだら》由緒記《ゆいしよき》」がある。ここでは亀井能登守が居城したとある。亀井能登守は迎接寺（松江市八幡町）が所蔵する両界曼荼羅をはじめとした仏具を寄進しており、この地に影響力をもっていたと考えられる。『雲陽軍実記』に「元春より米原平内兵衛を津田山越にて茶臼山を廻り別所へ懸り」とあることや、茶臼山周辺の馬潟や大庭、日吉での軍事行動が確認できることや、大内氏、毛利氏が富田城を攻める際にも重要拠点となっていたことがうかがえ、直接的な記載は少ないものの、その重要性が想起される。

【城の構造】

東西に大きな堀切を設け、内部に大きく五つに分けられる曲輪が存在する。Aが主郭と考えられ、東側のBを経てAの北側を回りこんでCへたどり着くルートが考えられる。Cの西側にはDがある。

西の堀切から上方を見上げる

Eの地点は城の南側から上がってくる道と、西から堀切を越えてくる道とが合流するようになっている。『出雲・隠岐の城館跡』ではこの場所を枡形虎口と評価するが、そこまで定型化された虎口ではないため、西と南からの通路を集約する役割を担っており、重要なポイントである。西の堀切と南側から入る通路との間の斜面には二本の竪堀が認められ、東の堀切の北側斜面にも複数の竪堀がある。ただしこの竪堀はやや不明瞭である。東西の堀切の外側にはそれぞれ小規模な堀切が存在する。北側に伸びる尾根にも小規模な削平地が存在するが、堀切は見当たらず、小規模な竪堀が散見されるのみである。

山頂より宍道湖方面

山頂より中海方面

【城の特徴】

全体として城の規模はそれほど大きくはないが、曲輪の削平状況は良く、畝状空堀群が存在することから十六世紀後半に最終的な改修が行われていると考えられる。またEの曲輪は城道を集約する役割を果たしていることや、CからB・Aへいたる城道の整備など計画性が読み取れる。この城の西南麓には黒田館跡があり、登城路の位置からもみてもこの館跡との関係は密接と考えられる。

（高屋茂男）

茶臼山遠景

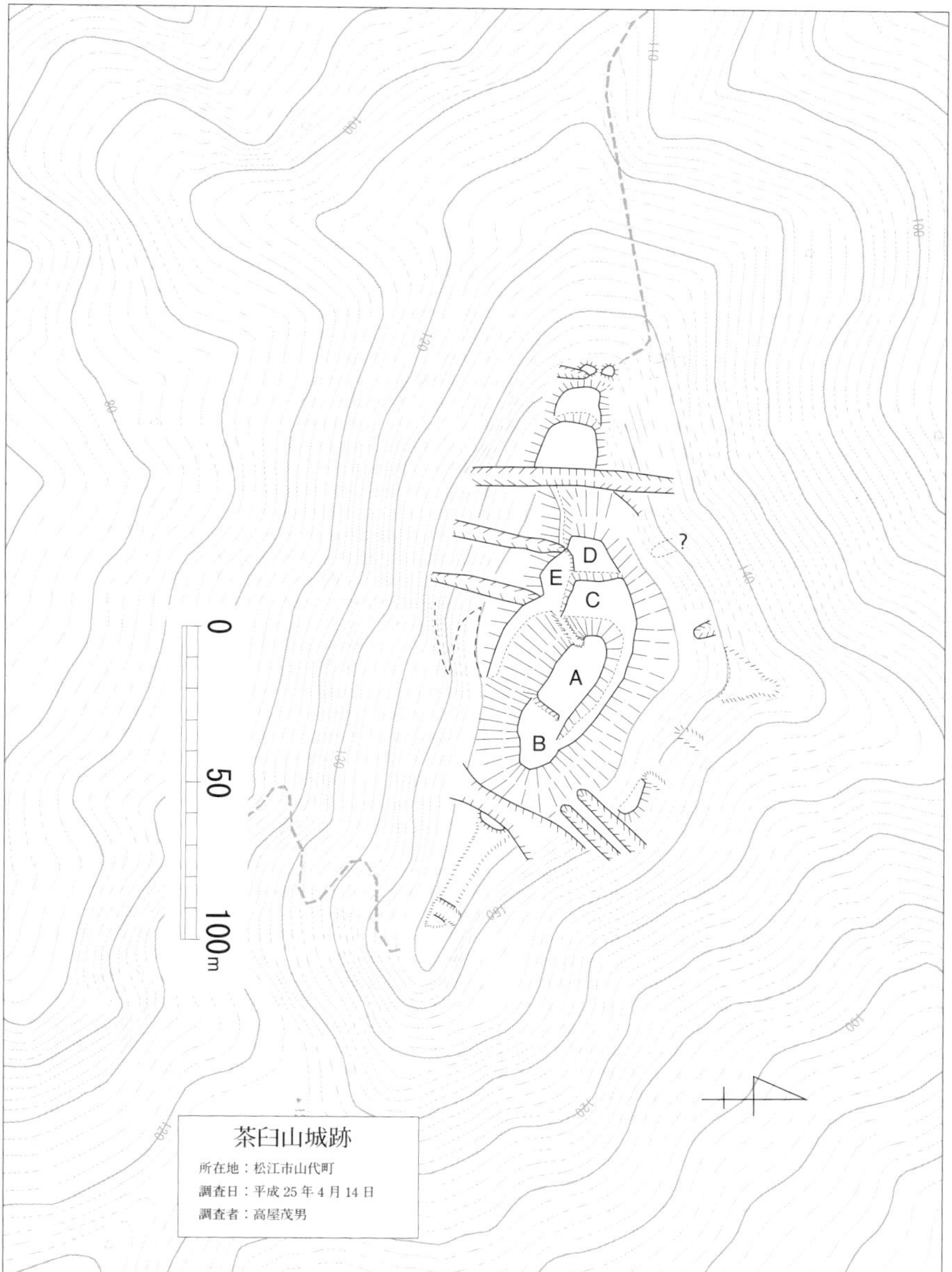

茶臼山城跡
所在地：松江市山代町
調査日：2013. 4.14
調査者：高屋茂男

北方より禅定寺城跡をのぞむ

16 禅定寺《ぜんじょうじ》城跡

◆所在地／松江市八雲町西岩坂
◆標　高／八三・二m　◆比　高／五〇m
◆主な遺構／曲輪、土塁、堀切、連続竪堀

【地　理】

禅定寺城跡は、八雲町東岩坂と西岩坂を結ぶ県道大東・東出雲線を見下ろす低平な丘陵に立地している。その北方には意宇《いう》川に桑並《くわなみ》川・東岩坂川が合流して形成した水田地帯が広がる。

城跡へは、八雲幼稚園の東側に突き出した丘陵の裾から主郭を目指すのが早い。

【城　史】

城史は不明で、『雲陽誌』も「城主年歴知れず」として、里人《さとびと》はこの山を禅定寺というと記しているだけである。

しかし、地域内の交通路としては重要な地点である。当城の西側の意宇川の谷をさかのぼると熊野《くまの》に至り、さらに大原郡へつながる。谷を途中で西方に折れて平原《ひらはら》・忌部《いんべ》を経由すると玉造《たまつくり》に至る。また当城から北進すると日吉《ひよし》・大庭《おおば》をへて大橋河畔に至る。東進すると出雲郷《あだかえ》か

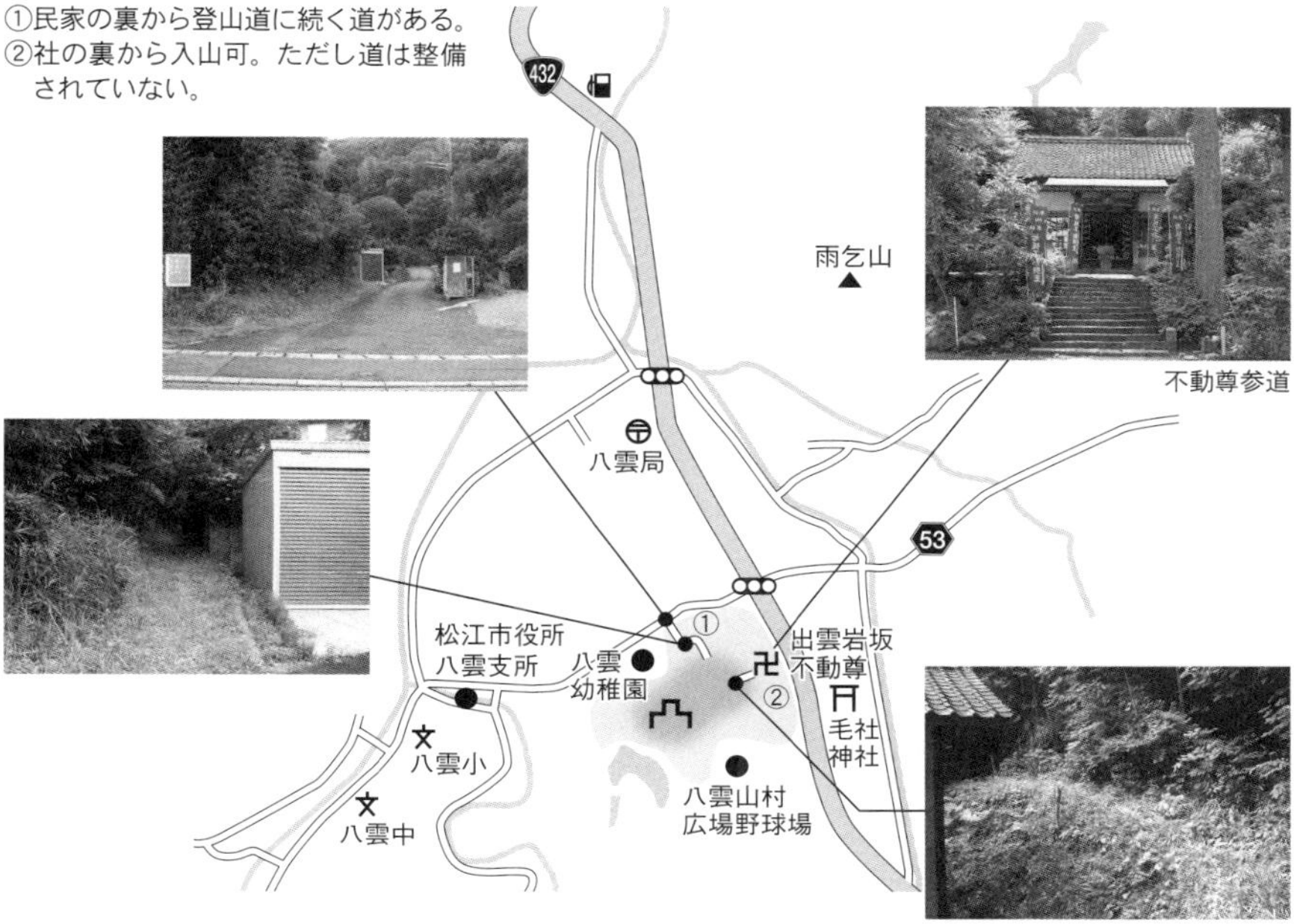

①民家の裏から登山道に続く道がある。
②社の裏から入山可。ただし道は整備されていない。

不動尊参道

ら中海沿岸に至ることができる。

したがって、尼子清貞が出雲国の守護代の地位から自立を高める過程の戦闘で、この地域はしばしば登場する。応仁二年（一四六八）七月、清貞は、出雲郷の春日城に立て籠《こ》もった下河原宗左衛門尉を攻め、同日に岩坂・外《と》波《なみ》の敵を討ち、九月には大原郡大東の馬田《まだ》城・玉湯の岩《いわ》屋《や》城を攻略している。おそらく、この地を経由して移動したのであろう（京極生観感状『佐々木文書』）。

また、天文十一年（一五四二）の大内義隆の出雲侵攻戦において吉川経興は平原で越年したといい、富田《とだ》城に向かうにあたってはこの地を経由したのであろう。なお、雲芸攻防戦（一五六二〜六六）と尼子家復興戦（一五六九〜七一）の両度、熊野氏は尼子方として毛利勢と戦ったから、毛利方もこの地を交通路として利用したのであろう。

したがって当城は、後に述べるような普請の状況からみても、交通路を安全にするとともに駐屯空間を広くとった、繋《つな》ぎの城として毛利方によって築造されたと考えられる。

【城の構造】

当城は、東西に伸びる低平な丘陵の突起部に主郭を置いている。主郭は不定形ながらしっかりと削平され、北側には土塁《どるい》をめぐらせている。さらに三方に伸びる尾根筋には堀切《ほりきり》を掘って防御としている。
　北西に下る尾根筋には先端に土塁をともなう小郭《しょうくるわ》（a）も配され、西側の尾根筋は三本の堀切で切断されている。主郭東側直下の堀切（b）が最も深く、底幅一メートルで主郭との高低差は四メートル程度である。

主郭北側の土塁（白の実線が土塁の上端、点線は下端）

　主郭の南面には六本の連続竪堀《れんぞくたてぼり》を配して、南側斜面の防御としている。それぞれは浅く緩やかで、緩斜面防御の効果は必ずしも期待できないが、比高の高くはない主郭背後の防御にも配慮した普請が施されているといえる。なお、主郭東側の堀切は東端の連続竪堀と先端が連結しているので、連続竪堀の方が堀切よりも遅れて普請されたとみられる。

【城の特徴】

　このように禅定寺城は、土塁と堀切さらに連続竪堀を設けてなだらかな地形に設定された主郭に対する防御を固めている。しかしながら、当城の東方約一五〇メートルには約一〇メートルも標高の高いピーク（c　標高九二・五メートル地点）がある。にもかかわらずこの地点は、人の手が加えられた可能性は残るものの曲輪《くるわ》として積極的に造成された形跡は認められない。もしも、この丘陵の最高所であるこのピークを主郭としたならば、現状よりもなお広い曲輪面積の禅定寺城が築城できたであろう。
　さらに、この地点と主郭を結ぶ稜線上にも、面積はいくぶん狭小ながら主郭とほぼ同高度のピーク（d）がある。これにも特段の普請は施されていない。現主郭とこのピークの間には、土橋《どばし》状の通路が残るものの、その南側の普請は十分でない。

主郭の西側約一二〇メートルにも同様なピーク（e）がある。ほぼ同高度でありながら、幾分かは削ってならしたとみられるものの特段の普請が施されたとは思われない。さらに西方に下る尾根筋にもほぼ同様な傾斜した平場《ひらば》が残り、その間には浅い堀切（f）が掘られている。

最高所のピーク（c）の北側に下る尾根筋も同様で、傾斜した平場が残り、その間には堀切（g）が掘られている。普請がさらに続けられたならば、この付近は現主郭から北側に下る尾根筋と同様な形状に造成されたことであろう。さらに現主郭の西側のピーク（e）から西方に下る尾根筋もほぼ同様な普請が施されたのではあるまいか。

このような普請の不十分な空間は、一般的には移動する兵員や物資の駐屯空間として利用されたと考えられている。当城の地域内交通のなかでの位置からしても妥当な推定であり、繋ぎの城として広い駐屯空間を確保していたとみることができよう。

一方、現主郭より約一〇メートルも高いピークが残されている点から考えると、完成途上で普請が中断されたとみることもできる。この推定に立つと、低平な丘陵の弱点を補完するために、連続竪堀を初めとする普請技法がここでも駆使された可能性が考えられる。さらに、まず堀切を掘ることから普請が始められるという、普請の順序を物語ってくれている遺構ということができよう。

（山根正明）

主郭東側の堀切

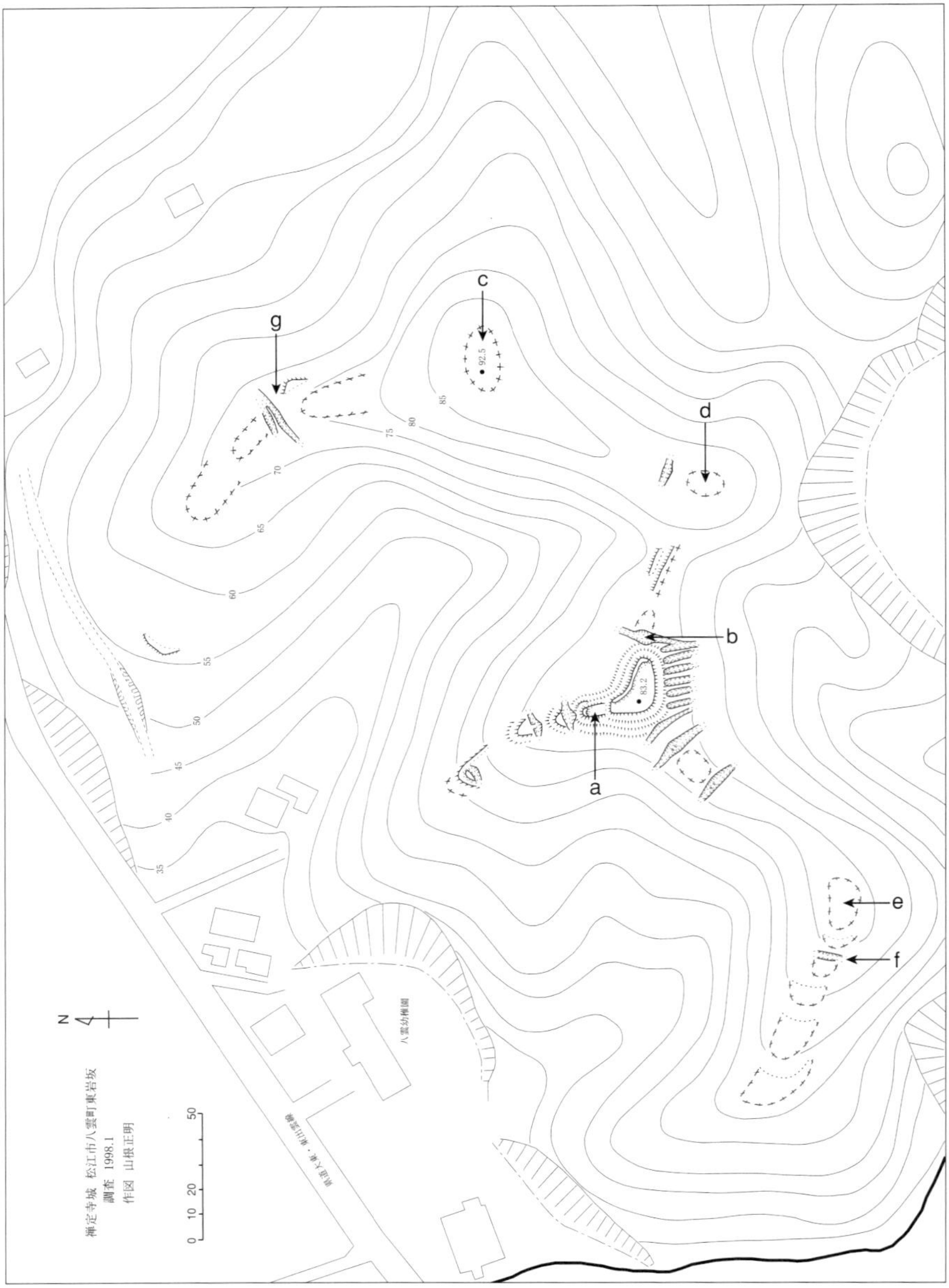

禅定寺城　松江市八雲町東岩坂
調　査：1998. 1
作　図：山根正明

17

熊野《くまの》城跡

◆所在地／松江市八雲町熊野
◆標　高／二八〇m　◆比　高／一八〇m
◆主な遺構／曲輪、腰郭

西方よりみる熊野城跡

【地　理】

熊野城跡は、熊野大社からさらに約二キロ意宇《いう》川をさかのぼり、市場《いちば》集落を過ぎて須谷《すたに》と若須《わかす》への分岐点を見下ろす位置に立地する。須谷からは雲南市大東町小河内へ通じ、若須からは大東町須賀へと通ずる。

城跡へは、東側の山麓から稜線伝いに登ることも可能ではあるが、若須の側から回りこむ、つまり西側の麓からのルートをたどるのがよい。

【城　史】

当城は熊野氏の本城であるが、熊野氏そのものの出自《しゅつじ》は明らかでない。熊野荘《くまののしょう》を基盤として台頭した地方武士の可能性が考えられるものの、熊野荘がいつどのようにして成立したか、荘園領主が誰かも不明なので、その構造も明らかでない。熊野大社の神官を出自とする可能性もあるが、熊野荘と熊野大社の関係も明確ではない。

当城の東側の麓に土居成《どいなり》という小字《こあざ》の屋敷地があって、熊野氏の居館跡に比定することができる。築城時期は不明ながら、当城はこの居館の詰城《つめじろ》として、つまり熊野氏の所領支配の拠点として築かれたのであろう。

一方熊野氏は、確認できる最初から出雲国内の有力国《こく》人《じん》であった。文明四年（一四七二）三月、室町幕府は日《ひの》御碕《みさき》社と杵築《きづき》大社の境界争いについて、各所の散在田畑を日御碕社に返付《へんぷ》するので協力するよう守護代尼子清貞のほか牛尾・佐世・湯・馬来《まき》・塩冶《えんな》・村井氏らに命じているが、これらの有力国人と並んで熊野氏の名がみえるのである（室町幕府奉行人蓮署奉書『日御碕神社文書』）。尼子氏のもとでは、熊野兵庫介が出雲《いずも》州衆《しゅうしゅう》と位置づけられている。

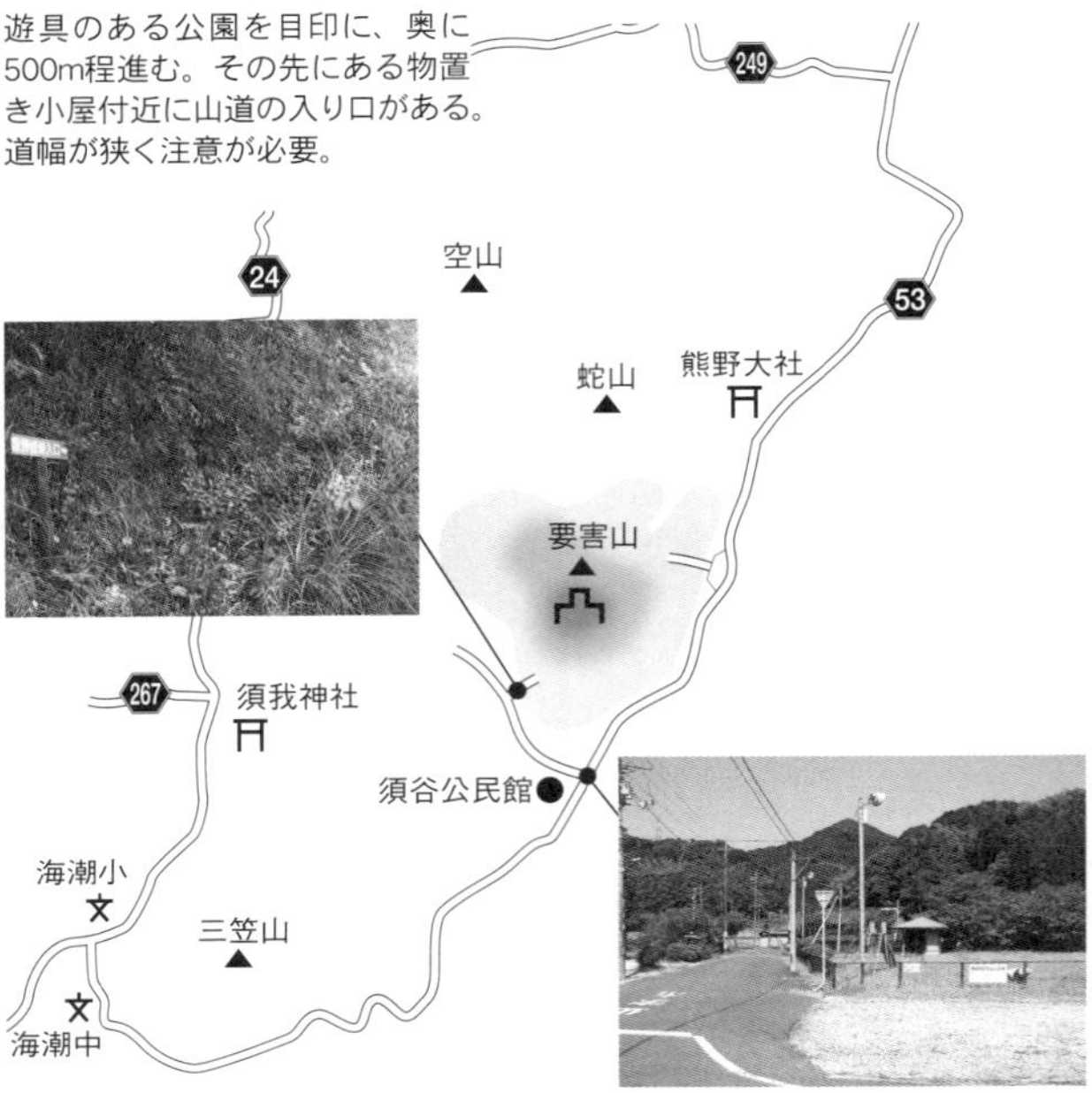

雲芸攻防戦（一五六二〜六六）が始まると熊野城は毛利勢の攻撃にさらされることになる。永禄六年（一五六三）九月、白鹿《しらが》城を攻めあぐねた毛利方では吉川元春を先鋒として熊野城に攻め寄せた。毛利勢は数千丁の鉄砲を撃ちかけたと『雲陽《うんよう》軍実記《ぐんじつき》』は記している。尼子方も援軍として大西重兵衛を送ったという。熊野久忠はこの攻勢はもちこたえたが、これをかわきりに当城をめぐる攻防戦が展開され、ついに永禄八年一月に熊野城を開いて毛利氏に降った。

土居成と背後の熊野城跡

しかし、永禄十二年に尼子家復興戦（一五六九〜七一）が始まると久忠は再び尼子方として決起したので、翌年二月以降再度毛利方の激しい攻撃にさらされることになる。同年四月には毛利輝元は向城《むかいじろ》を築くよう命じて熊野城を包囲した。七月にはこれに対抗して山中鹿介が兵糧を入れようとしたが失敗に終わり、八月の初めに熊野城を開いて抵抗を終えた。

開城後、熊野城は山中鹿介らの攻撃から富田《とだ》城を守り抜いた天野隆重の管轄するところとなった。当城の西側には隆重の屋敷跡と伝える平場《ひらば》が残っているが、後述するように天野隆重が熊野城を大きく改修した形跡は認められない。

【城の構造】

当城の置かれた要害山は円錐形の山容をなしている。その頂部を削平して主郭とし、その北側と、南西と北西の稜線に曲輪《くるわ》を配置している。主郭は不定形ながらていねいに削平され、東西二カ所に虎口《こぐち》を設けている。いずれも坂虎口《さかこぐち》で特別の技巧はないが、北東側の腰郭《こしぐるわ》（a）をへて東南下方の郭群《くるわぐん》へと続いている。

なお、主郭の南西端の切岸《きりぎし》（b）は露頭した巨石で構成されていて、遠方から眺めれば石積みのように見えたであろう。このような自然石の露頭を活用した普請は北側斜面（c）と南西斜面（d）にも認められるが、それぞれの背後の曲輪との連携は十分でない。

逆に、南西斜面の郭群と南東斜面の郭群とは、主郭の裾をめぐる通路（e）で緊密に連結されている。主郭の直下では幅約三メートルもあって、主郭を守る腰郭の役割も果たしている。

南東斜面の郭群はいったんとぎれるが、さらに下方の緩斜面には特異な普請がみられる。つまり、幅約三〜四メートル、高低差が約二〜四メートルの帯郭《おびぐるわ》がひな壇状（f）に造られている。これは緩斜面の防御のために同時期に一貫した縄張り観のもとに造成されたとみられる。

さらに下ると、上小蔵谷《かみおぐらだに》に向かって突き出した稜線A上の郭群にまで至る。これと稜線B上の郭群とは、熊野氏の居館と推定される字《あざ》土居成《どいなり》を上方から抱《かか》え込むように配置されている。ただ、稜線C上と稜線Aの間の郭群との連絡は緊密ではない。

【城の特徴】

全体に当城の普請はていねいで、曲輪の上面は平滑に削平され切岸も急角度に削り落とされている。反面、土《ど》塁《るい》が全く造られていないこと、堀切《ほりきり》や竪堀《たてぼり》も掘られてはいない。
したがって、当城は熊野氏段階の古式を強くとどめており、天野隆重の管轄下に入ってからの縄張《なわば》りの変更や大規模な普請はなかったものとみてよい。そのため熊野城は、在来の出雲国人の縄張り観や普請技法を知るうえでの貴重な資料といってよかろう。

（山根正明）

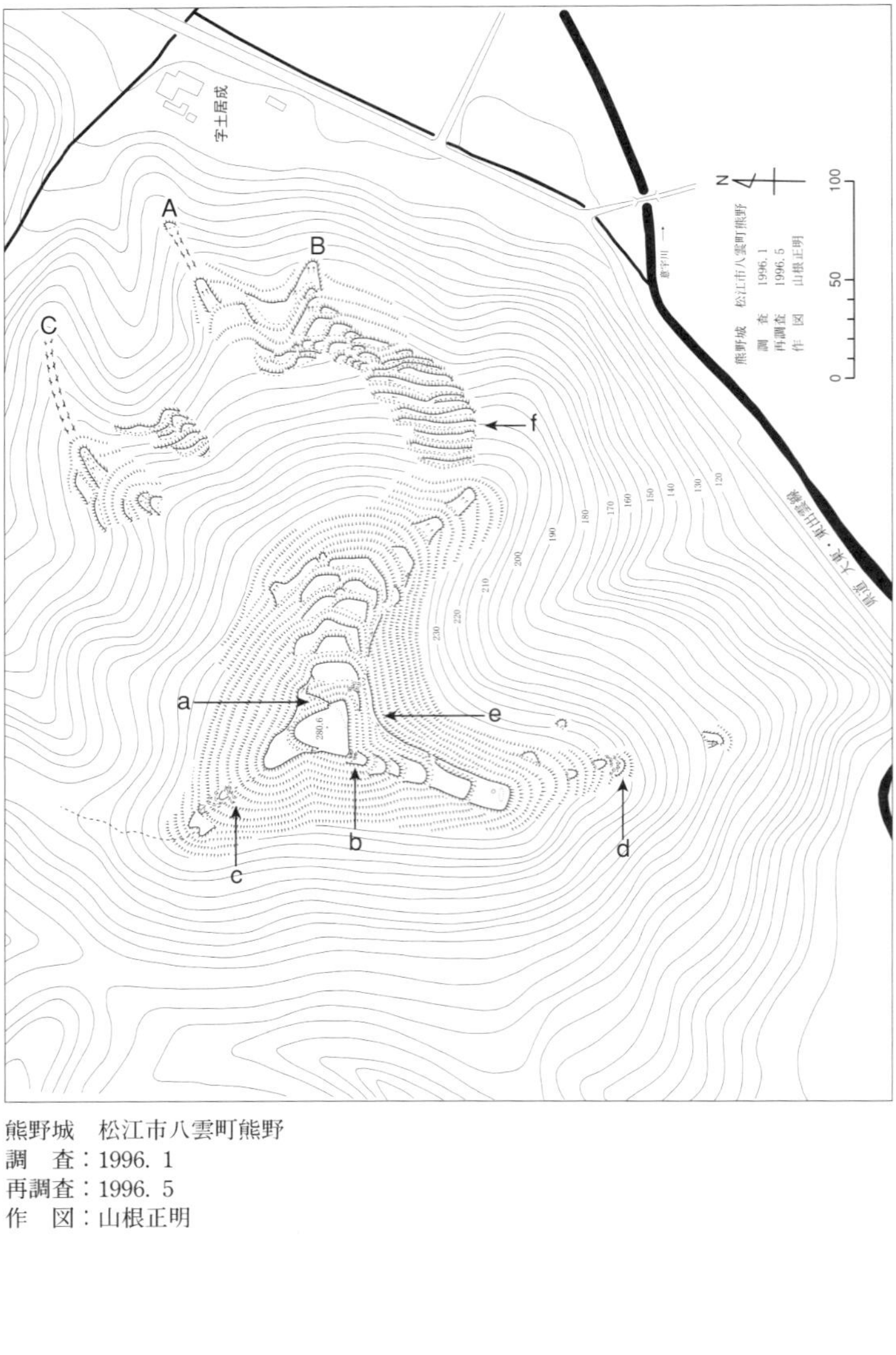

熊野城　松江市八雲町熊野
調　査：1996. 1
再調査：1996. 5
作　図：山根正明

18

横《よこ》田《た》山《やま》城跡（森山城）

◆所在地／松江市美保関町森山
◆標　高／五〇m　◆比　高／五〇m
◆主な遺構／櫓台、土塁、虎口、石垣、堀切、竪堀、連続竪堀群

横田山城跡遠景

【地　理】

松江市美保関町森山に所在する。中江瀬戸（境水道）に島状に突出する山塊に築かれた山城である。秋上氏が居城したことが伝わる。眺望に優れ対岸の境市周辺を一望に見渡すことが出来る。境港市竹内（館内か？）に城郭の伝承があるが、鳥取県が実施した悉皆調査（伯耆編）では確認されなかったことにより、尼子氏の重臣亀井安綱の居城鈴垂《すだれ》城（同森山）や権現山《ごんげんやま》城（同森山）とともに水軍城として機能し、中江瀬戸を押さえる軍事的・経済流通の拠点として機能していたものと考えられる。連続竪堀群の存在が知られている。

【城　史】

出雲国大庭の大宮司の秋上綱平は勝久が忠山城に籠った折に馳せ参じたが、富田城接収の失敗や、交通の要衝であり最前線にあった多久和城（雲南市）の城将を任せ

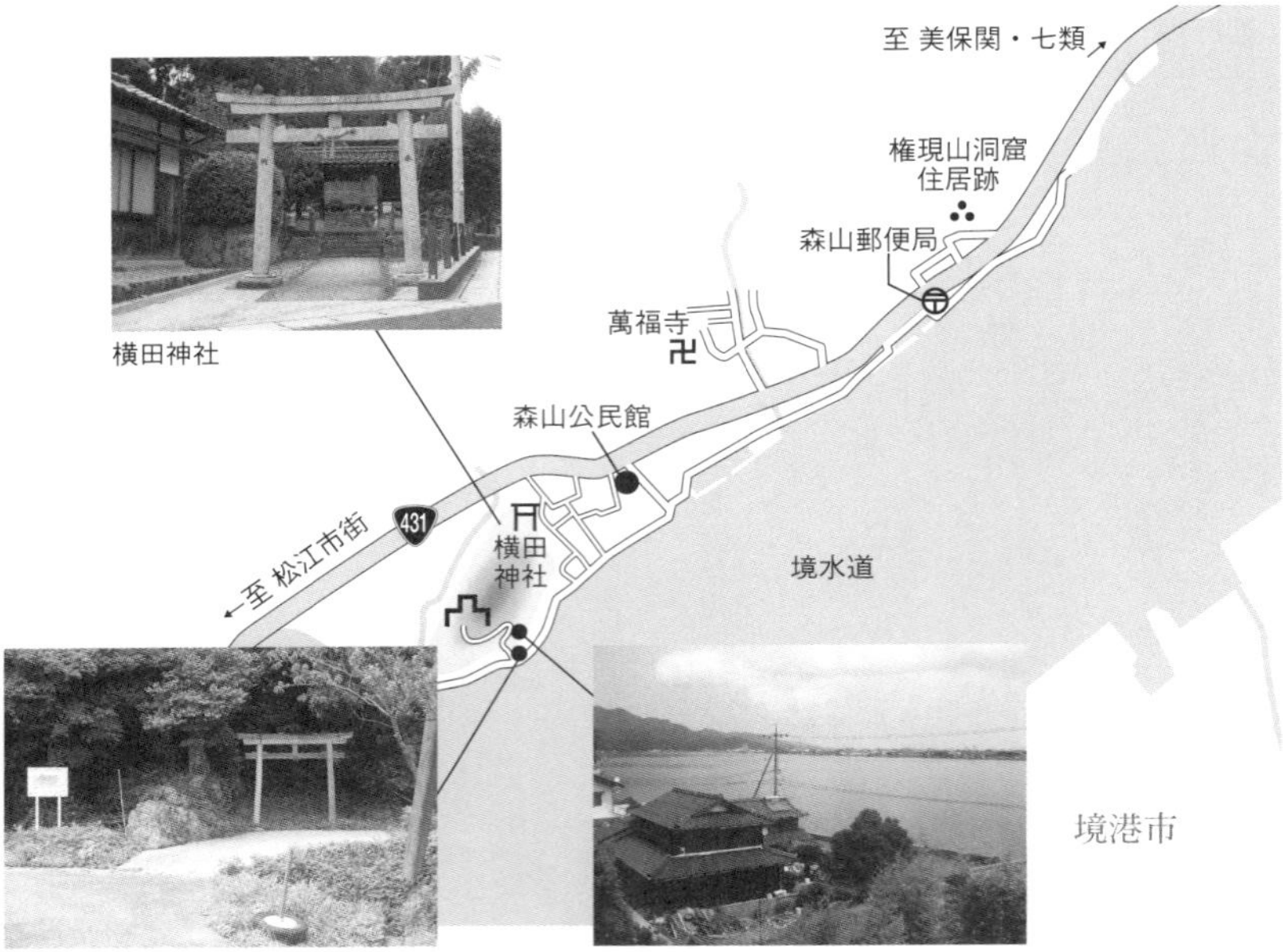

横田神社

登山道入口の様子

中腹からのぞむ境水道

られながら毛利軍の大軍を前に撤退したことにより厳しい立場にあった。そこを毛利氏の謀略が行われ元亀元年（一五七〇）毛利方に寝返ったとされる。

【城の構造】

最高所の郭1が主郭と考えられ城内最大の規模を持つ。境水道に面して土塁が築かれており、土壇（A）は櫓台の可能性がある。（B）は明らかに虎口であり、石垣が認められる。郭2は複雑な構造で後世の破壊の可能性もあるが、（C）は土塁の上を歩かせて誘い込む虎口である。（D）の窪地を桝形虎口と見るか否か判断に迷う。

主郭部東側の石垣

主郭部東側の石垣を南から見る

土壇（A）は境水道から良く見える位置にあり、石垣によって地盤が強化されているため、「見せる」ことを目的とした建築物が建てられていたものと考えている。

横田城は基本的に細尾根の両端を堀切（E）、（F）によって遮断することによって構成された城郭である。ところが縄張図を見ると堀切（G）が堀切（E）を破壊するように築かれている。なぜ堀切（E）を破壊してまで堀切（G）を築かなければならなかったのだろうか。ここで気になったのが堀切（E）と堀切（G）の位置である。両堀切は地形に沿って築かれている。堀切（E）の方が現状では地形を無視して築かれているように見える。可能性として考えられるのは堀切（E）の西側にかけて曲輪が築かれていたことである（緩斜面の可能性もある）。唯一地続きとなる尾根筋の防御力強化のため、既存の曲輪を堀切や連続竪堀群によって破壊したのではないかと考えている。

主郭東側の堀切

関ヶ原の戦後処理によって出雲国の大名として入国した堀尾吉晴は当時軍事・経済の拠点となっていた富田城に入り、近世城郭に改修強化した。当時国内は毛利氏を牽制するために、あえて山間部に築かれた津和野城等の例外を除き、海や河川沿いに築かれる傾向にあった。水上流通を重視していたのである。その堀尾氏が水上流通の要衝、中江瀬戸を無視していたのだろうか。関ヶ原の戦いの後に九州筑前に移封された黒田氏と細川氏の軍事的緊張は内乱に発展しかねない状況にあったことが知られているように、戦国時代最大の軍事的緊張下にあった。

伯耆国国主として入国した中村一忠だが、幕府から一忠の後見役を任じられた横田内膳村詮とその一族を城内で襲撃した。その結果伯耆領内の内乱に発展し、隣国の国持ち大名の堀尾氏に援軍を求めた。幕府は一忠に出府を命じたが、品川で入府を止められている。家康は幕府が任命した後見人の殺害と内乱の鎮圧のため、隣国に援軍を求めたことを「是」とせず、後始末が難航したとされる。その後一忠は京に上った後、帰国するが突如急死した。一忠の妻は家康の異父弟松平因幡守康元の娘だったが無嗣断絶となった。

このように、軍事的に緊張した隣国の状況を考えると横田山城は堀尾氏によって改修された可能性が高い。中村氏が改易された後、一忠の遺産を隠匿したとして中村氏の旧臣河毛備前守、中村伊豆守、依藤半右衛門が処罰され、大坂城の落城前後の中村氏の旧臣の動向は幕府によって監視されていたという。

【城の特徴】

最初に築いた勢力と後から来た勢力の防御構想の違いを見ることが出来る事例である。また、連続竪堀群は防御上不利な郭や緩斜面を破壊するために築かれた施設という説を考えるにあたって興味深い城郭である。

（寺井　毅）

山頂の様子

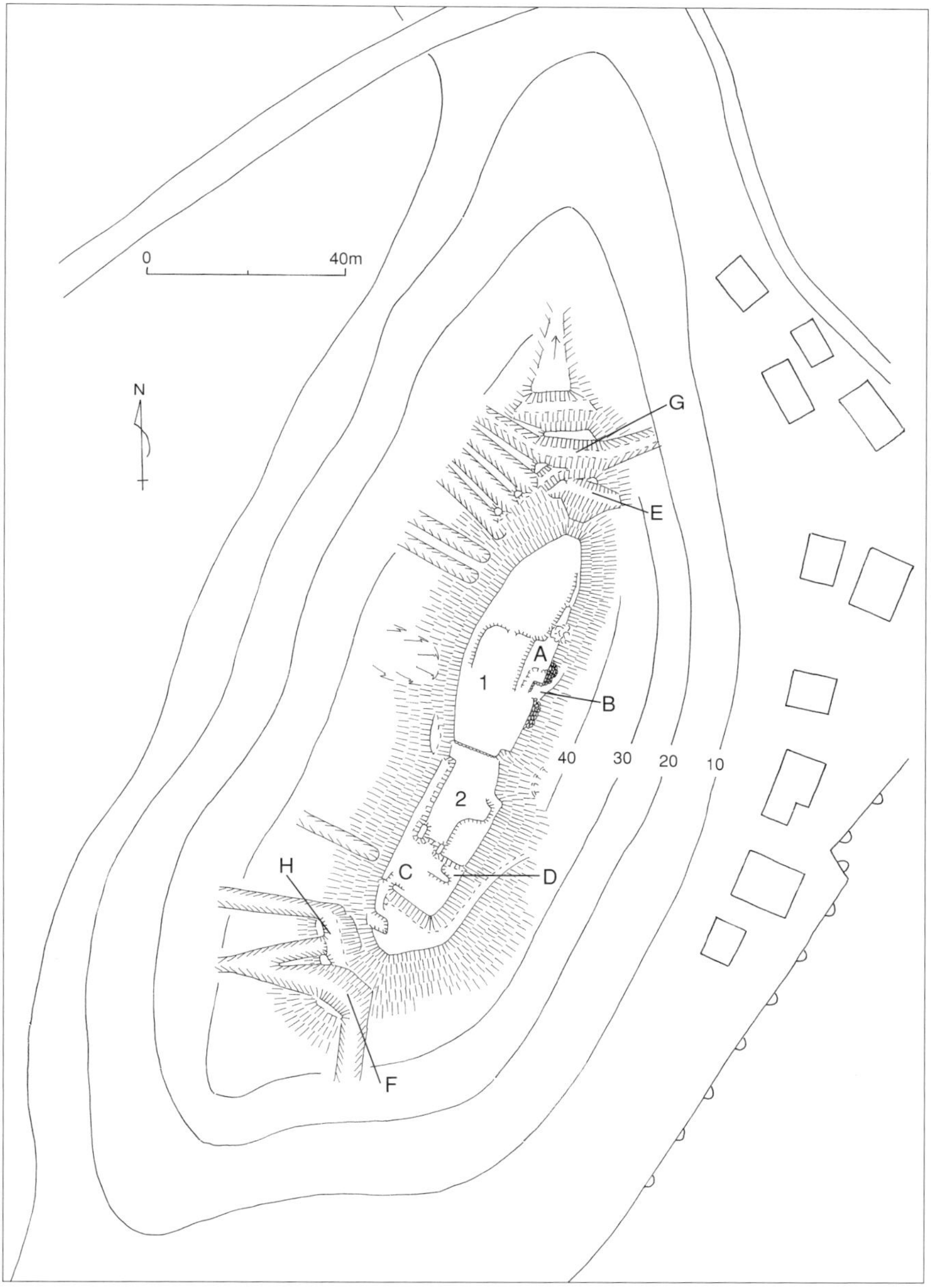

横田山城跡
所在地：松江市美保関町森山
調査日：1997
作　図：寺井　毅

忠山城跡遠景

19 忠山城跡《ちゅうやま》

◆所在地／松江市美保関町千酌
◆標　高／二九〇ｍ　◆比　高／二九〇ｍ
◆主な遺構／曲輪

【地　理】

松江市美保関町千酌に築かれている山城である。島根半島が大きくくびれた、日本海側の千酌と中海側とのほぼ中間に位置し、尾根伝いに枕木山に続く。山容が島根半島からひと際高く、目立つ山である。山頂からの眺望に優れ、眼下に片江、稲積、千酌等の浦々、遠く隠岐の島や富田城等をのぞむことが出来る。

【城　史】

新宮党の遺児で京都の東福寺の僧侶となっていた勝久を還俗させ、尼子家復興軍の大将として擁立し、永禄十二年（一五六九）、但馬に入った。その後、隠岐の島に渡った勝久は隠岐為清の支援により山中鹿之助等を従えて島根半島の稲積浦に上陸した。勝久は忠山に城を築き尼子旧臣に檄を飛ばし参陣を募った。忠山に真っ先に城郭を築いたのは勝久を支援した隠岐為清等の水軍の活用

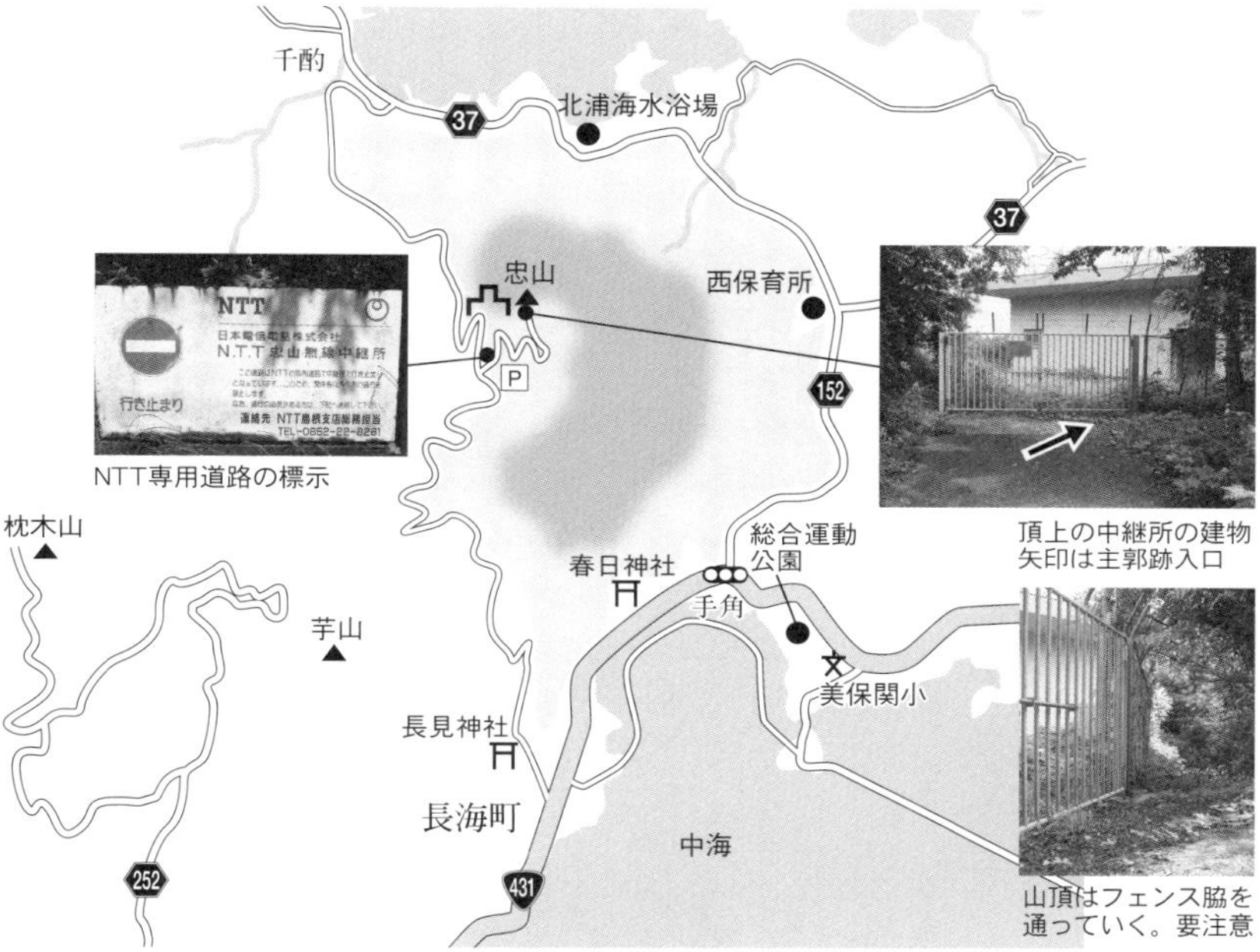

NTT専用道路の標示
頂上の中継所の建物
矢印は主郭跡入口

山頂はフェンス脇を
通っていく。要注意

を重視していたためと考えられる。勝久はこの地に二カ月滞在した後、本営を真山城に移したが、忠山城はその後も尼子氏によって使用されたものと考えられる。

尼子氏復興軍の勢力は、出雲はもとより伯耆にまで急速に展開した。これは毛利氏の九州方面への出撃にともない領主層が動員されて守備兵が手薄になったタイミングを突くという、周到に練られた軍事作戦だった。毛利氏は領主層を帰陣させ、備えを堅くするように命じたが、高瀬城城主の米原氏のように尼子家復興軍に寝返る領主もいた。

尼子復興戦は大西氏・神西氏・熊野氏・牛尾氏・米原氏等旧尼子氏を支えていた家臣の参入により優勢に戦っていたが、毛利氏の派遣した富田城救援軍との間で行われた布部（安来市広瀬町布部）で行われた合戦で尼子家復興軍は総崩れとなった。尼子家復興軍に加担した牛尾正忠は三笠城で討死し、熊野氏は毛利氏に降伏した。米原氏は高瀬城に籠り、頑強に抵抗したが、勝久の籠る真山城との連絡を遮断されたことから、高瀬城は落城し、米原氏は真山に走った。

元亀二年（一五七一）、元就が亡くなったが、元春は帰還しなかった。弔合戦を決意し真山城を激しく攻め立てると尼子家復興軍は毛利氏の攻撃を支えきれず、勝久は中海に面した鈴垂城（松江市美保関町森山）に逃れたが再び追撃され、桂島（松江市島根町加賀）から出雲を脱出したとされる。一説には真山城から太平山城（松江市鹿島町、島根町）に逃れた後、桂島から脱出したと言われている。

永禄十二年、尼子家復興の夢を抱き、かつて尼子氏を支えていた家臣からの支持に希望を得ていた勝久にとって、稲積浦に上陸し、仰ぎ見た忠山城は沸き立つ志の源に見えたのだろう。しかし僅か二年後、勝久は追い立てられるように出雲国を後にせざるをえなかった。尼子家復興戦に呼応した出雲国内の城郭はすべて毛利氏によって落城した。戦い敗れ、勝久が最後に見た出雲国の城郭は皮肉にも忠山城だったのかも知れない。

その後、因幡国を経て織田信長の臣下となる。尼子家再興のため播磨、美作、備前の国境、交通の要衝に築かれた上月城（兵庫県佐用町）を守ったが、毛利軍は三万の兵力で上月城を包囲した。救援の秀吉軍が信長の命で全軍撤退すると、程なく勝久は自害し上月城は落城した。勝久は自害に際して、「僧侶で終わるところ尼子氏の大将になれたこと、自害に及んだことは弓矢となる身の習いであり、むしろ誇りである」と語ったという。尼子氏の滅亡の地は、守るに難しい最前線の小城だった。

【城の構造】

縄張は最高所の郭1を主郭とし、地形に沿って築かれており、土塁や堀切は築かれていない。山頂部にＮＴＴの中継所が建設され、その管理道の設置によって、縄張

山頂の様子

は大きく破壊されているが、主郭と考えられる郭1が破壊されなかったことは幸いであった。中継所の敷地はコンクリートの壁によって拡張されている。郭2は北側以外の壁は当時のままと見ている。郭2の北側は垂直に削り込まれ、高さもあるため、中継所は郭1と2の間の鞍部に築かれたのだろう。したがって忠山城は郭1と郭2の二つの防御拠点によって構成されていたものと考える。縄張図で表示したもの以外にも地形に沿って緩斜面に郭が認められ、尼子氏傘下の軍勢の駐屯空間の可能性がある（耕作地の可能性があるため、図化しなかった）。

【城の特徴】

支援してくれた隠岐為清等の水軍を十分に活用するために築かれた、典型的な水軍城である。直接海に接していなくても「水軍城」として評価される事例。

（寺井　毅）

山頂から中海の眺望

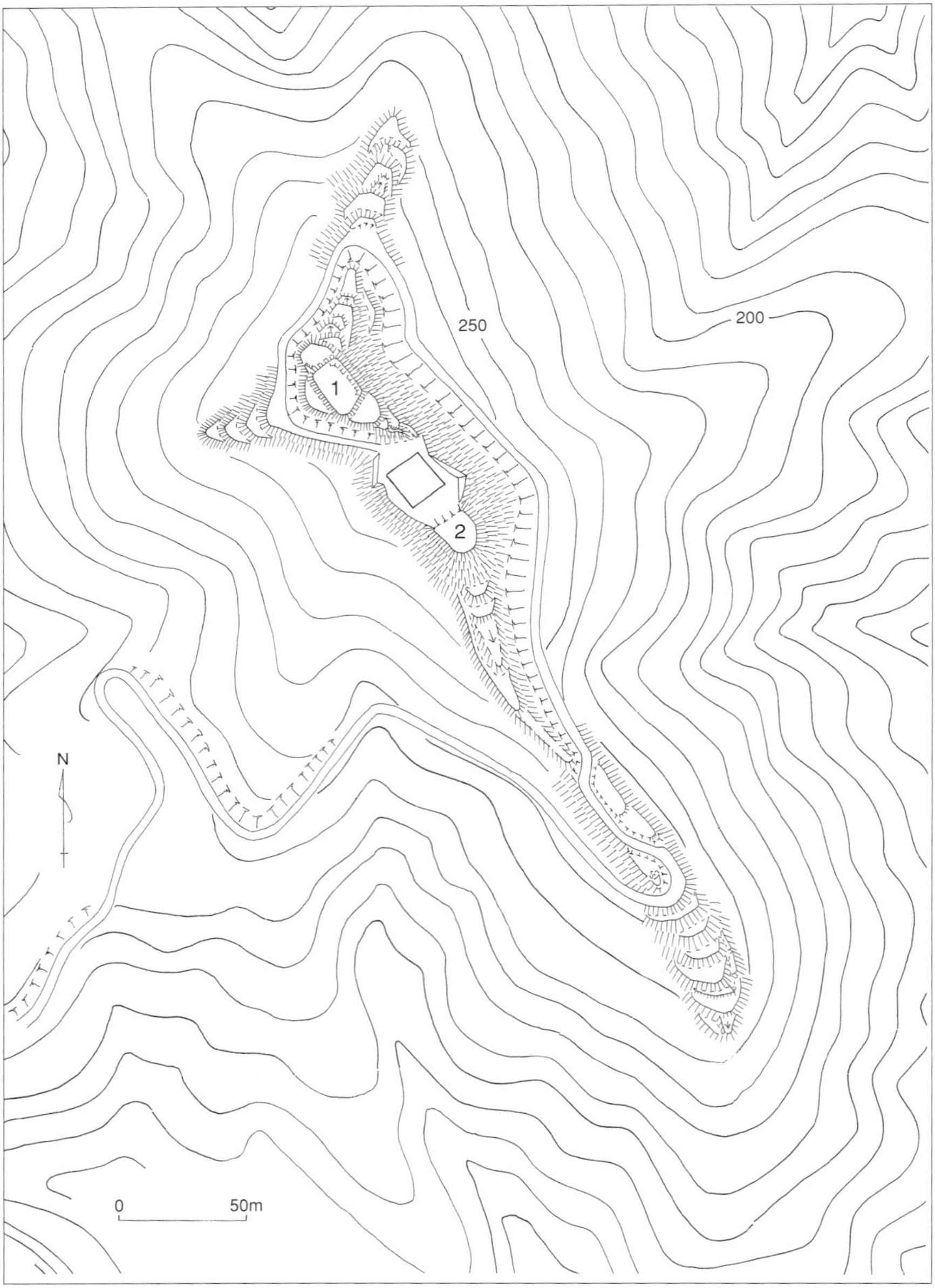

忠山城跡
所在地：松江市美保関町千酌
調査日：1997
調査者：寺井　毅

海老山城跡遠景

20 海《え》老《び》山《やま》城跡

◆所在地／松江市鹿島町名分・上佐陀町
◆標　高／九〇・三m　◆比　高／八六m
◆主な遺構／曲輪、堀切、連続竪堀

【地　理】

海老山城跡は、佐太《さだ》大社に向かって東側から突き出した丘陵の突端に位置する。ややずれるが西側からも先端に佐太大社が鎮座する丘陵が突き出している。したがって、宍道湖岸の浜佐陀から日本海岸の恵曇《えとも》・古浦《こうら》をつなぐ佐陀低地が最も狭まった地点に位置するので、佐陀低地の南側の関門の位置をしめているといえる。

城跡へは南麓にある千光寺境内の墓地から斜面の道を上るのがよい。

【城　史】

『雲陽誌』には、海老山城の城主を仁田《にった》右馬頭とし次のような伝承を記している。隣村である佐陀宮内《みやうち》村の蘆《ろ》山《ざん》城主朝山越前守が、毛利元就の命令で数回海老山城を攻めたけれども、曲輪《くるわ》の外にカラタチの藪があって攻め入ることができなかった。そこで、城に出入りする者に

ロープのある登山道

千光寺

加茂志神社

①千光寺の境内にある墓地を通り抜けると登山道入り口がある。
②県道37号上の上佐太と天路前バス停の中間辺りにある道路を300m進む。加茂志神社の参道入り口には石灯篭があり、鳥居手前の左側に細い道がある。その先にある土手を登ると登山道に続く道がある。

金を与えてカラタチに火をかけさせた後に攻め入り、五月二十日に落城させた。それ以後、五月二十日には鯨波《げいは》や轡《くつわ》の音などがするようになり、里人《さとびと》はこの山に入ることをしなくなったというのである。隣接する小領主が、一方は引き続き尼子方に属し、他方は新たに毛利方に属して戦ったという構図からすると、雲芸攻防戦（一五六二〜六六）の一局面を伝える伝承と理解すべきであろうか。

佐陀低地に面しては、蘆津殿山《こもづとのやま》城跡・高柳《たかやなぎ》城跡・蘆山城跡・大勝間山《おおかつまやま》城跡・池平山《いけひらやま》城跡等が確認されている。これらの諸城のうち縄張《なわば》りが巧妙で普請がていねいなのがこの海老山城跡である。

新田右馬頭奉国を祀る宝篋院塔

ただ、遺構の最終状態を見ると、主郭より東側の尾根筋の普請がていねいなのに対して、西側は鞍部《あんぶ》を利用して堀切《ほりきり》が掘られているものの堀切と堀切の間の突起部は曲輪として造成せず、ほぼ自然地形のまま放置されている。つまり当城は、東側の尾根づたいの敵襲を意識した縄張りとなっている。この東側の尾根筋をたどると鳥ノ子山《とりのこ》（標高二四三・三メートル）をへて真山《しんやま》にいたることができる。つまり、海老山城は真山城の尼子勢が稜線づたいに来襲することをみこして、その備えとして整備された山城なのである。したがって、築城の時期や築城者ははっきりしないものの、尼子家復興戦（一五六九～七一）の時期に毛利方によって修築された山城と考えられる。

【城の構造】

東側から佐陀低地に向けて緩やかに下る稜線の突起部に主郭を置き、その周囲を堀切や連続竪堀《れんぞくたてぼり》で防御しようとするのが基本的な縄張りである。

主郭は自然地形を大きく変更しようとする意図はないものの、西半部はその半周以上が土塁《どるい》で取り囲まれていて、その西端には径二メートル程度のくぼみ（a）がある。東半の南側にも土塁が築かれているが、主郭上面の削平はやや不十分である。

主郭の東端は削り落とされて約六メートルの切岸《きりぎし》となり、この付け根には南北に竪堀が掘られている。このうち南側の堀切（b）は途中から二股に分かれ、隣接する二本の竪堀とあいまって四本の連続竪堀を構成している。

主郭跡より宍道湖方向の佐陀低地をのぞむ

北側の竪堀も三本の連続竪堀（c）を構成している。

主郭より東側の尾根筋には三カ所に堀切が掘られ、真山城から尼子勢が稜線づたいに来襲するのに備えている。三本のうち中央の堀切（d）は、底幅約四メートル、主郭側の高低差八メートルという立派なものである。

主郭の西側は約八メートルの切岸とされ、直下の堀切（e）も、その北側は二股に分かれて下っていて、（b）と同様の普請がなされている。この堀切からは主郭南側の切岸の裾をめぐる通路があって、いったん東側まで回りこんでから主郭へ入る縄張りになっている。したがって、主郭やその下の腰郭《こしぐるわ》からの横矢《よこや》がしっかり効果を発揮することになる。

主郭より西側の稜線には鞍部を利用して堀切が掘られている。いずれもしっかりと削り込まれており、切断効果は十分である。特に、西端の堀切は底幅約三メートルで中央南寄りに土橋《どばし》（f）を設けるなどていねいな普請が行われている。

しかし、その西側のピーク（g　標高六三メートル地点）は普請が施されたとは認めがたい。標高七六・四メートル地点（h）とこれに続く東西の稜線も同様である。ただ、全くの自然地形とも断定しにくいところがあり、駐屯空間として利用されたのかも知れない。あるいは、尼子家復興戦の時期に修築される以前の、つまり『雲陽誌』の記す伝承のいわば「古海老山城」の形態をとどめているとみるべきであろうか。

なお、標高七六・四メートル地点の東側の鞍部は、中央部に長方形の土壇《どだん》（i）を残し、その両側を堀切としている。高さ二メートル程度の土壇の南北はテラス状に整形されていて、東西の堀切でつながっている。この部分が城域の中でどのような役割をもたされたものかは判断に苦しむところだが、海老山城の虎口郭《こぐちぐるわ》あるいは勢溜《せいだま》りの機能を果たしていたと考えておきたい。

【城の特徴】

佐陀低地に向けて緩やかに下る一筋の稜線の突起部を曲輪とし、その東西に堀切を配して防御しようとするのが海老山城の基本的な縄張りである。防御正面を東側の稜線づたいと想定し、それに対応した縄張りと普請に特化するという点で、尼子家復興戦時の陣城《じんじろ》の一典型とみてよかろう。

（山根正明）

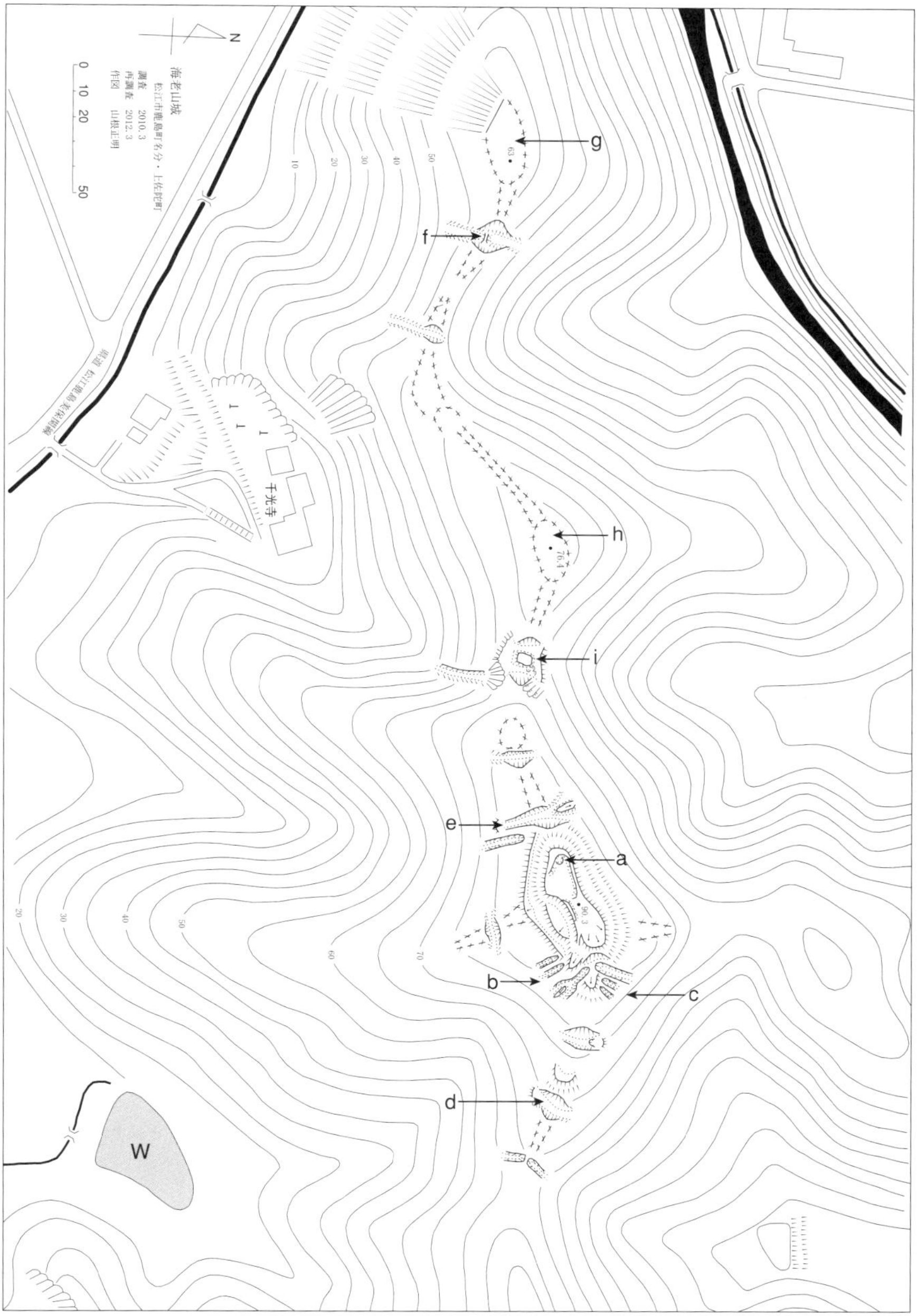

海老山城　松江市鹿島町名分・上佐陀町
調査：2010. 3　再調査：2012. 3　作図：山根正明

玉造要害山遠景（手前は玉作湯神社）

21

玉《たま》造《づくり》要《よう》害《がい》山《さん》城跡

◆所在地／松江市玉湯町
◆標　高／八六m　◆比　高／三五m
◆主な遺構／櫓台、土塁、竪土塁、虎口、堀切、竪堀、連続竪堀、横堀

【地　理】

古くから山陰と山陽を結ぶ最短距離の湯町八川往還の基点に玉造要害山は位置しており、県下有数の観光名所である玉造温泉街を見下ろす高台に築かれている。

【城　史】

出雲守護佐々木泰清の子息頼清が湯荘に入り湯氏を称した。城は湯秀貞によって築かれたとされる。大内氏が出雲に侵攻した際には湯氏は忌部まで案内しているが、毛利氏が侵攻した際には尼子方として働き戦った。やがて毛利氏が玉造要害山の尾根筋や周囲に陣城を築いたため、湯氏は毛利氏に降伏した。

尼子家復興戦は失敗し、従軍した湯永綱は討死し、嫡子新十郎は出雲を離れ姓を亀井と改めた。後に新十郎茲矩は羽柴秀吉や徳川家康に属し戦功をあげ、関ヶ原の戦いで東軍に属し鹿野城（鳥取県鳥取市鹿野町）三八〇

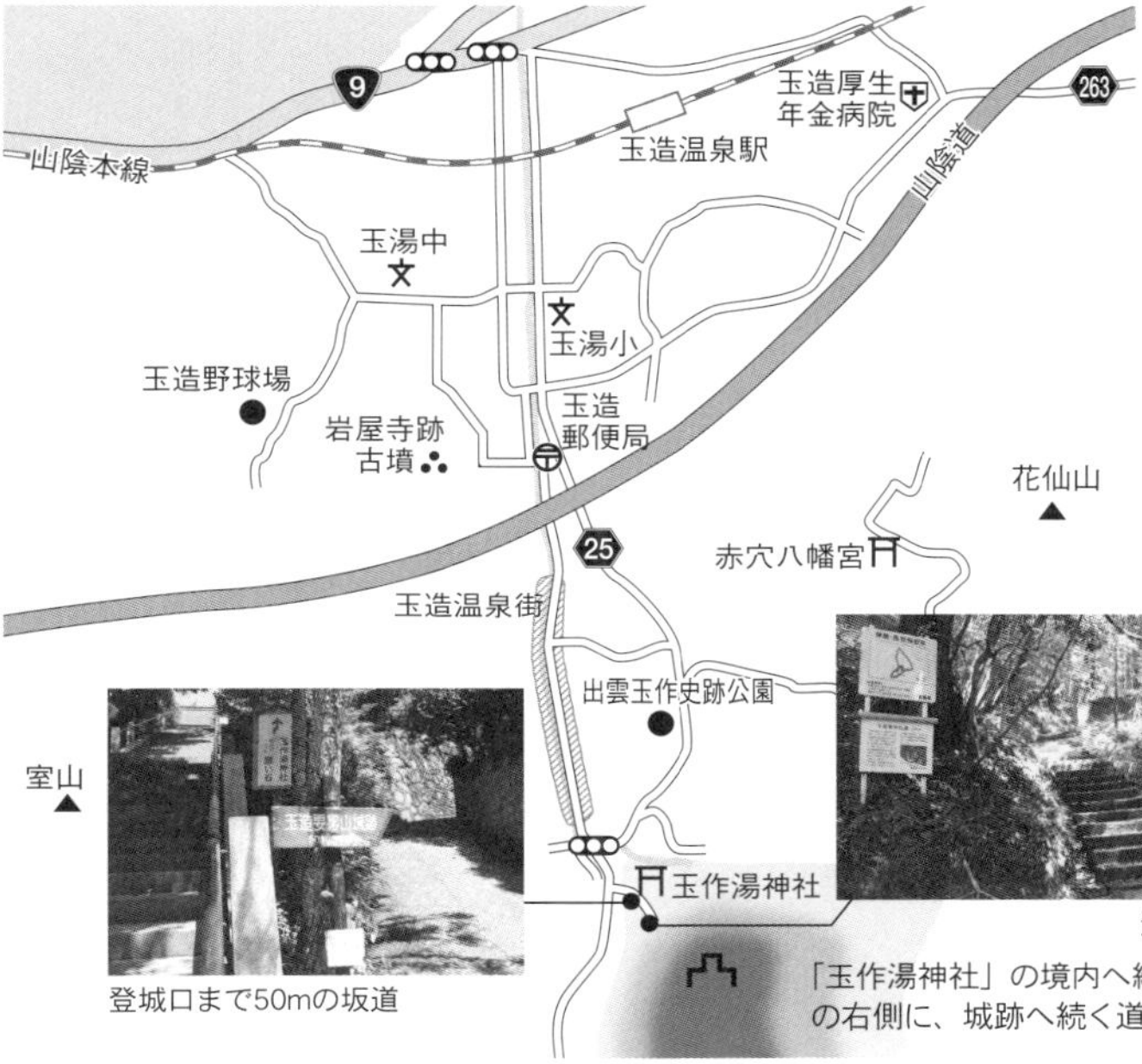

登城口まで50mの坂道
登山道
「玉作湯神社」の境内へ続く石段の右側に、城跡へ続く道がある。

○○石の大名になった。その後、子息政矩の時津和野城（津和野町）四三○○○石に国替となり明治まで至った。

【城の構造】

主郭は標高一○八メートルの最高所の郭1と考えられ、尾根筋には櫓台（A）と土塁（B）が築かれている。主郭の南側に幅の広い鞍部が存在するが、櫓台（A）の南側直下に堀切（C）が築かれている。堀切の規模は大きく、主郭側の壁は削り込まれており、この方面からの侵攻を遮断している。

主郭への登山道は現在北西に設けられているが、これは近年の公園化によるものと考えられ、本来の登城道は郭2の南端に築かれた竪土塁（D）を登り、櫓台（A）西側通っ

主郭からAを見る

て土塁（E）によって狭められた虎口（F）に入るようになっていたものと考えられる。郭2は主郭の西側に築かれ、井戸が確認できる。虎口（G）が北端に築かれている。この虎口も土塁を掘り残して入口を狭くしている。郭3は郭1の北東側に位置し、土塁（H）と郭4の土塁（I）、そして天然の沢を加工した竪堀（J）によって南側尾根筋から山腹を迂回する攻城勢力を遮断している。郭5は郭2の西側から郭3の西側にかけて築かれている細長い曲輪である。虎口（K）は郭2の虎口（G）のやや西側下に築かれている。両郭の虎口がずらして築いてあるのには訳があり、虎口（K）を突破した攻城勢力は勢い余って直進し、郭5の南側に殺到するが行き止まりとなっている。そこに築いてある竪土塁（L）を登っても郭2には入れない。引き返そうとすると突進して来る後続の味方の攻城勢力との同士討ちを回避するため混乱し、攻城側の部隊の統制が利かなくなることを狙って築かれたものと考えている。虎口（K）から東側に進むと竪土塁（L）に行く手を阻まれ郭1と郭3、郭4から反撃を受けることになる。守備側に有利な場所に誘い込んで戦う。しかも後続の攻城勢力も守備側に有利になるように活用する見事な縄張で出雲地域でも有数な城郭と評価出来る。これは数多くの実戦を経験した人々によって築かれたものだろう。

　さて、竪土塁（L）南側直下には横堀（N）と竪堀（X）が築かれている。この部分は周辺の地形と比較して不自然であり、人為的に造り出した地形と考えられる。これにより竪土塁（L）の南側の壁は削り込まれたが、投入した費用は相当なものだったのだろう。

　郭6は郭5の北側に築かれており、虎口（O）は土塁によって構成された食い違い虎口を形成している。さらに郭6の東側に連続竪堀群（P）が築かれている。（P）は現在上下2群となっているが、本来は上下がつながっていたのだろう。連続竪堀群（P）の東側に竪堀（Q）が築かれているが、規模が大きく、竪堀に接する西側に竪土塁（R）等の竪土塁が築かれている。したがって、連続竪堀群（P）から西側を城域としていた時期から、竪堀（Q）から西側を城域とする縄張りに拡張されたものと考えられる。緩斜面に多くの郭を築く際に連続竪堀群（P）が破壊されたのだろう。連続竪堀群（S）までの間には郭が確認できなかったため、（S）は山腹の移動を遮断する目的で築かれたものと見る。

　郭7は主郭に匹敵するまとまった面積を持ち、居住施設が建てられていたものと考えている。土塁（T）は北側からの進入に備えて築かれたものと考えられるが、登城口に位置しているため、虎口かもしれない。ここから（P）を破壊して造成した通路状の郭を進むと（U）に至る。ここには竪土塁が築かれていないため、橋を架けて城外と連絡していた虎口が築かれていた可能性がある。（V）は大きく削り込まれ、登城道を攻め上がって来る勢力に横矢を射ることが可能であるため、大手口と考えられる。（W）に「伝湯佐渡守古墓」がある。

【城の特徴】

当城の尾根筋に対する防御方針は、主郭の櫓台（A）を中心に土塁のライン（東側は土塁Iまで、西は竪土塁Lまで）によって尾根筋からの侵入を遮断するというものであった。戦国末期になると攻城戦に組織的に訓練された大量の兵が参加するようになったので、これに対応するため、ラインによって守る防御方針が考えられた。

玉造要害山城は削り込まれた壁と巧妙に築かれた防御施設の配置と、迷路のごとく設けられた登城路の存在が稀有である。

玉作湯神社から登り道が整備されている。初心者向き。

（寺井　毅）

玉造要害山上空から玉造温泉・宍道湖をのぞむ

玉造要害山城跡
所在地：松江市玉湯町
調査日：1989、1996、1999
調査者：寺井　毅

22 佐《さ》々《そ》布《う》要《よう》害《がい》山《さん》城跡

◆所在地／松江市宍道町佐々布
◆標　高／一二六m　◆比　高／九〇m
◆主な遺構／曲輪、帯郭、腰郭、土塁、堀切、枡形虎口

金山要害山城の主郭跡から見る佐々布要害山城跡

【地　理】

佐々布要害山城跡は、国道九号から分岐して雲南市にむかう国道五四号の走る佐々布川の谷がくびれるように狭《せば》まった地点を見下ろす位置にある。

城跡へは、宍道ふるさと森林公園の多目的広場付近の「思い出の木」記念植樹地から、ほぼ平坦な尾根筋を通って西主郭をめざすのが時間的にも距離的にも早い。

【城　史】

『雲陽誌』は、塩冶《えんや》高貞が高師直と対立して都を落ち、出雲国に下って籠城しようとしたのが宍道町佐々布の当城だとして、塩冶氏との関連をあげているが疑わしい。おそらく、佐々布郷の開発領主である佐々布氏の本城として築城されたものであろう。

出雲国衙《こくが》の在庁官人《ざいちょうかんじん》を出自《しゅつじ》とすると考えられている佐々布氏は、鎌倉幕府から地頭《じとう》に任命されて以来、南北

ふるさと森林公園の多目的広場近くの駐車場を利用し、「梅林」を目指す。この「梅林」の北東側から城跡へ続く林道がある。国道54号側からの登山は、登山道荒廃のため極めて困難である。

朝・室町時代を通じて勢力を維持し続け、尼子氏が台頭すると出雲州衆《いずもしゅうしゅう》と位置づけられてその配下に入った。しかし雲芸攻防戦（一五六二〜六六）が始まり、宍道隆慶が毛利元就の下で出雲国への復帰を果たすと、宍道氏の奉行人《ぶぎょうにん》となってその配下に組みこまれていった。

この間佐々布要害山城は、佐々布氏の地域支配のための本城から、毛利氏の支配下での宍道氏の支城の一つへと性格を変えていった。

【城の構造】

佐々布要害山城跡は、旧出東郡荘原《しゅっとうぐんしょうばら》との境をなす枇《び》杷区通《わくどし》から佐々布川に向かって伸びる丘陵の二つの突起部に地取りしている。つまり、東西二つの主郭とそれぞれに連なる多数の曲輪《くるわ》からなっており、いわゆる一城別《いちじょうべつ》郭《かく》の城とよぶべき緊密な縄張《なわば》りがなされている。

東主郭（標高一〇一・八メートル）を中心とする東郭《ひがしくるわ》群《ぐん》は、佐々布川を見下ろすY字形の尾根と主郭から北に伸びる尾根に階段状に曲輪を配している。そして両者は主郭の北東側の斜面を走る通路によって主郭を経由することなく連絡されている。さらにこの通路は主郭の南側の腰郭《こしぐるわ》を経て西郭群へと続いている。

しかし、東郭群はそれ自体では防御を全うできず、西側の丘陵づたいの攻撃に対しては西郭群に防御をゆだねている。この郭群が造成されたのは、佐々布川の谷の狭《きょう》隘部《あいぶ》で敵兵をくい止める役割と、移動中の味方の兵員を収容して休養させる繋《つな》ぎの城としての機能を期待されてであったと思われる。

　西郭群は南北軸約三九メートルの逆L字形の西主郭（標高一二六・七メートル）を中心としている。東端の東3郭は西郭群の東端を守ると同時に、約七〇メートル離れた東郭群との連絡を保持するという役割を担っている。食違いの坂虎口《さかこぐち》（a）をはさんで、北東側と南東側に土塁《どるい》を築いているのはそのためであろう。

　西郭群には西側からの防衛を主眼とした縄張りがなされている。主郭の西側が土塁のライン（b）で守られているだけでなく、それが北1郭の西隅の竪土塁《たてどるい》へ、また約一五メートルとぎれながらも南1郭の西側の竪土塁へと続けられている。なお、この南1郭は土塁囲みの枡形《ますがた》虎口《こぐち》（c）をなしている。

　というのも、西郭群の西側は森林公園として整備されているように、格別険しいというほどの地形ではない。そのため、西方へ続く尾根が狭まった地点の両側を削り落として通路（d）とし、西側からの攻撃をここに誘導しようとしている。そしてその終点である西主郭の切岸《きりぎし》の裾には土橋《どばし》を伴う堀切《ほりきり》（e）を掘っている。削り落として造られた通路から土橋へはほぼ一直線で、敵兵を誘い込む縄張りとなっている。つまり、西主郭に弓矢なり鉄砲を構えて待っていると、その筒先に一人ずつの敵兵が身を隠すすべもなく現れてくれるというわけである。

西主郭へと誘導する、両側を削って造られた通路（d）

　ただ、西郭群はその地取りと基本的な縄張りは平凡で、元来、佐々布氏がその地域支配のために手近な里山《さとやま》を選んで築いた山城だったのであろう。ところが雲芸攻防戦が始まり、海陸の交通路の接点として宍道地域が重要な役割をもたされるにつれ、おそらくは毛利勢によって東郭群が築造され、それにともなって西側の丘陵伝いの攻撃に備えて大改修されたものと考えられる。

【城の特徴】

当城は緊密な縄張り観のもとにていねいな普請が施されており、最も完成度の高い山城といってよい。とくに土塁の築造が効果的であることが注目される。西主郭を中心としたラインだけでなく、東郭群でも東Ⅰ郭の南側の竪土塁から始まって、東Ⅱ郭・東Ⅲ郭へと土塁のライン（f）が続く。また、その北Ⅱ郭の西北側は斜面なりに登《のぼり》土塁《どるい》（g）を築いて通路を守らせているのが注目される。

東郭群の北Ⅳ郭の北東側斜面の堀切（h）もまた注目されところである。二つの小さな尾根筋を切断した堀切が一本に合流させられ、竪堀《たてぼり》となって斜面を下っている。このような形態の竪堀は二ツ山《ふたつやま》城（邑智郡邑南町増淵）などに見ることができる。したがって、築城主体や築城技術の伝播を考える際の有力な手がかりとなろう。

（山根正明）

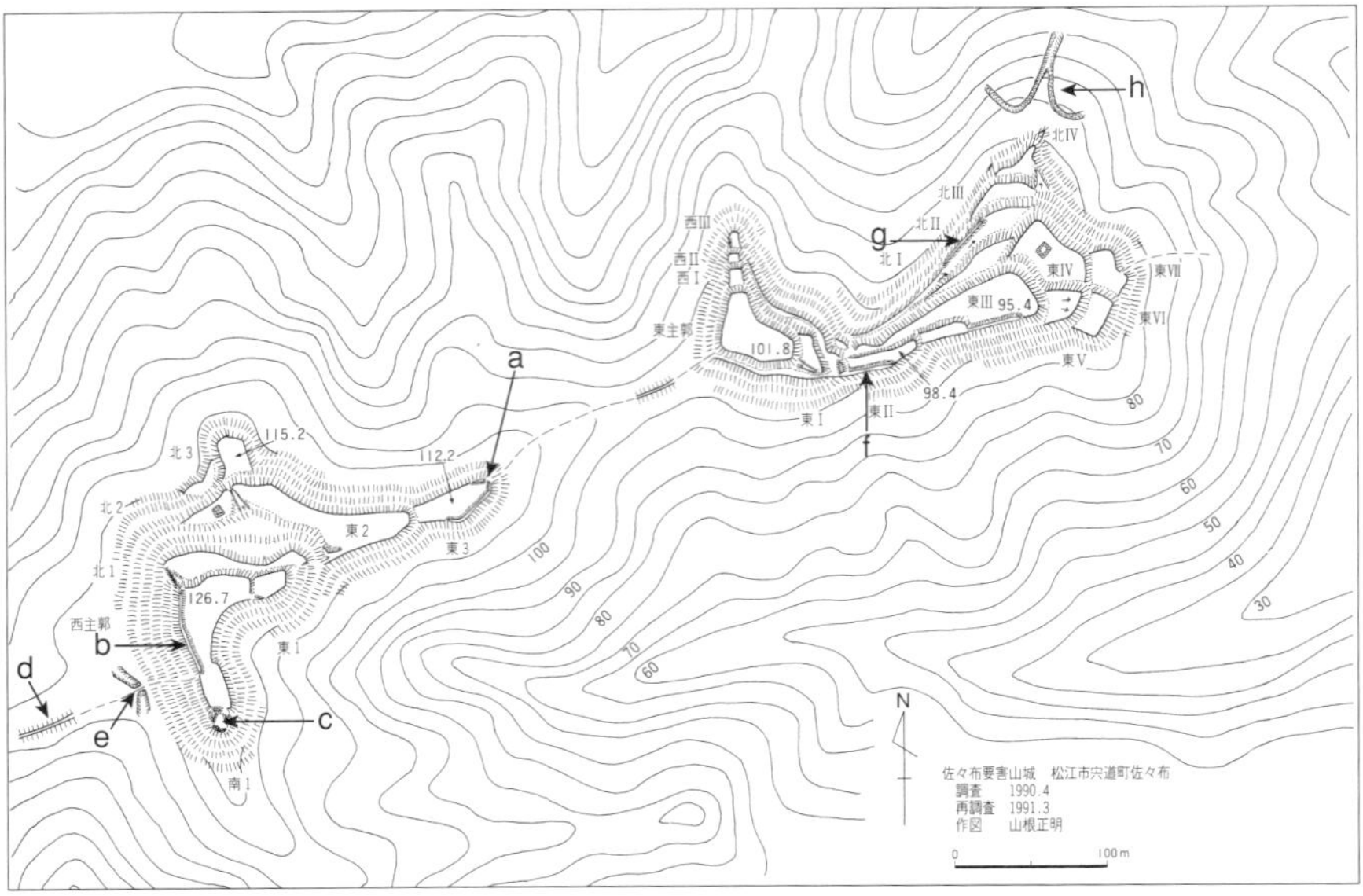

佐々布要害山城　松江市宍道町佐々布　（『宍道町史　史料編』より転載　一部修正）
調査：1990. 4　再調査：1991. 3　作図：山根正明

23

宍《しん》道《じ》要《よう》害《がい》山《さん》城跡

◆所在地／松江市宍道町宍道
◆標　高／四二・一m　◆比　高／四〇m
◆主な遺構／曲輪、腰郭、虎口

主郭跡の現況

【地　理】

宍道要害山城跡はJR宍道駅の西側に向かって南方から突き出した舌状《ぜつじょう》丘陵の突端に立地している。佐々布《さそう》川に沿って南方から伸び、佐《さ》為《い》川によって東側を削られた丘陵の突端であることから、佐々布川の川口を押さえる位置ということができる。

城跡へは、宍道駅西側の踏切を渡り、

宍道要害山城跡遠景（線路はJR山陰本線）

この先にある階段を上がると、登山道入口に進む

要害山城という標柱のある道をたどることになる。

【城　史】

『雲陽誌』は、永禄年間に毛利元就によって攻められて落城したとし、城主として宍道五郎左衛門の名をあげている。宍道氏には惣領《そうりょう》家《け》である「八郎」家の他にも六郎・九郎などを名乗る庶子家《しょしけ》があったが、五郎左衛門については信頼できる史料で確認できない。

もともと宍道氏は京極氏の一族で、尼子氏が戦国大名に成長をとげた十五世紀末以降も、尼子氏と肩をならべる地位を保持し続けた。しかし尼子氏がさらに権力を強化させるにしたがい、その配下の地位に安住できなくなったようである。

天文十二年（一五四三）に大内義隆が富田《とだ》城を攻めると、惣領家は尼子氏にそむいて大内方に従った。大内義隆がこの出雲侵攻戦に大敗すると、宍道隆慶はそのまま大内勢とともに出雲国から退去してしまう。ただし庶子家は尼子氏の家臣として引き続き当地域にとどまっていた。隆慶は大内氏の滅亡の後は毛利元就に従い、永禄五年（一五六二）に雲芸攻防戦（一五六二～六六）の先陣をきって出雲国へ復帰し、旧領を回復した。

このように当地域は宍道氏の支配が続いたといってよ

いが、惣領家と庶子家が独自の歩みをたどるし、宍道郷内の分割支配の実態も不明である。したがって宍道要害山城の築城者もその時期も明らかではない。

【城の構造】

　宍道要害山城の地取りしている丘陵の先端は、Y字形に分かれて北方の宍道湖側に傾斜しており、築城時には宍道湖に向かって突きだした岬のような景観だったと思われる。JR山陰本線と木次《きすき》線の分岐点の西側には「舟場《ふなば》」という小《こ》字《あざ》があり、佐々布川の川口（おそらく佐為川の川口でもあったろう）にあたる宍道湖の汀《てい》線《せん》が当城の西側あたりまで湾入していたと推定される。

Ⅱ郭跡の現況

　宍道要害山城は、Y字形のいわば足の裏にあたる部分にある突起部に主郭を置き、Y字形それぞれに曲輪《くるわ》を配している。ただ主郭は忠魂碑が建てられる時に削られたそうで、そのために宍道要害山古墳の石室（a）が露出してしまっている。したがって主郭は標高・比高ともにもう少し高かったのであろう。逆に面積は現状よりやや狭少なものと思われる。

　主郭の下の北Ⅰ郭には中央に湧水点《ゆうすいてん》（b）がある。主郭の直下という位置から大変貴重な水源である。北Ⅰ郭は主郭への坂虎口《さかこぐち》を守るとともに、井戸《いど》（水《みず》の手《て》）郭《ぐるわ》の役割を果たしているといえる。

　北Ⅱ郭は長軸約六〇メートルもある長大な曲輪で、城兵の収容力も大きく、事実上当城の中心郭である。その北端からはY字形の双方の先端部にとりついた敵兵を見とおすことができ、戦況に応じて城兵を転用することも容易だったと思われる。

　また、北Ⅱ郭の北側の切岸《きりぎし》（c）は見事な急傾斜に仕上げられている。宍道湖を航行する船や、佐々布川の川口に入る船に「見られる」ことを意識した普請であろう。

　北Ⅲ郭の西側で北Ⅱ郭の切岸の裾にも湧水点がある（斜線Wの位置）。この湧水点を内懐《うちふところ》に挟むようにして尾根筋が東西に分かれて緩やかに下り、Y字形をなしているのである。ただこの付近は畑や墓地として利用されているので、当時の地形そのままと考えるわけにはいかない。

【城の特徴】

宍道要害山城の縄張《なわば》りで興味深いのは、来待《きまち》層の露頭部分を巧みに取り込んでいるところである。北Ⅳ郭の東側（d）は来待層が露頭してほぼ垂直の懸崖《けんがい》となっているが、これを北Ⅳ郭の切岸として活用しているのである。あたかも自然の石垣の役割を果たさせているといえよう。

当城の特徴はその地取りにも端的に現れている。つまり、宍道湖に向かって突き出した丘陵の突端に地取りしたことから、湖上や河口の監視と船舶の警備がもっとも重要な役割となったのであろう。宍道の市街地には湖岸の船着き場を推測させる「北津」「中津」等のつく小字がある。したがって対岸の満願寺《まんがんじ》城と同様な海城《うみじろ》といってよい。

さらにいえば、金山要害山城の湖岸の支城《しじょう》と位置づけられよう。そのために、湖上からの敵襲に備えるのはもちろんであるが、最後まで独立して防御を全うすることは、縄張りの上からも普請にあたっても要請されなかったのではあるまいか。つまり、本城からの援兵を待つか、本城へ撤収するための時間を稼ぐかを考えればよかったのであろう。このことが、主郭の背後の鞍部《あんぶ》（e）に、普通なら設けられるはずの堀切《ほりきり》を掘らず、丘陵上に地続きの連絡道を残していることに現われているのではなかろうか。

（山根正明）

主郭跡から宍道湖をのぞむ

宍道要害山城　松江市宍道町宍道　　　　　　　　　　　（『宍道町史　史料編』より転載　一部修正）
調査：1990. 2　再調査：1991. 4　作図：山根正明

24 金《かな》山《やま》要《よう》害《がい》山《さん》城跡

◆所在地／松江市宍道町白石
◆標　高／一五〇m　◆比　高／一三〇m
◆主な遺構／曲輪、帯郭、腰郭、土塁、堀切、竪堀、連続竪堀、枡形虎口、櫓台

金山谷からのぞむ金山要害山城跡

【地　理】

金山要害山城は、南方の金山谷と北方の坂口谷に挟まれた尾根筋の突起部を中心に、広い城域に俗に四十八成《しじゅうはちなり》とよばれる多数の曲輪《くるわ》が配置されている。

したがって、城跡へは金山谷と坂口谷からの南北二本の登山道がある。国道五四号から宍道湖南部広域農道を東に進み、ＪＲ木次線の手前から南に折れて金山集落に向かい、南宍道駅の西側で線路を跨《また》いで詰成《つめなり》（頂上）を目指すルートは一本道でわかりやすい。

一方広域農道を東に進み、ＪＲ木次線の下をくぐって坂口谷から城跡を目指すルートは、登城口の標柱はあるがわかりにくい。距離・時間ともにかかるが、複雑で巧緻を極めた縄張りを実感できる。

【城　史】

かつて宍道郷《しんじごう》と来海荘《きまちのしょう》を支配していた成田《なりた》氏が南北

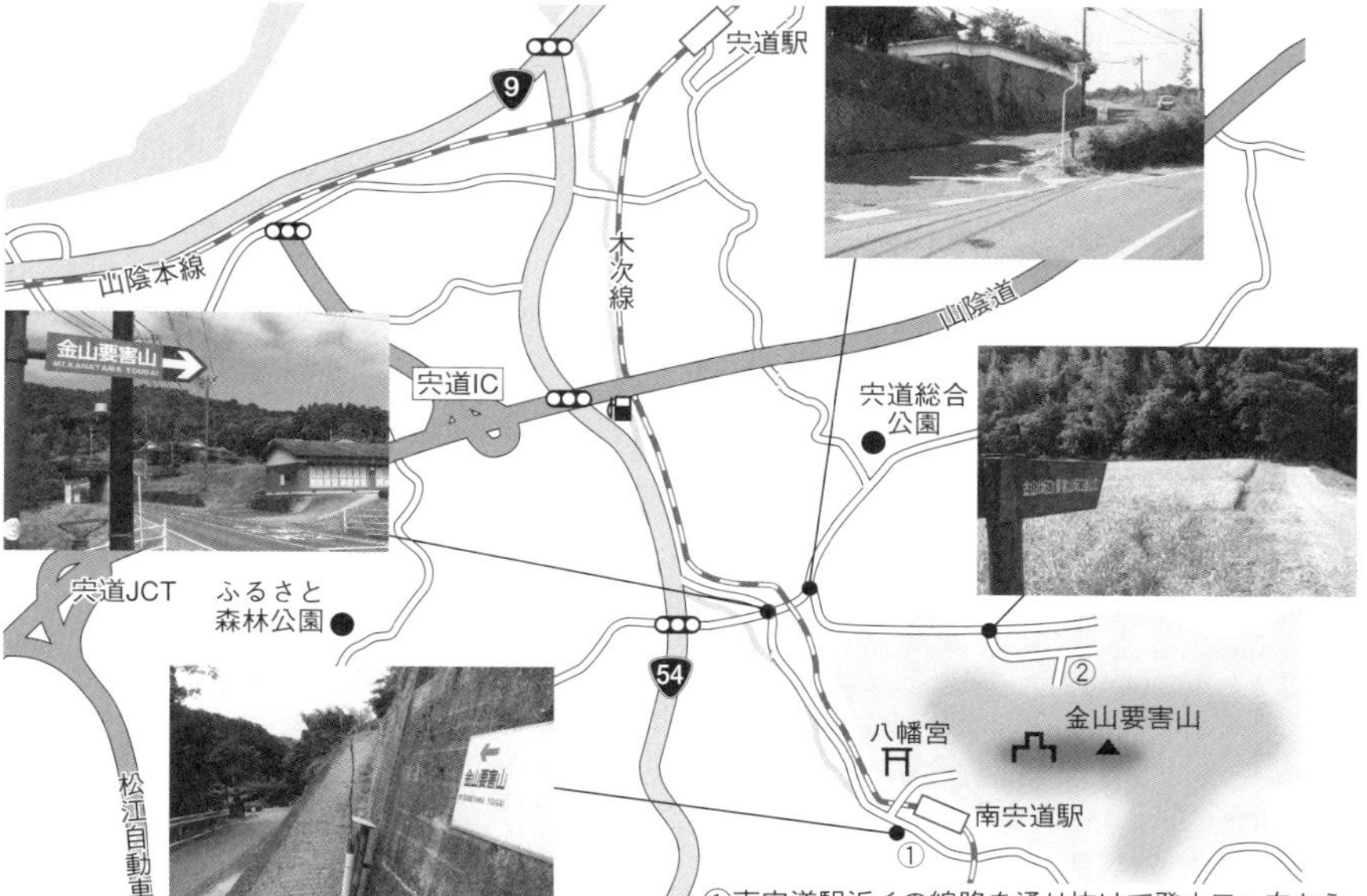

①南宍道駅近くの線路を通り抜けて登山口へ向かう。
②登山道入口には簡単な橋が架かる。

朝内乱の過程で没落し、その後宍道郷に入部《にゅうぶ》して地名を名乗ったのが宍道氏である。初代は出雲国守護京極高秀の子の秀益で、尼子氏の祖となる高久の弟である。宍道氏は、室町将軍直属の御家人《ごけにん》として御目見衆《おめみえしゅう》に加えられ、出雲国内の他の一般国人たちとは異なる地位をしめた。

ただ、根本所領《こんぽんしょりょう》とその支配については不明な点が多い。金山要害山の西麓あたり、つまり坂口川を合流させた金山川が右岸から流れ込み、岡の目から流れ下った細流が佐々布《さそう》川にそそぎ込む、その合流点あたりに開かれた水田とそれぞれの谷あいの棚田とが根本所領で、当城はその支配のために築かれたのであろう。

なお、南側山麓の金山下には「市場（一庭）ヶ谷」という小字《こあざ》が残っている。また宍道氏の菩提寺豊龍寺は、金山要害山の西方に位置する。

尼子氏が戦国大名として台頭すると、宍道氏もこれに従ったが、そこでも特別な地位をしめていた。天文九年（一五四〇）の竹生島造営奉加帳《ちくぶじまぞうえいほうがちょう》は、尼子氏家臣団の全容が示された史料である。これによると、尼子氏の家臣団は「御一族衆《おんいちぞくしゅう》」・「奉公《ほうこう》の末《すえ》」と「出雲州衆《いずもしゅうしゅう》」および「富田衆《とだしゅう》」と三大別されている。「御一族衆」三名のうち二名が宍道氏で、佐々布氏は「出雲州衆」とされている。ここでの一族とは、「京極氏の一族」と考えるべきで、宍道氏が尼子氏と肩をならべる存在であることを尼子氏自身が認めていたといえる。

しかし尼子晴久がさらに権力を強化させると、その配下の地位に安住できなくなったようである。晴久が安芸《あき》吉田《よしだ》の郡山《こおりやま》城に毛利元就を攻めたときには従軍したようだが、天文十二年に大内義隆が富田城を攻めると、惣領《そうりょう》家《け》は尼子氏にそむいて大内方に従った。そして義隆がこの出雲侵攻戦に大敗すると、宍道隆慶はそのまま大内勢とともに出雲国から退去してしまう。

隆慶は大内氏の滅亡の後は毛利元就に従い、永禄五年（一五六二）に雲芸攻防戦（一五六二〜六六）の先陣をきって出雲国へ復帰し、旧領を回復した。そして、成田氏や佐々布氏らを奉行人《ぶぎょうにん》として家中支配体制を固めていったのである。この間に宍道氏は、二十年に及ぶ流浪のなかで学びとった縄張《なわば》り観と普請技法を傾注して金山要害山城を現況のように大改修するとともに、当城を中心とする支城《しじょう》体制を整備したものと思われる。

【城の構造】

主郭（通称詰成）は城域の東端に近い丘陵の突起部に置かれている。主郭の北東隅には一段高く櫓台《やぐらだい》（a　天《てん》狗成《ぐなり》）が設けられ、ここからは城域全体はもとより佐々《さそ》布《う》要害山《ようがいさん》城や宍道湖対岸の諸城まで見通すことができる。

主郭の東側には坂口谷側から椿谷《つばきだに》が食い込んでおり、その奥部の通称馬《うま》の背《せ》とよばれる鞍部《あんぶ》とは高低差は二四メートルもある切岸《きりぎし》に普請されている。東側の丘陵づたいの攻撃への備えはこうした自然地形の険しさが活用されている。

主郭の西側は、底幅約六メートル、主郭西端との高低差約一二メートルの大規模な堀切《ほりきり》で切断され、その西側が西Ⅰ郭（二《に》の成《なり》　標高一三七・二メートル）となっている。西Ⅰ郭は東西軸が約六七メートルもある広大な曲輪で、主郭とともに当城の中枢部を形成している。そしてここから、坂口谷と金山谷に向かって下る尾根筋の上に多数の曲輪を配するというのが金山要害山城の基本的な縄張《なわば》りである。

金山谷に向かって下る三本の支脈の上にはそれぞれに郭群《くるわぐん》が置かれている。しかしこれらの支郭群《しかくぐん》は、主郭や西Ⅰ郭と連結されていない。ある程度の防戦で背後の中枢部へ撤収する構えであったか、大改修以前の名残を示すものか、いずれかであろう。

逆に坂口谷方面の縄張りは緊密である。この要となるのが主郭と西Ⅰ郭との間の堀切の北側に設けられた枡形《ますがた》

主郭跡の天守台

虎口《こぐち》（ｂ）と、その北方の北Ⅰ郭である。

この枡形虎口は、斜面を掘り込むことによって造られて北西方向の城山谷《しろやまだに》の方向に開口している。五メートル四方の小規模な枡形ではあるが、堀切をへて主郭・西Ⅰ郭という当城の中枢部への関門となっている。さらに、東側は帯郭《おびぐるわ》をへて東Ⅱ郭へつながり、北方に伸ばされた帯郭で北Ⅰ郭と連絡されている。

この東Ⅱ郭と北Ⅰ郭につながる帯郭は、東西両方向から横矢《よこや》をかけて枡形虎口を守るという役割も果たしている。また枡形の西側上部には三角形の小郭《しょうくるわ》とそれにつながる通路が設けられており、東側の上部は東Ⅰ郭へつながる帯郭によって囲まれているから、上下二段の防御線で虎口を固める縄張りとなっているのである。

北Ⅰ郭の西南部は西Ⅰ郭の北側斜面の裾（長成《ながなり》あるいは馬乗《うまの》り馬場《ばば》）をめぐって西Ⅲ郭（椎《しい》の木成《きなり》）につながっている。ここから西Ⅱ郭の西側の付け根の坂虎口《さかこぐち》を下ると、城域の最西端の西Ⅵ郭まで連絡しているから、北Ⅰ郭は北側と西北方向からとの交差点でもある。

なお、城域最西端の西Ⅵ郭から逆にたどってみると当城の巧緻を極めた縄張りを実感することができる。

坂口谷に突き出した熊やぶ尾根の西Ⅵ郭まで侵入した敵兵は土橋《どばし》（ｃ）を渡る時点から西Ⅴ郭から狙われており、さらに西Ⅴ郭の東側の通路を回る間に横矢を浴びせ続けられることになる。これをかいくぐると、西Ⅳ郭から狙われながらその西側の坂道を登ることになるのだが、この通路（ｄ）はわざと狭くしたものと思われ、西Ⅲ郭から真正面に撃ち下ろされる。これを突破しても、西Ⅱ郭の付け根の坂虎口を登る間に、西Ⅱ郭と西Ⅲ郭とから、つまり東西から横矢をかけられることになるのである。このように通路を曲折させて横矢をかけられるような、巧みな縄張りがなされているのである。

もともと当城は、主郭と西Ⅰ郭を中心とし、西方の稜線上と坂口谷と金山谷側の山腹斜面にいくつかの小郭を配した山城だったと考えられる。この基本形が大きく拡張強化されたのは、枡形虎口と北Ⅰ郭の整備にともなってのことであろう。つまり主郭と西Ⅰ郭の間にあった鞍部を大規模な堀切とし、枡形虎口を設けて主要部の関門を厳にするとともに、北Ⅰ郭をターミナルとする城域内の緊密な連絡路と諸郭の普請が行われたのであろう。

それは、枡形虎口を伴う縄張り観と普請技術をもった毛利系の武将、つまり毛利元就に従ってこの地に復帰した宍道隆慶の手によると考えるのが最も妥当であろう。ただその時期は、大量の労働力を徴発《ちょうはつ》しての大工事であることからすると、復帰直後ではなく、雲芸攻防戦が毛利方に有利に進展してからのことと考えられる。

堀切より腰郭と主郭跡の切岸をのぞむ

なお、北Ⅲ郭（来待成《きまちなり》）と北Ⅳ郭（御居出成《おいでなり》）は北Ⅱ郭（金比羅成《こんぴらなり》）との間に堀切（e）を掘って独立性をもたせている。北Ⅲ郭は北端に櫓台（f）を設けており、北Ⅳ郭は低い土塁《どるい》（g）をめぐらしてその内側に雨落《あまお》ち溝《みぞ》を掘っている。この曲輪には宍道氏が住まいとしたという伝承があり、御居出成という呼び名はそれに由来する。したがって北Ⅲ郭と北Ⅳ郭は、宍道氏の日常の居住空間と領内支配のための政庁にあたる区画なのであろう。とすればこの一角が整備されたのは、尼子家復興戦（一五六九～七一）が終了し、毛利氏の山陰支配とその中での宍道氏の領内支配が安定した時点と考えられる。

次項で述べる当城の水《みず》の手《て》の普請もこの時期と考えられる。水の手を確保するねらいは、城域全体のためというよりは主郭と西Ⅰ郭を中心とする主要部を、軍事的な拠点としてより強化しようとしたからとみるべきであろう。つまり宍道氏は、当城の城域の内で軍事的な拠点の部分（城砦《じょうさい》）と居館・政庁の区画を分化させ、それぞれ整備・強化していったと考えられる。

【城の特徴】

長期の籠城戦を想定するまでもなく、山城においては水の手（水源）を確保することが重要なのはいうまでもない。金山要害山城にはそれが明瞭に残されている。

つまり、水源を坂口谷の谷奥のぼっか池（現坂口《さかぐち》溜《ため》池《いけ》）とし、それを比丘尼ヶ池《びくにがいけ》（現在は荒れ地）に落とし、その水を主郭東側直下の馬洗池《うまあらいいけ》（h）へと導いているのである。馬洗池は椿谷の奥の馬の背に設けられた八メートル×四メートル程度の窪《くぼ》地である。この西側斜面は土塁と組み合わせた連続竪堀《れんぞくたてぼり》で防御されている。

　比丘尼ヶ池から馬洗池までは山腹を削って平坦面を造り、そこに溝を掘って水路としている。山腹の凹凸にそって屈曲しながら伸ばされているので、地図上で計測すると、この水路の延長は二七二〇メートルとなる。比丘尼ヶ池の標高は一四〇メートルで馬洗池のそれは一二四メートルだから、その高低差はわずか一六メートルでしかない。したがって水路の平均勾配は〇・五九％程度ということになる。

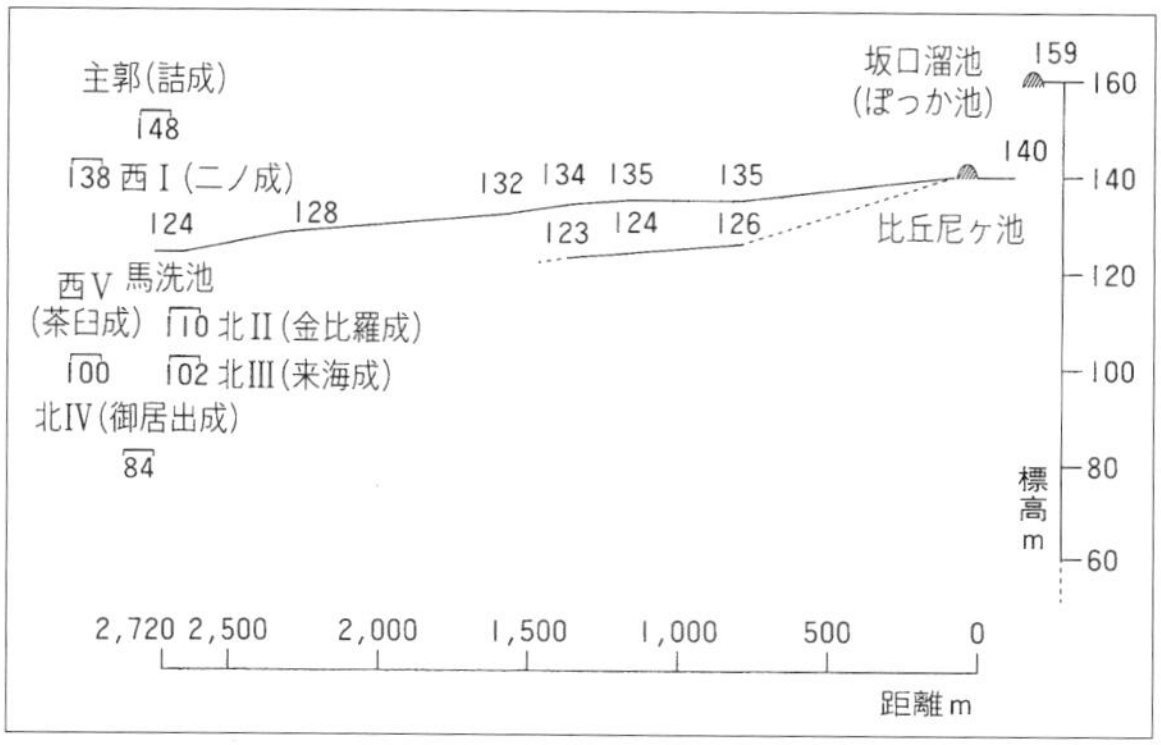

金山要害山水の手普請図
実線が馬洗池につながる水路、点線は途中で放棄されたもの。水源の坂口溜池（通称ぼっか池）は近代に堰堤のかさ上げが行われた。現在、比丘尼ヶ池は埋められてしまっている。
（『宍道町史　史料編』より転載）

　この山腹斜面の下方には、比丘尼ヶ池から伸ばされたもう一本の水路のあったことが確認されている。ただ一四〇〇メートルほどは追跡できるものの、その後はたどることができない。確認できる最先端の標高は一二三メートルである。

　下方の水路が途中でとぎれている理由は付図を見れば明らかであろう。このまま延長しても、城域の周辺にあたる山麓の曲輪にしか導水できないので、籠城戦を想定するとわざわざ水路を引く意味がないと判断して放棄されたのであろう。

　それにしても、当時すでに非常に精度の高い測量技術をもっていたことがわかろう。また測量データに基づいて、複雑に屈曲する山腹に正確に水路を伸ばしていくという、優れた土木技術をもっていたことにも驚かされるところである。

（山根正明）

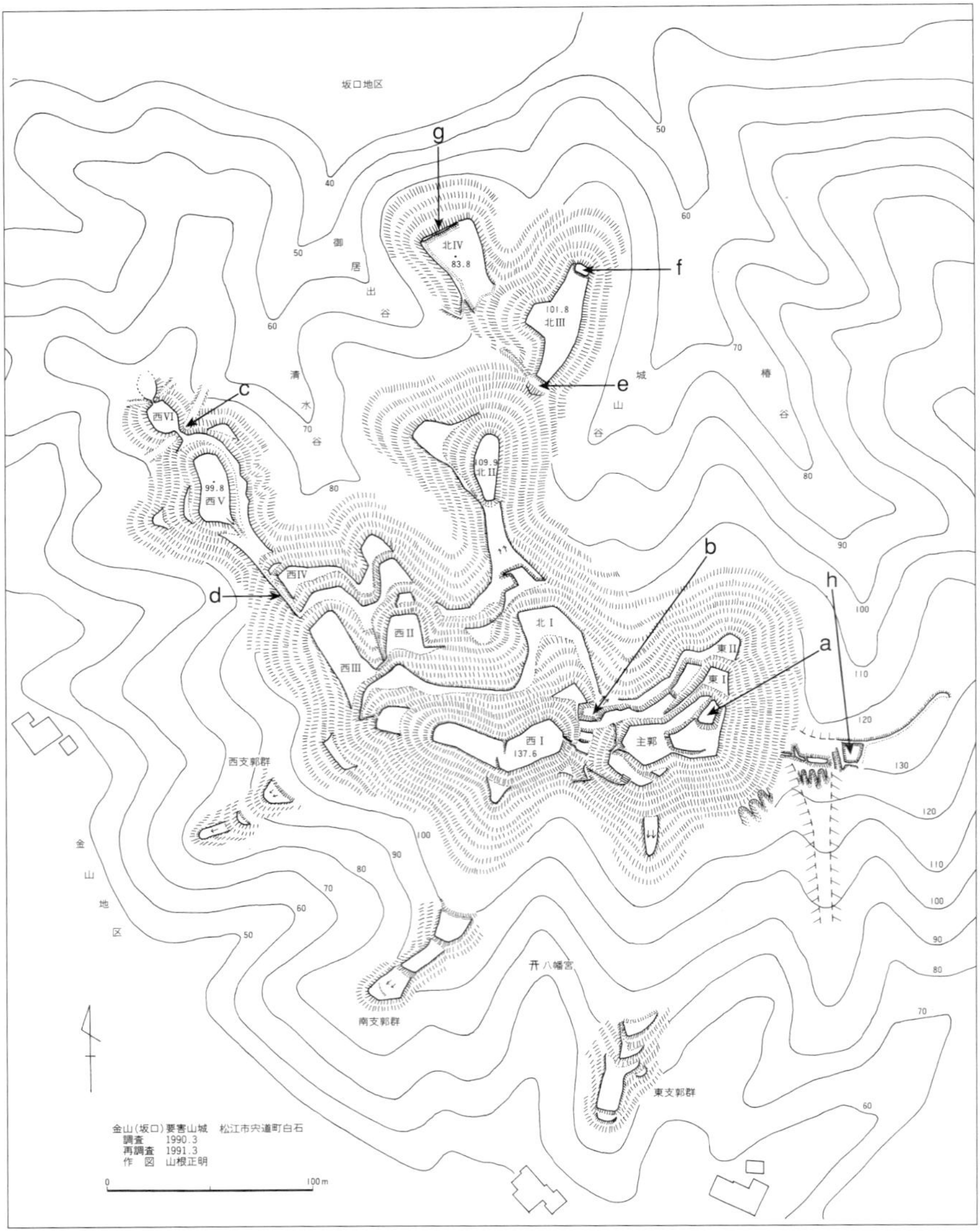

金山（坂口）要害山城　松江市宍道町白石　　　　（『宍道町史　史料編』より転載　一部修正）
調　査：1990. 3
再調査：1991. 3
作　図：山根正明

大平山城跡遠景

25 大平山城跡《おおひらやま》

◆所在地／松江市宍道町上来待
◆標　高／四〇二・三m　◆比　高／二九〇m
◆主な遺構／曲輪、腰郭、土塁、堀切

【地　理】

大平山城跡は、大平山（標高四一〇・三メートル）と八重《はちじゅう》（十）山《ざん》（標高四〇六・二メートル）をつなぐ稜線から、来待《きまち》川の谷に向かって突き出した尾根筋に立地している。

旧意宇郡《いうぐん》上来待《かみきまち》と大原郡幡屋《はたや》村の間は「幡屋三山」とよばれる山々が境界をなしている。東側が八重山、西側が馬鞍《まぐら》山（三七一・七メートル）で、大平山はその中間である。そのため、八重山をへて大平山を目指そうとすると奥遠所《おくえんじょ》から、馬鞍山経由の場合は幡屋の西谷からまず馬鞍山に向かって稜線を登り、途中から林道づたいに大平山を目指すことになる。

【城　史】

大平山城については伝承がない。ただ、その立地や縄《なわ》張《ば》り、普請いずれをみても戦国期に築かれた陣城《じんじろ》である

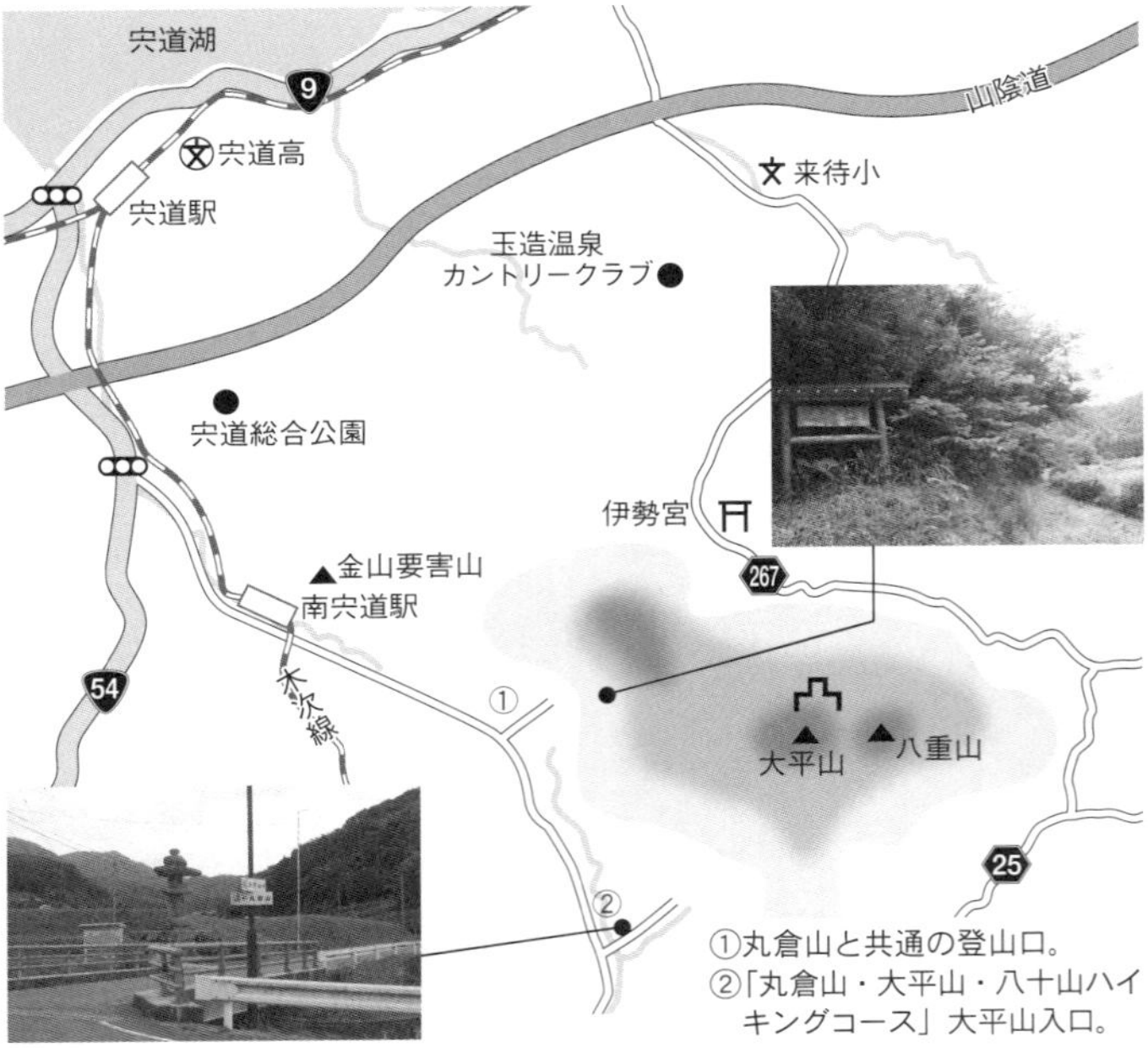

①丸倉山と共通の登山口。
②「丸倉山・大平山・八十山ハイキングコース」大平山入口。

ことは間違いない。むしろ、これほどの高所にこれほど整った普請の陣城を築く必要があったのか、理解に苦しむほどである。八重山と大平山をつなぐ稜線の北側の支脈上に地取りしているので、大原郡方面を監視する役割は期待できないから、来待川の谷筋に対する押さえとして築かれたとみるべきであろう。

なお、稜線そのものが交通路として利用されていた可能性も高い。東側の八重山から大平山へ、さらにその西側の稜線は二人立ち程度の通路とみてよい。大平山の西約六〇〇メートルにある突起部からは、上来待菅原《すがはら》と小林の中間あたりに下る緩やかな支脈が続いている。しかもこの支脈の所々には、切岸《きりぎし》は不明瞭ながら曲輪《くるわ》とみてもよさそうな緩傾斜地が点々と認められるのである。

【城の構造】

来待川の谷筋からの比高が約二九〇メートルもあるやせ尾根の上に、ほぼ一直線に三群の郭群《くるわぐん》を配置するというのが基本的な縄張りである。そのため南北約五〇〇メートルにおよぶ長大な城域をもっている。主郭を中心とする南郭群だけでも約二五〇メートルもあるが、その北端から約二五メートル下った地点には中郭群が設けられている。さらに約一六〇メートル下方には北郭群が設けられている。主郭の標高は四〇二メートルで、最北端の北Ⅱ郭のそれは三二六メートルだから、高低差が七六メートルに及ぶことになる。

この長大で高低差の大きい城域を画する堀切《ほりきり》は南郭群

の南端（a）に設けられている。底幅約二メートル、南Ⅰ郭との高低差約五メートル、南側の尾根筋とのそれは約四メートルという雄大な堀切である。現状ではほぼ中央に巨石が転落したり、山仕事に便利なようにということで土橋《どばし》状になっているが、本来はもっと深かったのであろう。堀切に面しては高さが三メートルほどもある土《ど》塁《るい》がめぐらされており、西側には邪《ひずみ》（b）を設けて堀切をおし渡ろうとする敵兵に横矢《よこや》をきかせている。

　三つの郭群のうち縄張りがもっとも緊密なのはやはり主郭を中心とする南郭群である。主郭はもとより南Ⅰ郭・南Ⅱ郭・南Ⅲ郭も土塁をめぐらせているが、いずれも西側に築かれており、西側からの攻撃や西側に見せることを意識している。したがって主郭への虎口《こぐち》（c・d）も南Ⅱ郭・南Ⅲ郭への虎口もともに東側に開口されている。なお主郭下方の腰郭《こしぐるわ》で土塁のとぎれる位置（e）には折《おり》が設けられている。

城域南端の堀切

　中郭群は、南Ⅳ郭から続く尾根を中心として三方に階段状に曲輪を配置している。竪土塁《たてどるい》はあるが、土塁をめぐらせるという意識はない。ただ中Ⅱ郭の東側斜面の腰郭の切岸（f）には、山石で二段から三段の石積みが認められる。

　北郭群は、尾根の先端を二段に加工して造られている。下方の先端であることを意識してか、土塁で固めている。この土塁もまた西側に厚く造られている。なお、北郭群からは登土塁《のぼりどるい》（g）が中郭群に向かって伸ばされているが途中でとぎれている。

【城の特徴】

　当城は、約五〇〇メートルにおよぶ尾根筋を城域とする長大な山城という点が最大の特徴である。しかも比高が約二九〇メートルもある地点に主郭が置かれ、北端の曲輪とは七六メートルもの高低差がある。

　もうひとつの特徴として、土塁を効果的に用いていることがあげられる。南Ⅰ郭から南Ⅱ郭そして南Ⅲ郭には、高さ一メートルから一・五メートルの土塁が連続して、しかもほぼ直線的に築かれているのである。総延長は一五〇メートルを越え、主郭の北端の土塁からすると二〇〇メートル近い土塁のラインが続く。なお南I郭は東側も土塁で巻かれているが、城域の南端だからであろう。土塁の築造に熱心なのと対照的なのが虎口の普請で、いずれも簡単な坂《さか》虎口《こぐち》である。しかし全体に普請はしっかりしていて、曲輪の上面の削平もていねいである。くり返しになるが、このような高所にこれほど整った普請の陣城を築く必要性があったのか疑問はつきない。

（山根正明）

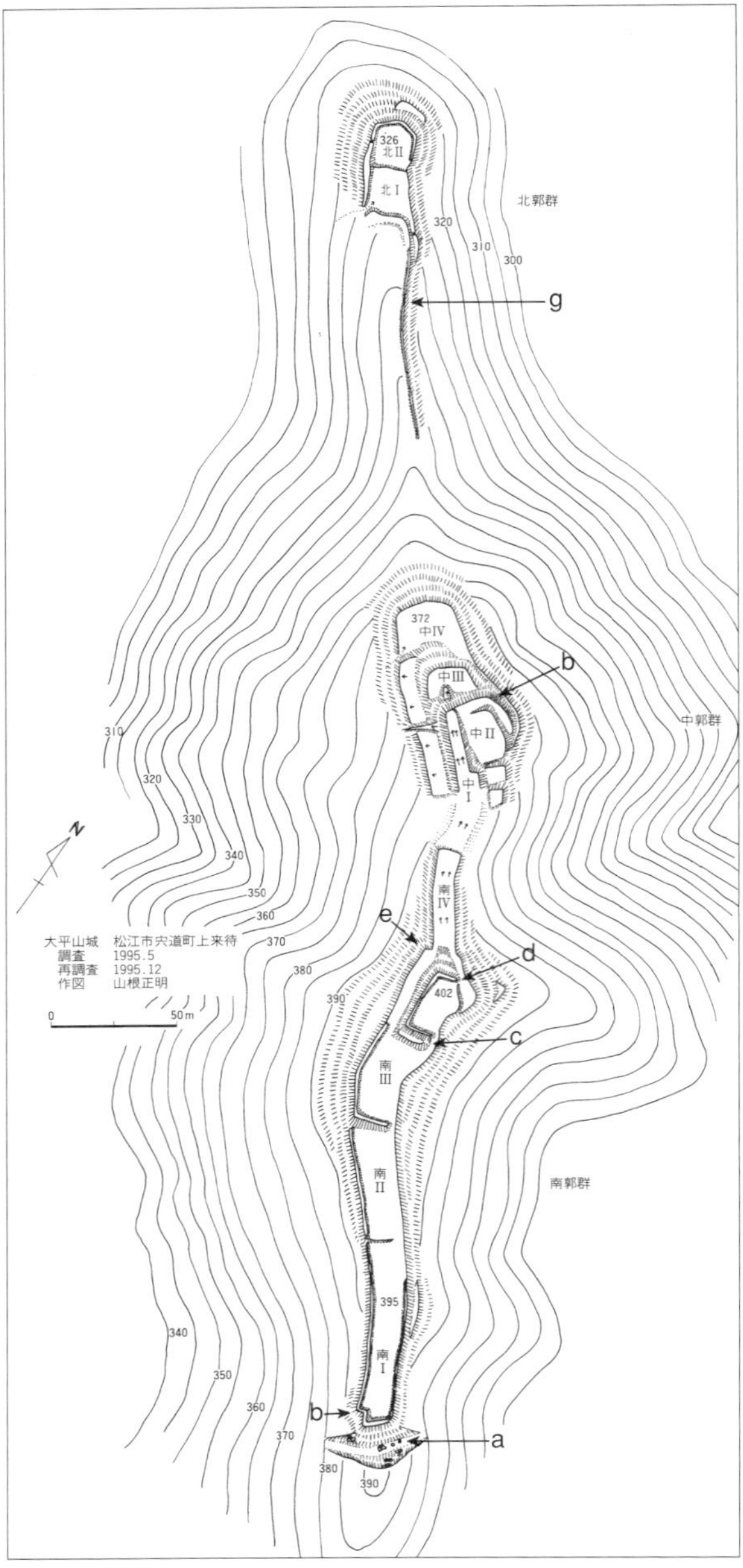

大平山城　松江市宍道町上来待
調査：1995. 5　再調査：1995.12
作図：山根正明

（『宍道町史　史料編』より
転載　一部修正）

26 丸《ま》倉《ぐら》山《やま》城跡

◆所在地／松江市宍道町上来待・雲南市大東町幡屋
◆標　高／三七二ｍ　◆比　高／二九〇ｍ
◆主な遺構／曲輪、腰郭

上来待からのぞむ幡屋三山

【地　理】

地図上の地名は馬鞍山であるが、遺構名は丸倉山城跡となっている。城跡は、旧意宇《いう》郡と大原郡の郡境をなす東西に横たわる稜線の西端の突起部に位置する。幡屋三《はたやさん》山《ざん》の一つで、東方約一キロに大平山《おおひらやま》（標高四一〇メートル）があり、さらにその東側に八重《はちじゅう》（十）山《ざん》（標高四〇七メートル）が続く。

宍道町金山から大東町幡屋を目指すと、峠を越えて大東町に入って間もない地点に「丸倉山登山口」の案内板がある。二台分くらいの駐車場からひたすら稜線をつたって山頂を目指すことになる。

【城　史】

『雲陽軍実記《うんようぐんじつき》』には、毛利元就が宍道にも「向《むか》ひ城」を築いて兵糧などの手配をしないと富田《とだ》城攻めは心配だとして、自ら幡屋に出張《でば》って大西・立原に普請を急が

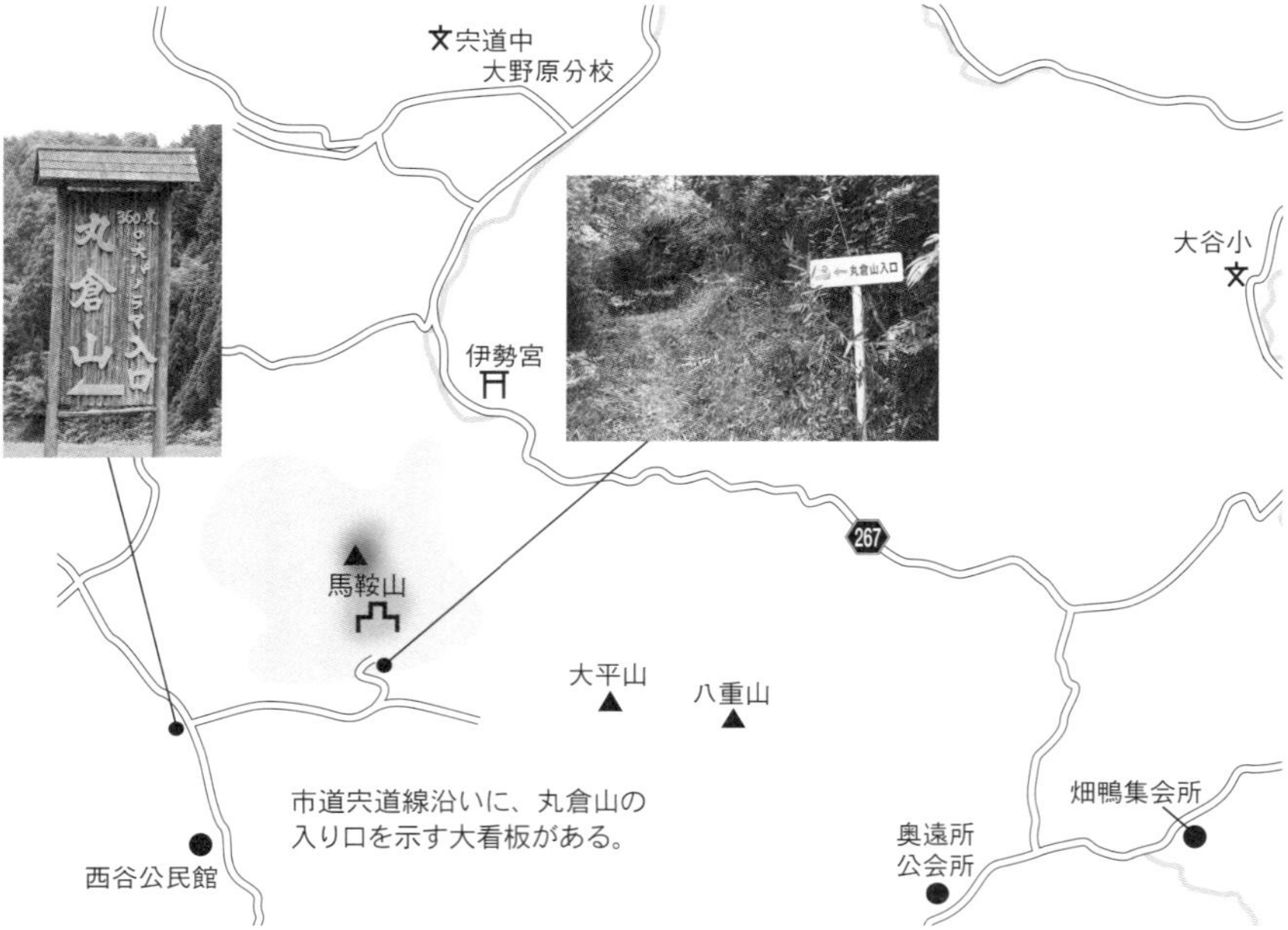

市道宍道線沿いに、丸倉山の入り口を示す大看板がある。

せたとの記事がある。やや遅れて江戸初期の成立とされる『老翁物語《ろうおうものがたり》』は、元就は「宍道之丸蔵をつたへ」の城(繋《つな》ぎの城)に普請させるとして幡屋に陣を構えたと記している。

古文書ほどではないが比較的史料性の高い両書が記すところからすると、丸倉山城は雲芸攻防戦(一五六二〜六六)の初期に毛利方によって、但し直接的には出雲国《こく》人《じん》である大西氏と立原氏によって築かれた陣城《じんじろ》となろう。しかし、築城にあたって求められる役割が、向城と繋ぎの城とでは異なるので、その地理的位置からみていくことにする。

馬鞍山は山麓の東西に交通路が走っている。東側の麓には上来待《かみきまち》菅原《すがはら》から幡屋宮内谷《みやうちだに》に向かう交通路があり、西側にはやや山麓から距離があるが白石《はくいし》の金山上から幡屋西谷への交通路がある。丸倉山城はこうした地域内交通路を押さえて、幡屋と来待あるいは宍道を繋ぐ繋ぎ(伝え)の城の役割を担ったのであろう。

一方で馬鞍山は独立峰できわめて眺望がよく、大平山にさえぎられた東方をのぞき、ほぼ全周を見渡すことができる。宍道湖北岸はもとより、西方の出雲平野からもあるいは南方の大原郡方面からも仰ぎ見られる高所にある。元就は、そのような地理的位置にあるので尼子氏攻略の向城に選定したのであろう。つまり当城は、目前の敵城を攻略するための足掛りという狭い戦域を前提とした向城ではなく、尼子方の出雲国の諸城全体に対する向城と意識されていたのであろう。

そうした意味からは、鳶ケ巣《とびがす》城と同様な機能を期待されての築城であったが、荒隈《あらわい》城が山陰全体に展開した毛利全軍の指揮中枢になるにつれて、地域内交通路を押さえる繋ぎの城へと機能が縮小したとみられる。

【城の構造】

馬鞍山の山頂を削平して主郭とし、三方の尾根に階段状に曲輪《くるわ》を配置するという縄張りの山城である。主郭は、高所でありながら長軸が約四〇メートルもある大きな曲輪であり、これを取りまくように腰郭《こしぐるわ》が設けられている。曲輪間の連絡は、北方の先端から東方の曲輪へと、東方から南方の曲輪へは腰郭を伸ばして連結されているが、西方へのそれは意識されていない。

北端の曲輪には登土塁《のぼりどるい》（a）、西端には部分的に土塁（b）が残るが、堀切《ほりきり》は認められない。虎口《こぐち》にも特別な工夫はない。

なお、当城の北西約三〇〇メートルの小馬鞍山の山頂は、自然地形としては不自然なほどになだらかである。さらにその北方斜面には、切岸《きりぎし》は伴わないながら曲輪と見間違えかねない平坦面もある。大平山の北方斜面と同様の支脈づたいの交通路であったろう。南方の丸倉山城側は標高三二〇メートルほどの鞍部《あんぶ》となっているが、堀切で遮断しようとする意識はなかったとみられる。

主郭跡の現況

【城の特徴】

当初、宍道湖南岸の拠点的陣城として築城されたにしては、平凡な普請である。曲輪の上面の削平はていねいであるが、切岸の削り落としはやや雑である。切岸そのものも低い。主郭と最北端の曲輪との高低差は約三・五メートル程度しかなく、東側の三段目の曲輪ともほぼ同程度の高低差である。

そうした弱点を、土塁でカバーするという意識も薄弱である。鳶ヶ巣城の場合、ほとんどの曲輪が厚く高い土塁で固められているのと対照的である。わずか一・二キロ東方の稜線に築造された大平山《おおひらやま》城とも全く異なる。逆に、宍道氏の金山要害《かなやまようがい》山《さん》城の主要部や、熊野氏の熊野《くまの》城、松田誠保の立て籠《こ》もった白鹿《しらが》城などと共通するところである。

西方の曲輪と切岸

出雲国人の手によって築造された山城には土塁が未発達という事例が多い。元就が普請を命じたという大西氏と立原氏はともに出雲国人であるから、丸倉山城の築城にあたっては出雲在来の縄張り観と普請技法が用いられたのであろう。さらにそれが繋ぎの城へと機能を縮小したために大きく改変されることなく、築城当時の姿をとどめたまま、その使命を終えたのであろう。

（山根正明）

馬鞍山中腹のあずまやから山頂をのぞむ

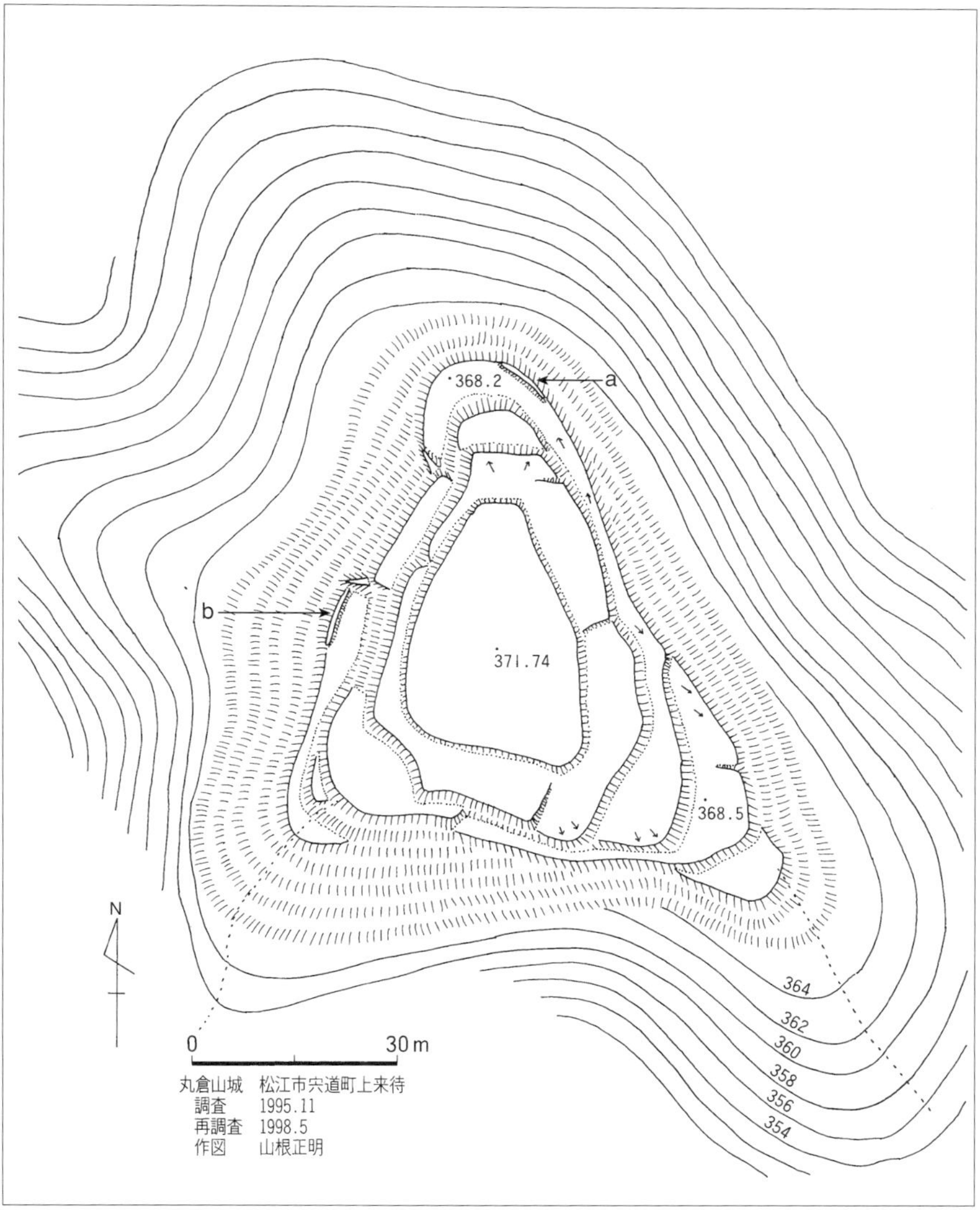

丸倉山城　松江市宍道町上来待　　（『宍道町史　史料編』より転載　一部修正）
調　査：1995.11
再調査：1998. 5
作　図：山根正明

27

高《たか》瀬《せ》城跡

高瀬城跡遠景

◆所在地／出雲市斐川町神庭
◆標　高／三一六m　◆比　高／二三〇m
◆主な遺構／曲輪、土塁、竪土塁

【地　理】

出雲市斐川町神庭に築かれた山城である。急峻な地形を利用して広大な城郭を築いている。山頂からは斐川平野はむろん鳶ヶ巣城、桧ヶ山城、本宮山城、和久羅城等をのぞむ。複雑な地形であり、麓から見る場所によって高瀬城の山容が大きく異なる。

【城　史】

城が何時築かれたか不明だが、米原氏によって築かれたものとされる。尼子経久は出雲国最大の河川水運を掌握し、出雲国西部において強大な政治力を持つ塩冶氏に、興久（経久の三男）を入部させた。興久がどのような経緯で塩冶氏惣領家を相続したかは明らかではないが、永正十五年（一五一八）には興久は塩冶氏を称していたとされている。興久は入部にあたって多数の尼子家家臣を従えており、亀井、米原・池田・岩崎・宇山・牛尾とい

①広域農道の道沿いに宇屋谷口の案内がある。そこから山陰道をくぐった先の道路脇に登城口がある。
②「光明寺」の東側から中国自然歩道経由で高瀬山に続く登山道がある。

った尼子氏直臣や他の領主権力「出雲州衆」の名前が認められている。天文元年（一五三二）八月に興久によって開始された「謀反」は尼子氏の内紛ではなく、出雲国西部や山間地域の主要勢力に支持された塩冶氏と出雲国東部に基盤を固めた尼子氏との間の全面戦争であったことが指摘されている。この戦いで高瀬城城主の米原氏が宍道湖湖上から興久を救出しようとしたことが『雲陽軍実記』に記されている。

塩冶氏は善戦するが結果的に尼子経久に追い込まれ、興久は山内氏を頼って逃走する。

米原氏は永禄五年（一五六二）に毛利氏の傘下となり尼子側の勢力と戦った。永禄九年、米原綱寛は富田城に籠城する尼子義久らに開城を勧告する大任を任せられ、それを成し遂げたことから、米原氏の尼子氏政権に対する影響力の程が伺い知れる。

尼子勝久の復興戦の動きを聞いた元就は当時九州の立花で毛利方として活躍していた米原綱寛に尼子氏復興戦に備えるため高瀬城を堅固に守るように命じて帰国させた。ところが出雲に帰国した綱寛はそのまま日和見を決め込んだ後、尼子方として行動した。尼子勝久の影響力を重視した毛利氏は大友氏と和睦し兵力を出雲に集中したため、元亀元年（一五七〇）頃には尼子氏の拠点は高瀬城と尼子勝久の籠る真山城のみとなった。毛利軍は狼ヶ森（出雲市斐川町直江）に本陣を築き、高瀬城の北側に多くの陣城を築き高瀬城への補給路を断ったため、元亀二年、高瀬城は落城し綱寛は真山城に走り、後に京へ上って出家したという。

【城の構造】

岩盤の露出した急峻な地形を利用して築かれ、一般に「大高瀬」「小高瀬」「鉄砲立」等多くの防御拠点によって構成されている。

主郭は最高所の郭1と考えられるが、規模が小さい。郭2北側の横掘りと竪堀によって構成された複雑な地形は防御施設としては完成度が高い。ただ、以前埋蔵金の伝承を信じた人々が城跡を掘り返していたとされるため、当時の遺構か否かは表面観察では判断が難しい。「小高瀬」の東側、「大高瀬」に面する部分は岩盤が露出しており、古い時期の縄張と考えられるが、「小高瀬」の西側は規模の大きな防御施設が築かれているため、「小高瀬」が防御の中心的な拠点であり、「大高瀬」が詰めの城であるという説は傾聴に値する。

登山道

「大高瀬」と「小高瀬」の鞍部が通称「駄置場」と称するが、「駄置場」の北側に築かれた土塁と七曲がり、「鉄砲立」周辺が当城の見どころである。規模は小さいが執拗な防御技法が登城者を迎える。「鉄砲立」は麓からの細く、クランクした登城ルートを進撃し、少人数になった攻城勢力が細長い郭内に展開するところを鉄砲で掃射する施設と聞く。話としては面白いが、実際防御施設としてどれほど活用したか不明だ。攻め手は当然攻城道具（竹を束ねたもの等）を用意して来る。少しずつ前進しながら、より堅固なものとして補強され、「鉄砲立」の端に攻城側の橋頭堡《きょうとうほ》が設けられるのは明らかである。

【城の特徴】

急峻な地形を最大限に活用した大規模な城郭。進入ルートに対する防御施設は執拗に築かれているが、尾根筋を明確に遮断する堀切は認められない（Aは堀切では無い可能性が高い）。固屋谷、七曲がり、御局谷等の地名が残る。

（寺井　毅）

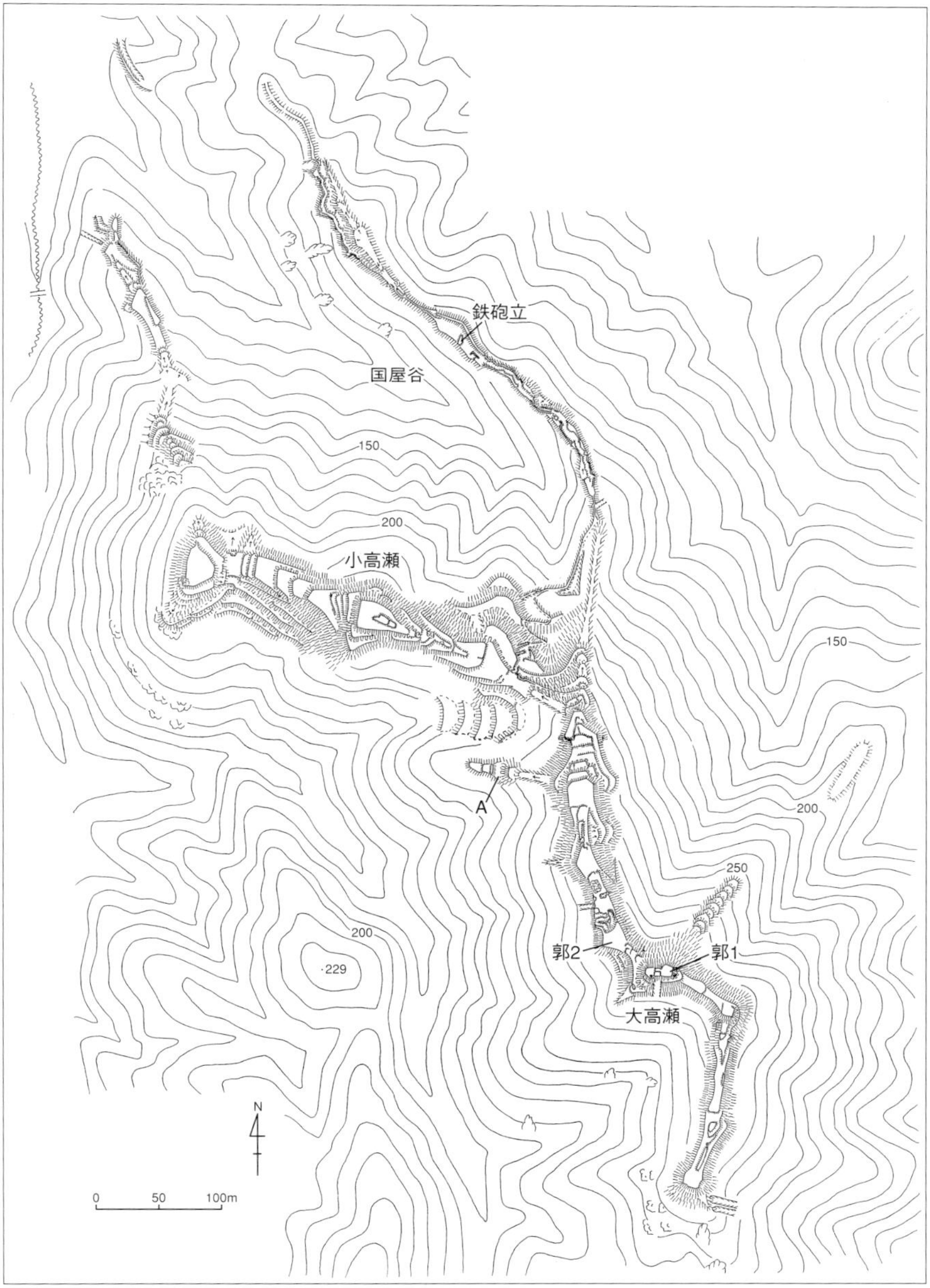

高瀬城跡
所在地：出雲市斐川町神庭
調査日：1996、1997、2003
調査者：寺井　毅

28

平《ひら》田《た》城跡

◆所在地／出雲市平田町城ノ前
◆標　高／五三m　◆比　高／五二m
◆主な遺構／堀切、土塁、竪堀

平田城跡遠景

【地　理】

出雲市平田町城ノ前に位置し、丘陵の南側先端に築かれた丘城である。眼下に平田の町を見下ろし、遠く斐川平野越しに高瀬城をのぞむ。江戸期の往還は布崎から多久谷灘、浜と大きく北側に迂回しており、平田城の東側は湿地帯であったことがうかがえる。斐伊川の水上流通の拠点として重視され、港湾施設が整備された。平田城は現在愛宕山公園となっており、遺構は大きく破壊されている。

【城　史】

平田城は手崎城、薬師城とも称された。平田は内陸港として室町時代に中国・朝鮮にまで知られたとされている。永禄五年（一五六二）出雲に侵攻した毛利氏は斐伊川が北山山地によって東西に分流する交通の要衝に位置する地に鳶ヶ巣城を築き、橋頭堡《きょうとうほ》とした。

主郭跡の様子

公園中央口

城域一帯が「愛宕山公園」として整備されている。

毛利氏による尼子氏攻略の戦線が富田城周辺に移り、毛利氏にとって有利な状況になると鳶ヶ巣城から平田城に物資集積拠点を移したとされる。

永禄十三年（一五七〇）尼子氏の復興戦で平田城の戦略的な価値は高まり、毛利輝元は平田城の普請を急がせている。高瀬城を拠点とする尼子方の米原綱寛は、配下の水軍によって執拗に平田城の奪還を目指した。高瀬衆の夜襲を撃退したことを賞する吉川元春・口羽通良・宍戸隆家宛の感状《かんじょう》が知られている。

【城の構造】

現在展望台となっている標高五二メートルの最高所の郭1が主郭と考えられる。全体的に遊歩道の設置により大きく破壊されており、虎口が確認できない。郭2との間には堀切（A）が認められる。堀切の西側は遊歩道になって下っているが、当時は竪堀となっていたのだろう。郭2の北側には数段の郭が認められるが、どこまでが当時のものかは判断に迷う。

郭3と郭1との間に堀切が築かれていたとされるが、平成元年十一月の調査時点で確認出来なかった。また、その調査時には郭4と堀切（B）は確認出来たが現状では大きく破壊され、堀切（B）の西側の痕跡がかろうじて認められる状況にある。郭4の北側には帯郭が雛段状に築かれ、虎口や防御ラインを形成するような土塁も調査時に認められていた。原稿執筆のため七月に再調査を行ったがブッシュがひどく、近寄れなかったため、現状でどの程度残っているのか確認していない。縄張図では郭4周辺のみ復元して作成した。

郭5も遊歩道で破壊されている。かつては料亭が建っていたという話を聞いたため、その時点でも破壊されていたものと考えられるが、基本的には地形に沿って築かれたものと考えている。

郭6は城域で最大の面積を持つが、当時の状況とは異なるようだ。壁には大きな改変が加わっていないように見たが、この郭は明治頃に運動場として整備されたという。したがって運動場の造成のために削平された可能性が高い。郭2の東側が垂直に削られている事実が、大規模な造成だったことを物語る。

郭2の北側の尾根筋の（C）には堀切が築かれていたものと考えられるが、公園化による進入路によって大きく破壊されている。

郭2と対峙する位置にある（D）のピークは現在上水道愛宕山配水池と新愛宕山配水池の設置により破壊されているが、郭が築かれていた可能性が高い。北側に続いていた尾根には毛利氏配下の軍勢の駐屯空間として複数の郭が築かれていたものと考えられるが、「平田愛宕山野球場」と「県立平田高校」等の建設によって徹底的に破壊されたのが残念。

【城の特徴】

純軍事施設である鳶ヶ巣城と、標高は低いが、長い歴史を持つ内陸港湾都市平田に築かれ、物資集積拠点として改修された平田城が共存する時代、毛利氏優勢のなかで戦線が富田城周辺に移り、鳶ヶ巣城の軍事的な地位が低下し、相対的に平田城の存在価値が上昇した時代、そして尼子家復興戦のなかで毛利氏の物資集積拠点として位置付けられた平田城を執拗に攻め立てた米原氏等尼子家復興軍を撃退するために改修強化された時代、それぞれの時代の平田城の縄張を想像してみてほしい。最初は先端部分の郭4が主郭の時代が有ったのかも知れない。実は郭4西側にまで舟が入ることが可能であり、郭4西側の雛段状に築かれた郭群が郭1の西側や（D）の南側にまで築かれ、物資集積の施設だったのではないか。公園化によって大きく破壊されたことを逆手にとっていろいろ考えてみるのも楽しい。なお現在の平野部の地形は当時と大きく異なっている。

（寺井　毅）

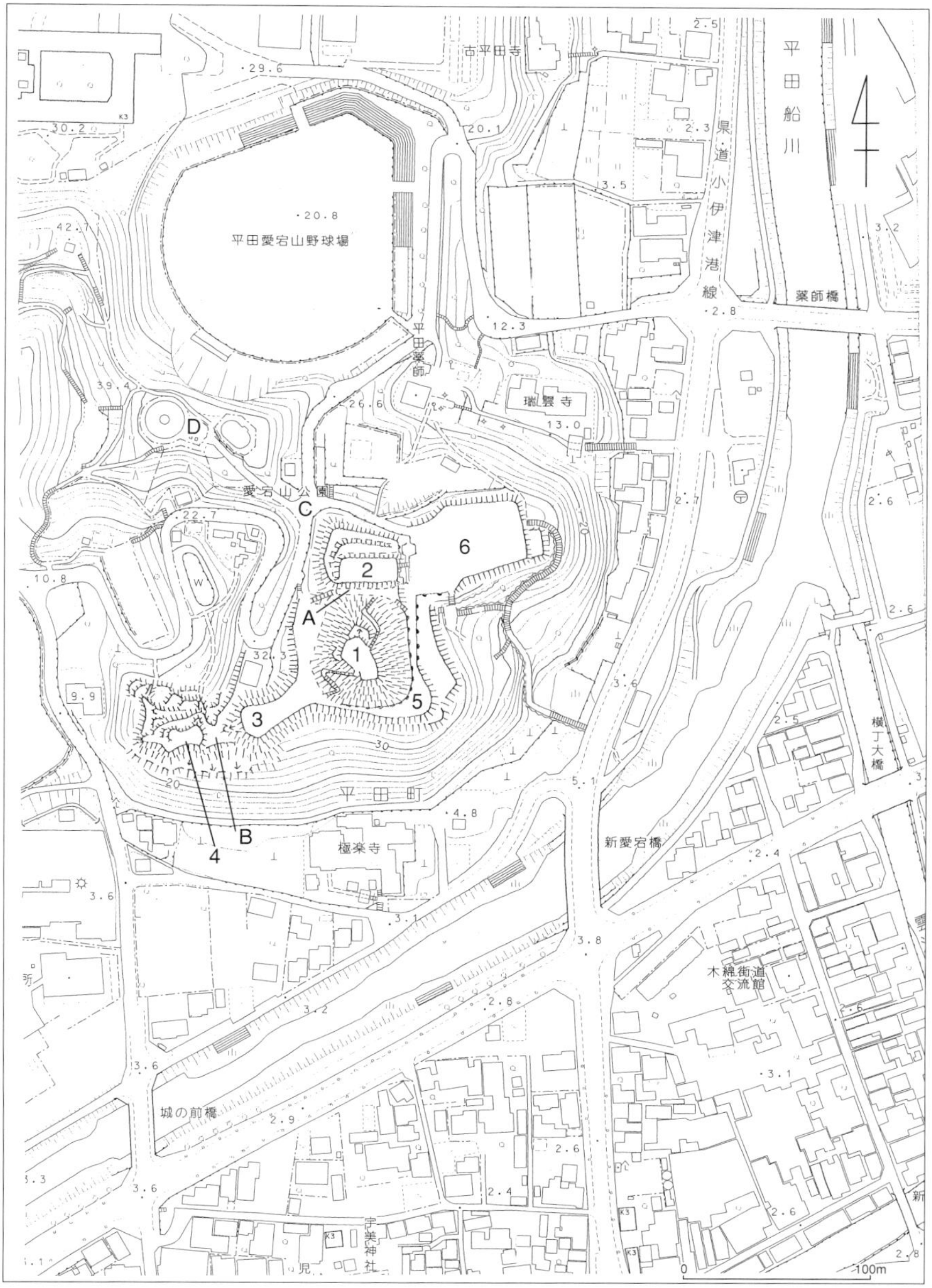

平田城跡
所在地：出雲市平田町
調査日：1989、2013
調査者：寺井　毅

29
鳶《とび》ヶ《が》巣《す》城跡

川跡駅付近からのぞむ鳶ヶ巣城跡

◆所在地／出雲市西林木町
◆標　高／二八一・四m ◆比　高／二六〇m
◆主な遺構／曲輪、帯郭、土塁、竪堀、枡形虎口

【地　理】

一畑電鉄川跡《かわと》駅、あるいは県立大学出雲キャンパスから北山を眺めると、覆い被さるように突き出した尾根先をながめることになる。これが鳶ヶ巣山である。遠方から見ると、旅伏《たぶし》山（標高四一二メートル）と出雲北山の最高峰の鼻高《はなたか》山（標高五三六・三メートル）のほぼ中間に当たるため、埋没して目立たないが、近づくとその屹立した山容を見上げることになる。

旅伏山と鼻高山の間の伊努谷峠を北に下ると鰐淵寺である。この峠道は鳶ヶ巣山の西側の谷筋をさかのぼっていて、出雲平野と鰐淵寺をつないでいる。

【城　史】

『雲陽軍実記《うんようぐんじつき》』によれば、雲芸攻防戦（一五六二〜六六）を開始するにあたって毛利元就は、赤名《あかな》（飯南町）の陣中で、吾郷勝久に対して戦いの吉凶や方角などを占うように命じたという。これを受けて勝久は、敵城の西方に駐屯して、秋分の時期に戦闘を開始するよう進言したので、「永禄四年（五年の誤り）夏末、楯縫郡林木《たてぬいぐんはやしぎ》鳶

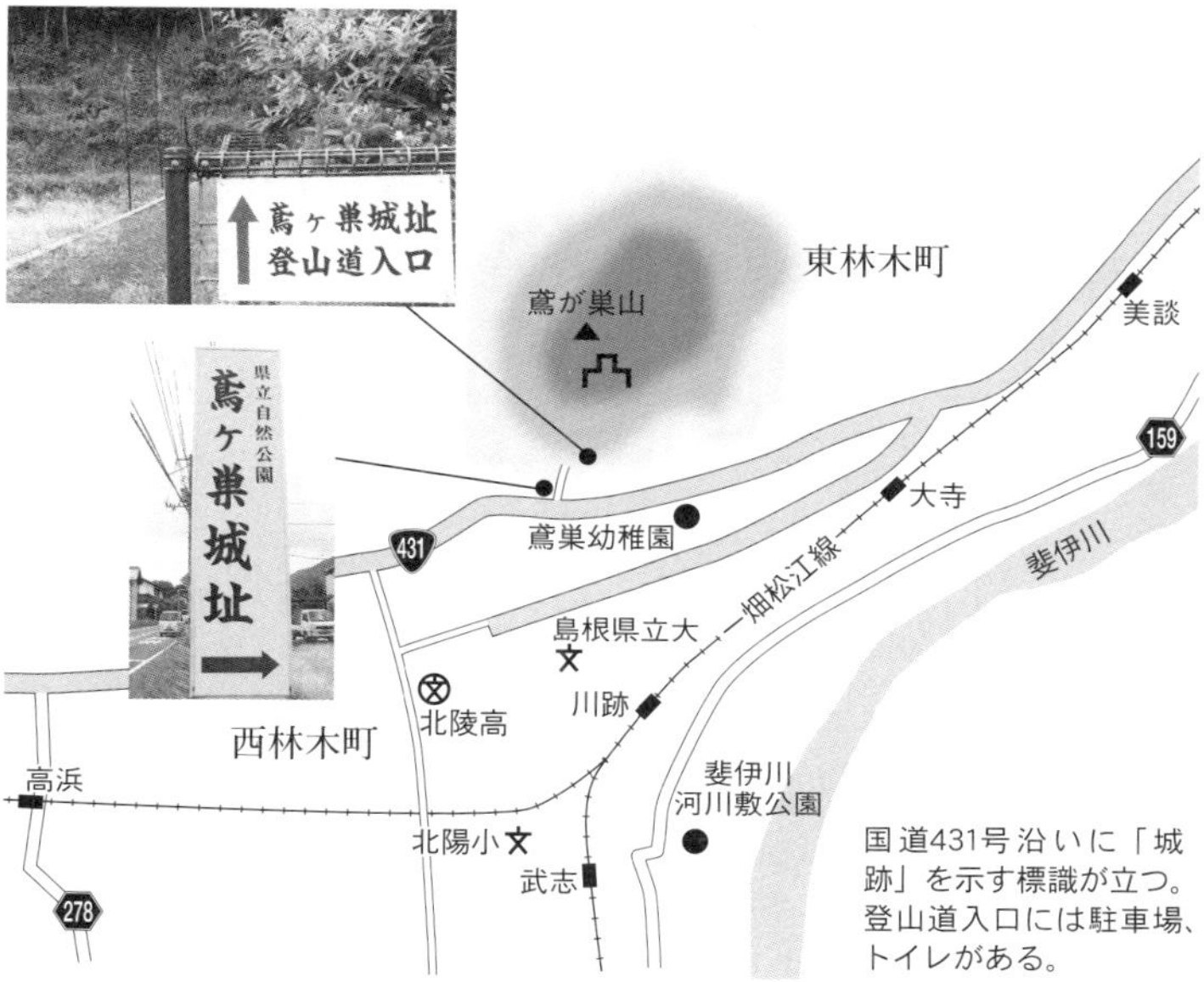

国道431号沿いに「城跡」を示す標識が立つ。登山道入口には駐車場、トイレがある。

ヶ巣山を甲城《つめしろ》として秋分の節」に赤名を出馬したとある。

まずは、当時の戦闘や築城において占いのもっていた影響力の大きさを物語るエピソードであるが、年紀の誤りは別として、記事はおおむね事実を反映しているとみてよい。というのも、永禄五年（一五六二）八月二十四日付けの書状（『萩閥』後藤屋善兵衛）で毛利隆元は、鳶ヶ巣へ派遣した「鉄炮はなし中間《ちゅうげん》共」が奮戦したという宍道隆慶からの報告を受けて、褒美を与えるよう命じているのである。当時の毛利氏にあっては、鉄砲の射手は数人から数十人という集団を単位として前線の毛利方の武将に配属されたが、特に分国の境界の諸城を守る番《ばん》将《しょう》のもとに配属されることが多かったといわれている。

つまり、鳶ヶ巣城は、永禄五年八月頃、出雲国の平野部へ突出した毛利勢の最初の軍事拠点（橋頭堡《きょうとうほ》）として築城された。ただその後、雲芸攻防戦が毛利方の優勢のうちに進展して宍道湖の北側を東進して荒隈《あらわい》城に拠点が移されると、鳶ヶ巣城は安芸・備後と石見から送られてくる毛利勢や諸物資の中継基地の役割を担うようになる。石見方面から神西《じんざい》・杵築《きづき》を経由するルートと安芸・備後から赤名をへて出雲東部に向かうルートの接点にあたっていたからである。

永禄六年初頭に、元就が、宍道湖で使う船四艘《そう》を林木

まで遡上させることと、その引手や水夫の徴発を命じている事実は、当時の鳶ヶ巣城下の景観を彷彿させる。つまり、大社湾に流れ込む斐伊川の分流の一本が鳶ヶ巣山麓を西流していたのである。山麓部に広大な面積を持つ二つの曲輪《くるわ》を中心とする山麓郭群が造成されたのはこの時期であり、移動する兵員や諸物資のための駐屯空間として利用されたのであろう。

永禄十二年（一五六九）六月に尼子勝久・山中鹿介らによって尼子家復興戦（一五六九〜七一）が開始されると、当城は再び雲芸攻防戦の開始当初のように重要な役割を担うことになる。つまり、鳶ヶ巣城は、真山《しんやま》城を本拠とする尼子家復興軍の平定を目的とする毛利勢の、出雲国東部の富田《とだ》城と並ぶ指揮中枢と位置づけられたのである。『雲陽軍実記』は、吉川元春が鳶ヶ巣城を本城としたこと、翌年に毛利元就が発病した時、「御存命の内に家法軍議をも伝授あるべしとて」毛利輝元・小早川隆景・吉川元長が元亀元年（一五七〇）八月二十一日に吉《よし》田《だ》郡山《こおりやま》城に向かって出立したのが「雲州林木鵈巣《とびがす》城」からであったと記している。

もちろん引き続き軍勢や物資の中継基地としての役割も果たしていたのであろうが、出立の直前の同月十六日付けの毛利輝元の書状（『萩閥』赤川次郎左衛門）はその機能に変化のあったことをうかがわせる。輝元は、末《すえ》次《つぐ》城（現松江城）の「置兵粮百俵」を来る十八日に杵築から平田に向けて送らせるので、「杵築在陣衆・鵈巣番衆」で相談して厳重に警護するよう命じている。当時鳶ヶ巣城には牛尾・赤川・粟谷・祖式氏らが番将として詰めていたことが知られるが、百俵の兵粮米自体は鳶ヶ巣城下を通過するだけで、平田まで一日行程で直行し、平田で湖上輸送船に積み替えて末次城へ送られたのであろう。つまり、尼子家復興戦の段階になると、宍道湖の西端にあたる平田の物資中継基地としての港湾機能が、平田（手崎《てさき》）城の普請や番衆の配備をともないながら強化された結果、兵粮米や鉄砲・弾薬を含めた重くてかさばる軍需物資の中継基地としての鳶ヶ巣城の役割は相対的に低下したものと推定される。

なお『雲陽誌』は、当城の城主として宍道高慶・政慶の名と西麓の西林木町霊雲寺をその位牌所と記している。また、大野高直

主郭跡に建てられた「宍道政慶之碑」

と大垣秀清を当城に誘い出して謀殺したととも伝えている。ともに出雲国の有力国人《こくじん》である宍道氏と大野氏の間に確執のあったことは事実としてよいが、宍道隆慶は鳶ヶ巣城に配備された番将の一人と考えるべきであろう。

【城の構造】

鳶ヶ巣城は、これまで述べたような求められる機能の変化に対応し、築城以後も大規模な増築と改修が続けられたことが読みとれる。つまり、まずは、敵地に突出した最前線の橋頭堡として、多数の山城が築かれた雲南の山々はもとより、西の大社湾・石見海岸から東の宍道湖までを見通せる山頂部に普請が施された。狭い主郭を中心として、地形に合わせて放射状に曲輪を配置する山頂郭群の基本形はこの時期に造られたのであろう。

その後、軍勢・諸物資の中継基地機能を担うようになって造成されたのが標高五〇メートル～六〇メートル程度の山麓部に広がる山麓郭群である。それぞれ長径一〇〇メートル以上もある二つの曲輪と、斜面に階段状に重ねられた小郭《しょうくるわ》からなるが、現在民家の宅地となっているさらに下方の高台も駐屯空間であった可能性が高い。なお、山頂郭群の西Ⅲ郭（a　標高二二四メートルの地点）は山麓郭群との連絡のために同時期に造成されたものであろう。

こうした意味では、機能といい、構造といい、瀬戸山城と類似していると言えよう。出雲・石見・備後の国境の瀬戸山城は、雲芸攻防戦の時点でも尼子家復興戦の段階でも、毛利勢にとって不可欠の中継基地として機能した。山頂部は、後に堀尾氏が総石垣の支城《しじょう》として整備しさらに破城を受けているが、山麓の赤名小学校の校地とその背後や西蔵寺・蓮光寺の境内などは駐屯空間として利用されたのであろう。

鳶ヶ巣城では、今回さらに精査したところ、山頂郭群の北Ⅱ郭から北東方向に伸びる尾根上にも明らかに普請の痕が残っていた。つまり、尾根筋に対して掘られた二本の堀切《ほりきり》、その南側には土塁《どるい》囲みの枡形虎口《ますがたこぐち》（b）、東側には二本の登土塁《のぼりどるい》に守られた坂虎口《さかこぐち》（c）などが認められた。また、西側と北側を土塁で囲まれた平坦面（d）が造られているのは駐屯地としての普請の痕であろう。

ただ、この北東郭群には自然地形のままに残された部分が広くあり、造成の途中で普請が停止されたことがうかがわれる。つまり、山頂郭群（第一期）と山麓郭群の普請（第二期）に続いて、吉川元春の一時的な在城とそれに伴う駐屯空間拡大の要請や北山山系からの尼子方の攻撃に備えて、急遽北東郭群の縄張りがなされ普請が開始された（第三期）が、元春の移城や尼子家復興戦の戦況が毛利方の優勢のうちに展開したために、普請途中でそれが放棄されたのであろう。

ただ、普請の実際を観察すると、西Ⅲ郭を含めた山頂郭群も北東郭群の造成に合せて大きな改修の手が加えられたと推定される。要約すれば南方から北方へと防御正面が変更されたことによる改修と考えられる。

特にそれは、各曲輪を取りまく土塁に明瞭に残されている。主郭の北東下方の東Ⅰ郭では、竪土塁《たてどるい》から続いて曲輪の縁辺に廻らされた土塁（e）は、南側にカーブするあたりから順次低く薄くなって半周する。さらにその北東下方の東Ⅱ郭でも、高さ二メートル底幅九メートル程度の高く厚い土塁（f）が築かれており、北側の谷壁斜面に対して横矢が掛けられるよう邪《ひずみ》（g）まで設けているが、南側の土塁は対照的に低くて薄い。

主郭の北西下方の北Ⅰ郭と北Ⅱ郭でも同様な普請を見ることができる。北Ⅰ郭の北西側は竪土塁から続く土塁（h）で坂虎口を防御しているが、南西側は西Ⅱ郭からの通路がとりつくものの土塁も築かれず虎口も設けられていない。北Ⅱ郭でも、南西側の土塁（i）は一メートル程度であるが北東側は二・五メートル程度の高くて厚い土塁（j）となっている。

山頂郭群はそのすべてが土塁で囲まれていると言ってよく、最前線の陣城《じんじろ》の緊迫感が感じられるところである。しかし、子細に見ると前述のような相違点に気づかされるのである。南方の山々や出雲平野に向けられていた警戒や監視の目が、北山山系とその背後の日本海を通じての攻勢に対抗するよう転じられた結果であろう。

【城の特徴】

当城は、戦況の変遷に対応して求められる機能が変化し、三期にわたって大規模な改修が行われたことを伝えている。と同時に、戦況の好転によっては普請が中断される、つまり未完成のままに放置されることもあることを伝える事例でもある。戦況の必要性に応じて築城され改修される陣城を見る場合には、常に戦況の推移を念頭に置く必要がある。

さらに、普請が中断され放棄される前に、どこにどのような部位（パーツ）を造ったかを読み取ることの可能な事例でもある。それは普請の順序を推定する手がかり（それはその部位の重要性や緊急性を意味しよう）を与えてくれる好例でもあるところに、城郭史上の意義を有すると言えよう。

（山根正明）

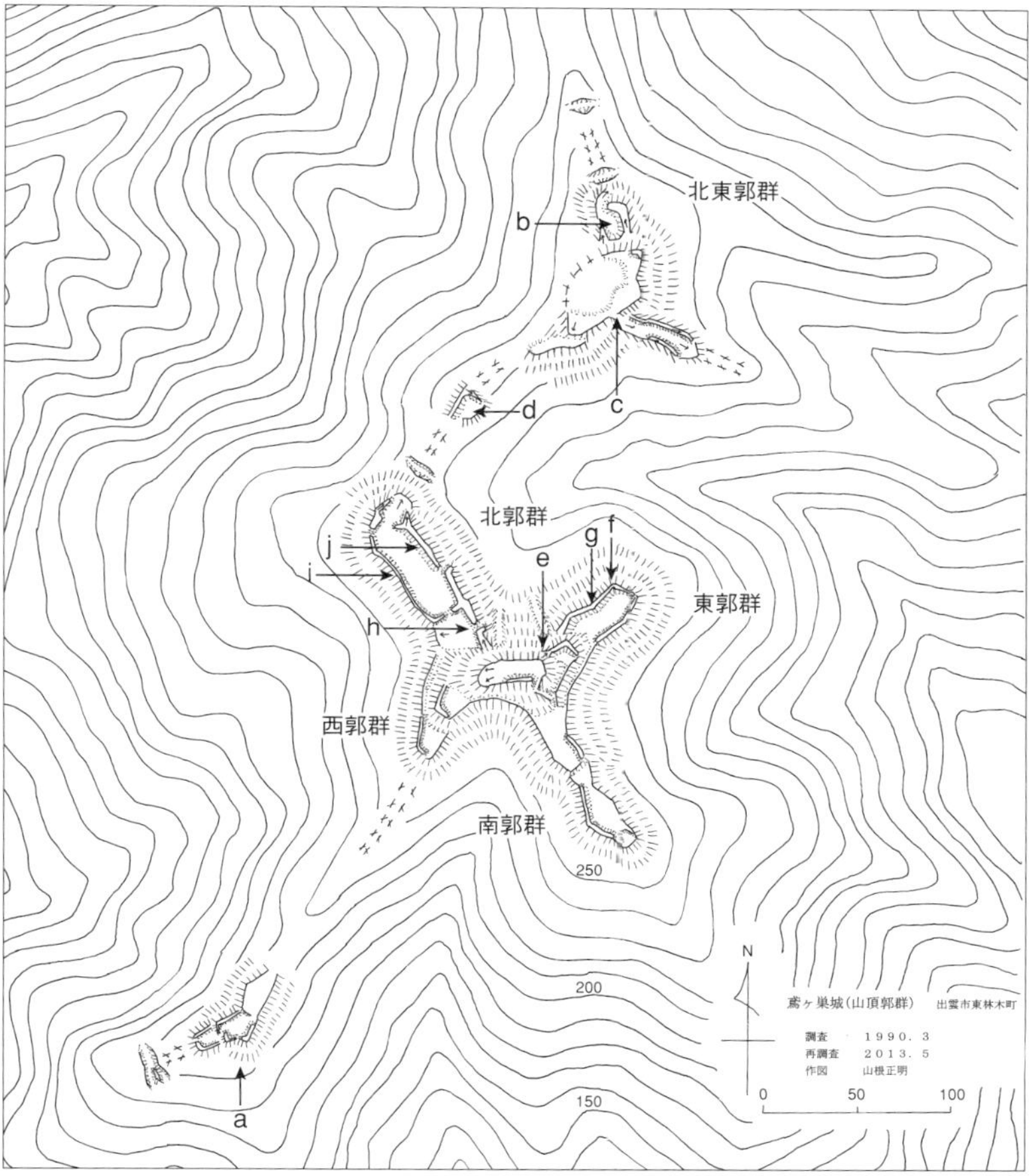

山頂郭群

鳶ヶ巣城(山頂郭群)
出雲市西林木町
調　査：1990. 3
再調査：2013. 5
作　図：山根正明

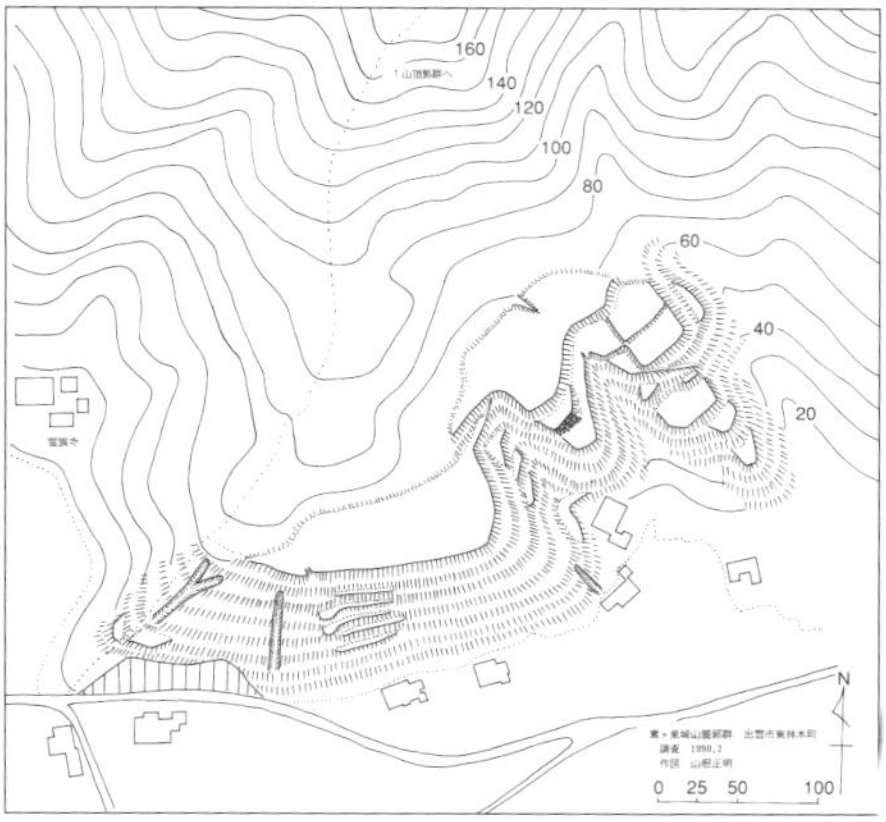

山麓郭群

鳶ヶ巣城(山麓郭群)
出雲市西林木町
調　査：1990. 3
作　図：山根正明

30
桧《ひ》ヶ《が》仙《せん》城跡

◆所在地／出雲市多久町
◆標　高／三三三m　◆比　高／二三〇m
◆主な遺構／曲輪、腰郭、帯郭、土塁、堀切

桧ヶ仙城遠景

【地　理】

国道四三一号から布崎《ぬのざき》で分かれ、平田船川に沿って西に進み檜山《ひやま》小学校へと向かうと、前方の左右に高山が見える。右手（東側）は『出雲国風土記』の四神名火《かんなび》山の一つ大船山（標高三二七・二メートル）であり、左手（西側）が桧ヶ仙（標高三三三・三メートル）である。さらに西側には廻田城跡、八幡山城跡が続く。

【城　史】

地元には、多久義近が長禄三年（一四五九）に近江国水口から桧ヶ仙城に移り、多久秀敷が永禄六年（一五六三）に毛利元就と戦って落城したという伝承が残されているが、史料的には確

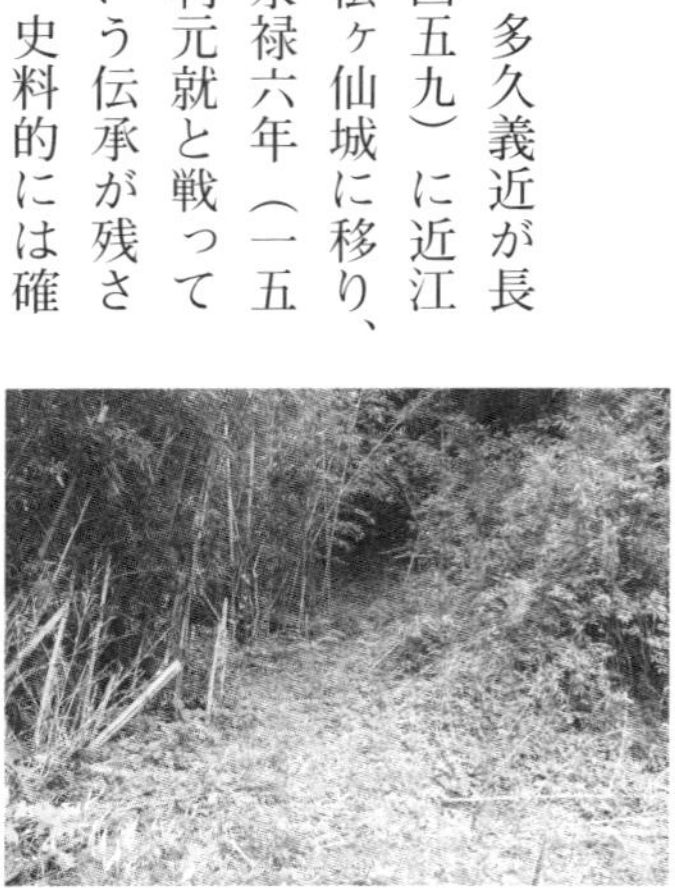
登山道入口

防火水そう標識の位置にあるあぜ道を進む（矢印）

坂を上がると数軒の民家がある

ここから急な上り坂になる

認できない。おそらく、多久郷《たくごう》を所領とした在地の武士が、山麓に構えた居館の背後の桧ヶ仙を詰《つ》めの城としたのが当城の始まりであろう。

信頼できる史料に桧ヶ仙城が登場するのは次の二点である。まずその一は元亀二年（一五七一）四月一日付けで吉川元春が口羽《くちば》春良にあてた書状である。（『萩閥』口羽衛士）ここで元春は、春良自ら鍬を取って桧ヶ仙城の普請を急いだおかげで高瀬城の攻略がすこぶる順調に進んだといって感謝の意を表明している。

尼子家復興戦（一五六九〜七一）は、前年二月の布部《ふべ》の戦いによって大勢は毛利氏の優勢に転じたが、出雲国西部では米原綱寛が高瀬城に拠ってなおも抵抗を続けていた。高瀬衆は、毛利方の兵站《へいたん》基地ともいうべき平田を湖水を利用して執拗に攻撃したのである。

この書状によって、桧ヶ仙城は高瀬衆の平田への攻撃に対抗するために修築されたことがわかる。そしてその普請は、邑智郡都賀《つが》を領した口羽春良によることが知られる。本当に自分で鍬をふるったわけではなかろうが、毛利氏の重臣である春良が、普請奉行としてこの城の修築作業を監督したのであろう。なお、高瀬城は三月十九日に落城し、米原綱寛は真山《しんやま》城へと落ちていった。先の書状はこれを受けての礼状である。

その二は、薩摩国串木野《くしきの》の城主島津家久の旅日記である。（「中書家久公御上京日記」『神道大系　文芸編　参詣記』）天正三年（一五七五）、家久一行は白潟《しらかた》から平田に向かう途中、桧ヶ仙城を右手に見ながら船を進めたという記事がある。平田への船は蓮の花の咲き乱れる中を進んでいくので、あたかも極楽浄土への旅のようだと美しく表現されている。中海から宍道湖の船旅の途中には他の城も見えたはずだが、桧ヶ仙城だけ書き記しているのは、よほど蓮の花の咲き乱れる水面が印象的だったからであろうが、この時点でも桧ヶ仙城には毛利方の番将《ばんしょう》が配置され城兵が駐屯していた、つまり城としての機能を維持し続けていたと考えてよいのではなかろうか。

【城の構造】

桧ヶ仙城は、南北方向の尾根筋にほぼ直線的に曲輪《くるわ》を配置してその最高所を主郭とし、そこから西に伸びる尾根筋にさらに曲輪を配置するという縄張《なわば》りになっている。つまり、独立峰に主郭を置き三方の尾根筋に曲輪を配した、いわゆる放射状連郭《ほうしゃじょうれんかく》式の山城である。

そして、主郭を中心に南方・西方・北方の郭群《くるわぐん》の間は緊密な連絡がとれる縄張りとなっている。つまり、南Ⅰ郭からは西Ⅰ郭へ、西Ⅰ郭からは北Ⅰ郭へと通路が伸ばされており、南Ⅱ郭から主郭の東側の裾へ伸びる腰郭《こしぐるわ》（a）も北Ⅰ郭へと続く通路を設けていたものと思われる。

普請技法からみると、南北軸の普請と西方の郭群の普請とに違いが認められる。主郭を含めて南北の曲輪の形状は地形に合わせて不定型なままながら、北Ⅳ郭をのぞいて、上面の削平はていねいで平坦に仕上げられている。切岸《きりぎし》の削り落としもていねいで急崖《きゅうがい》を造っている。主郭と北Ⅰ郭の高低差は約三メートル、南Ⅰ郭と南Ⅱ郭の間、南Ⅱ郭と南Ⅲ郭の間は約四メートルもあって急な切岸とされている。

また、北Ⅰ郭の北西端が傾斜して北Ⅱ郭と連結されるという技法（b）は、北Ⅱ郭から北Ⅲ郭へ、南Ⅰ郭から南Ⅱ郭への連結にも見ることができる。

一方、西方の郭群に特徴的なのが土塁《どるい》による防御である。西Ⅱ郭と西Ⅲ郭の北側には、底幅三〜四メートル高さ約一メートルの、おそらく削り残しの技法によると思われる土塁（c・d）が認められる。反面、上面の削平はやや粗放である。西Ⅳ郭の東端（e）も櫓台《やぐらだい》と評価するよりも自然の高まりとみるべきであろう。

【城の特徴】

わずか二点とはいえ文献史料が残っており、これと縄

西Ⅱ郭北側の土塁（白の実線が土塁上端、点線が下端）

張り調査の成果とを総合して考えることのできる遺構として貴重である。

まず、多久郷の領主の詰城《つめじろ》として築城された段階では曲輪の数も少なく、普請はおおまかなものだったと思われる。それが雲芸攻防戦（一五六二〜六六）の初期に毛利氏に攻略され毛利勢によって整備されて、放射状連郭式の基本的な縄張りが定められたのであろう。この時期の普請の痕が北Ⅳ郭や西Ⅳ郭ではあるまいか。

その後、尼子家復興戦のなかで桧ヶ仙城は平田《ひらた》（手《て》崎《さき》）城の後詰《ごづ》めの城として重要性を増し、口羽春良の手によって強化された。この時期の普請の痕が主郭を中心とした南北の曲輪のラインではなかろうか。

（山根正明）

船川河畔から見る桧ヶ仙城

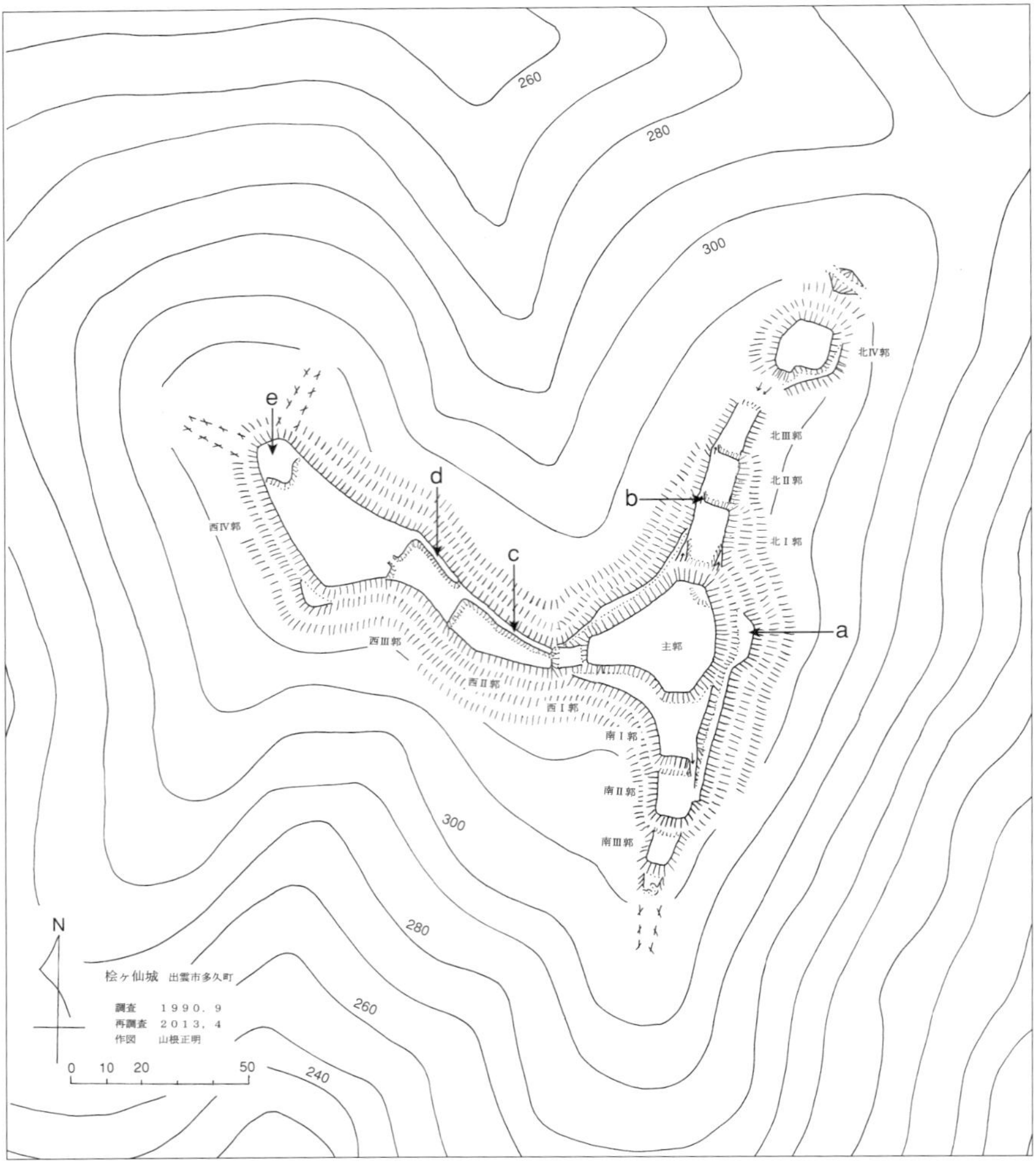

桧ヶ仙城　出雲市多久町
調　査：1990. 9
再調査：2013. 4
作　図：山根正明

上之郷城跡遠景

31 上《かん》之《の》郷《ご》城跡

◆所在地／出雲市上島町
◆標　高／一一七m　◆比　高／九七m
◆主な遺構／曲輪、堀切

【地　理】

奥出雲に流れを発した斐伊川が、雲南市木次町のあたりから大きく西へ蛇行するが、仏経山のちょうど真南のあたり、斐伊川左岸に上之郷城跡はある。城跡からは仏経山、高瀬城跡、城平山城跡が見渡せる位置にあり軍事上重要である。

【城　史】

上之郷城跡の歴史はつまびらかでないが、『雲陽誌』に城主として、上之郷兵庫介の名が見える。『明徳記』に登場する「上卿入道」は上郷入道とされ、系図によると通清（上郷三河守、法名道円）とある人物と比定される。この上郷氏は塩冶氏の一族で、通清は塩冶高貞の兄弟の子どもにあたる。

周辺には三田谷《さんたたに》古戦場跡と伝える場所がある。『雲陽軍実記』には元亀元年（一五七〇）に毛利氏の吉川元春

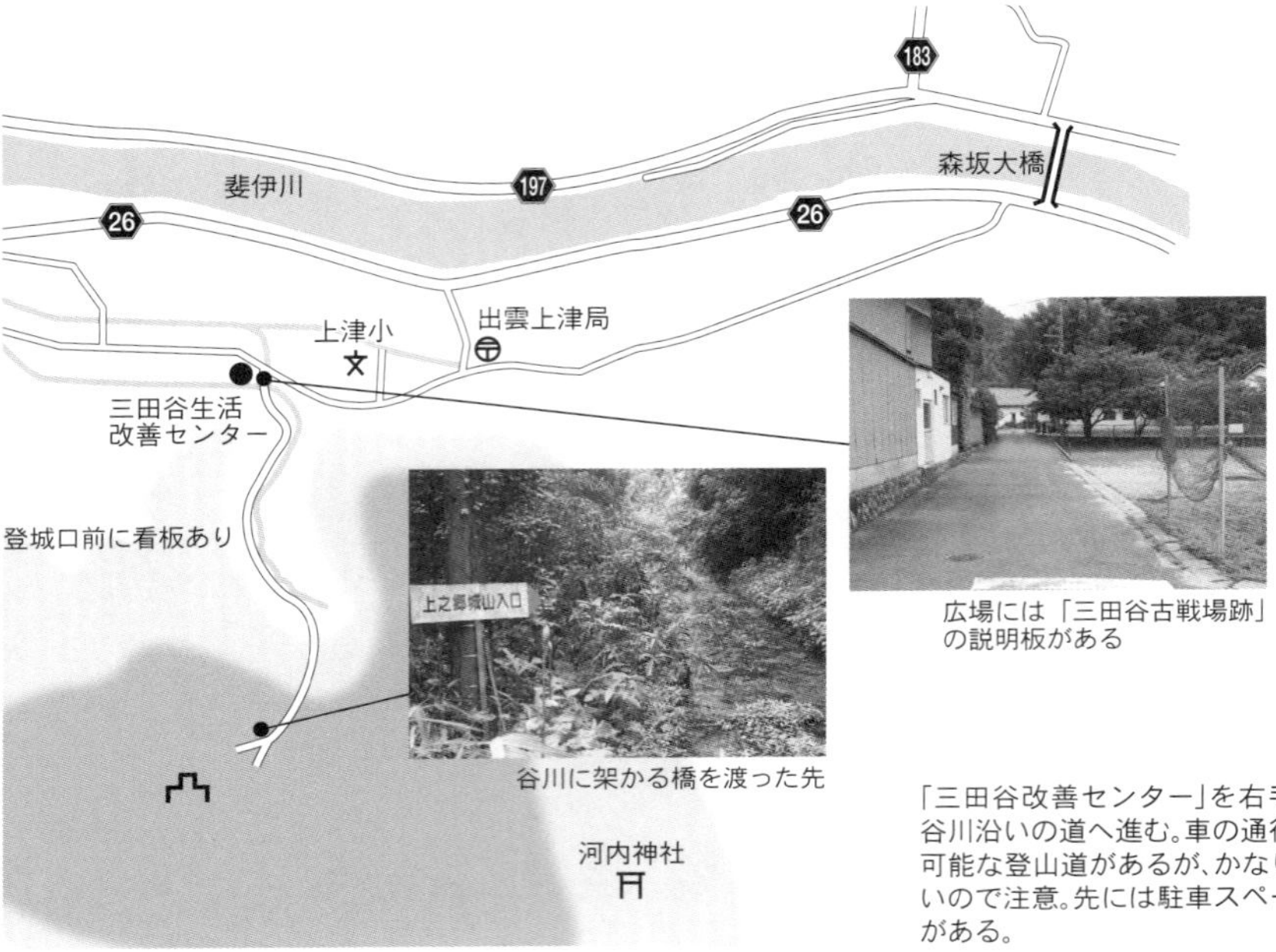

広場には「三田谷古戦場跡」の説明板がある
谷川に架かる橋を渡った先

「三田谷改善センター」を右手に谷川沿いの道へ進む。車の通行が可能な登山道があるが、かなり狭いので注意。先には駐車スペースがある。

が二〇〇〇余騎で「舟津上の江」に陣したと記す。上島町の西に現在も船津の地名が残り、「上の江」も「かんのごう」のことをさすと考えられる。現在の上島町は上ノ郷と中島が合併したできた地名である。

【城の構造】

面積の広い曲輪が二つあるが、やはり標高が最も高いⅠが主郭と考えるのがよかろう。西側には祭祀の跡がある。主郭の東側には低い段が見られる。

登城路を登ってくると、主郭の東側に位置する、細長い曲輪Ⅱへ出る。この曲輪の北東部分から北斜面へ降りる道があり、この道の折れの部分には井戸が存在する。これよりさらに下りると、Ⅳより北に伸びる尾根へ出るので、これより取り付くと、大きな曲輪が二つ連続し（東1、2）、さらに下方に二つの曲輪（東3、4）がある。

Ⅱのさらに東にはⅢ・Ⅳと曲輪がつづく。Ⅳの東端には城の形を模した電気がつく櫓が組まれ、東屋が設けられている。ここからは眼下を流れる斐伊川や、東には形の良い山容の城平山城、高瀬城を望める。この曲輪の東下方には小さな尾根を遮断する二本の堀切が存在する。

主郭から西北に伸びる尾根には、小さな曲輪（西1）

曲輪Ⅳからの眺め

を経て西2が存在する。この曲輪は面積が広く削平が良く、南側には西3に降りる掘り残しの土塁状の道がある。西3も面積が大きく、南に降りる道がある。さらに西は大きな堀切状になっている(a)がある。土塁状の部分が一部掘り込まれ、西4がある。ここは削平は良くない。さらに西には西5があり堀切を経て、西6が存在する。

Ⅰと西2・西3の間の切岸はとても高く崖に近い。西4や(a)には南側から上がってくる道があるため後世の改変の可能性も残る。

【城の特徴】

曲輪Ⅱ・Ⅲ・Ⅳは公園として手が入っており、散策しやすくなっているが、Ⅰや西1~6、東1~4は手付かずの状態である。いずれの曲輪も面積が大きく削平状況が良いのが特徴であろう。

城下の集落内を通る道にはクランクになっているところもあり、この付近が城の入り口と伝わっている。そのため現在は、城の南から登城路がつきⅡへ入るようになっているが、本来は北側から登りⅡへ入る構造であったであろう。そのため、ⅠとⅢ、Ⅳは分断された構造となり、Ⅰと西1~6と、Ⅲ、Ⅳと東1~4とに分けて考えることができる。このように城全体としては求心性を欠いた構造といえるであろう。

(高屋茂男)

a堀切の現状

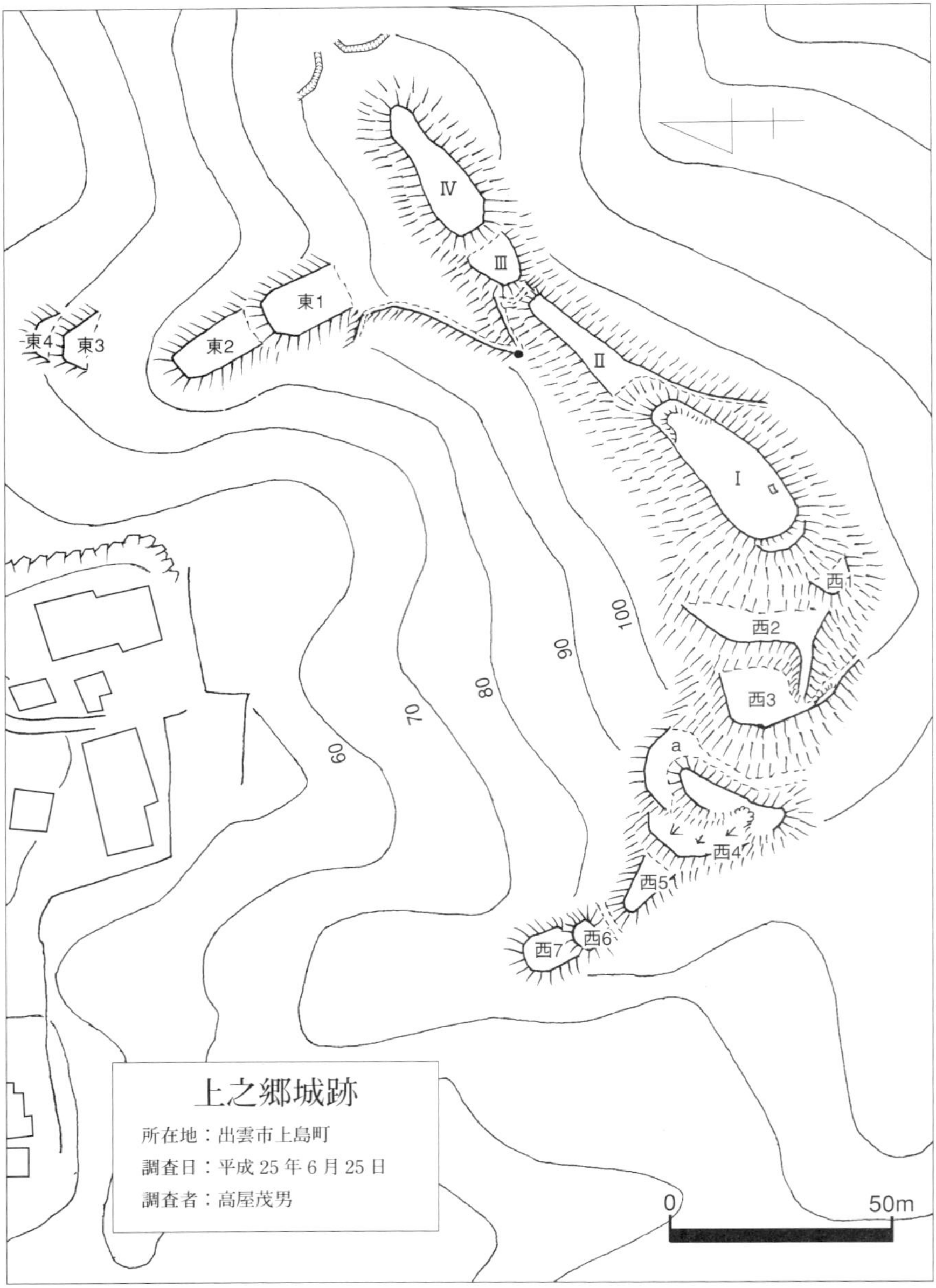

上之郷城跡
所在地：出雲市上島町
調査日：2013. 6.25
調査者：高屋茂男

32 神《じん》西《ざい》城跡

神西城跡遠景（東から）

◆所在地／出雲市東神西町
◆標　高／一〇一ｍ　◆比　高／九〇ｍ
◆主な遺構／曲輪、帯郭、腰郭、土塁、堀切、虎口

【地　理】

神西城跡は、北西方向に神西湖をのぞむ低平でその間に多くの枝谷を刻んだ丘陵上に立地している。かつて神西湖ははるかに広大で、その湖岸線は対岸の湖陵町東三部との中間の水田地帯に湾入していたのであろう。

城域は東西約四〇〇メートル、南北約八〇〇メートルに及び、主郭跡へは北・南・東の三方向から登ることができる。

【城　史】

承久の乱（一二二一）の後に神西（園山）新荘に地頭として入部した古荘《ふるしょう》氏は、室町時代の初期には在地名を名乗って神西氏と称するようになる。そして守護京極氏のもとで重用され、社家奉行《しゃけぶぎょう》や神門郡奉行《かんどぐんぶぎょう》に任じられて守護支配の一翼を担った。

この間に京を中心として応仁の乱（一四六七～七七）

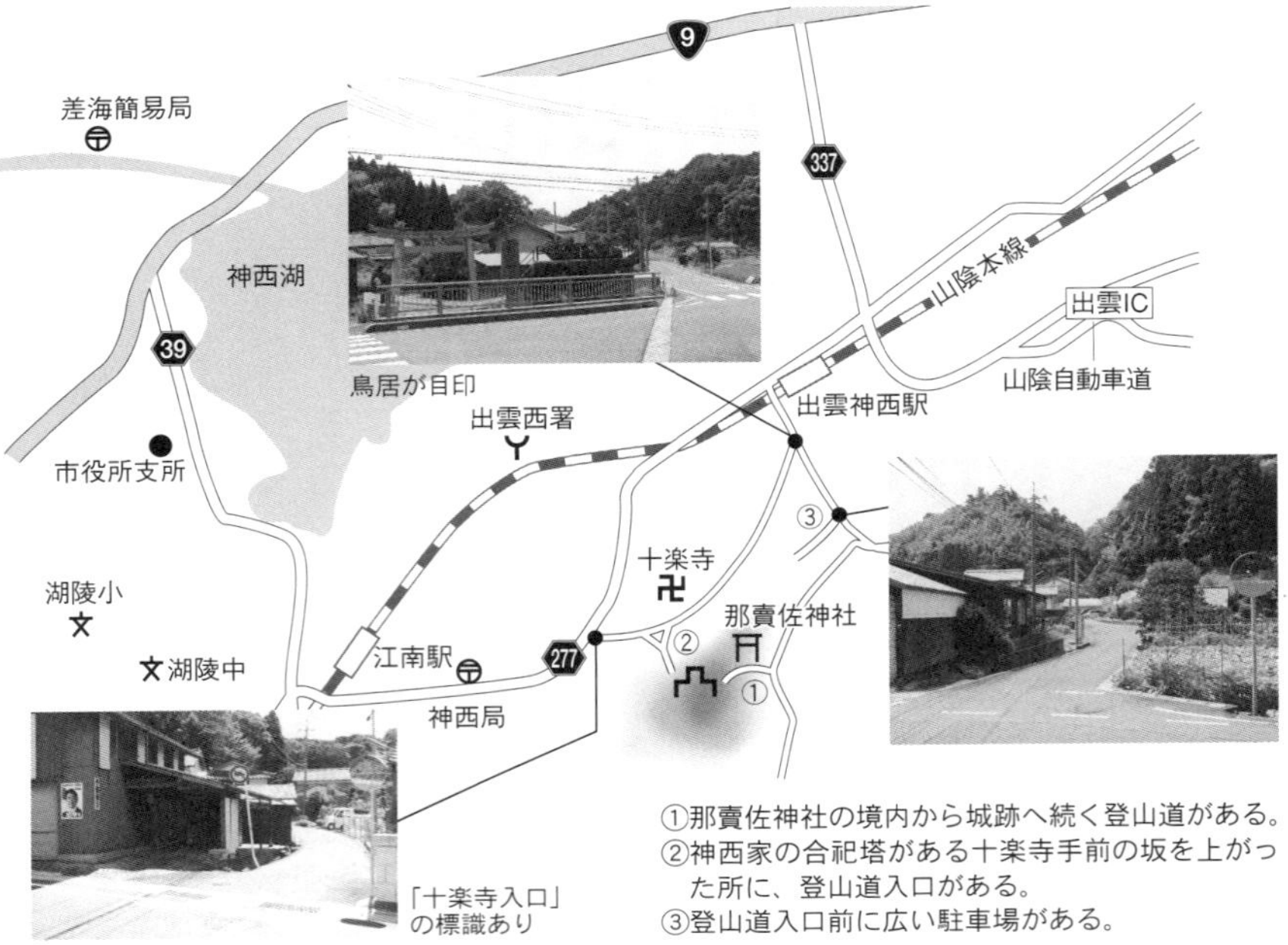

①那賣佐神社の境内から城跡へ続く登山道がある。
②神西家の合祀塔がある十楽寺手前の坂を上がった所に、登山道入口がある。
③登山道入口前に広い駐車場がある。

が勃発するが、神西氏は守護方として山名《やまな》方の出雲国西部の国人《こくじん》か、これに呼応して侵入したらしい石見国の勢力と戦っている。まず、文明元年（一四六九）十月の末か十一月初めには赤穴《あかな》幸清の来援を得て「神在城」において（『萩閥』中川与右衛門）、翌年のほぼ同時期には守護代尼子清貞のもとで「神西湊」で戦った（「佐々木文書」）。いずれも激戦で、「神在城」では幸清の一族と郎党が数十人討ち死をしたし、「神西湊」では清貞の家臣三十六人が戦死している。

文明初年のこの二つの戦闘によって尼子清貞は出雲国内の軍事的統一を成し遂げたが、神西氏もまたこれを通じて尼子氏の配下に強く組み込まれたのである。

神西城は城そのものの要害性よりもその地理的位置こそが重要なのである。『雲陽軍実記《うんようぐんじつき》』は、大内義隆が出雲侵攻戦を始めるにあたって「石州一国をよくよく切り治め、しかる後に追手《おうて》・搦手《からめて》を赤穴・神西の両城と定め、出雲国中に攻め入」るとして、まず赤穴光清の瀬戸山城を攻撃したと記している。この記事には、石見路を経由して出雲国へ侵入しようとした場合、それが海路であれ陸路であれ、西の関門として立ちふさがっているのが神西城と神西・湖陵《こりょう》地域であり、これを制圧しない限り出雲国内での軍事行動は大きな制約を受けざるを得ないという情勢判断が示されている。
　雲芸攻防戦（一五六二～六六）が始まると、神西元通は、父広通を残して早々に神西・湖陵地域の所領と神西城を離れ、富田《とだ》城に籠城したもようである。したがって神西城は雲芸攻防戦の初期に進駐してきた毛利勢に接収され、残留した広通も毛利元就に降ったらしい。元通自身も、永禄八年（一五六五）四月以降のある時期に富田城を下城して元就の軍門に降ることになる。しかしその後、尼子家復興戦（一五六九～七一）が開始されると、神西元通は尼子勝久・山中鹿介に最後まで従って播磨国の上月《こうづき》城で切腹して果てる。

　一方、神西城は引き続き毛利方の兵站基地《へいたんきち》として重用された。宍道湖北岸の満願寺《まんがんじ》城の攻略にあたっては、毛利元就と輝元は、神西城と富田城に駐屯する兵員と毛利水軍を動員してその奪回にあたらせている。毛利氏における山陰経営の拠点である富田城と同様に、神西城には重要な局面に対応して投入できる戦略予備兵力が温存されていたのであろう。

【城の構造】

　神西城は、葉脈を伸ばしたようにせり出した低平な丘陵の各所に郭群《くるわぐん》を配している。城域の北方には神西氏の菩提寺の十楽寺があり、西方には「市場」、東方には居館跡を連想させる「麓《ふもと》」という地名が残る。

　高度だけから考えれば、城域の南端に近い南Ⅰ郭（a）を当城の主郭とし、南北両側と東側に階段状に小郭《しょうくるわ》を配置した縄張りとみるべきであろう。

　この南郭群の北方の尾根上には中郭群が設けられ、中Ⅰ郭（b　標高八七・六メートル）との中間の鞍部《あんぶ》（c）から二本の通路が伸ばされて南郭群とをつないでいる。一本は中Ⅰ郭の南側斜面を回り東側の堀切《ほりきり》をへてさらに北側斜面に下る通路で、もう一本が西側斜面を下る通路である。これによって南郭群と中郭群は一体として運用することが可能となる。だが、中郭群から北東に伸びる尾根上の東郭群との連絡は必ずしも緊密ではない。

　東Ⅰ郭（d　標高八七・四メートル）では、西端の堀切に面して虎口《こぐち》（e）を開口し、東端には東側下方の堀切を見下ろす位置に櫓台《やぐらだい》とみられる高まり（f）が認められる。二本の浅い堀切を挟んだ北東部にもさらに郭群が広がる。その北端は二本の堀切（g・h）で明確に区画されていて、郭群としての完結性を示している。城域全体の中では、この東郭群が縄張り観においても普請技法の面でも最も一貫性が感じられるところである。

　一方、中郭群と東郭群の乗った尾根筋と、「麓」から続く小谷を挟んで約一五〇メートル離れて並行する北方の尾根筋にも郭群が形成されている。その起点となる北Ⅰ郭（ｉ　標高五八・九メートル）は、西側に通路を通しており中郭群との連絡を保っている。しかし、その途中の尾根筋は自然の傾斜面で普請の痕跡を認めがたい。さらに、北Ⅰ郭から西側に伸びる尾根筋には不定型な西Ⅱ郭（ｊ　標高五七・二メートル）が造られ、これを中核として西郭群が形成されているが、途中の西Ⅰ郭の西側切岸《きりぎし》の普請は不十分なまま残されている。

　また、北Ⅰ郭から北東方向の尾根筋には、明瞭な普請の痕跡と自然地形のままと見られる部位とが断続する。北Ⅲ郭北端の堀切（ｋ）をへて急斜面を上りきると、北東Ⅰ郭（ｌ）に至る。南側と西側をのぞいて切岸は明瞭ではないが上面は削平されており、二～三メートル幅の通路で北東Ⅱ郭に続く。

　北東Ⅰ郭の北西側斜面の曲輪は、北Ⅲ郭北端の堀切へと通路（ｍ）を伸ばしていたものと推定される。さらに支脈を下ると一～二メートル幅の土橋《どばし》をへて二段に造成された曲輪（ｎ）に至る。支脈先端のこの曲輪は、十楽寺側の谷筋に対する備えとして設けられたものとみられる。

　北東Ⅱ郭からは北東に向かって鞍部に幅一～二メートルの土橋が伸ばされて北東Ⅲ郭（ｏ　標高六四・六メートル）とつながっている。なお、北東Ⅱ郭にはその南側斜面に二段の曲輪が造成されている。

　北東Ⅲ郭からも北東に向かって通路が伸び、鞍部は土橋に普請されて北東Ⅳ郭（ｐ　標高六七・六メートル）に至る。注目すべきは、北東Ⅲ郭の北西斜面に、ジグザグに掘り込まれた底幅一メートル程度の溝（ｑ）が下っていることである。途中に曲輪として造成されたらしい平坦面が残るので、登城道の一つと考えておきたい。

　北東Ⅳ郭は北東郭群の中核をなす曲輪である。東西軸約二八メートル南北軸約八メートルで、この稜線上で最大の面積をもち上面もていねいに削平されている。九景川《くげ》の谷筋に向かって東方に下る

主郭跡（南Ⅰ郭）の現況

主郭跡（南Ⅰ郭）から神西湖をのぞむ

斜面にも曲輪が配されているが、北西方に向かって下る尾根筋の途中から派生する二筋の支脈の上にも、曲輪とみていい平坦面が確認できる。

約五〇メートル北北東に下った地点から派生する支脈は、その先端部に普請の痕跡（r）が認められ、基部から続く稜線も、明瞭な切岸は認められないものの削平して形成された形跡がある。

さらに約七〇メートル北北東に下った地点から派生する支脈には、標高四七・六メートル地点と四一・三メートル地点（s）を中心に郭群が造成されている。基部からこの郭群に至る稜線にも、明瞭な切岸は認められないものの削平して形成された形跡が断続している。なお、この支脈の北東端には比高約一五メートル程度の地点（t）にまで曲輪が配置されており、他と異なる緊張感を感じさせられる。

【城の特徴】

このように、神西城は東西約四〇〇メートル南北約八〇〇メートルの範囲の尾根筋と山腹とに普請が施されているが、それは連続しているのではなく断続的で分散しているといわざるをえない。大きくは南・中・東・西・北の各郭群に分かれ、さらに城域の北東部にも郭群が広がっているが、こうした郭群の分散は同じような地形に規定されて形成されたといえよう。最高所でもせいぜい一〇〇メートルの低平な高度に加え、並行する二本の北東方向の稜線が、南西方向の稜線を串刺しにするような地形だからである。

つまり、まず最高所である南郭群の南Ⅰ郭（a）から北西に伸びる稜線と、これから派生して北東方向に伸びる稜線に曲輪が造成されている。さらに、北東郭群の北東Ⅳ郭（p）から北西方向に下る稜線からも、北東方向に伸びる支脈に曲輪が造成されているのである。

縄張が緊密で普請もていねいなのは東郭群で、西・北の各郭群は概して粗放である。さらに北東郭群は最も粗放といえよう。また、郭群同士の連絡は必ずしも緊密とは言い難く、郭群間の機能の分担も意識されているようにはみえない。つまり、神西城は先に述べたような地形に規定されたにしても、求心性のない縄張りであるうえ普請の精度や技法にも一貫性が感じられないのである。

この理由は、神西城が雲芸攻防戦から尼子家復興戦にかけての長期間、継続的に毛利方の兵站基地として利用され続けたことによるものではあるまいか。

雲芸攻防戦以前に神西氏の本城として普請された時点では、おそらく南郭群だけか、せいぜい中郭群までを城域としていたのであろう。つまり「麓」に構えた居館に対する詰城《つめじろ》としてまず南郭群が築造され、神西氏をとりまく政治的・軍事的環境が深刻になるにつれて、中郭群へと城域が拡張されたのではなかろうか。

ところがその後、神西元通が神西・湖陵地域の所領と神西城を離れ毛利氏が当城を接収すると、まず東郭群が築造されて強化され、対応して南・中郭群も改修されたものと思われる。さらに拡張されて北・西の郭群が造成されたが、これは駐屯空間を広く取るねらいがあったものと思われる。雲芸攻防戦が毛利方の優勢のうちに進展して、神西・湖陵地域が前線から遠く離れてしまった時点に拡張されたのであろう。削平した形跡は残るものの切岸のあいまいな空間が広がるのは、こうした背景から理解すべきであろう。つまり、戦況の推移（好転）を背景とする城域の拡大という意味では、荒隈《あらわい》城と同様な変遷をたどったとみてよかろう。

なお、北東郭群の築造の背景も基本的に同様と考えられるが、尼子家復興戦の一時的な緊張が、城域の北端部分を重点的に強化させたと考えてよいのではあるまいか。

（山根正明）

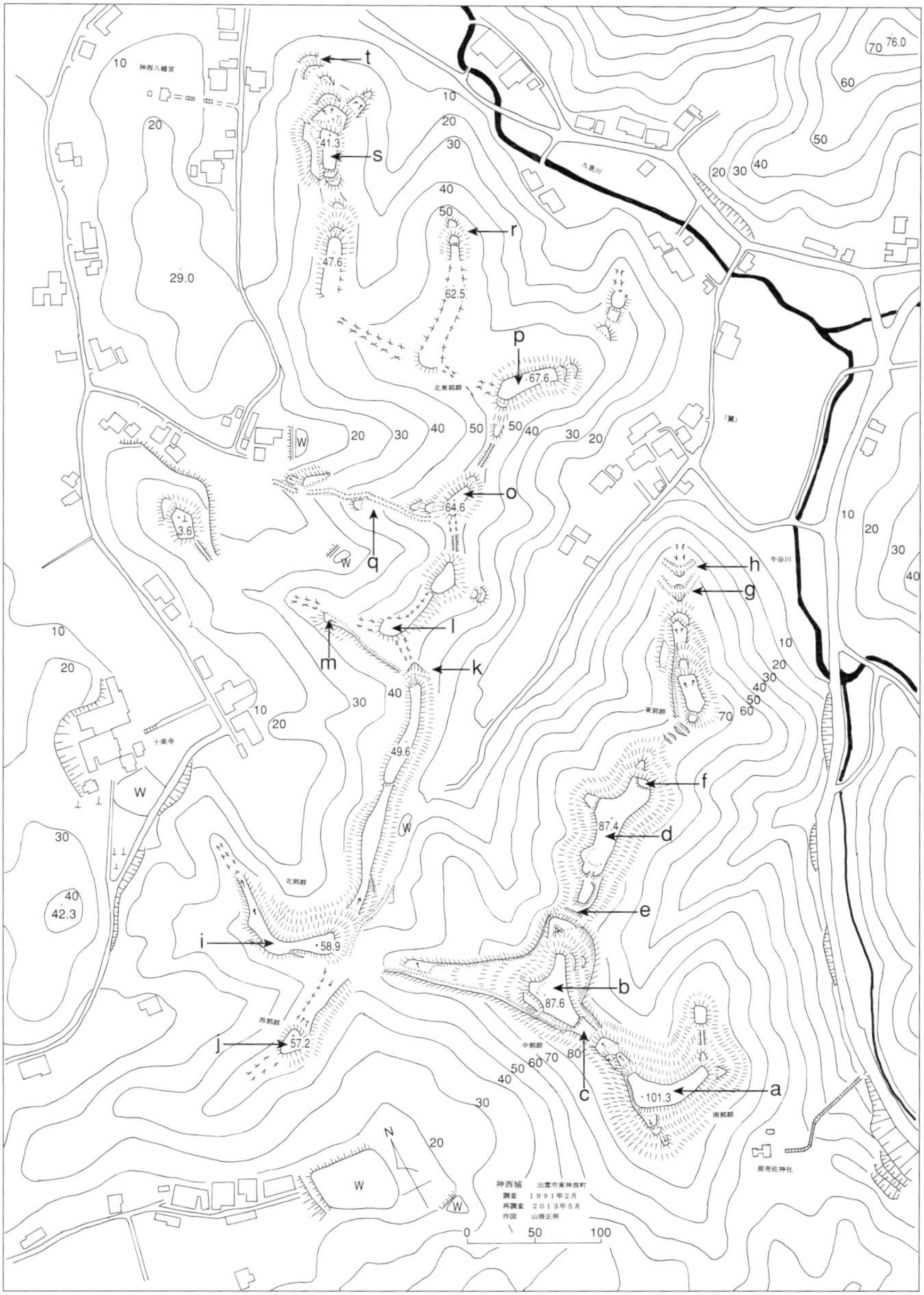

神西城　出雲市東神西町
調　査：1991. 2　再調査：2013. 5
作　図：山根正明

33
宇《う》龍《りゅう》城跡

◆所在地／出雲市大社町宇龍
◆標　高／三五・七m　◆比　高／三四m
◆主な遺構／曲輪、土塁、腰郭、堀切

宇龍城跡遠景

【地　理】

稲佐浜《いなさのはま》から海岸沿いの道をたどって日御碕《ひのみさき》神社を目指し、日御碕に入る直前で右折して坂道を下ると、大社町宇龍の集落に至る。

当城は宇龍港の西端に向かって突き出した岩山の頂部に位置する。この突端は懸崖となって落ち込み、和布刈《めかり》神事の行われる狭い水道を挟んで東側の権現島へと続き、宇龍港を北西の季節風と波浪から守っている。ただ、権現島には関係する遺構は認められない。宇龍城は山頂に祀られている立虫神社（リンゴンサン）の参道伝いに主郭を目指せばよい。

【城　史】

宇龍浦は、『出雲国風土記』に記されるほど古くからの良港である。中世には杵築《きづき》大社領十二郷七浦の一つであったが、南北朝期以降、日御碕神社が杵築大社からの

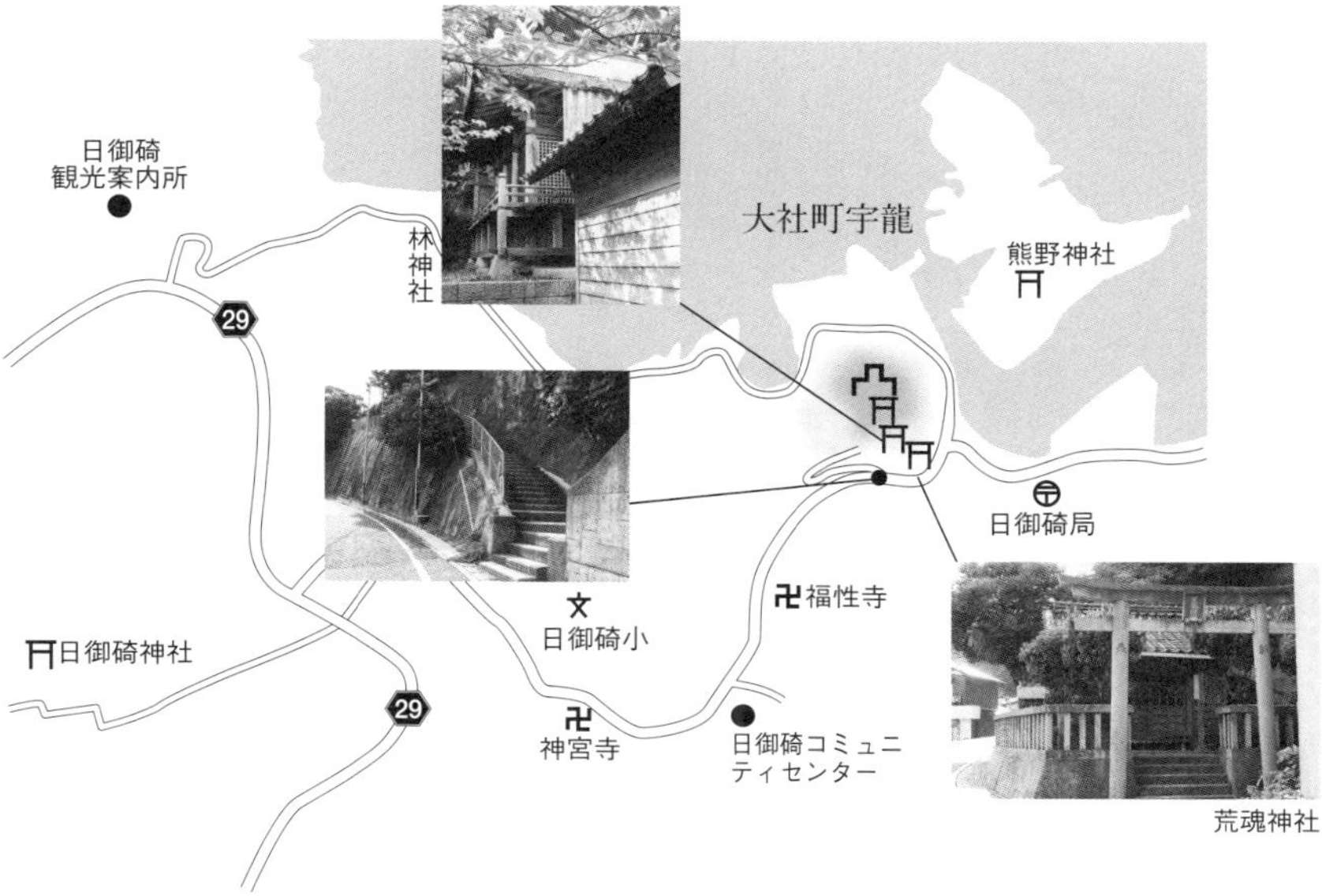

坂を下った位置にある「荒魂神社」近くの石段を上がり、民家を通り抜けると登山道入り口がある。

自立を図る動きのなかで、隣接する宇龍に対して両社の間で領有をめぐる境相論《さかいそうろん》がたびたび展開された。

戦国時代になると、尼子晴久は、日御碕神社を尼子氏の領国全体の守護神と仰ぐとともに、宇龍港を直轄港とした。また、出雲で産出する鉄の積み出しを宇龍港に限定したこともあって、北陸・因幡・伯耆方面や大陸などから鉄を求めて多数の船が来航しておおいに賑わった。問《とい》（問屋のこと）も置かれていた。代わった毛利氏も宇龍浦を日御碕神社領として認め、江戸時代には制札場と番所が置かれるなど、重要港湾としての位置づけは変わらなかった。

おそらく当城は、尼子氏か毛利氏の管轄下に、宇龍港と島根半島西岸を制圧する海城《うみじろ》として築城されたものと思われる。遺構の特徴から見ると、毛利配下の武将によって最後の改修が行われたのではあるまいか。

【城の構造】

岩山の山頂部を主郭と腰郭《こしぐるわ》とし、北西方向に下る尾根筋に四段の曲輪《くるわ》を配するのが宇龍城の基本的な縄張りである。南西方向から尾根筋伝いの攻撃を受ける危険に対しては、この方向に下る尾根筋にも曲輪が造成されていたかもしれないが、耕作地と宅地化していて判然としない。また、山頂には立虫神社が祀られており南側山腹にも林神社が鎮座しているので、そのために攪乱された可能性も高い。

　主郭の東側から南側には曲輪の先端からやや内側に土《ど》塁《るい》がめぐらされている。北側には、約一・五メートル下がって主郭とほぼ同大の腰郭（a　北Ⅰ郭）が設けられている。地形に制約されてともに不定形である。そして主郭と北Ⅰ郭は、北西方向の尾根筋の郭群とは浅い堀切《ほりきり》と竪土塁《たてどるい》・土塁（b）のラインで切断されている。

主郭跡の立虫神社

　北西方向の四段の曲輪はていねいに削平され、矩形《くけい》を意識した普請が行われている。切岸《きりぎし》も同様だが、全体が北西方向に傾斜しているので、それぞれの高さは一メートルにも満たない。そのため遮断効果はほとんど期待できない。しかし、そもそも北西方向の尾根筋伝いの攻勢は不可能とみてよい地形だから、人手をかける普請をしなかったのかもしれない。

　むしろこの地山《じやま》そのものが屹立した岩塊なので、日本海を航行する船に対しては十分示威効果はあったであろう。沿岸部に突き出た山塊を選んで築城された海城として、宍道要害山城跡・満願寺《まんがんじ》城跡・横田山城跡等とならぶ遺構である。

【城の特徴】

　地山が岩山でしかも崩落の激しい岩塊なので、縄張りはおのずとその制約を受けざるをえないが、北西の郭群《くるわぐん》にみられるように何とかそれを克服しようとする普請の痕が見てとれる。反面、それを利用しようとしたらしい普請も二カ所に見受けられる。

　北Ⅰ郭は、主郭側の斜面を削り込んで段差をつけて造成された腰郭である。このほぼ中央部にひょうたん形の水溜りがある。主郭との段差は一・五メートル程度しかないので、この水は山頂部からの浸出水ではなくて、天水なのであろう。つまり地山を掘りこんで皿池状のくぼみを造り、雨水を蓄えようとしたとみられる。それは地山が堅い岩塊だからこそできた普請である。
もう一カ所は北西方向の尾根筋の先端部（c）に認められる。このくぼみは北Ⅰ郭のそれと比べるとはるかに小規模で水もたまっていないが、同様のねらいで造られたものであろう。なお、この郭群は北端の曲輪（北郭Ⅳ）とその南側の曲輪（北Ⅲ郭）との間が浅い堀切で切断されており、この堀切の東端を掘りこんで造ったのであろう。

山城にとって水源を確保することが重要課題であることは言うまでもない。海城の場合はなおさらである。当城では、堅い地山を利用して天水溜りを造ることでこれに対応しようとしていたことが判明した。今後の同様な遺構の調査にあたって、一つの重要な観点を示唆してくれた資料というべきであろう。

（山根正明）

宇龍港と権現島

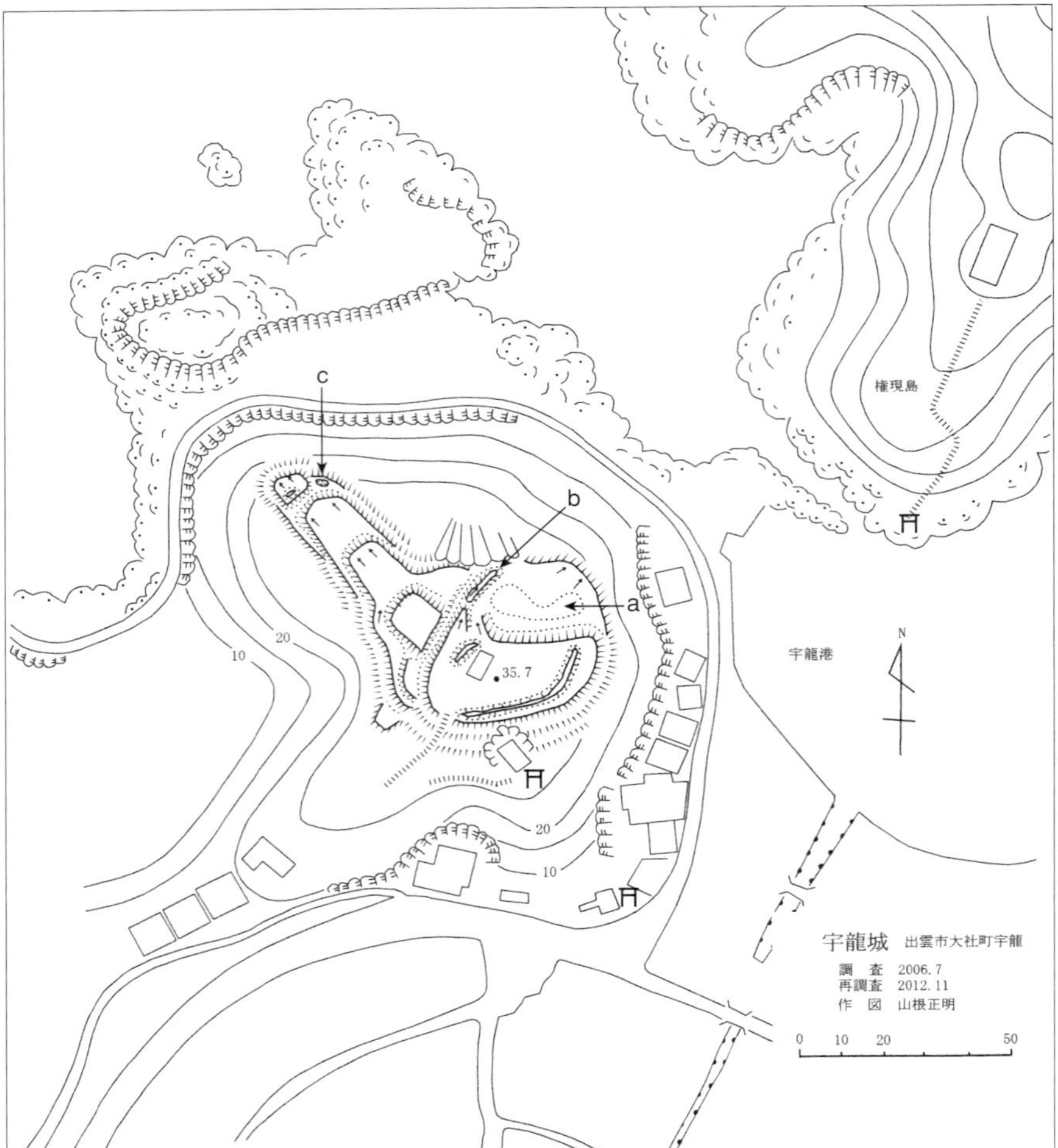

宇龍城　出雲市大社町宇龍
調　査：2006. 7
再調査：2012.11
作　図：山根正明

鶴ヶ城跡遠景

34 鶴《つる》ヶ《が》城跡

◆所在地／出雲市多伎町口田儀・大田市朝山町仙山
◆標　高／一四七・四ｍ　◆比　高／一三五ｍ
◆主な遺構／曲輪、帯郭、腰郭、土塁、石積み、堀切、竪堀

【地　理】

鶴ヶ城跡は、出雲と石見の国界となる清嶽山《きよたけ》（鶴山）の山頂と南北に伸びた稜線上に立地する。古代、国境を守る平沙戍《ひらすなのまもり》が置かれたといい、南方では仙山《せんやま》峠の山道を、北方では島津屋関《しまづやせき》が置かれた海岸沿いの道を押さえる位置にある。

城跡へは、国道九号で田儀《たぎ》川を渡り河口左岸からのルートが進入路として整備されているのでこれをたどるのがよい。

【城　史】

そもそも田儀の地は出雲と石見の国境であるだけでなく、海上交通の拠点でもあった。つまり、水陸交通の要衝だったから、地域内の各所で戦闘が行われている。

三刀屋《みとや》氏の一族左方《さかた》道永は、守護方として正長元年（一四二八）九月九日から田儀次郎左衛門尉を討伐しよ

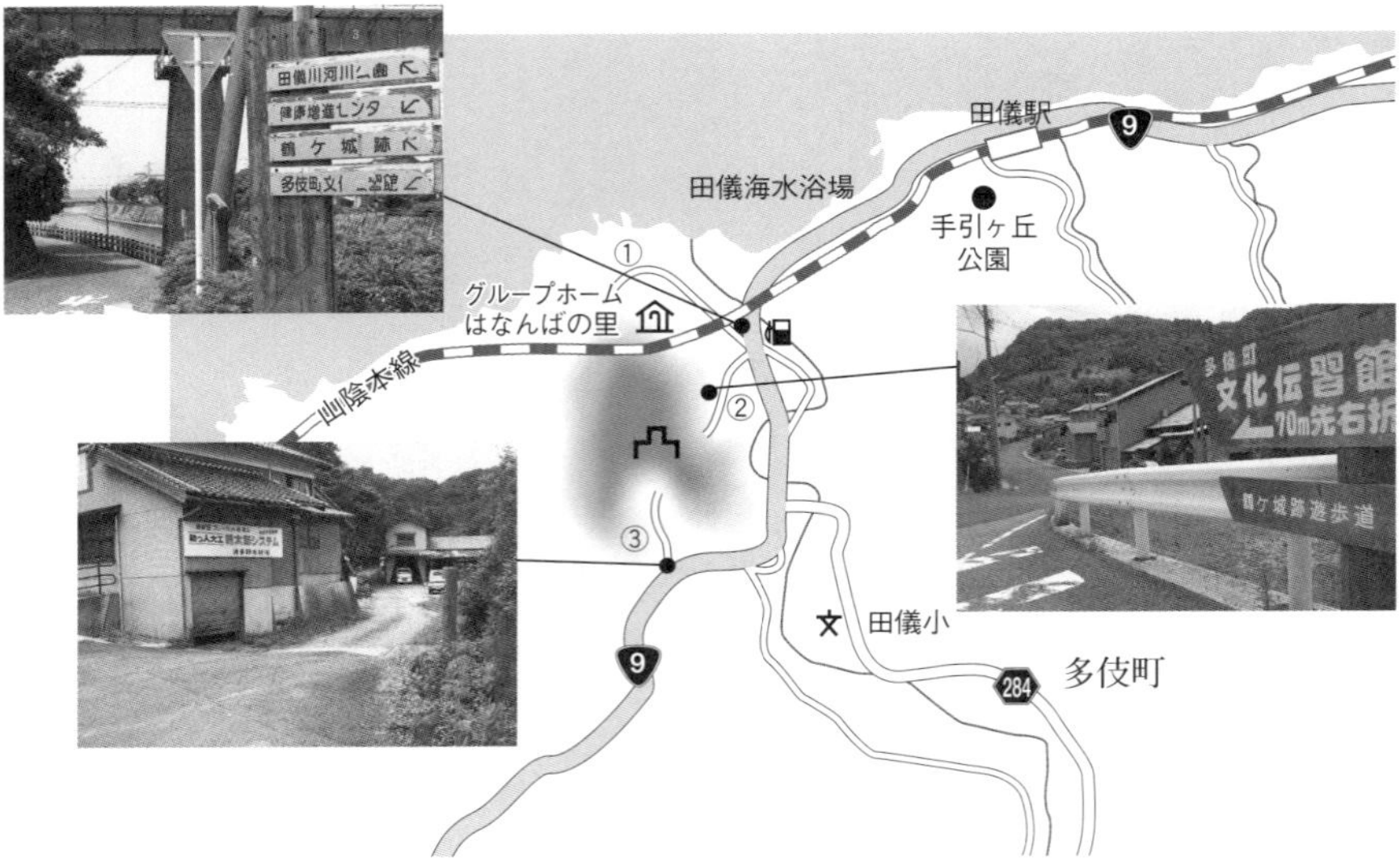

①登山道入り口付近は公園として整備されており、駐車場、トイレが設置。
②遊歩道。駐車スペースなし。
③国道９号沿いにある民家の右手から、登山道へ続く道がある。

うとする京極持重に従軍した経緯を軍忠状《ぐんちゅうじょう》（「左方文書」）に残している。それによると十六日に田儀城の南に陣を取り十七日・二十二日に石見勢と合戦したが、田儀城はその夜陥落したとある。

この田儀城は鶴ヶ城のことと推定され、古荘《ふるしょう》氏の一族が田儀の地頭職を分有して田儀氏を名乗り、清嶽山に築城したのが始まりとされている。ただ、これ以前の観応二年（一三五一）二月の「西鳥居元兼軍忠状」（『萩閥』周布吉兵衛）には、「田儀地頭古荘二郎左衛門尉」と「田儀次郎左衛門尉」がそれぞれ幕府・守護方と足利直冬方として登場する。ともに次（二）郎左衛門尉を名乗るものの両者は別系統で、前者は神西《じんざい》（園山）新荘地頭で東国御家人古荘氏の庶子《しょし》である。一方田儀次郎左衛門尉の方は、もともと田儀の地域に所領を持ちそれを基盤に成長した地方武士と考えられるので、清嶽山に築城したのは後者の可能性もある。

十六世紀中頃に成立した明の『日本図』や『籌海図《ちゅうかいず》編《へん》』に出雲の港湾として「当祈」とあるのは田儀である可能性が高く、中国にまで知られた港町であった。そのため尼子氏はこの地を重視し、交代で田儀に番衆《ばんしゅう》を派遣していたらしい。尼子経久の重臣亀井秀綱は、「田儀へ番易《ばんがえ》」のために千家《せんげ》と北島両国造に対してそれぞれ五艘《そう》ずつの船を出すように命じ、さらに必要となれば日御碕《ひのみさき》社へも命ずると伝えている（「日御碕神社文書」）。書状の常として年紀が入っていないが、永正年間（一五〇四—二一）以前のことと考えられている。

田儀（古荘）氏は、尼子氏が台頭するとともにこれに臣従し、田儀の地は、前述のように特に田儀港は尼子氏の管轄下に置かれたもようである。一方、陸路で島津屋関を通過して石見国に物資を運送する場合も尼子氏の発行した通行手形を必要とし、米・酒・塩・味噌・鉄の持ち出しは禁止されていた（「坪内家文書」）。

尼子家復興戦（一五六九〜七一）が始まってからも田儀の各所で戦闘があった。毛利方の竹下忠兵衛尉が「田儀之小屋」「田儀二俣《ふたまた》木屋」「田儀表」で戦功をあげたことが知られる（「竹下文書」）が、鶴ヶ城に関わるかどうかは判断しにくい。

【城の構造】

清嶽山の山頂（標高一四七・四メートル）を削平して主郭とし、その北西方向と南方に伸びる稜線の上に曲輪《くるわ》を配するというのが基本的な縄張《なわば》りである。主郭は不定形ながら広大である。あずまや・遊歩道・案内板などのために幾分かは攪乱されたにしても、ていねいに削平されていたと思われる。

北西方向に伸びる稜線上には曲輪が設けられて主郭を守っているが、中央が遊歩道とされて破壊されている。

主郭跡から見る田儀港

城平側の登城道に面した曲輪には土塁《どるい》（a）が認められる。そのさらに北西方向の稜線には二本の堀切《ほりきり》が掘られて攻め口を遮断している。内側の堀切（b）は底幅が約四メートルで堂々とした普請であるが、その内側のピーク（c）は自然地形のまま残されている。

反面、南方の稜線上の普請はていねいで工事量も大きい。主郭の南面は約一二メートル削り落とされたのち、東西二段の曲輪に造成されている。その中央部には、地《じ》山《やま》を削り残して造られた底幅約四メートル高さ一・五メートル程度の土塁（d）が残る。遊歩道でその西端が削られた可能性があるが、主郭に向かう木戸に立ちふさがっていたものであろう。この曲輪の北端には竪堀《たてぼり》が掘られている。

土塁の残る曲輪の南下方も二段に造成されている。ともに不定形ながら南端のそれがひろく、収容力の大きな曲輪である。

【城の特徴】

遺構の現況から見ると、当城は南方の仙山峠の方向あるいは田儀川の谷底平野の方向を向いた縄張りと普請であることは明らかである。主郭の南側切岸《きりぎし》の削り落としもさることながら、切岸斜面（e）に巨石をわざと残しているのもその現れであろう。地山の石ではあるが、遠方から見れば石垣のように見えたのではなかろうか。

南方二段目の切岸、三段目の切岸も急傾斜に削り落とされている。二段目の切岸には人頭大の石が積み上げられており、主郭南側切岸の巨石同様に見せることを意識した普請が施されている。ただ現在では遊歩道工事のために転落しているものが多い。

巨石を残した主郭の南側切岸

つまり、鶴ヶ城では行き過ぎた公園化で随所に貴重な遺構の破壊が認められる。主郭南面の切岸にも遊歩道が造られ、ステンレス製の手すりまで設けられているのである。文化財の活用法に課題を投げかけている遺構でもある。

（山根正明）

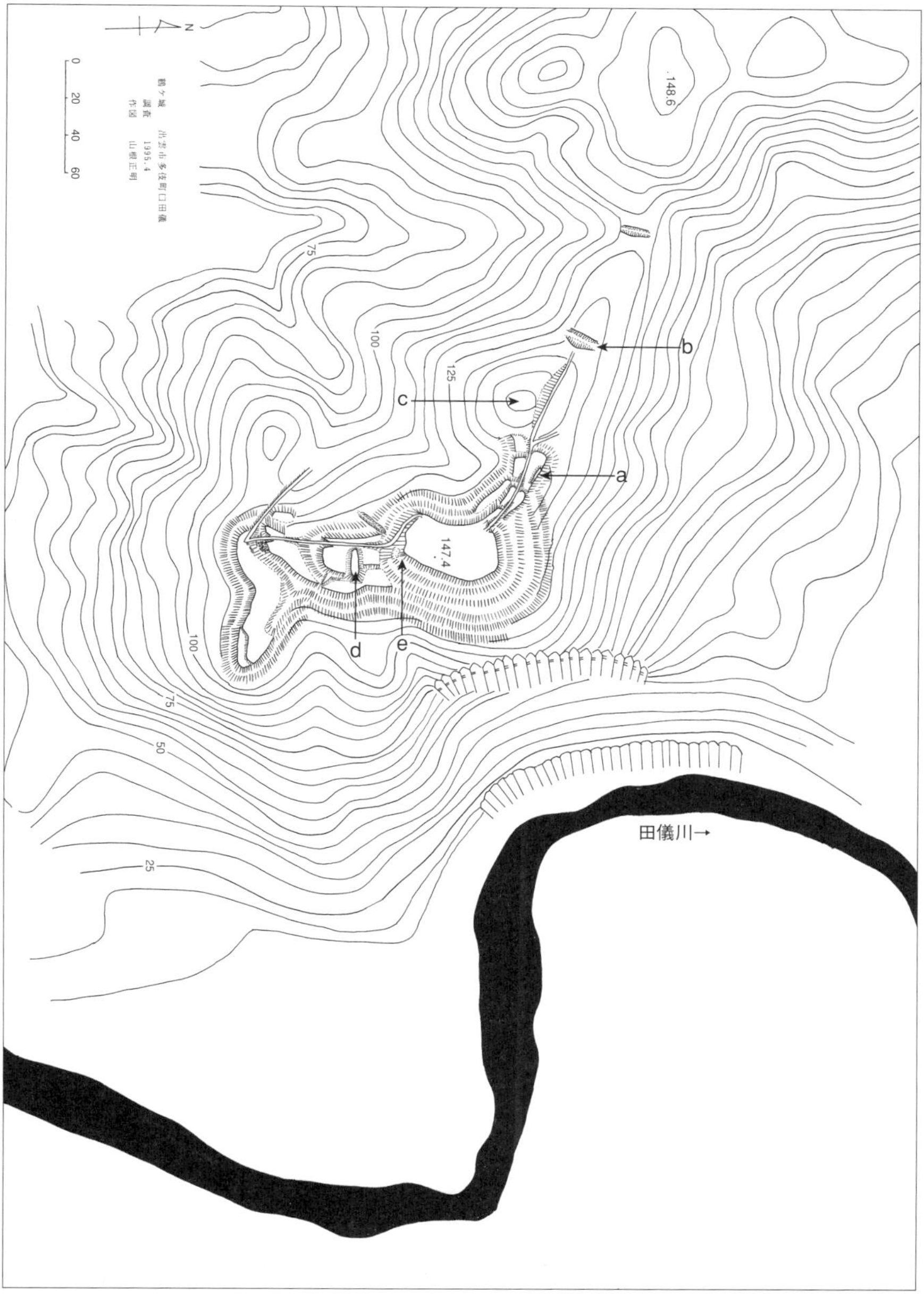

鶴ヶ城　出雲市多伎町口田儀
調　査：1995. 4
作　図：山根正明

35 高《たか》櫓《やぐら》城跡

◆所在地／出雲市佐田町反辺
◆標　高／三〇七m　◆比　高／二三〇m
◆主な遺構／曲輪、堀切、畝状空堀群

目田森林公園からのぞむ

【地　理】

神戸川と須佐川の分岐点から西方に見える高櫓山に存在する。城跡周辺は目田森林公園として、キャンプ場やバンガローが整備されている。

【城　史】

城主は『佐田町史』によると、亀井永綱とするがつまびらかでない。『雲陽誌』に「高矢倉山といふ、尼子晴久の幕下本庄越中守居城なり、尼子敗軍の後此城山落城す、毛利輝元旗下熊谷与右衛門を籠をかる」とある。本

高櫓城跡遠景

目田森林公園概要

- 営業期間
  4月1日～11月30日
  (期間中は無休、冬季は休園のため登城不可)
- 営業時間／9:00～18:00（10月中旬から11月末は17:00まで）
- 入園料
  大人（高校生以上）／200円
  小人（小・中学生）／100円
  幼児（小学生未満）／無料
- 無料駐車場あり
- TEL 0853-84-0805

登城口前に看板あり

入口を進むと受付所がある

城跡は「目田森林公園」内にある。

城常光は天文二十三年（一五五四）の須佐神社の造営にも関わっており、高櫓城を拠点とした。永禄五年（一五六二）に赤穴氏が毛利氏に降伏すると同時に、本城氏も毛利氏に降っている。しかしその数カ月後、本城一族は毛利氏によって殺害される。その直後に熊谷直実に「須佐高矢倉要害城督」が命ぜられると同時に、「須佐五百貫、乙立三十五貫、古志之内百貫」があてがわれている。この城督という制度は大内氏の制度を踏襲したもので、領域支配を任されて在番した。ただ熊谷氏の支配は短期間であったため、詳細は不明である。

【城の構造】

主郭はⅠで東屋が設置され、広い面積を有している。Ⅰの北側に岩盤が露出し高くなっている部分があり、そこには宇佐八幡宮が勧請され祠が設けられている。南西部にⅡへ降りる虎口がある。Ⅱは西側に土塁が見られる。南東部に通路がある

Ⅰの現状

が一部石積が存在する。これよりⅡの南側を下るとⅢが存在し、西斜面に畝状空堀群が存在するが、現状は藪に覆われて見ることができない。Ⅰの北側に三本の堀切と小曲輪が確認できる。『出雲・隠岐の城館跡』ではこれら曲輪群以外に、目田森林公園の施設群の南側や、城の北側の公園に至る道路付近、国道一八四号上方、城の東側の波多川沿いの段丘にも曲輪を図化している。波多川沿いの段丘などは住居や田んぼなどになっており、城郭遺構と断定することが難しい。今回は主要部を掲載するにとどめる。

【城の特徴】

主郭Ⅰは面積も広く削平も良く、一部には石積も見られる。また現状では確認しづらいが、畝状空堀群が確認されている点も注目される。文献で明らかなように、この城は本城常光が在城し、その後には熊谷直実が城督として置かれたように、この地域を代表する城である。周辺には削平地も多く存在し、城郭遺構の可能性も指摘されるが、今後はその検証が必要である。

（高屋茂男）

曲輪Ⅱ入口付近の石積

曲輪Ⅰ北側の岩盤

宇佐八幡宮

岩盤の上の祭祠

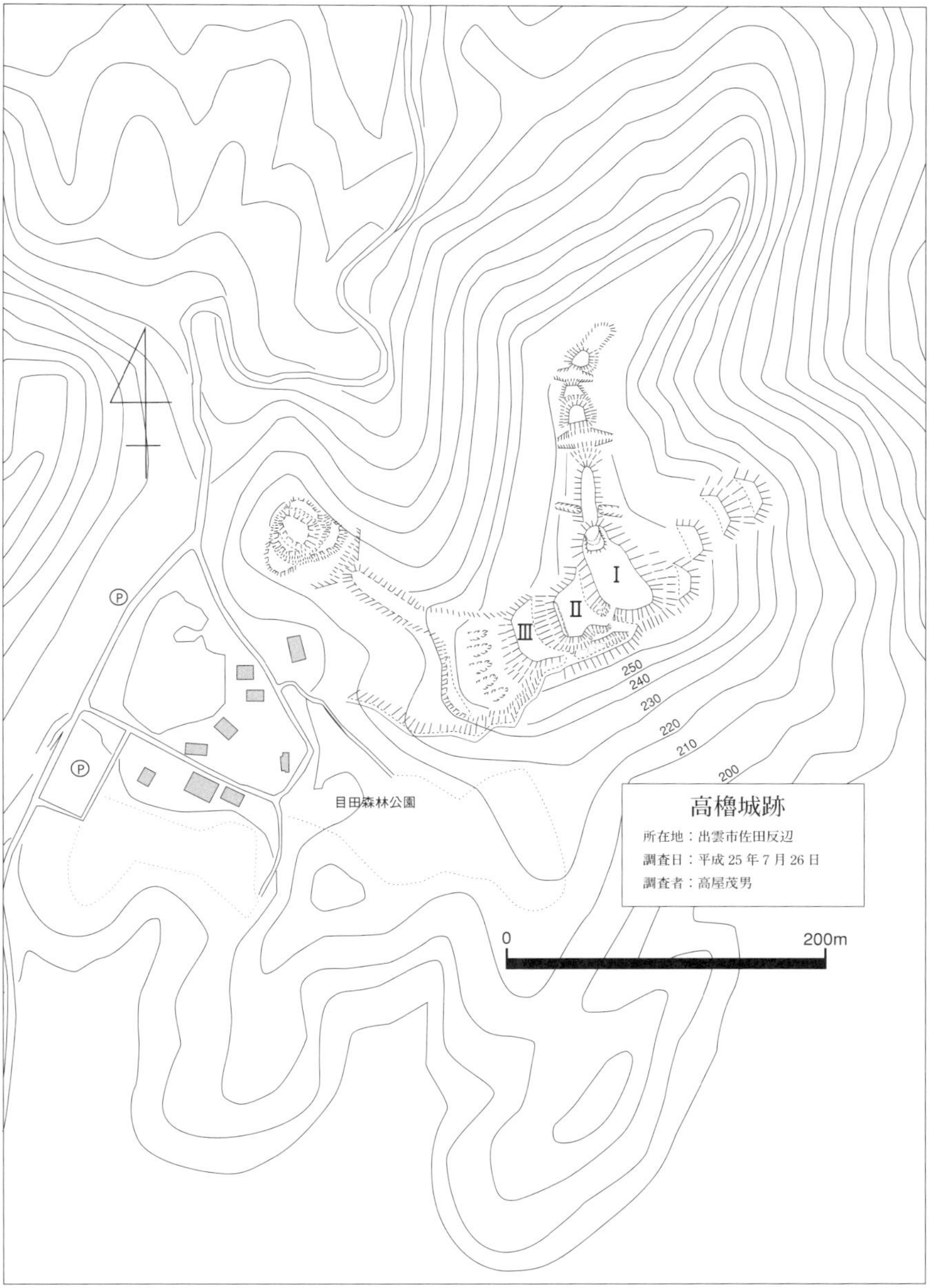

高櫓城跡
所在地：出雲市佐田反辺
調査日：2013. 7.26
調査者：高屋茂男

36 伊《い》秩《ぢち》城跡

◆所在地／出雲市佐田町一窪田
◆標　高／二三六ｍ　◆比　高／一三〇ｍ
◆主な遺構／曲輪、堀切、畝状空堀群、竪堀

伊秩城跡遠景

【地　理】

伊秩城跡は神戸川と伊佐川合流する地点の左岸に位置し、独立丘陵となっている。高櫓城跡の西方約四キロの地点にあり、現在は「やすらぎの森」として整備されている。周辺には「飯の原農村公園吉栗の郷」などがある。

【城　史】

一窪田にある明教寺の寺伝によると、山名宗全の家臣井筒政行が因幡から伊秩庄の領主となり、伊秩と姓としたという。『出雲稽古知今図説』には、毛利氏支配の城のひとつとして登場し、『雲陽誌』には「古城山、麓より山上まで二十丈はか

主郭跡の現状

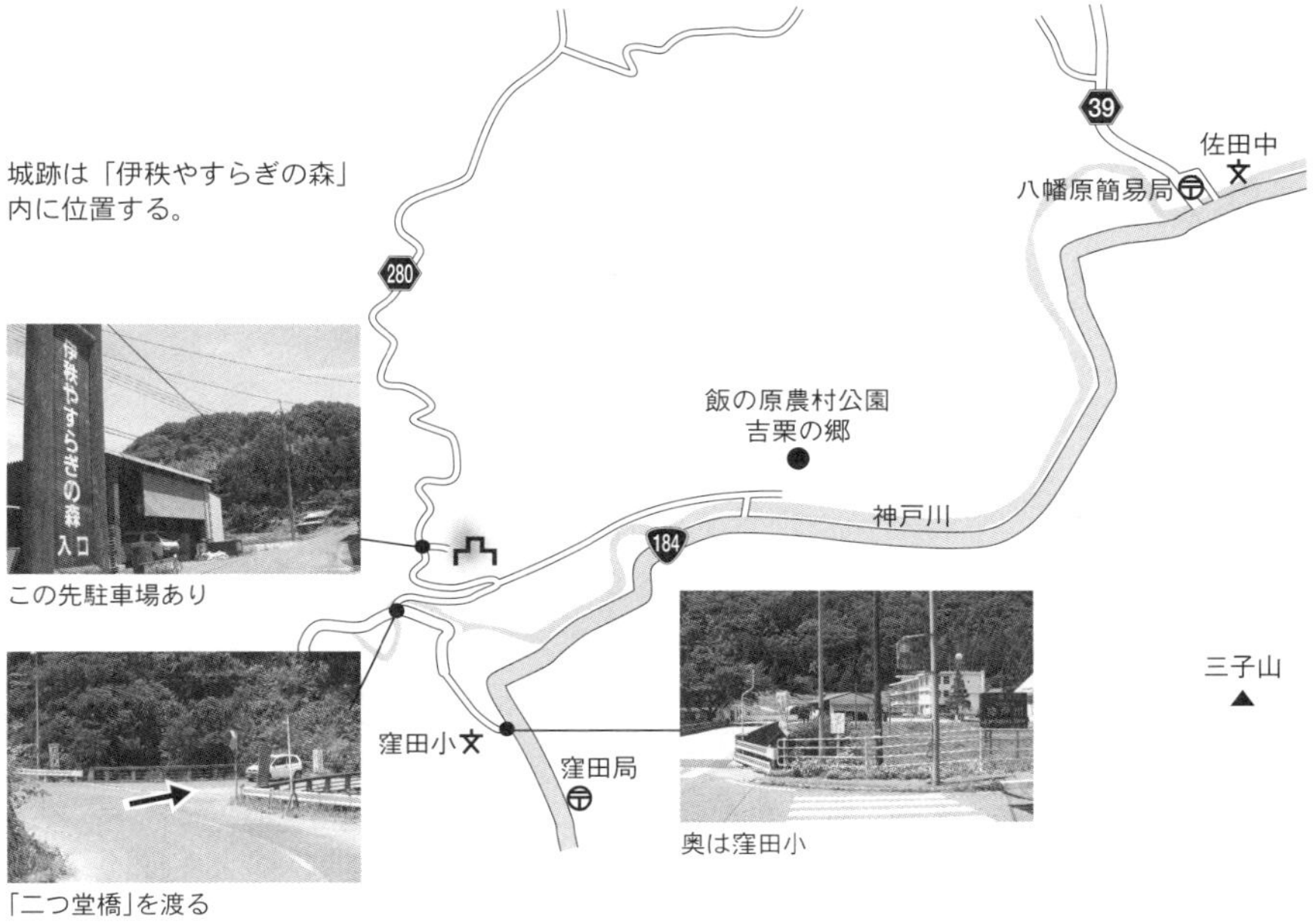

この先駐車場あり

奥は窪田小
「二つ堂橋」を渡る

り、本丸、二の丸、三の丸の跡今なほのこれり」とある。

【城の構造】

城域はYの字にように尾根上に曲輪が配置されている。主郭は最高所のAと考えられ、現在は休憩小屋などが建設されている。主郭は大きく三段に分かれ、西側には低い土塁が付いている。南端にはやや高まった所があるが、施設が設けられているため現状では櫓台とは断定できないが、位置としては非常によい。北側へは斜面をくの字に折れながら下の曲輪に降りるようになっている。この曲輪には井戸が設けられており、現在も大きく窪んでいる。その北側には大きくえぐれたようになっている部分があるが、これを虎口と見るには、いささか傾斜が強く崩落と考えたい。

主郭より南へ下ると、曲輪Bがあり内部を二つに分けることが出来る。曲輪Cには神社の跡がある。これより西南へ延びる尾根上に曲輪が連続し、Dには大きな井戸が残されている。この曲輪の下は急斜面となり、緩斜面となったところに畝状空堀群がある。現状は熊笹に覆われていることや、遊歩道によって削られていることもあり判別しがたい部分もある。

畝状空堀群から等高線にそって東へ行くと、谷の最奥

曲輪Cの神社跡

曲輪Dの井戸跡

部へぶつかり、Cから降りてきた道と合流する。ここにはトイレが設置されている。またこの地点から東へ行くと、通信施設が建てられており（a）、地形に改変が加えられていると考えられる。

現在、駐車場となっている周辺も遺構の可能性も残るが現状では改変が大きく断定できない。

【城の特徴】

公園化され駐車場も完備されているので、非常に訪城しやすい。しかしかなり整備されているので、本来の遺構と断定しにくい部分も多い。しかし主郭AやB～Dにかけての曲輪は削平状況が良い。畝状空堀群はそれほど深い堀ではなく、緩斜面をつぶす目的で設置されたと考えられ、十六世紀後半の改修の可能性が高い。

（高屋茂男）

aからの眺め

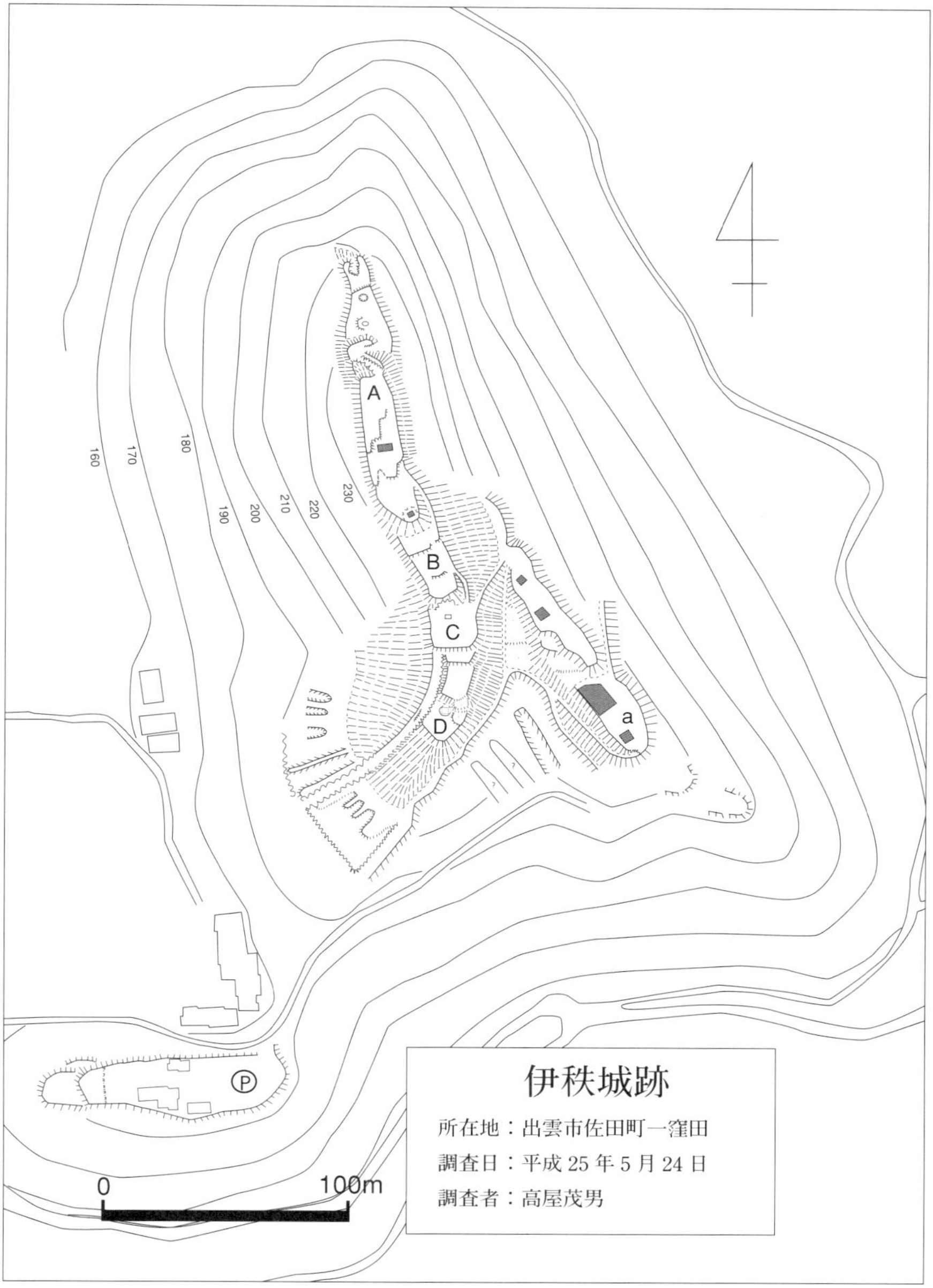

伊秩城跡
所在地：出雲市佐田町一窪田
調査日：2013. 5.24
調査者：高屋茂男

37
高《たか》麻《さ》城跡

高麻城跡遠景（国道54号側から。手前は赤川）

◆所在地／雲南市加茂町
◆標　高／一九五ｍ　◆比　高／一五五ｍ
◆主な遺構／堀切（連続堀切）、連続竪堀群、虎口、土塁

【地　理】

雲南市加茂町の高麻山に築かれた山城である。高佐城とも呼ばれる。山容は急峻であり、加茂町から仰ぎ見る高く聳える姿はひと際目立つ。派生する多くの尾根を巧みに利用して防御施設が築かれている。御殿平、御倉平の地名が伝わる。

【城　史】

尼子十旗に数えられる大西（鞍掛）氏の居城である。多くの戦功を立て、永禄八年（一五六五）に毛利氏が富田城の三面（お子守口、菅谷口、塩谷口）を同時に攻めた時、大西十兵衛は塩谷口で尼子倫久を大将として毛利軍と戦い、これを撃退した。

尼子氏が毛利氏に降伏し、尼子義久等が安芸長田の円明寺に幽閉された時に随従した。

尼子勝久による尼子家復興戦において、熊野城、三笠

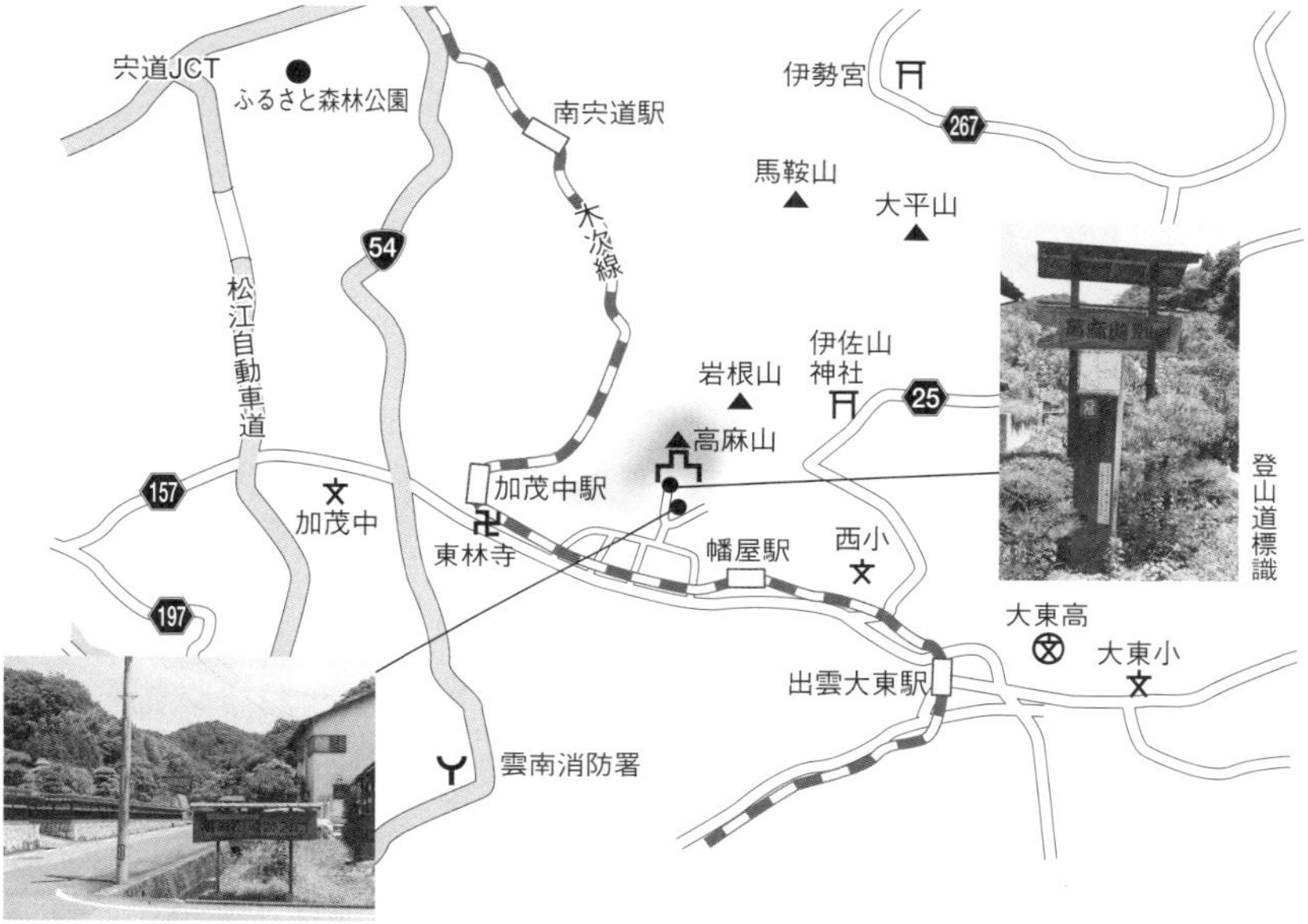

登山道標識

城跡入口を示す標識

城、高瀬城等とともに重要な拠点として存在していたが、元亀元年（一五七〇）三笠城が焼け落ちると、守備兵力が少なかったことと、水源を絶たれたため、城に自ら火を放ち高瀬山城に撤退した。高麻城はその後廃城となり、毛利氏は大原郡と飯石郡を一括して大原郡役を置いて治めさせた。

【城の構造】

主郭は最高所の郭1と考えられ、地形に沿って多くの曲輪が築かれている。主郭の北東の尾根は堀切（A）と二重堀切（B）を築いて遮断している。堀切（A）の左右に竪堀を築くことによって山腹の移動を防いでいる。（C）は連続竪堀になっており、郭2の東端にまで食い込んでいる。よほどこの方面からの攻撃を警戒していたのだろう。郭2の南側に登城路が集中している。郭3の南側に虎口が築かれているが、入って右側、背中の方面に郭2への登城路が設けてある。この構造は当城の見所のひとつである。そのまま進むと主郭の東側に築かれている郭4に至る。尾根筋に堀切（D）を築いているが、堀切の東側は細く険しい尾根となっている。

郭3の西側に郭5が築かれており、西に続く尾根は二重堀切で遮断している。この郭で注目されるのは櫓台

(E)である。城外に向かって築くのが普通だが、この櫓台は主郭の方面に向いて築かれている。これは櫓台の東側に虎口(F)が築かれているため、これを守るために築かれたものと考えられる。虎口(F)を出ると郭3の西側を通って郭6に至る。郭6の北西に築かれている虎口(G)は土塁の上を歩かせて郭に入れる構造となっている。

郭7周辺は当城では面積の広い郭が築かれており、伝えられている「御殿平」はこの郭かも知れない(実際に御殿が建っていた可能性は極めて低い)。虎口(H)は未完成ながら「外桝形」と見る。

主郭の南側の郭8の先端は防御の要に位置するため、櫓台と見ている。南側に延びる尾根には執拗な防御施設が築かれており、高瀬城の縄張と類似点が多く、何らかの関係があったのだろう。尾根(I)と(J)は縄張図に書ききれなかったが、削平の不十分な尾根が先端部まで続く。個々の郭は小規模なものが多いが、城域は思った以上に広い。

【城の特徴】

地形を利用して様々な防御施設が築かれており、虎口を意識した登城ルートが明確なことが特徴である。ただ個々の曲輪の面積が狭く、谷を埋めるほどの大軍勢を従えている場合や援軍が期待出来る場合は問題ないが、援軍の期待が薄く、限られた軍勢の場合、収容人数に限界がある。

(寺井　毅)

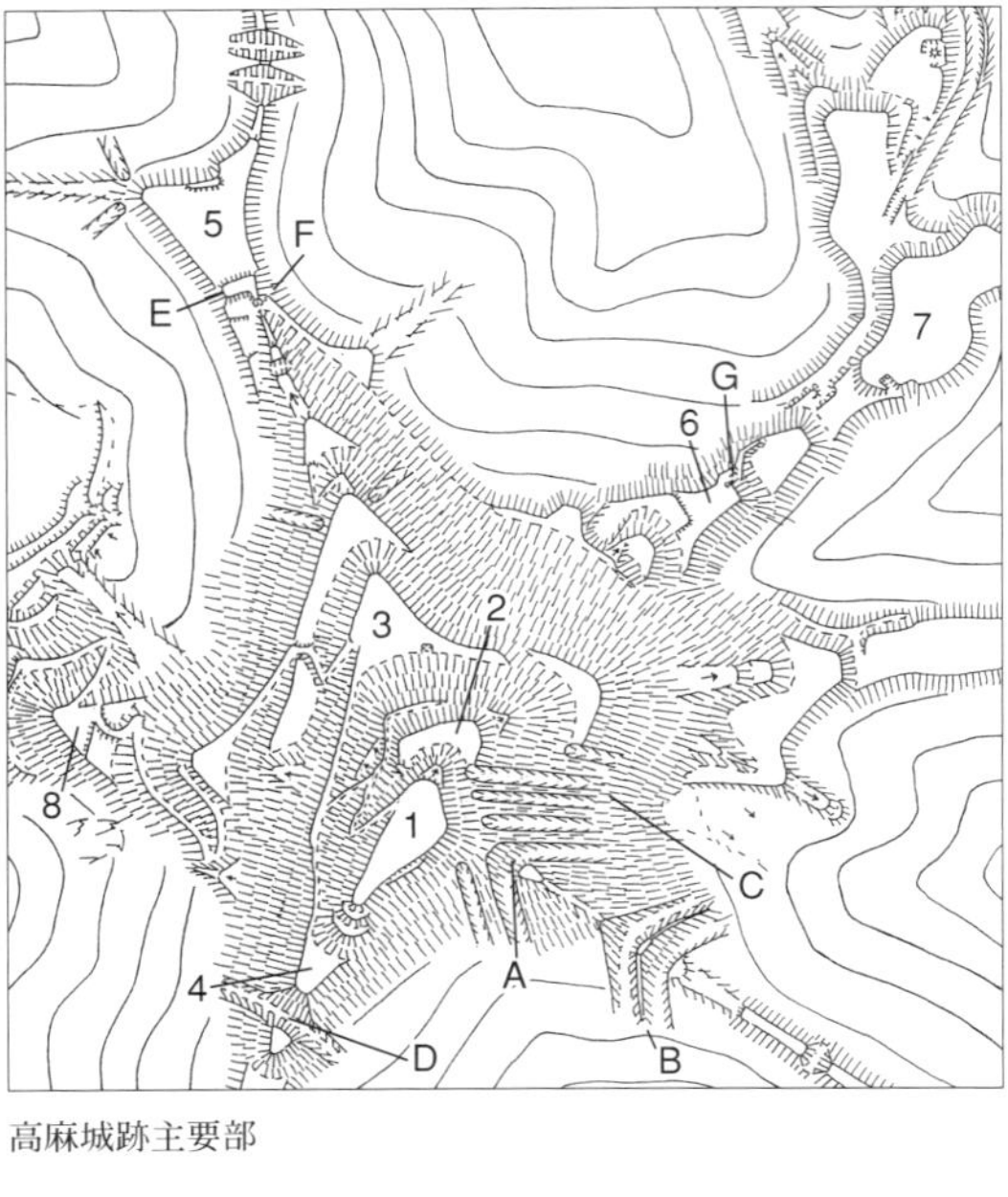

高麻城跡主要部

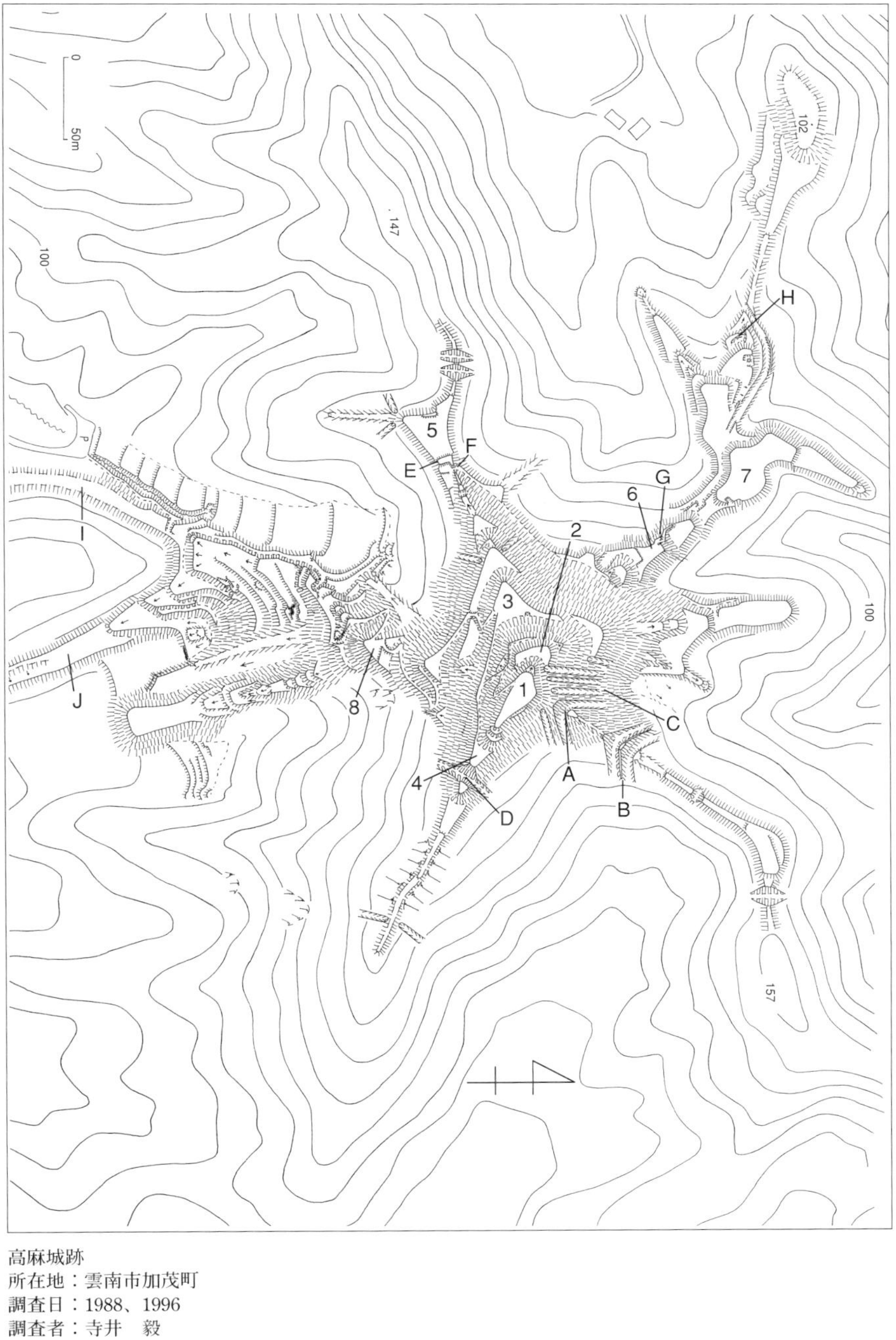

高麻城跡
所在地：雲南市加茂町
調査日：1988、1996
調査者：寺井　毅

38 城名樋山城跡《きなひやま》

城名樋山城跡遠景（手前は雲南合庁）

◆所在地／雲南市木次町里方
◆標　高／一七一m　◆比　高／一三〇m
◆主な遺構／曲輪、堀切（連続堀切）、土塁、竪堀

【地　理】
城名樋山城跡は、眼下に斐伊川をのぞみ、三刀屋尾崎城跡をはじめ木次から三刀屋を一望することができる。また斐伊小学校の裏山に位置し、城跡の西側の雲南クリーンセンター側から、城の直ぐ近くまで車で上ることができ、非常に訪城しやすい。

【城　史】
『出雲国風土記』に、城名樋山は大穴持命《おおあなもちのみこと》が八十神《やそがみ》を伐つため城を造ったとあり、背後の妙見山《みようけんさん》も含めた山がこれに比定されている。妙見山では山岳信仰に関わる遺跡が発掘調査によって明らかにされている。掘立柱建物跡や祭祀で用いられた数多くの中世土器、鍛冶跡などが確認され九世紀から十二世紀の遺跡であることが分かっている。

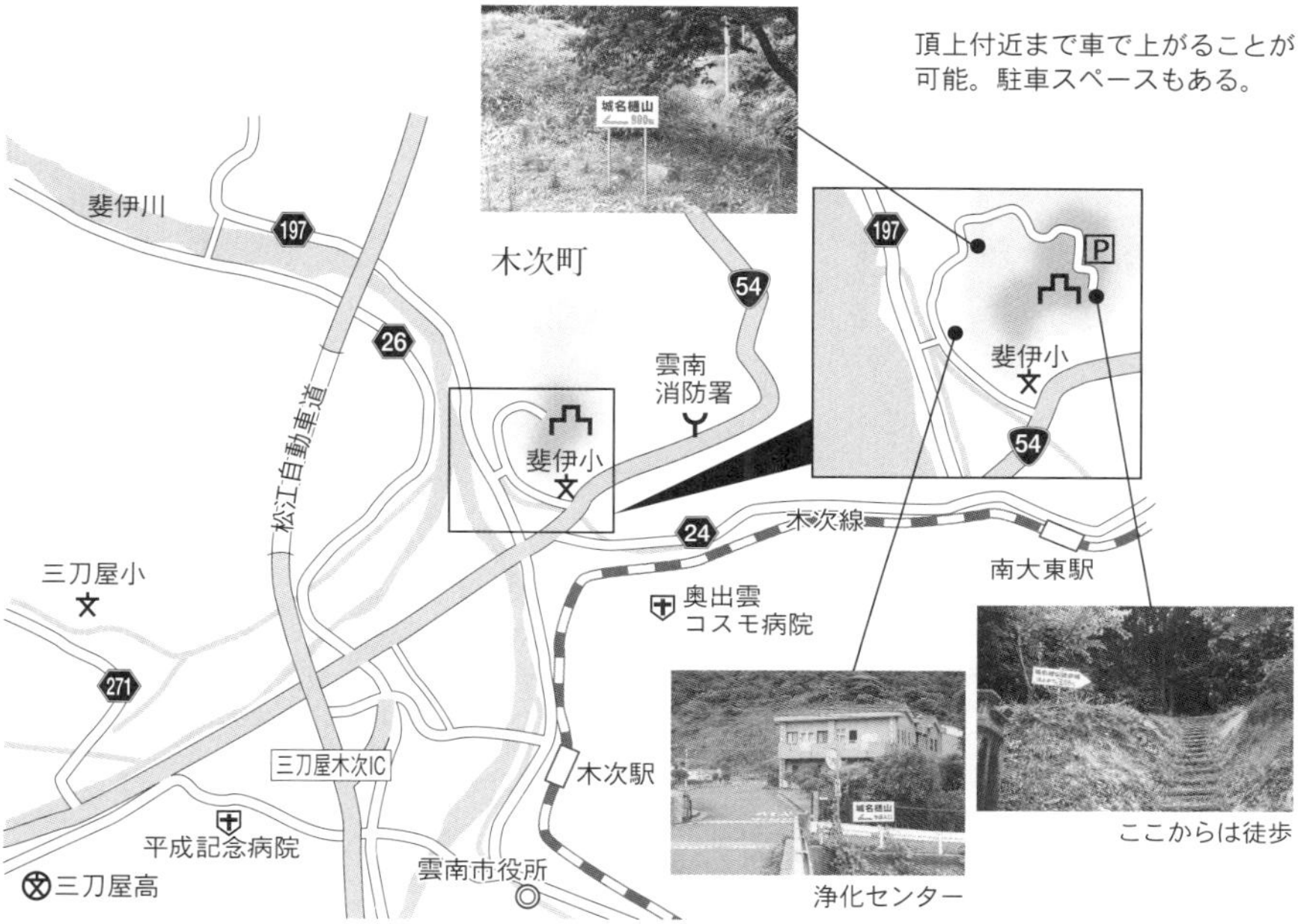

【城の構造】

現在山腹の駐車場となっているところから城へ向かって進むと、四重の堀切がある。山頂は幅は広くないが、くの字に曲がった曲輪がある。ここを中心に、東西に曲輪が存在する。特に西側へは長く曲輪が連続し、一部には堀切で遮断しているところもある。先端では大きい堀切が存在し、それに連続して二本の竪堀が存在する。

4重の堀切部分

【城の特徴】

城名樋山城跡はその立地から、三刀屋町側の展望が非常に良い。そのため南方からの軍勢の動きなどが見渡せる好位置にある。背後は妙見山から続く尾根のため、これを厳重に遮断するため四重もの堀切を設けているが、ここまで堀切の間を空けずに連続させたものは数が少ない。石垣や枡形虎口などはないが、非常に曲輪の削平状況も良く、連続堀切や竪堀など見所も多い。山頂から西側の曲輪は樹木が全て伐採されているのでササの繁茂がひどいが、公園化されているものの遺構の大きな改変がないことも良い。石垣や枡形虎口などはないが、非常に曲輪の削平状況も良く、連続堀切や竪堀など見所も多い。

（高屋茂男）

主郭側から４重堀切側への斜面

主郭の状況

山頂から三刀屋方面をのぞむ

山頂より北東側をのぞむ

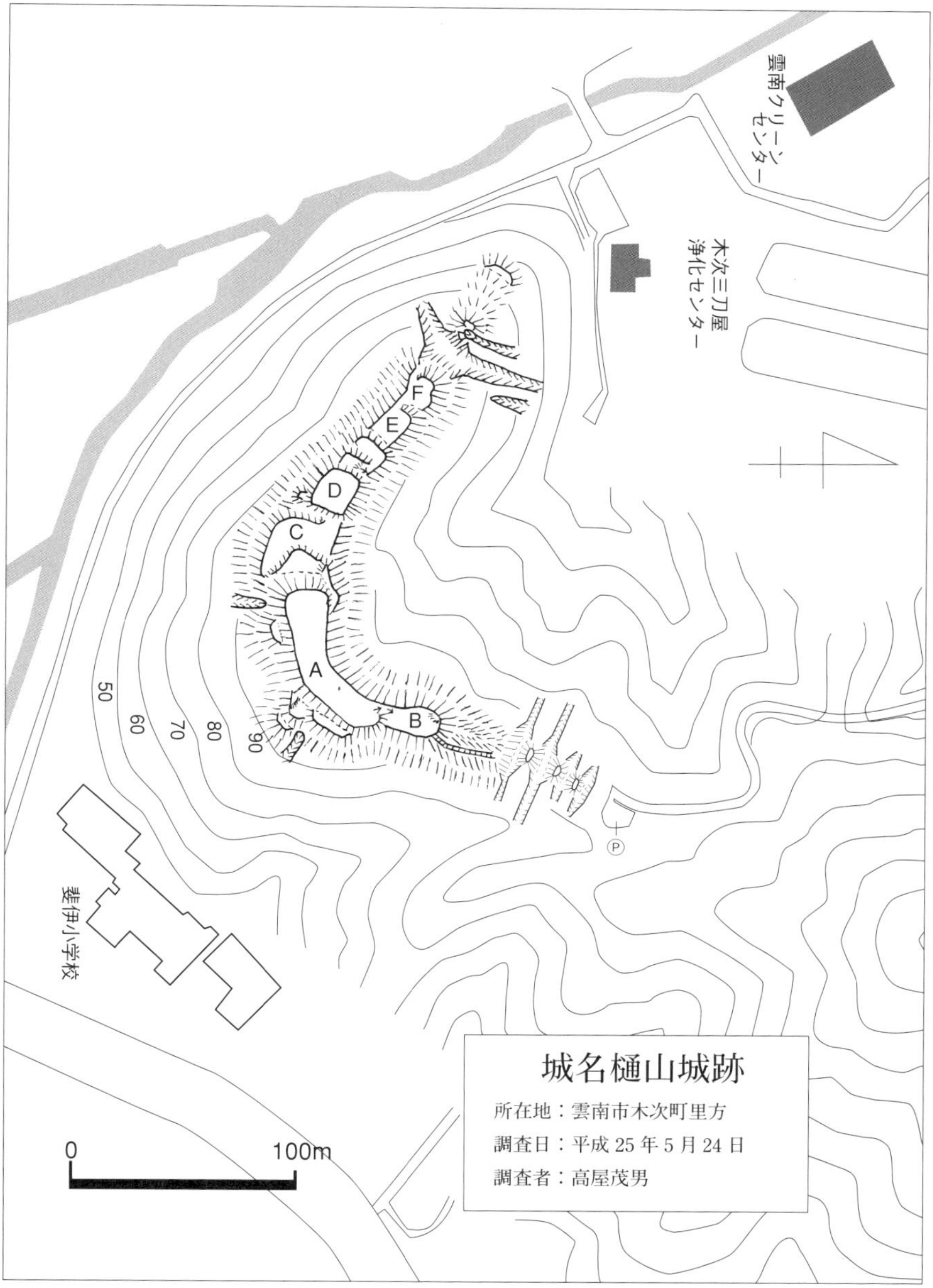

城名樋山城跡
所在地：雲南市木次町里方
調査日：2013. 5.24
調査者：高屋茂男

39 三《み》笠《かさ》城跡

◆所在地／雲南市大東町南村
◆標　高／三〇二m　◆比　高／一九〇m
◆主な遺構／曲輪、虎口、土塁

三笠城跡遠景（大仁農道入口から）

【地　理】

雲南市大東町南村に築かれた山城で、牛尾氏の居城である。尼子十旗のひとつに数えられている。海潮から毛無峠を越えて上山佐から富田城に至るルートを押さえていた。細尾根に岩盤が露出しており、どこまで城郭設備か否か判断に迷う。尾根伝いに高平山城と連絡が出来る。

【城　史】

牛尾氏は三笠城周辺を拠点に勢力を拡張し、有力な国人に成長した。尼子氏に従属し、尼子家臣団のなかでも重要な存在であった。毛利氏に攻められた時、城に籠る将兵は富田城に合流したとされる。

登山口

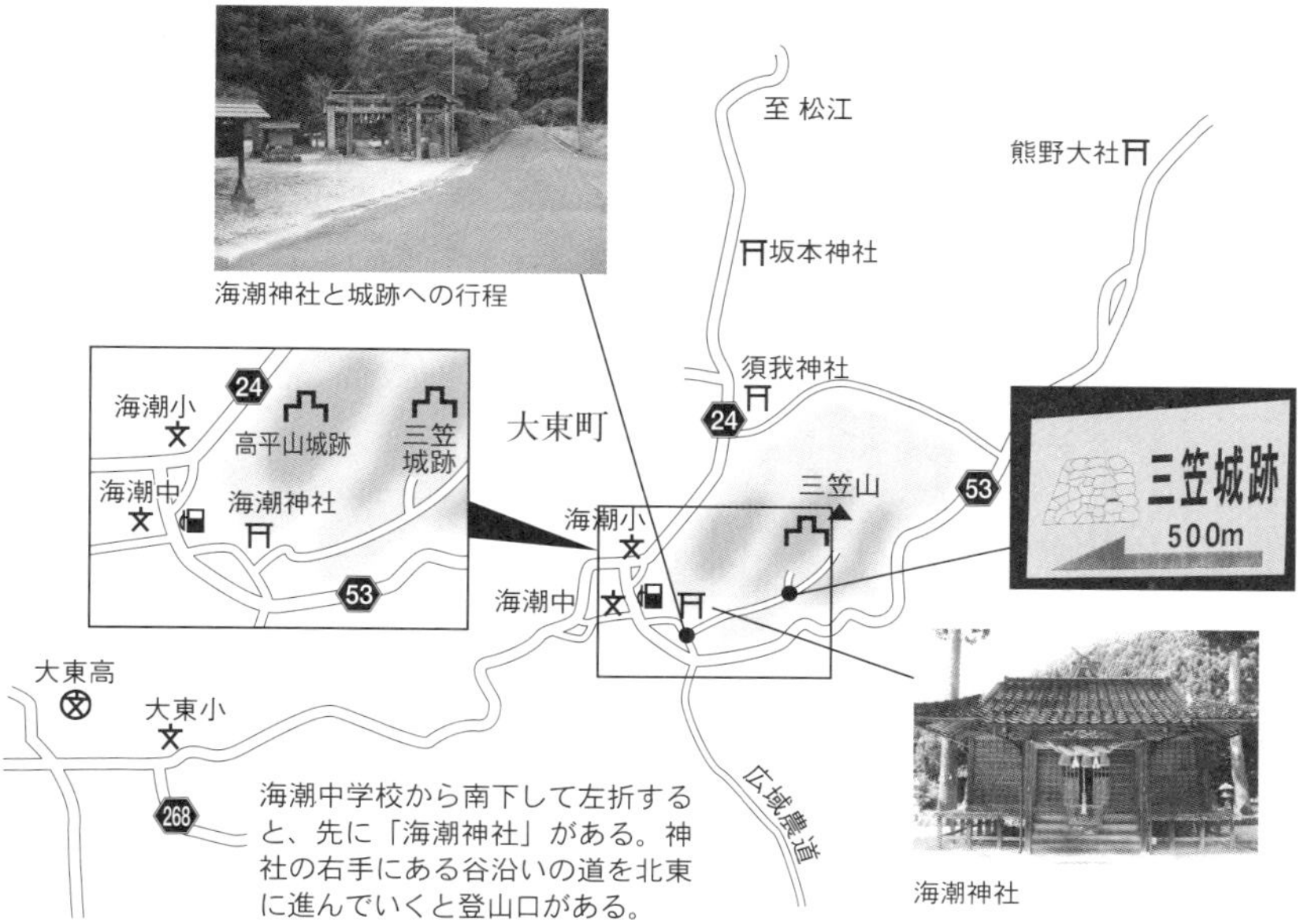

海潮中学校から南下して左折すると、先に「海潮神社」がある。神社の右手にある谷沿いの道を北東に進んでいくと登山口がある。

海潮神社と城跡への行程
海潮神社

毛利氏の策謀により牛尾豊前守が毛利氏に降参した時「渠《かれ》が降参せば富田城中に名有る武士は追々招かざるに皆降るべし」と毛利氏は見て降参を許した。実際亀井能登守、佐世伊豆守、湯信濃守等が降参し、牛尾氏の動向が尼子氏家臣団に与える影響を物語っている。

【城の構造】

急峻な地形に築かれており、全体的に普請が不十分であり、堀切は認められない。縄張りは最高所の郭1と郭2を防御拠点とし、地形に沿って郭が築かれている。

主郭北方の尾根筋からの攻撃に備える防御施設が築かれなかったのは、戦況の推移による「防御拠点の移転」を前提としたものと考えられ、南北朝期に築かれた山岳城郭の特徴とされている。南北朝期の城郭は、天険《てんけん》を利用して城郭を築くが、それを死守する考えはなく、戦況が不利になれば簡単に放棄し、尾根伝いに逃走し、次の防御拠点に逃げ込んでいた。このため逃走に邪魔になるような堀切等の遮断施設は築かない傾向にある。したがって南北朝期の城郭は城塞群によって構成されていた（楠正成が籠った千早・赤坂城塞群が好例）。

戦国期になり、土豪の拠点として再活用されるようになると、様々な要因から城郭を死守する必要が生じ、攻められやすい尾根筋は極力遮断するようになり、多くの戦いによる学習効果から城郭はより堅固なものに改修されていった。

主郭の（A）に認められる土壇は、尾根筋に対する防御拠点とするには低く、切岸からも離れているため、櫓台とするには現状では無理がある。（B）は主郭に築かれた虎口だが公園化時に改修された可能性が高い。

郭2は主郭の南西に位置し、城内最大の面積を持つ。一部に巨石が林立し、普請は全体的に不十分である。現在登山道が取り付けてある南端の土段（C）を土塁、または櫓台と見るか否かは意見が分かれるが、尾根筋に面しているため何らかの防御施設と見る。

郭2と郭3間は急峻な地形であり、現在の登山道も一部に岩肌をよじ登るように設けられている。

郭3は南西の谷筋から大手道が取り付く重要な場所に位置するが、普請は不十分であり、面積も狭いため、配備する守備兵員の数も限られ、効率的な反撃が困難である。郭3南側の尾根には普請の不十分な防御施設が認められるが先端の郭が送電線の設置によって破壊されている。郭3西側の尾根にも普請の不十分な防御施設が尾根の先端まで続く。一部は自然地形であり、尾根筋に対する遮断性は希薄である。尾根伝いに八雲山経由で熊野城にも連絡ができる。

登山道からの眺望

【城の特徴】

天険を利用して築かれた典型的な事例である。全体的に普請が不十分であり、南北朝期の城郭の特徴が認められる。石積みが認められるが、縄張とは無関係の場所（登城路の途中）であるため近年の公園化時に積まれた可能性が高い。中腹に古井戸が残る。

（寺井　毅）

古井戸跡

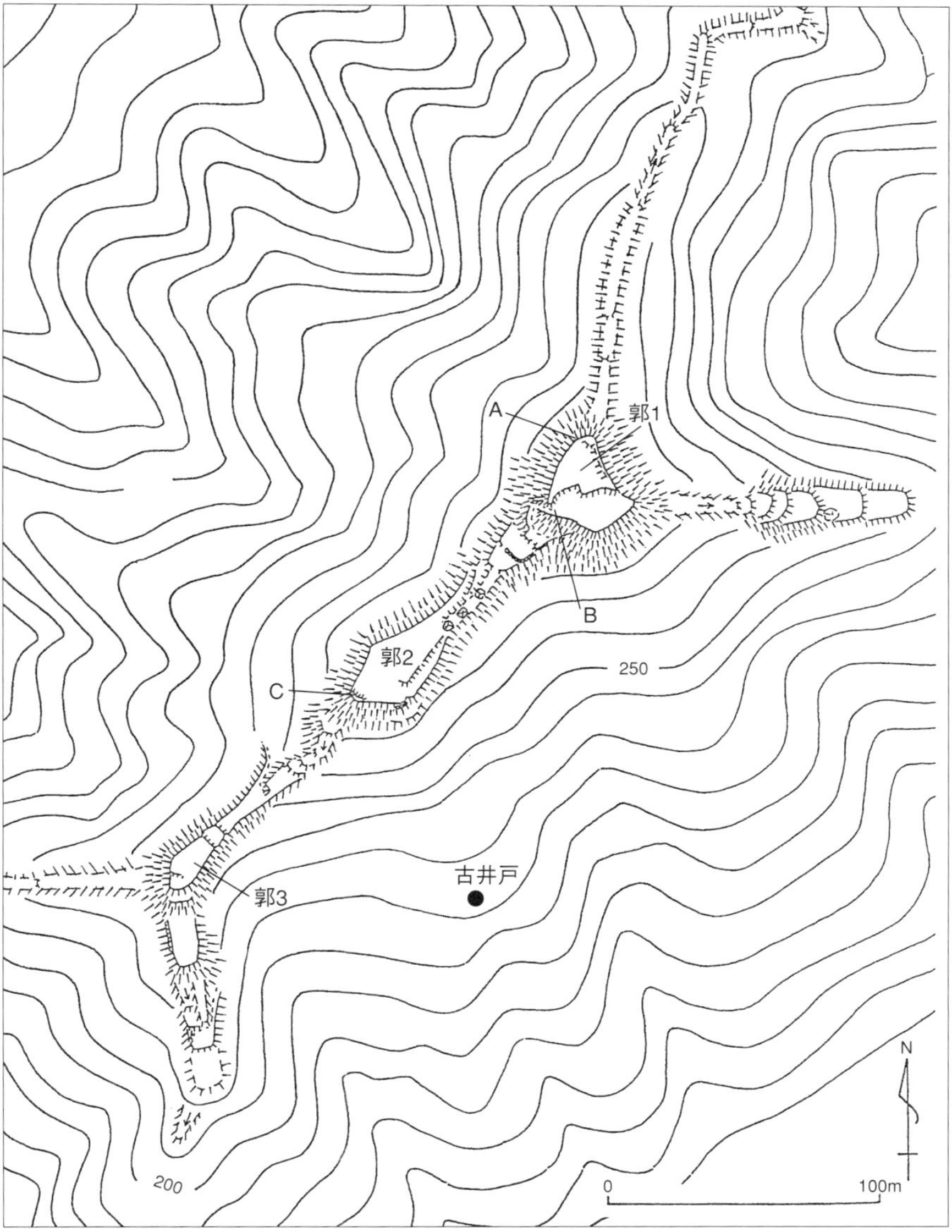

三笠城跡主要部
所在地：雲南市大東町海潮
調査日：1989、2004
調査者：寺井　毅

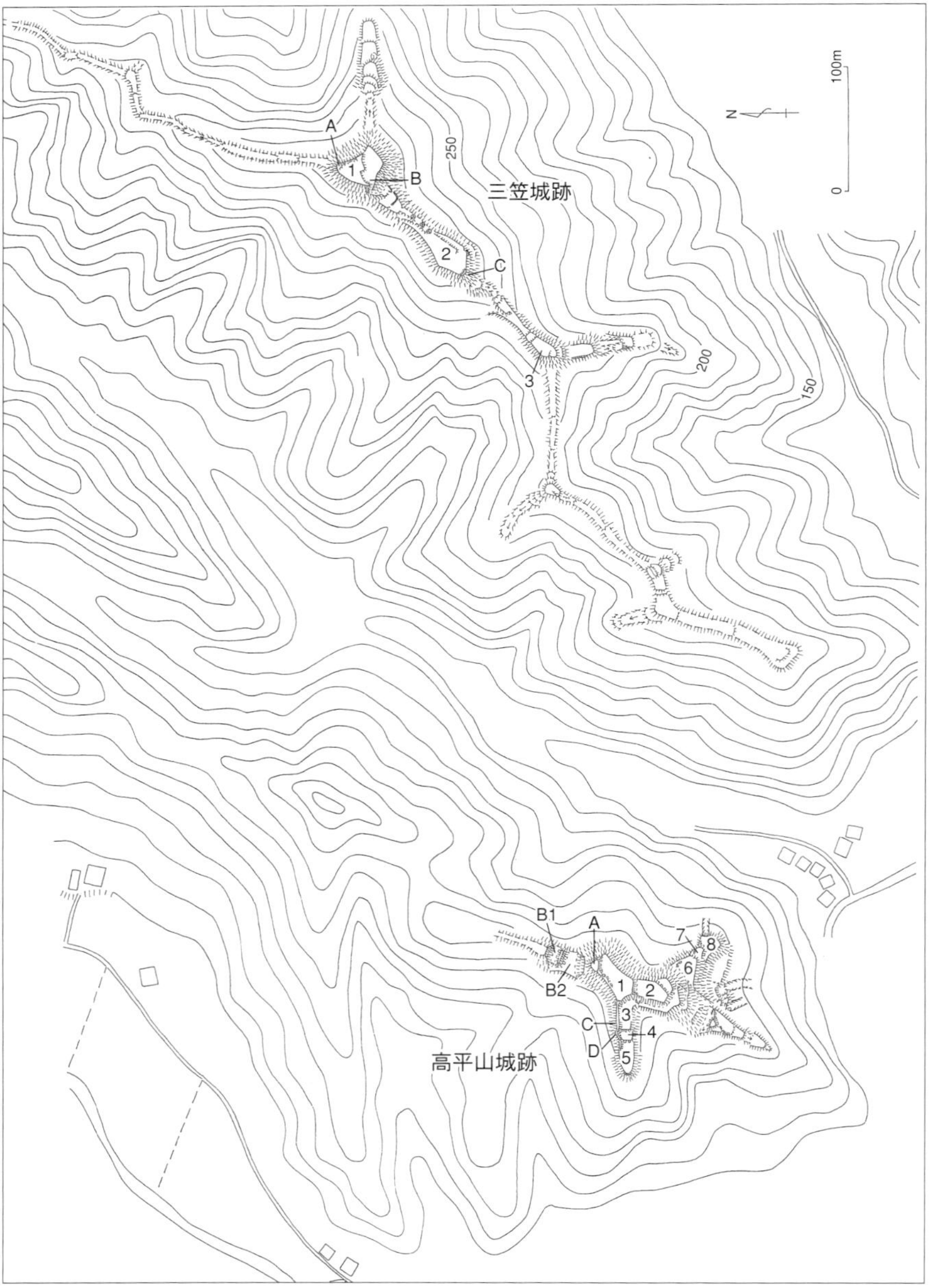

三笠城跡・高平山城跡位置図
所在地：雲南市大東町海潮
調査日：1989、2004
調査者：寺井　毅

40

高《たか》平《ひら》山《やま》城跡

高平山城跡遠景

◆所在地／雲南市大東町南村
◆標　高／二一〇m　◆比　高／一〇〇m
◆主な遺構／櫓台、土塁、堀切、竪堀

【地　理】

雲南市大東町南村に所在する。尼子十旗に数えられる牛尾氏の居城、三笠城の尾根続きに位置する。

【城　史】

永禄十二年（一五六九）、尼子勝久が出雲回復戦を開始した時は高平山城には毛利方として牛尾豊前守が城主となっていた。

元亀元年（一五七〇）、北九州で大友氏と対峙していた毛利軍主力は尼子勝久・山中鹿介等による尼子家復興の動きに対処するため大友氏と休戦し、輝元を総大将とする援軍を派遣した。両軍は布部（広瀬町布部）で激突するが尼子軍は総崩れとなり、牛尾弾正忠、熊野兵庫介等は自城に逃げ帰った。この時高平山城主牛尾豊前守が毛利氏の傘下として美作国枡形城の城番で不在であったことに乗じて山中鹿介の加勢を得て高平山城を攻めるが攻略できず、当時古城であった三笠城に籠城したとされる。敗走の後に攻城戦を行うには無理があると思うが、布部の戦いの後に行われたのは事実らしい。ここは布部の戦いに敗走した牛尾弾正忠を見限って高平山城を守っていた将兵が毛利方に寝返ったものと見るべきだろう。

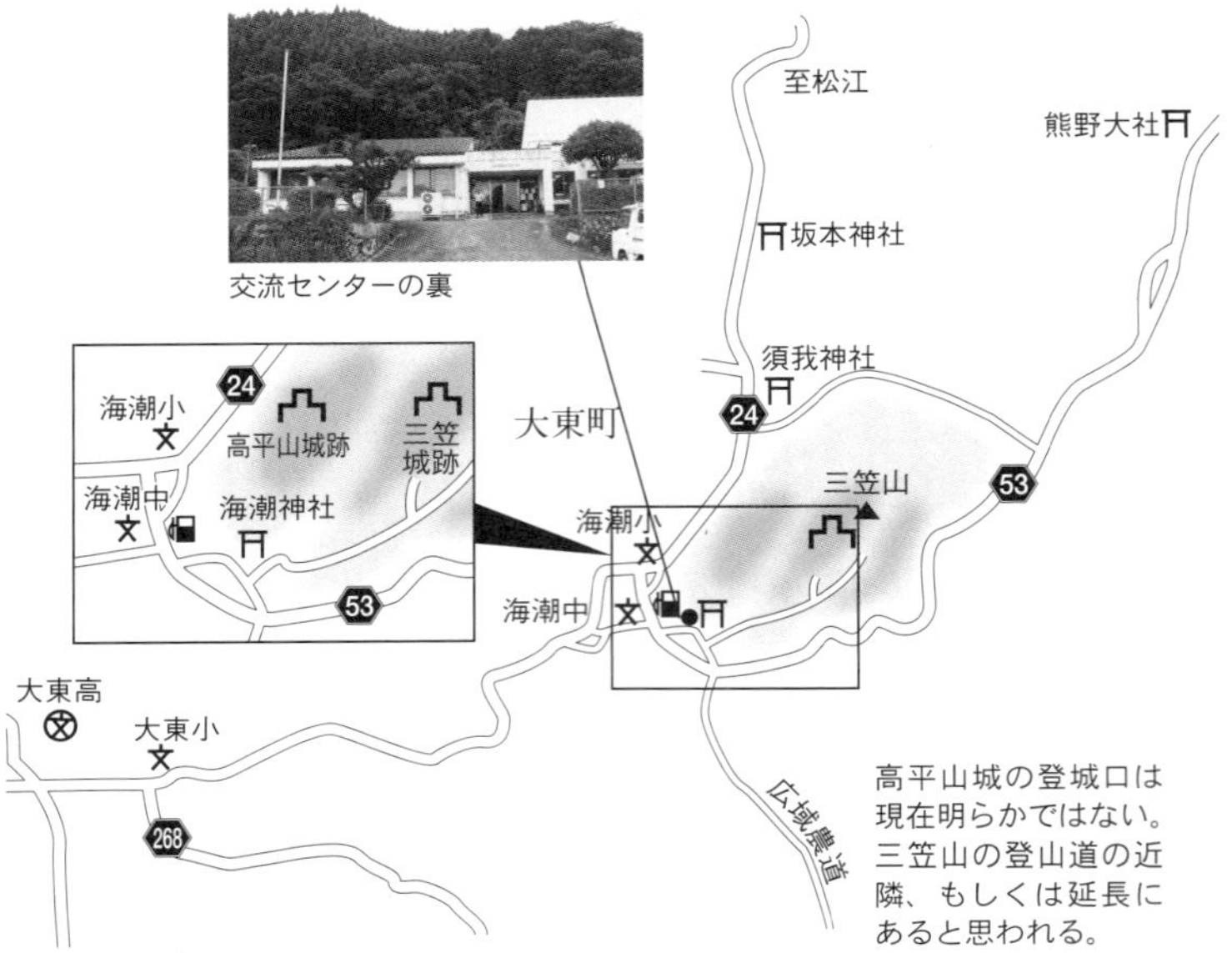

交流センターの裏

高平山城の登城口は現在明らかではない。三笠山の登山道の近隣、もしくは延長にあると思われる。

三笠城は孤立したため牛尾弾正忠は降伏を申し出た。毛利氏はこれを許したが、功を焦る毛利方将兵の抜け駆けに端を発した戦いによって三笠城に火を放たれ落城した。この際高平山城は三笠城を攻めるための向城として利用された。

牛尾氏の菩提寺である弘安寺の過去帳では牛尾弾正忠は落城の日に死亡しているが、妻子は生き延び、五年後に死去となっている。

【城の構造】

高平山城は最高所の郭1を主郭とし、北端に櫓台（A）を築くとともに、櫓台直下には二重堀切（B）を築いて尾根筋からの侵攻を遮断している。ただ、城外側の堀切（B1）の方が堀切（B2）より標高が高い位置に築かれ、また西側が通路状になっているため、堀切（B1）は高平山城を攻めるための向城の先端部の可能性がある。牛尾弾正忠が攻めた時のものか。郭1に築かれている櫓台（A）から西側に続く土塁（C）によって防御ラインが構成されている。主郭西南で一度消滅するが郭3北側に再び認められる。特に注目されるのは郭4の北側の土塁（D）が突出した構造になって郭3の北側に横矢をかけられる構造になっていることである。現状は風雨による劣化が激しいが、当時はもっと張り出していたように思える。また、土塁によって構成された防御ラインは郭6と郭7北側にも認められ、先端は竪堀（E）を築いて山腹の迂回を防いでおり、ここにも防御ラインが構成されていたことがわかる。

このように高平山城はコンパクトだが普請は十分に行われており、防御構想も尾根筋、いわば最前線に最大の防御拠点となる櫓を配置し、櫓への直接攻撃を避け、尾根筋から山腹を迂回して攻める攻城勢力に対し、土塁等によって構成される防御ラインを活用して守るという防御構想が明確である。

【城の特徴】

同じ尾根続きにありながら、移動を妨げる防御施設を積極的に築かなかった南北朝期の縄張の、典型的な事例である三笠城と、櫓台を中心として形成された防御ラインが明確に分かる高平山城が共存する。三笠城の事例と、防御ラインを構成し、死守を命じられた場合、ある程度の期間、攻撃に耐えうるように築かれた城郭の対比が見ることができる好例。

土居、新土居、殿居屋、馬場屋空、戸構、外構、市場、カジヤ等の字名が残る。（寺井　毅）

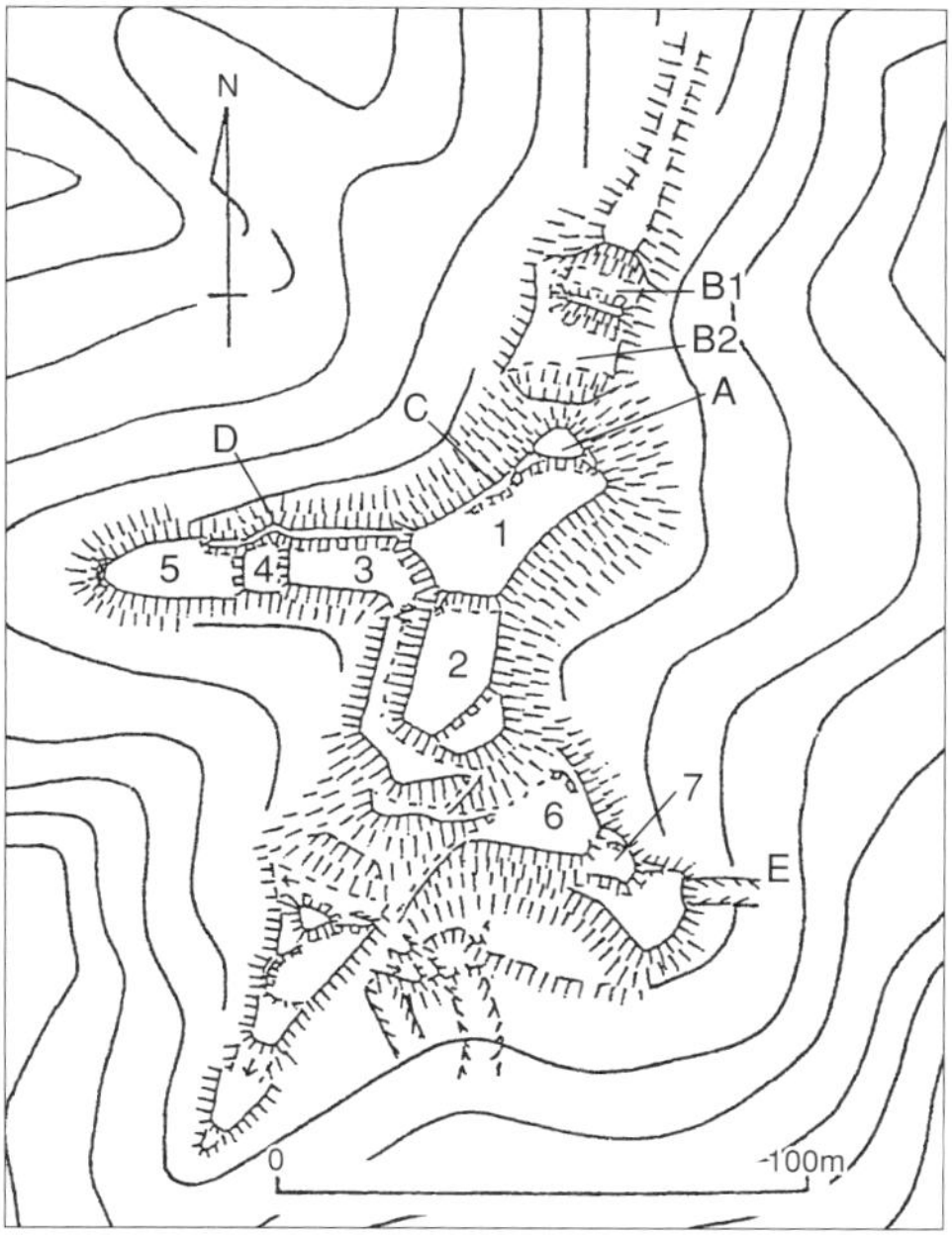

高平山城跡
所在地：雲南市大東町南村
調査日：1989、2004
調査者：寺井　毅

41 佐《さ》世《せ》城跡

北東から佐世城跡をのぞむ

◆所在地／雲南市大東町下佐世
◆標　高／八〇m　◆比　高／三〇m
◆主な遺構／曲輪、堀切、土塁

【地　理】

佐世城跡は大東町中心部からJR木次線を西へ少し行ったところにある独立丘陵である。南北に延びる平地を見渡すことができる。現地は公園化され改変著しく遺構の確認が難しく注意が必要である。周辺には家臣の屋敷地跡と伝えられる場所もある。県道二四号には城跡入り口の看板がある。

【城　史】

城主の佐世氏は佐々木氏の一族で佐々木清信の三男が大原郷佐世に土着して佐世を名乗ったという。天文から永禄年間には佐世清宗の名が見える。清宗は尼子氏の重臣で、「尼子分限帳」によると御家老衆のうち、宇山飛騨守についで二番目の重臣であった。

【城の構造】

この先にある公園には、城跡の案内図がある

道が広く整備されているため登りやすい。ただし、駐車スペースは確保できない。

城域は大きく二つに分かれる。Ⅰとした曲輪群は現在公園となりかなり改変を受けている。またその下にゲートボール場となっている部分も曲輪の可能性を否定できないが判然としない。最高所（a）には「城櫓跡」の看板が立つが、面積はかなり狭く主郭としての役割を果たすのは難しく（b）が実質的な主郭としての役割を持つと見られる。登城路の横に「侍屋敷跡」の看板のある比較的面積の広い（c）がある。（d）は現在ゲートボール場となっており、城の遺構が判断できないが、面積としては広い。Ⅱとした地点はⅠの最高所よりも少し低い位置にあるが、（A）はこの城の中で最もまとまった面積がある。ここから尾根にそって低い土塁状のものが伸びるが明確でない。ⅠとⅡの間は急峻な崖となり、両者は完全に分断されている。そのため結びつきが弱いため

aに建てられている石碑

『出雲・隠岐の城館跡』ではⅡはⅠを攻めるための陣城の可能性を指摘しているが、Ⅰはあまりにも規模が小さく、Ⅱとの距離もほんの数十メートルであるため、実際にはその可能性は低いと考えられる。それよりも城域の拡大という視点で捉えるとともに、散在的な曲輪の持つ意味を、佐世氏あるいはその家臣団の求心性の問題で考えた方が良さそうである。

Ⅰの最高所

Ⅰにある井戸跡の表示

【城の特徴】

大きくⅠとⅡに遺構が分かれ、求心性を欠いた構造となっている。ただⅠを中心に公園化され現状としては評価が難しい点もある。しかし図化していないがⅠとⅡの間の谷間の部分には宅地となっているところもあり、両者を結ぶ役割としてこの場所も見過ごせない。また周辺には屋敷跡と伝わるところも点在し、城下と城郭化された山全体とが一帯となっていると評価できる。

（高屋茂男）

Ⅰの最高所からの眺め

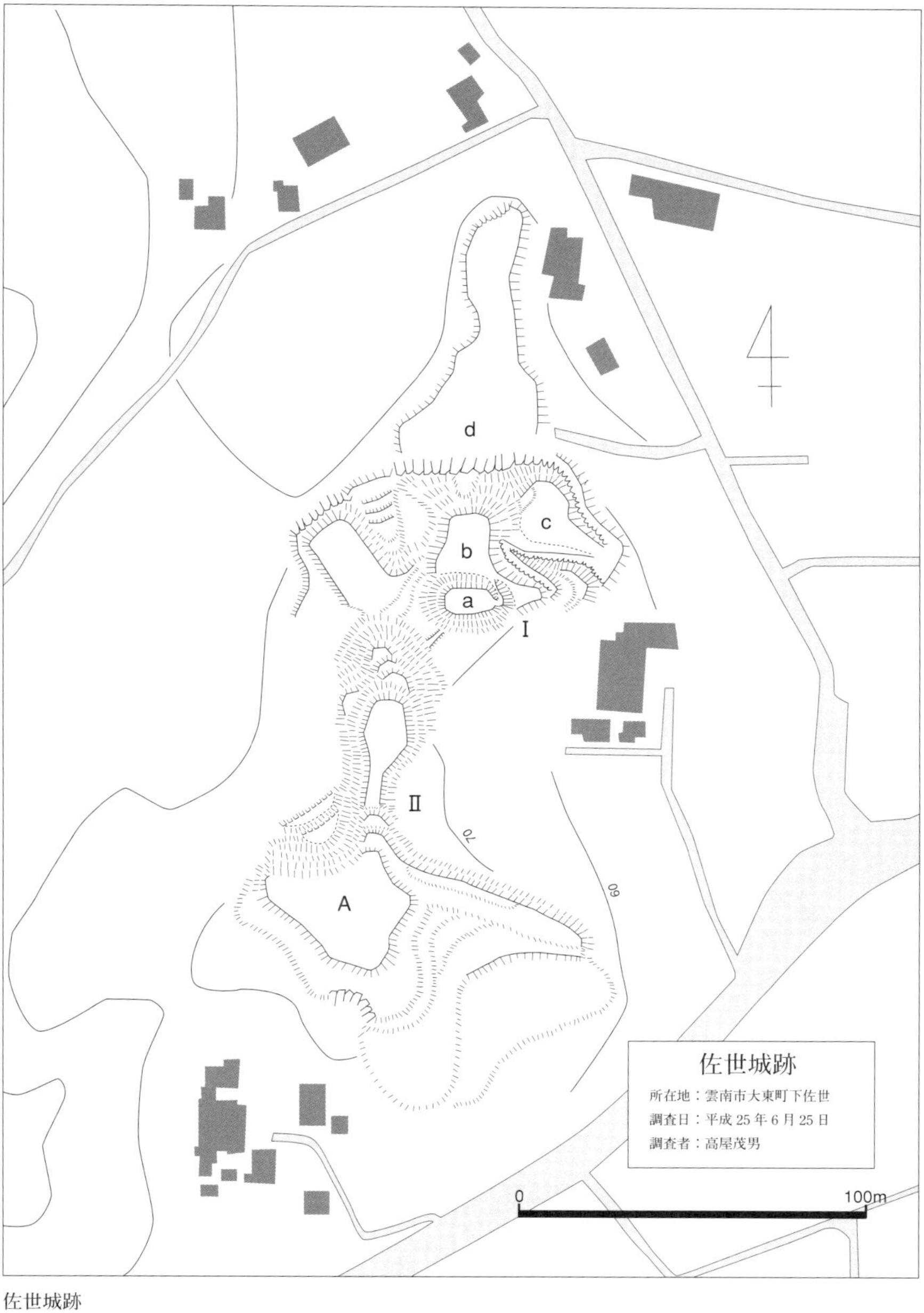

佐世城跡
所在地：雲南市大東町下佐世
調査日：2013. 6.25
調査者：高屋茂男

国道54号からのぞむ三刀屋尾崎城跡（手前は三刀屋川）

42 三《み》刀《と》屋《や》尾《お》崎《ざき》城跡（三刀屋城、尾崎城、天神丸城）

◆所在地／雲南市三刀屋町古城
◆標　高／一三〇ｍ　◆比　高／一〇〇ｍ
◆主な遺構／郭、天守台、石垣、堀切

【地　理】

三刀屋には城山の山頂と、通称じゃ山の山頂に城跡が位置することにより、城山の城跡を三刀屋尾崎城と呼んでいる。三刀屋は出雲のほぼ中央に位置しており、城の築かれた城山は禅定寺山より東に派生する山稜の先端に位置し、北側山麓には古城川が、南側山麓には三刀屋川が流れ、城山の東山麓で合流している。三刀屋は出雲から赤穴への脇街道が通る交通の要衝であった。

【城　史】

承久の変（一二二一）で戦功のあった諏訪部扶長が三刀屋郷の地頭に補せられ、この地に城を築いたと伝えられているが、それを裏付ける史料はなく、あくまでも伝承に過ぎない。諏訪部氏十六代為扶は三刀屋氏を名乗り、その後は尼子氏に属していたが、永禄五年（一五六二）に毛利元就に攻められると、毛利方に降っている。おそ

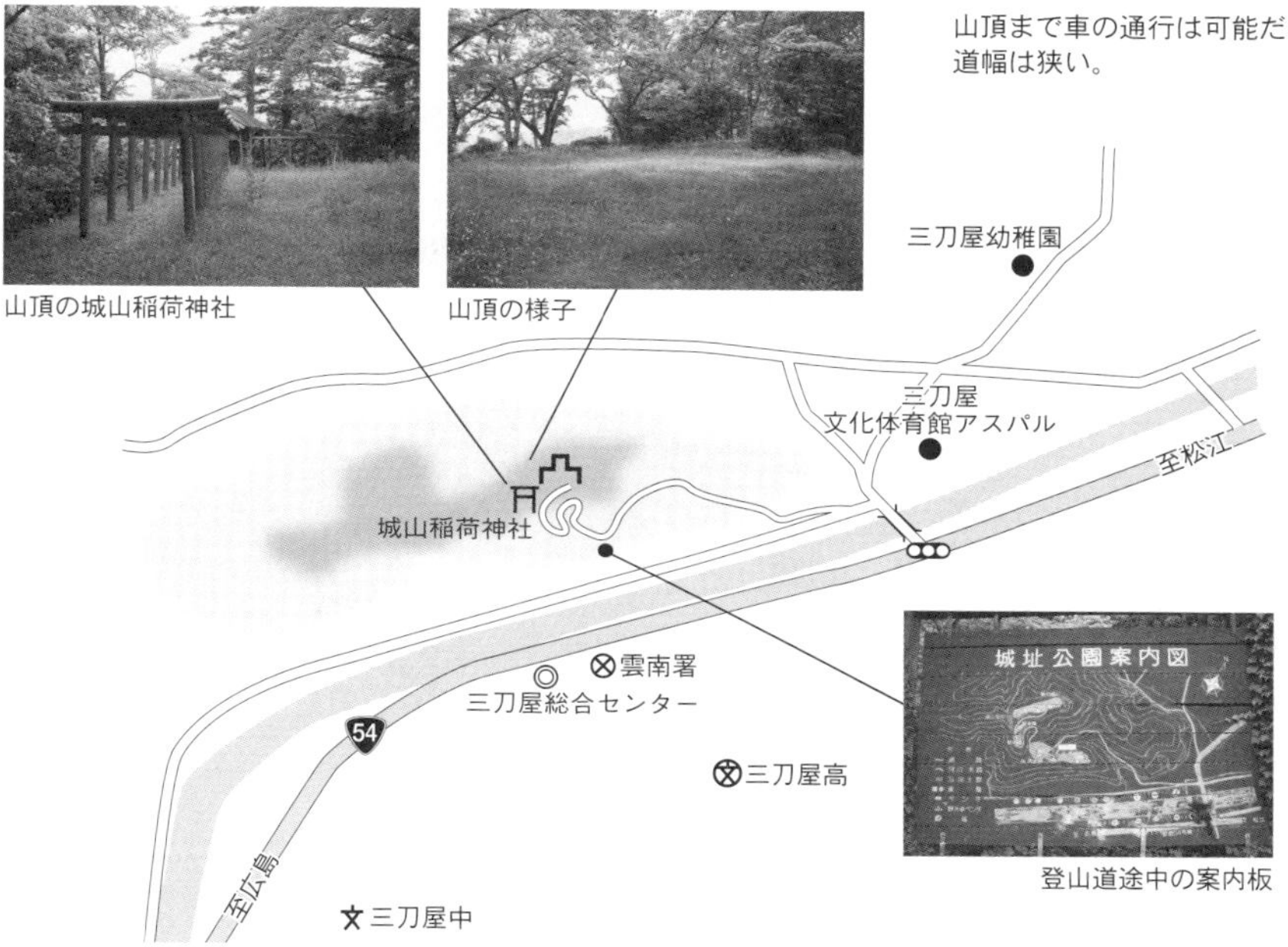

山頂の城山稲荷神社

山頂の様子

登山道途中の案内板

らく三刀屋城もこの頃に築かれたものと考えられる。三刀屋氏は天正十六年（一五八八）に毛利輝元により所領を没収されると、城も廃城となってしまった。

【城の構造】

城は東西四五〇メートル、南北二六〇メートルを測る巨大な山城で、主郭（本丸）は仕切りによって東西に副郭を設けるとともに、南北に派生する尾根筋をすべて階段状に削平し、郭としている。特に南に派生する尾根は、直角に東に折れ、本丸との間は谷筋となるが、ここが大手の登城道であった。中腹の伝馬舎郭と呼ばれる一画は、その大手の桝形虎口と考えられる。本丸西側は尾根続となるため、巨大な堀切によって遮断している。東側は館跡と呼ばれる広大な郭が一段下に構えられ、さらに東側、城山の東端には天神丸と呼ばれる郭とそれに付属する小郭が尾根筋に累々と築かれている。

三刀屋尾崎城伝馬舎跡（大手門跡）

【城の特徴】

三刀屋城の最大の特徴は中心部が石垣で築かれている点である。さらに本丸の東端寄りには石垣によって築かれた方形の櫓があり、これは天守台と見てよい。こうした石垣の構築年代であるが、石垣石材に楔《くさび》によって石を割った矢穴と呼ばれる技法が残されており、慶長年間以降に築かれたものと考えられる。つまり現存する三刀屋城の遺構は三刀屋氏や毛利氏によるものではなく、それ以降に築かれたものである。

慶長五年（一六〇〇）の関ヶ原合戦の戦功により、出雲は堀尾吉晴、忠氏父子の領地となり、富田城に入城する。このときに三刀屋尾崎城、瀬戸山城、三沢城が支城として整備され、石垣造りの近世的な城郭へと改修されたのである。三刀屋には吉晴の弟である、堀尾掃部とその子修理が配されたと伝えられ、この段階で石垣を築き、天守を構えた城となったようである。おそらく元和元年（一六一五）の一国一城令により廃城となり、破城されたものと考えられる。慶長年間の支城の典型例である。

（中井　均）

本丸仕切石垣

天守台石垣

石垣石材に残る矢穴

山頂から三刀屋市街を眺める

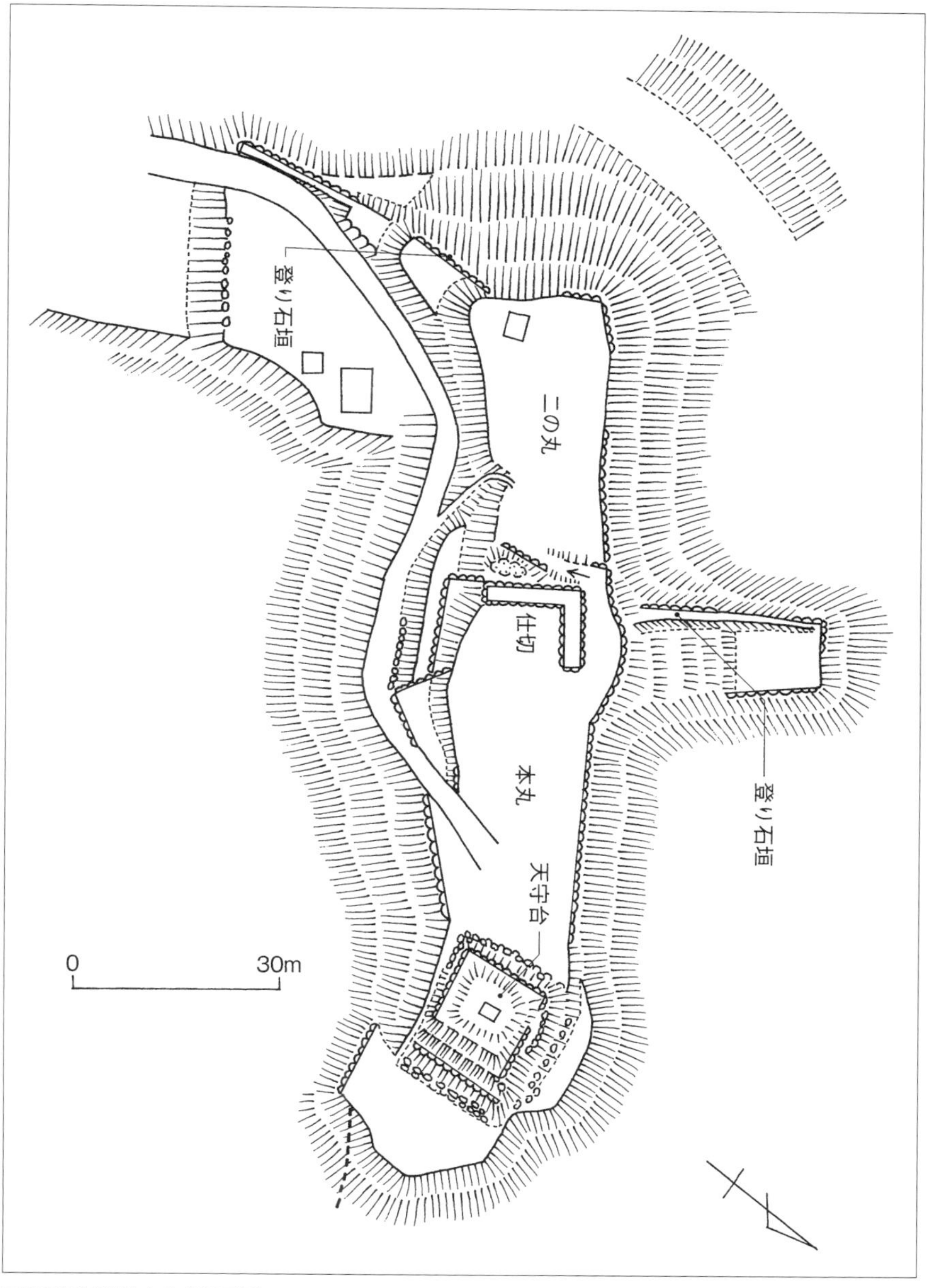

三刀屋尾崎城跡中心部概要図

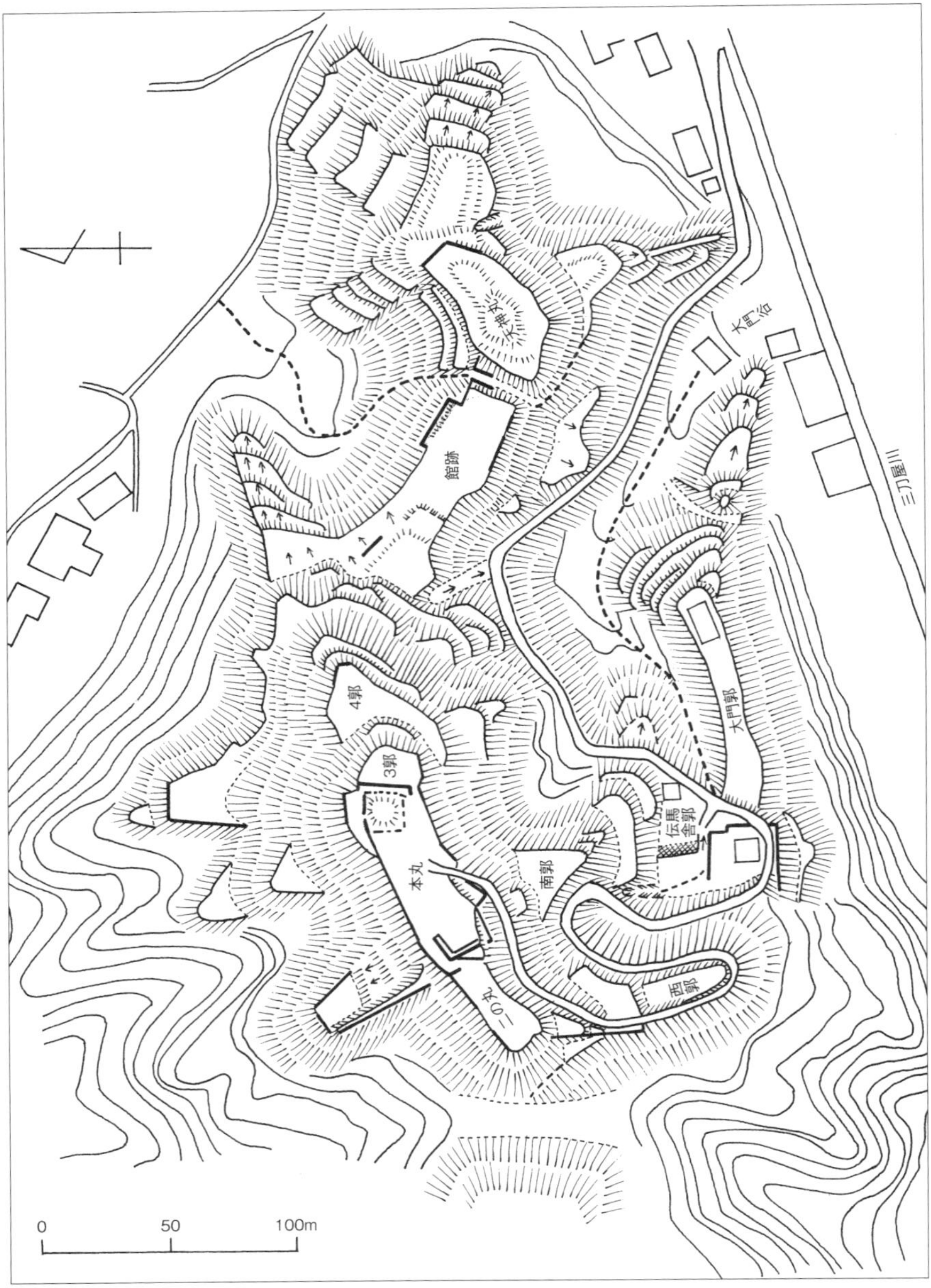

三刀屋尾崎城跡
所在地：雲南市三刀屋町古城
調査日：2011.11
作　図：中井　均

43 三《み》刀《と》屋《や》じゃ山《やま》城跡（石丸城）

三刀屋じゃ山城跡遠景

◆所在地／雲南市三刀屋町古城
◆標　高／二四二m　◆比　高／一七〇m
◆主な遺構／土塁、空堀、堀切、虎口、障子堀、枡形虎口

【地　理】
雲南市三刀屋町古城に所在する。急峻な山容で眺望が効き、谷を隔てて三刀屋尾崎城を見下ろす位置にある。

【城　史】
承久の乱で戦功のあった諏訪部助長が三刀屋郷の地頭として補任され、以後三刀屋郷に君臨した。大内氏や尼子氏、そして毛利氏が覇権を争ったなかで、三沢、牛尾、赤穴氏等の国人と同様に離散を繰り返した。毛利氏は三刀屋の地を重視し、宍戸隆家、山内隆通を援軍として派遣している。三刀屋氏は尼子勝久の復興戦でも毛利方として戦った。

天正十六年（一五八八）に三刀屋久扶が毛利輝元の上洛に随行した際、家康の内々の招きに応じたことで輝元の疑心を買い、領地を没収されたとされる。

諏訪部氏は後谷に居館と本屋敷城を築き、拠点として

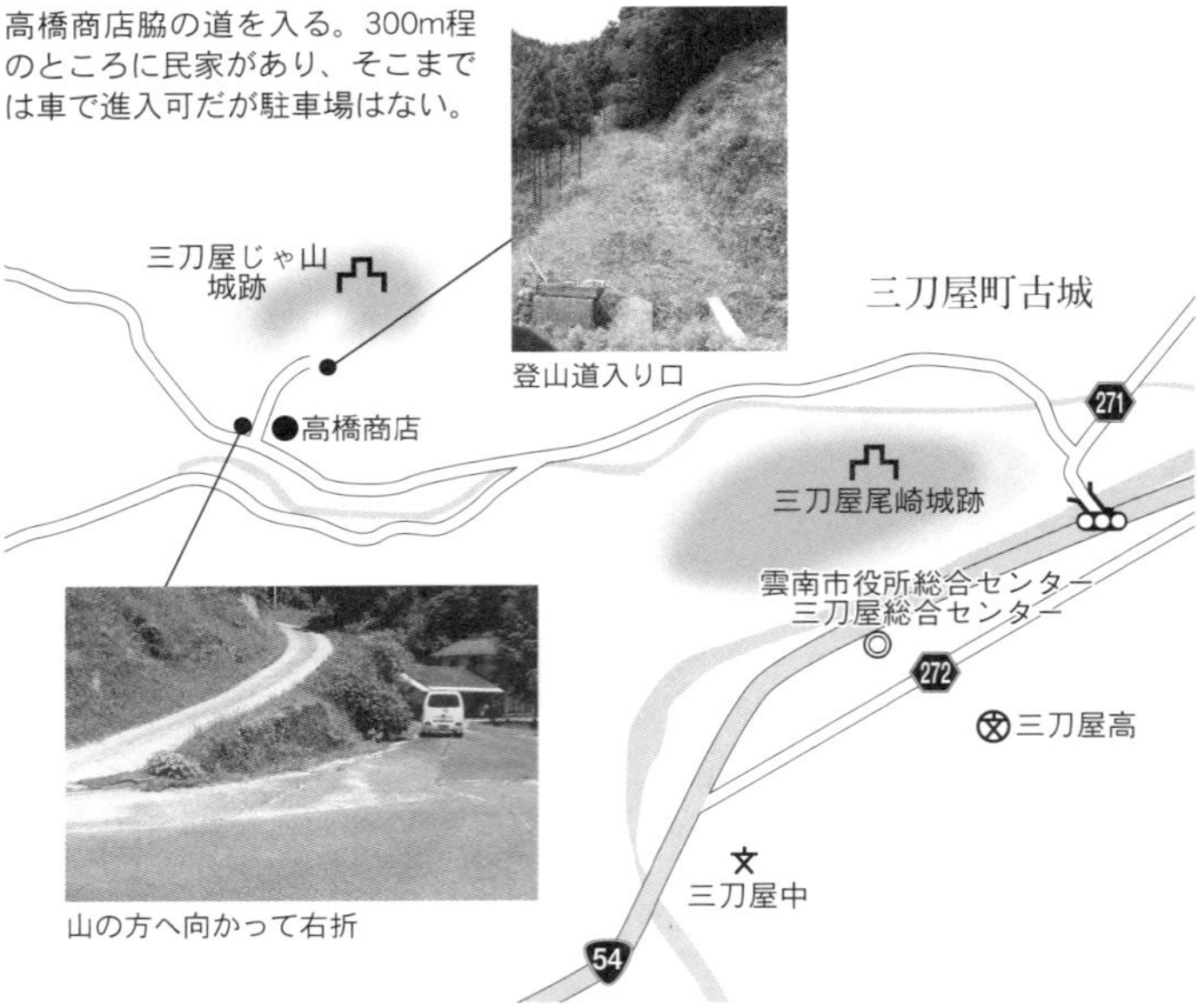

登山道入り口

山の方へ向かって右折

いたが、眺望の良い尾根続きのじゃ山城に城を築いて拠点を移し、後に尾崎に城を築いたものと考えられる。

「城山」が転訛して「じゃ山」になった典型的な事例である。

【城の構造】

主郭は最高所の郭1と考えられる。山頂という風雨の厳しい自然環境のなか、築かれた土塁は風化による破壊が考えられるため、現状から見て土塁は郭1の全周に築かれていたのだろう。郭1の東側と西側に虎口が築かれているが、注目されるのは虎口からのルートが両方とも土橋状に掘り残されている事である。郭2は城内最大の規模を持つが、郭1との間に土橋状に掘り残したルートは明らかに空堀（A）の構築によるものである。また、郭1の西側のルートを土橋状に削りのこしたのも空堀（B）の構築によるものである。しかもこの空堀（B）は桝形虎口（C）から谷筋を力攻めで強行突破した攻城勢力の到達地である。谷筋に土塁を築くことによって構築された複数の池によって行く手を阻まれ、多くの犠牲を出した勢力を待ち受けるのは郭1、郭2、そして郭3を中心とした防御拠点と郭4からの反撃である。郭4から北東の郭に待機していた城兵が桝形虎口（C）周辺に出撃した場合、攻城側に効果的な打撃を与えることが期待できる。

西側以外の尾根筋は二重堀切で遮断し、攻城勢力の主力を比較的攻撃しやすい桝形虎口（C）に誘い込むように築いている。桝形虎口（D）は地形に制約されながらも方形に築こうとしている。桝形虎口（D）から土塁（E）の上を通らせ、郭2に導いているが、ここでも空堀（F）を築いて防御を固めている。一見未完成なような縄張だが、誘い込んで打撃を与える防御構想が明確である。

一方、西側に続く尾根筋に築かれている幅の広い堀切の底には三本の空堀が築かれている。この空堀は山頂にコンパクトに縄張りするため自ら放棄した尾根（G）との間に築かれたものである。しかし放棄した尾根（G）は万が一の場合に備え駐屯空間として確保し、連絡ができるようにしておかなければならない。そこで三重空堀の南側にクランクした土橋（H）を掘り残し、城内と連絡ができるようにしている。ここで注目されるのは内側と外側の空堀の底に一メートル×一・五メートル程度の窪みを規則的に四穴ずつ築いていることである。これはまぎれもない障子堀である。関東地方で多く確認できる防御技法で山中城（静岡県三島市）のものが有名だが、近世城郭でも豊臣秀吉が築いた大坂城等でも確認されている。

古備前、越前系、古瀬戸等の古陶器、中国青磁片、そして茶臼片が採取されている。


【城の特徴】

主郭周辺に誘い込む防御拠点の存在、池の存在、大胆な空堀の築き方、城域をコンパクトに築きながら放棄した尾根への対処、障子堀の存在、方形を指向した桝形虎口等、見所が多い城郭である。はたして三刀屋氏は論外として毛利氏に築けたのだろうか（毛利氏が障子堀を築いた事例を知らない）。三刀屋じゃ山城の縄張図から城を死守する強い意志が読み取れる。三刀屋尾崎城を総石垣の城郭として改修するまでの間、三刀屋じゃ山城を堀尾氏が改修して在城したとは考えられないのだろうか。

（寺井　毅）

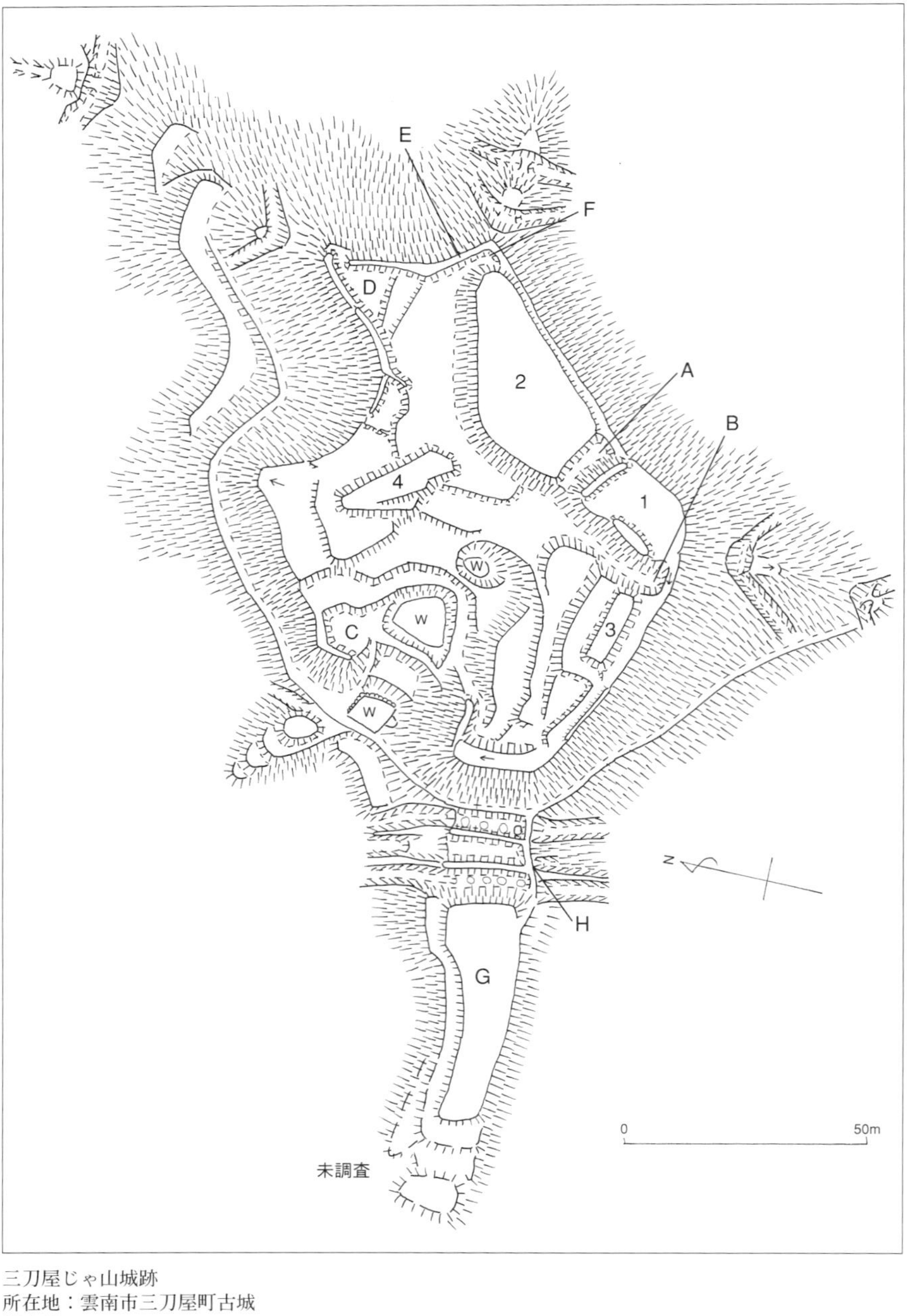

三刀屋じゃ山城跡
所在地：雲南市三刀屋町古城
調査日：1987、1995
調査者：寺井　毅

44

多《た》久《く》和《わ》城跡

多久和城跡遠景（西から）

◆所在地／雲南市三刀屋町多久和
◆標　高／一四〇ｍ　◆比　高／六〇ｍ
◆主な遺構／櫓台、土塁、堀切、竪堀、虎口、竪土塁

【地　理】

雲南市三刀屋町多久和市場に所在する丘城である。突出する尾根の先端に築かれている。三刀屋尾崎城の南方約三・五キロに位置し、当時の主要往還と多く重複する国道五四号とは離れているが、当時の赤穴、三刀屋を経由して宍道に至る往還は多久和を経由しており交通の要衝であった。西に飯石川、南北の谷は峡谷となり、周囲を複雑に谷が切り込んでおり、要所に城郭が認められる。

【城　史】

尼子氏の支配下にあり、天文十二年（一五四三）に本城常光に攻められて

登山道

落城したという。大内軍が敗走した後に尼子晴久は赤穴久清に「多久和本郷之内五拾貫前」を与えている。久清が毛利氏に降伏した時、その恩賞として多久和本郷に加え六重、神白（代）等を給料された。城主に高尾豊前守久友や多久和山城守が伝わる。

尼子家復興戦では尼子氏が奪回し、秋上氏等の武将が立て籠もっていた。輝元、元春、隆景等の富田城救援軍は赤穴から頓原、都加賀を通り、「かす坂峠の宿」を経て民谷、吉田、多久和に進む路を選んだとされ、毛利氏の大軍が攻めてくるという情報により秋上氏等は城を捨てて逃走した。この時の追撃戦で多くの尼子方の武将が討死したと伝わる。

登城口は、県道176号から松江自動車道を東側の頭上に眺める位置にある。道路脇に説明板が立つので見つけやすい。

道路沿いにある登城口

【城の構造】

比高約六〇メートルの最高所の郭1が主郭と考えられるが、狭い。西側に広い郭2が築かれているため、主郭は郭2で郭1は櫓台の可能性が高い。郭2の南側に残る高い土塁（A）は当城の見どころの一つである。長年の風雨によって崩れているものと考えられ、築かれた当初の姿を想像してほしい。郭2の西側に約一メートル下がって郭3が築かれている。南東に土塁（A）を利用して虎口（B）が認められるが、郭3から下位の郭（城外）に連絡する虎口は認められないため、郭2と郭3は一体となって機能していたのだろう。郭1、郭2、郭3、郭4の壁は削り込まれている。特に郭4の周囲は顕著である。郭4の南西部に虎口（C）が確認出来るが郭7からの進入路が途中で崩れている。郭4から郭7に下りる時は恐怖を感じた。郭4の北側の帯郭の普請は不十分で、幅の広い帯郭は横への移動が出来ないように竪堀によって破壊されている。特に東端に築かれた竪堀（I）の規模が際立っている。（D）は虎口と見られるが、上位の郭への進入路が認められない。郭4の北側直下を横に移動して郭5に入っていたのかもしれないが、現状では分からない。

郭6の東側にも土塁が築かれており、南端の土壇（E）は櫓台だろう。櫓台の直下には堀切（F）が築かれている。

郭8は現在住宅が建っているが、当時も居住空間として使われていたものと考えられる。（G）の部分が緩斜面となっているため、何らかの登城施設が築かれていたのではないだろうか。

郭1の東側に深い堀切（H）が築かれている。堀切の東側に細い尾根が登っていくが、複雑な地形となっている。

【城の特徴】

郭1を櫓台とし、堀切（H）によって尾根筋からの攻撃を防ぎ、南側に回り込んだ攻城勢力を郭6の土塁や櫓台（E）と堀切（F）、そして郭2の土塁（A）によって反撃を行い、堀切（H）の北側に回り込んだ勢力は竪堀（I）等によって山腹の移動を遮断している。防御ラインによって尾根筋からの攻撃に備えた典型的な事例。南側と北側で防御構想が異なるのは南側に谷を挟んで対峙する山から郭内を見下ろされるのを嫌ったこと、北側は幅の広い帯郭を破壊する必要があったためではないだろうか。

現状は木が伐採されており、冬季は見やすいが、伐採が行き過ぎており、掴まる木が少ない。足を踏み外すと危険である。探索には足元に十分注意していただきたい。

（寺井　毅）

郭1西南端から見たAの土塁。いったん低くなって再び高くなっているのが分かる

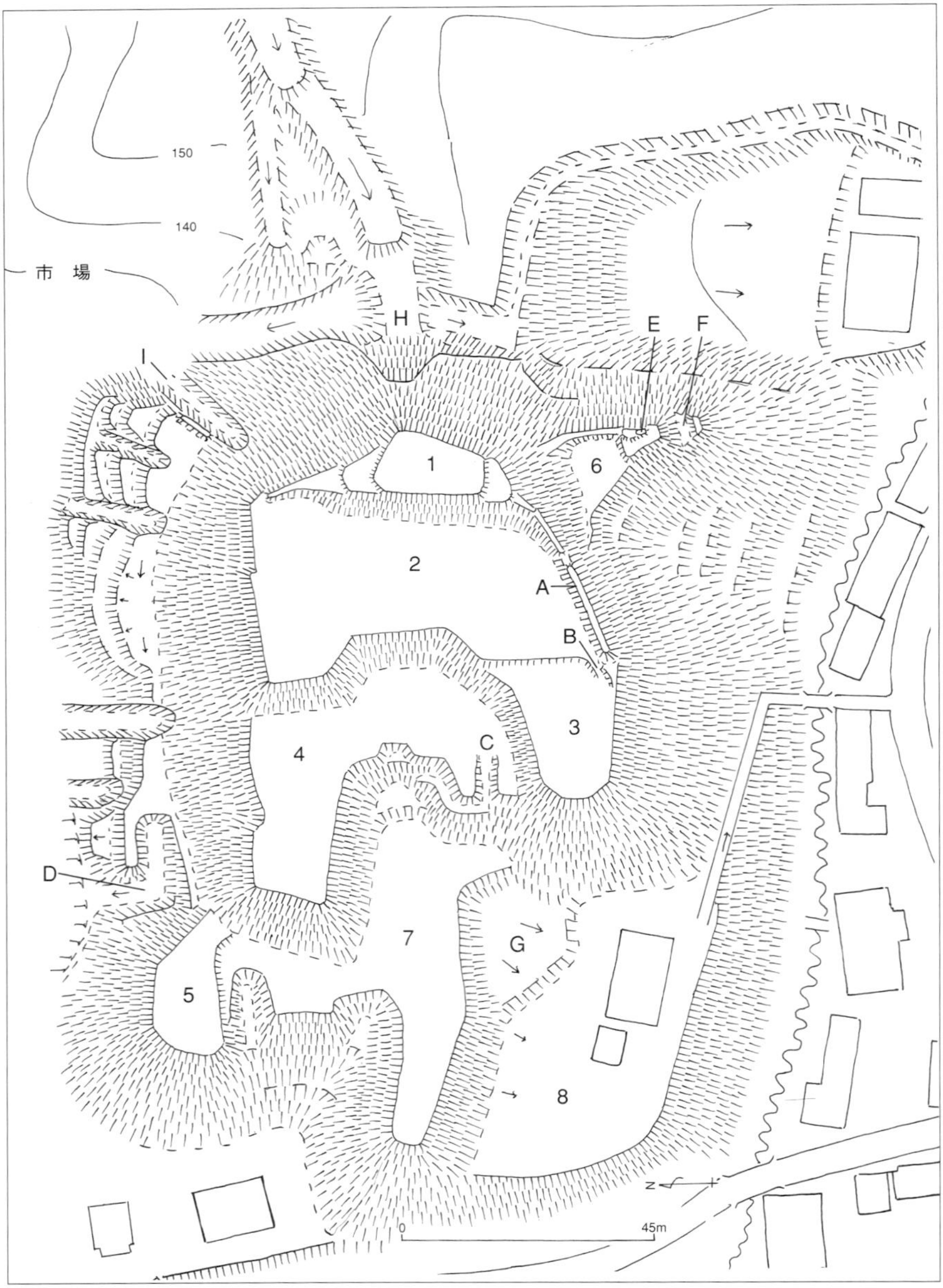

多久和城跡
所在地：雲南市三刀屋町多久和
調査日：1990、2013
調査者：寺井　毅

45

日《ひ》倉《ぐら》山《やま》城跡

日倉山城跡遠景

◆所在地／雲南市掛合町
◆標　高／三七六ｍ　◆比　高／一五〇ｍ
◆主な遺構／虎口、土塁

【地　理】

雲南市掛合町に所在する山城で吉田川と掛合川が合流する地に築かれている。街道が交差する要衝の地として知られる。山容は急峻で地質は崩れやすい天然の要害である。城跡は現在雲南市指定史跡となり公園化されている。

【城　史】

築城した勢力は不明だが、甲山《こうやま》城（広島県庄原市）の城主山内首藤《すどう》氏の支族、蔀山《しとみやま》城主多賀山氏の一族が在城し、後に多賀山氏と称した。

多賀山通定は当初は尼子側として戦っていたが天文十二年（一五四二）、大内氏による出雲侵攻戦が失敗し三沢氏等多くの国人が尼子氏に寝返るなかで宍道氏等と大内軍に踏みとどまり、山口に走った。

『雲陽軍実記』巻二「元就赤穴陣中閑談　附雲州攻入

宗圓寺前の坂を上った所に慰霊塔のある城山公園がある。主郭に続く登山道入り口は、その先の墓地の奥にある。駐車スペースあり。

向城の事」に多賀山氏について興味深い記述がある。

「多賀（多賀山）美作守は去る天文十二年背尼子家属大内家（尼子氏に背き大内氏に属）せしかと、義隆敗亡に付宍道遠江守と諸共に神門通り石州より大内の供にて防州山口に下り義隆義長二代の禄を受、陶、大内歿して後毛利に降り、石州数ヶ度の出陣に随れければ両人共に此の度舊領（旧領）安堵して立歸（立て帰り）けるが、晝（昼）の錦を着て故郷を見れば、日倉山の盛衰纔に十七、八年の間に替果て、砦櫓も露落し、秋風冷たく、狐梟の栖と荒、日倉の屋形は野良の礎斗（いしずえばかり）残り、野は狼熊の遊所零廃す。

一族譜代の家の子、老少ともに尼子の指揮によって、白髪（白鹿城）の露と消え失せ、妻女幼少の人々も、彼の地此の地と漂泊し、あさましき遂横死（横死を遂げ）万昔に引換て、泪の種と成ければ、勇む心も朽果て、夜の錦と恨めしく、誠なるかな、賢臣二君に仕えずとは。譜代の主君に不忠を盡（尽く）し、其報（そのむくい）ぞと、初めて因果歴然の道理を思い當（当）たり、見上げ見下ろし行きければ、駒の足波（足並み）四度亂（乱れ）にて泣々出陣せられけり（後略）」

日倉山城を守っていた通定の次男通則と郎党は尼子氏に欺かれて白鹿城に送られて殺害され、日倉山城は破壊されたという。

日倉山城は尼子氏攻めのために整備した兵站《へいたん》拠点《きょてん》として毛利氏が重視した瀬戸山城と三刀屋城の中間に位置しているため、一時期毛利元就の嫡男隆元が置かれた。

【城の構造】

山頂の郭1が主郭と考えられる。平坦だが部分的に岩盤が筋状に露出している。南南西に岩塊が存在し高さは二メートルにも及び四角い柱穴が認められた。尾根筋に位置しているため、櫓の柱穴の可能性もある。郭は北側から東側にかけて地形にそって築かれている。

郭1の岩盤にあけられた柱穴

明確な虎口は認められないが個々の防御拠点を結ぶルートは確認出来た。尾根は郭2から細くなり、大きく向きを変えている。長い尾根の東側に高い土塁が築かれ、途中からは西側にも土塁が築かれている。このような施設が築かれた理由は籠城する将兵の移動を攻城側に見られないようにするのが目的だったのだろう。なお、中腹の駐車場からしばらくの間は明らかに重機によって破壊された痕跡が認められ、当初の登城ルートが変更されていることに注意を要する。中腹に広大な平坦面を持つ。

【城の特徴】

中腹に存在する広大な平坦面の周囲の壁は急峻で、多くの物資や将兵を安全に収容するベースキャンプとして評価できる。西側の広い谷は「木戸の谷」と呼ばれており、大手道の可能性が高い。谷は現在でも水量は豊富だった。

山容が大きく異なるが、山頂部の城郭と中腹の広大な駐屯空間のセットは鳶ヶ巣城と共通する。なおAは未調査だが、日倉山城の中腹のベースキャンプを一望する位置にある。したがって城郭が築かれていた可能性は高いものと考えている。（A）に城郭が築かれていれば縄張図のイメージが大きく変わるが、調査できなかったのが残念だった。

（寺井　毅）

郭１の現状

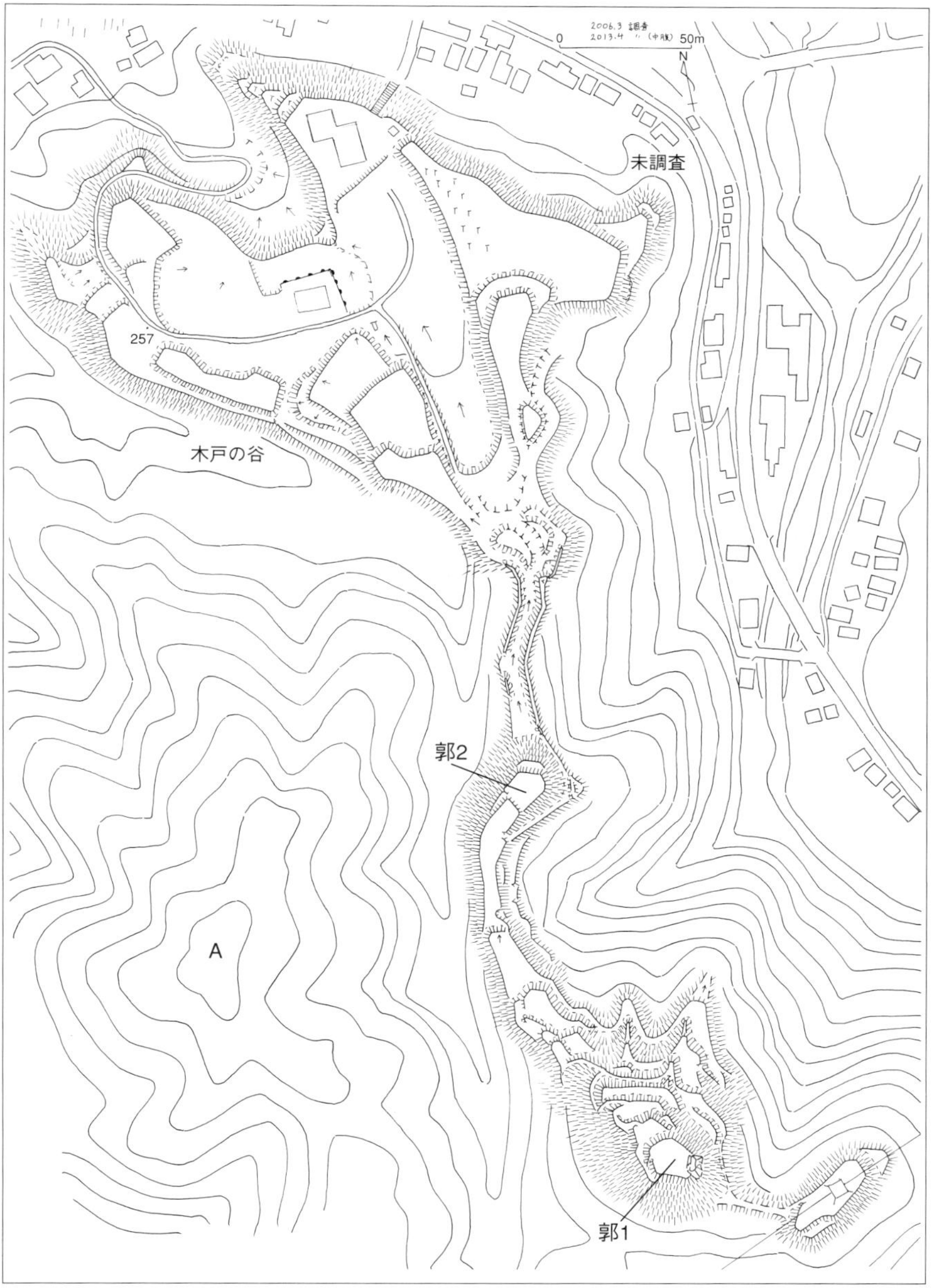

日倉山城跡
所在地：雲南市掛合町
調査日：2006. 3、2013. 4（中腹）
調査者：寺井　毅

46 三《み》沢《ざわ》城跡（要害山城《ようがいさん》）

◆所在地／仁多郡奥出雲町鴨倉
◆標　高／四一八ｍ　◆比　高／五〇ｍ
◆主な遺構／郭、石垣、土塁、堀切

鴨倉から要害山城跡をのぞむ

【地　理】

三沢は出雲国の南東部の山間部に位置する。城の築かれた要害山は西、南側は絶壁となり、南山麓には阿井川が、東山麓には三沢川が流れている。山は急峻で、わずかに東斜面のみ開けており、大手も東側谷筋に構えられ、また、納戸垣内、座頭屋敷、成田屋敷などの屋敷地名も東山麓に残されている。要害山は決して高い山ではなく、むしろ周囲は高い山々に囲まれているが、それらがかえって要害山を防御する遮断線となっている。

【城　史】

承久の変で戦功のあった信濃の飯島広忠が三沢郷の地頭職を得、その孫為長が乾元元年（一三〇二）に当地へ下向し、当時鴨倉山と呼ばれていた要害山に城を築き、三沢氏を称したと伝えられている。三沢氏は明徳の乱によって守護山名氏の勢力が一掃されると、応永三十二

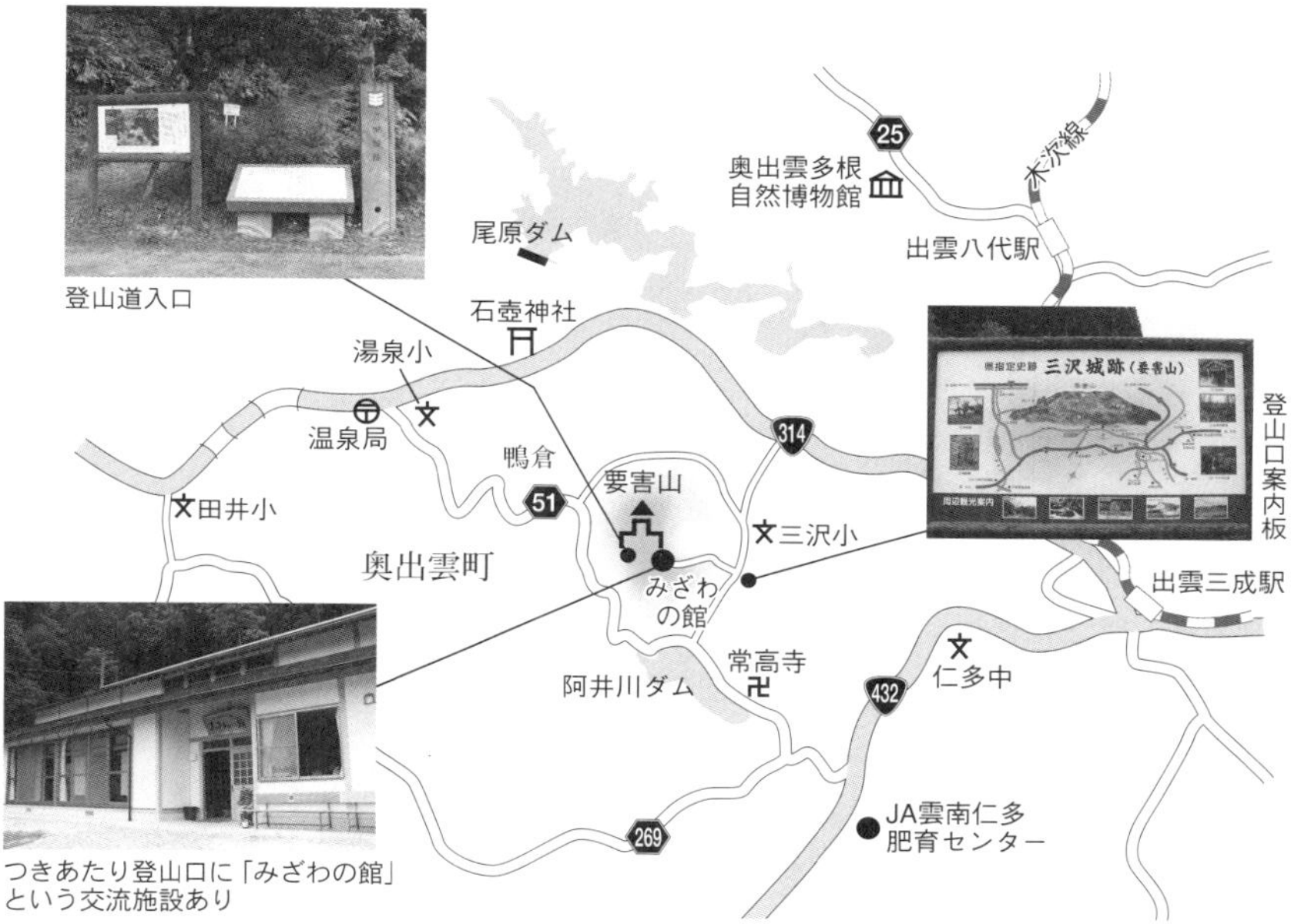

登山道入口

つきあたり登山口に「みざわの館」
という交流施設あり

年（一四二五）頃より横田庄にも進出し、鉄の生産と流通を通じて出雲最大の国人となった。永正六年（一五〇九）に居城を藤ヶ瀬城に移した後も支城として機能した。永禄五年（一五六二）に三沢為清は毛利方に属し、天正十七年（一五八九）に安芸へ移されると、三沢城も廃城となったと考えられる。

【城の構造】

三沢城は要害山の山頂部から山腹にかけて築かれた巨大な山城である。山頂部にはほぼ同じ高さで主郭と、巨大な堀切を隔てて北側に副郭が構えられている。主郭は

主郭の現状

主郭と二郭間の堀切

本丸と呼ばれ、副郭は鳥居ヶ丸と呼ばれている。主郭の西側には岩棚郭と呼ばれる曲輪があり、南辺には長大な土塁が廻り、虎口が設けられている。主郭の南東に派生する尾根筋には四段にわたって削平され、曽根ノ郭と呼ばれている。鳥居ヶ丸とこの曽根ノ郭に挟まれた谷筋が大手口で、山腹には巨大な三郭が配され、桝形状の虎口が構えられている。鳥居ヶ丸の北側には巨大な堀切が施され、さらに北方尾根筋は階段状に削平されている。また、鳥居ヶ丸の東側の尾根先端には十兵衛成と呼ばれる土塁で囲まれた出城のような独立した郭が配置されている。

【城の特徴】

三沢城の最大の見どころは、山腹に構えられた三郭の虎口であろう。大手門と呼ばれており、桝形状の虎口であったようで、正面には人身大の巨石を用いた高石垣が築かれている。この虎口から主郭に至る登城道はつづら折れとなっているが、その側面にも石垣の痕跡が残されている。

また、十兵衛成は矩形に構えられ、横堀が発達しており、明らかに山頂部の構造とは異質である。さらに横堀には横矢がかかる。

大手門石垣

十兵衛成の土塁

こうした大手口や十兵衛成の構造は織田・豊臣系城郭の要素を有しており、三沢氏時代のものではなく、堀尾氏の出雲入国以後に改修された可能性が高い。覚融寺（奥出雲町）の文書に、堀尾忠晴の時代に備後・伯耆の境目として「亀嵩之城」に前田丹波、堀尾但馬が入れおかれたとあり、城郭構造より、この三沢城が「亀嵩之城」であった可能性が高い。

（中井　均）

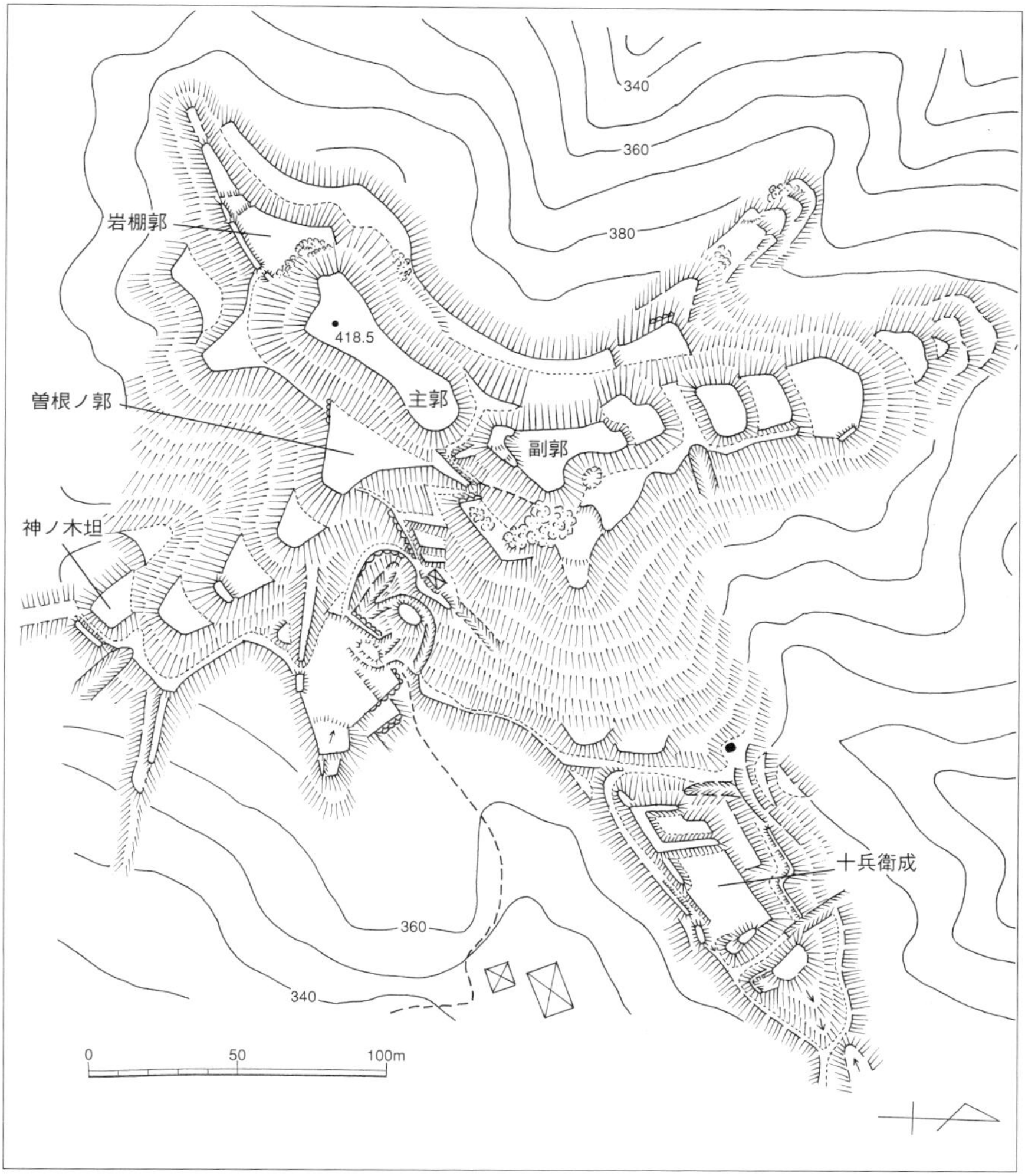

三沢城跡
所在地：仁多郡奥出雲町鴨倉
調査日：2012. 5.12
調査者：中井　均

47 藤《ふじ》ケ《が》瀬《せ》城跡

◆所在地／仁多郡奥出雲町横田
◆標　高／四三八ｍ　◆比　高／一〇〇ｍ
◆主な遺構／曲輪、櫓台、土塁、竪土塁、竪堀、堀切

藤ケ瀬城跡遠景

【地　理】
奥出雲町横田に所在し、斐伊川と下横田川が合流する位置にある城郭である。急峻な地形で横田盆地を見渡す地に築かれている。

【城　史】

飯島郷地頭飯島氏が承久の乱の功績によって三沢庄を与えられ、良質な砂鉄を採取して野タタラ製鉄に努め、経済的な実力を背景に出雲有数の国人三沢氏として勢力を誇った。その勢力は出雲国内はもとより、伯耆、備後にまで所領を持つまでに至ったとされる。

三沢氏は鴨倉山に三沢城を築いて本拠としていたが、仙洞御所の御料所である横田庄が押妨されたため、院宣を賜り御料保護のために永正六年（一五〇九）に三沢為忠によって横田の高鍔山に藤ヶ瀬城を築いて移ったとされる。

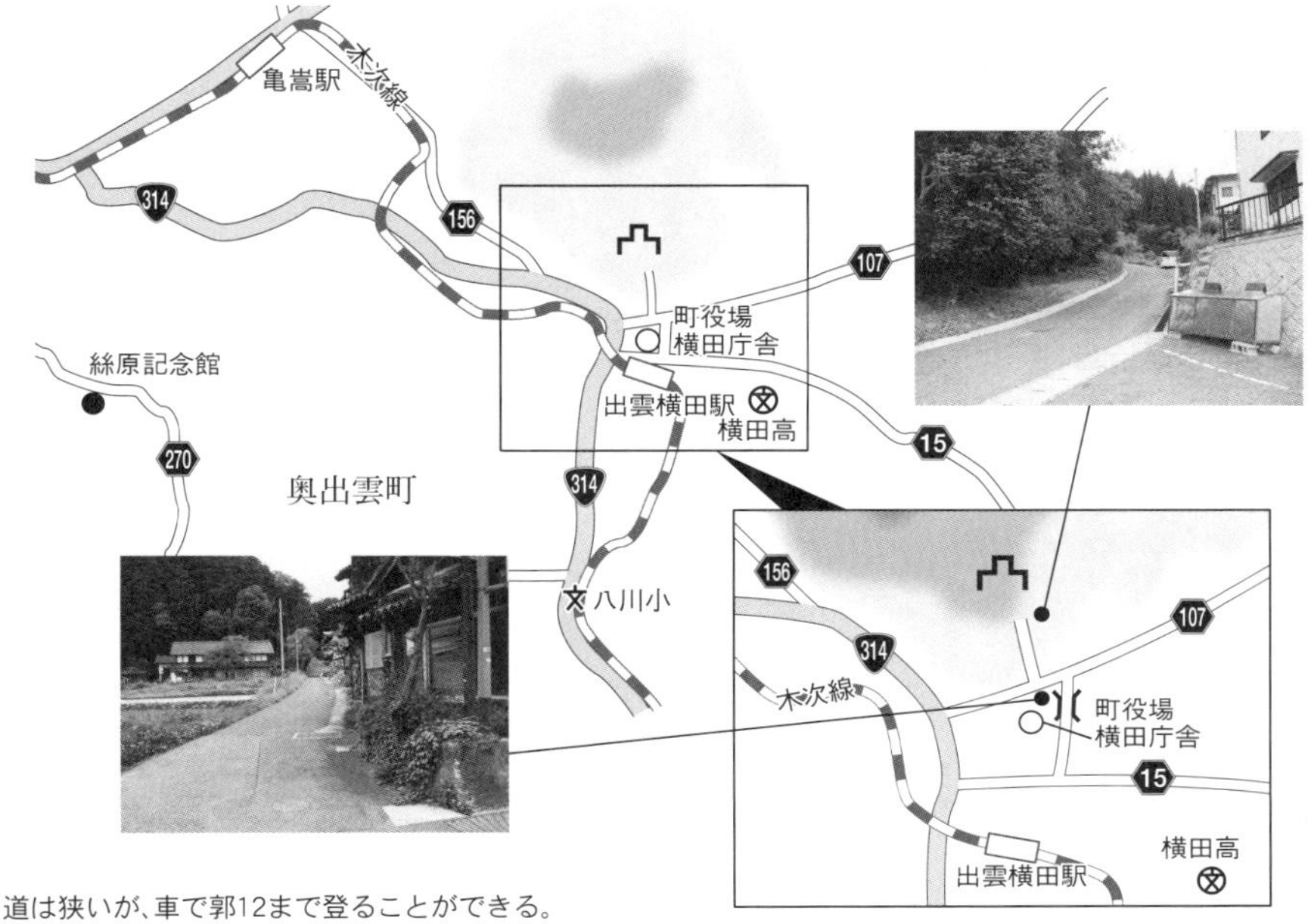

道は狭いが、車で郭12まで登ることができる。

永正十一年に尼子経久に攻められるがこれを撃退することが出来たが、岩屋寺が尼子勢によって焼失した。続く享禄四年（一五三一）に尼子氏の大軍に攻められ降伏し、尼子氏は当城に二十数年間代官を置いた。このことから尼子氏が横田庄を重視したことがうかがえよう。

その後三沢氏は大内氏、尼子氏と毛利氏の間を渡り歩いたが、最終的には毛利方として戦った。三沢為清は本城を三沢城とし、天正二年（一五七四）、隠居し、藤ヶ瀬城の北方の亀嵩に城を築いて移った。ただ、三沢氏は天正八年（一五八〇）以降六年間に三度も誓書を出さなければならないという立場にあり、後に三沢為虎は長州厚狭郡に移された。

【城の構造】

最高所の郭1が主郭と考えられ櫓台（A）を拠点とし、郭7まで続く土塁のラインと郭11から郭12南側に延びる尾根に築かれた土塁のラインによって構成される防御ラインによって城郭が築かれていた。尾根を防御ラインとして活用する発想は文禄・慶長の役（一五九二〜九八）で築かれた倭城の基本的な構造を理解しなければ納得できない、スケールの異なる次元の城郭である。

藤ヶ瀬城はそのような防御構想の元に築かれていた。

もちろん、文禄・慶長の役で築かれた城郭が突然現れたとは考えていない。それに至る過程が存在した。そもそも古来から防御ラインによる戦いは確認されており、平安期の文治五年（一一八九）平泉藤原氏は阿津賀志山妨塁（福島県伊達郡国見町）の二重堀による長大な防御ラインや防御拠点となる城郭によって源頼朝率いる大軍を迎撃したことが知られている。頼朝が幕府の創立によって築いた「鎌倉城」は機能分類からは「都城」であるが、馬蹄形に連丘によって囲まれていた。その後は小規模な戦いが主流になり、防御ラインによる防御構想は姿を消したが大軍が対峙する場合が増えると平安期と同様に防御ラインの攻防になり、各地に築かれた城郭に採用されていった。

虎口へ進入を試みる勢力へ横矢を射ることを執拗に追及し、独自の縄張を築いていった小田原城（神奈川県小田原市）を本拠とした後北条氏が亡ぶ間際に改修し、籠城した城郭は皮肉にも広大な防御ラインによって守られた小田原城だった。もはや従来の虎口や櫓台では対応できない規模の戦いになったのである。

さて、郭12は二十年以上も前に調査した時点で広場となっており、Bの部分が帯状に草の生え方が周辺と異なることを確認していた。また聞き取り調査で「以前の郭

郭12の現状

12はもっとでこぼこしていた」という証言を当時得ていた。

したがって藤ヶ瀬城の防御構想の中に郭12が独立して築かれたものと考えている。主郭周辺と同等な面積を持ちながら主郭等から見下ろされる位置にある。どうしてこのような城郭を築いたのか疑問である。しかも在地勢力が築ける規模ではない。単純に郭12を居住空間とすれば解決することなのだが、どうやらそうはいかないらしい。郭12の独自性が強すぎているのである。誰がこの城を改修したのだろうか。

文禄の役で釜山浦に最初に上陸し、橋頭堡の役割を果たすとともに、肥前名護屋城、壱岐、対馬、釜山のルートにあって常に兵站拠点となった釜山城を築いたのは加藤(嘉明)、脇坂、九鬼氏等とされるが、それは仮設程度のものであり、文禄二年(一五九三)五月に毛利輝元に在番及び普請を命じられ、輝元が同年七月に病気によって養子の秀元と交代して帰国する頃には一応の完成を見た釜山城が現在見る縄張である可能性が高い。文禄二年三月初旬に着工し、ほぼ城郭の機能を持って竣工する同年八月までの間に築かれたもので、その突貫工事には多くの財力の支援があったために成し遂げることが可能だったのだろう。注目すべきは秋元の後任者となったのが穂井田元清(元就の四男)だった事である。したがって釜山城は毛利氏によって築かれ、改修が続けられたということになる。さらに亀浦城を築いたのは小早川隆景という。毛利氏には櫓台を中心とした防御ラインによる防御構想を保有していたものと考えられる。したがって藤ヶ瀬城を改修したのは毛利氏と考えられる。

【城の特徴】

主郭周辺の「母城」と「子城」の関係がみられる事例。文禄・慶長の役後は米子城(鳥取県米子市)や津和野城(津和野町)のように母城と独立した防御拠点の子城が防御ラインを形成しながら極端に接近し、主従関係を明確にしながら、それぞれの役割を果たしている。

(寺井　毅)

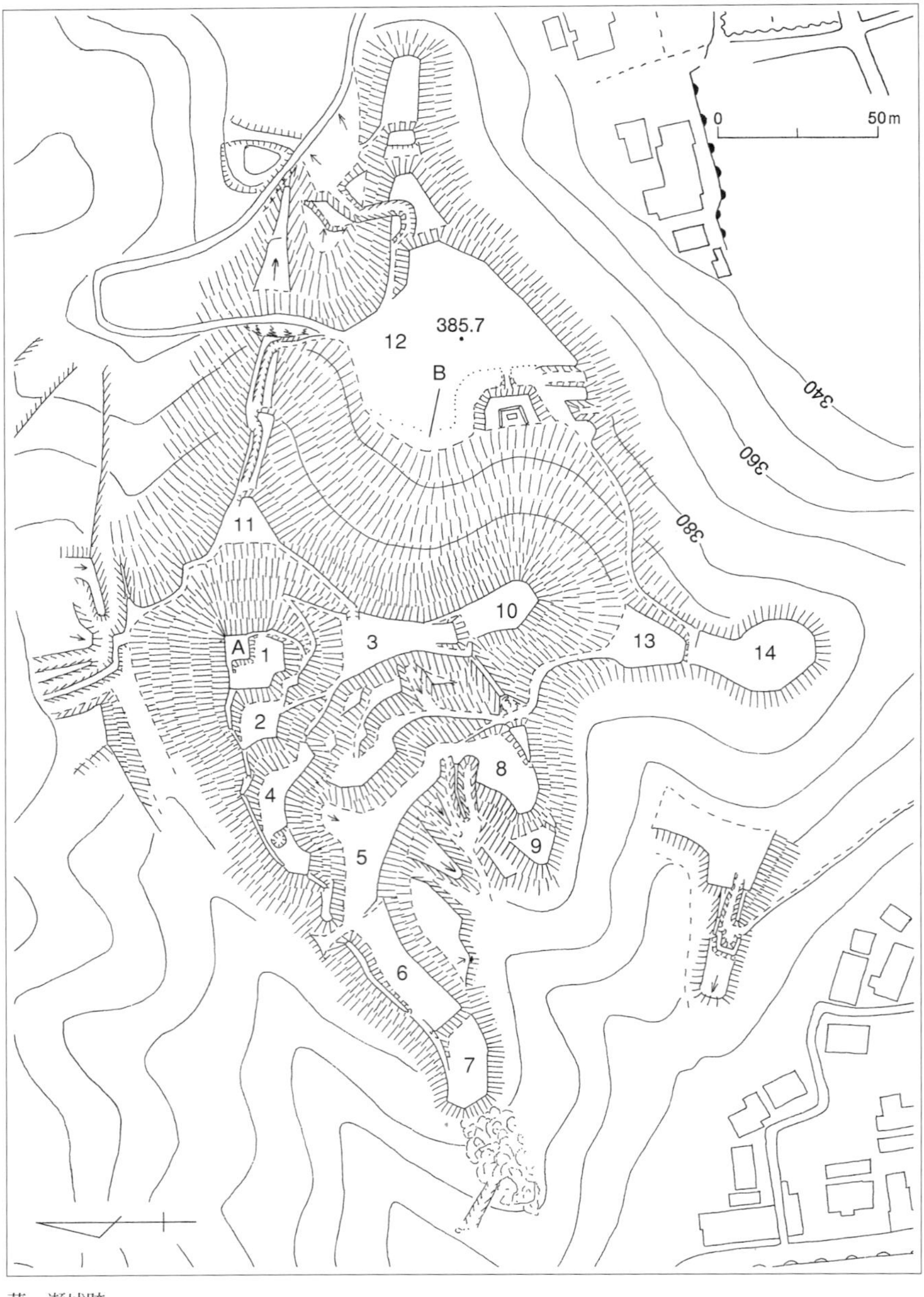

藤ヶ瀬城跡
所在地：仁多郡奥出雲町横田
調査日：1988、1989、1991
調査者：寺井　毅

48 夕景《ゆうげ》城跡（寒峰城、感目城、矢筈城、馬木城）

夕景城跡遠景

◆所在地／仁多郡奥出雲町大馬木
◆標　高／九三六ｍ　◆比　高／四七〇ｍ
◆主な遺構／櫓台、土塁、竪土塁、石垣、虎口、枡形虎口

【地　理】

仁多郡奥出雲町大馬木に位置する孤峰である。寒峰城・感目城・矢筈《やはず》城・馬木城とも呼ばれた。主郭と考えられる最高所の郭１には標高九三六・六メートルの三角点が設置されている。麓が約五〇〇メートルのため、比高は約四七〇メートルになる。出雲、備後の国境に接し、これらの山々を屏風に例えるならば、それらに対峙するような位置にある比高のある独立峰に夕景城が築かれている。このような軍事、交通の要衝であるため、尼子、毛利氏によって争奪戦が行われたことが考えられる。眺望はすばらしいが、冬季の風雪は凄まじく、尾根続きにある小林に城を移したと伝えられている。「要害城」が転訛して「夕景城」になった典型的な事例である。

【城　史】

馬来氏（真木氏）によって築かれたとされるが詳細は

登山道の様子

看板あり

分からない。馬来氏の拠城として知られ尼子十旗のひとつとされる。規模から見て毛利氏が関わったことは確実である。

【城の構造】

城郭は高所に築かれているのにもかかわらず普請は十分に行われており、壁は総じて削り込まれている。主郭と考えられる郭1の東側には櫓台（A）が築かれて尾根筋に備えている。周辺には石が散乱していたので石垣が築かれていたのかもしれない。また、櫓台（B）は郭3の北東まで続く土塁（C）に対して張り出すように築かれており、横矢を射る構造になっている。（D）の石は石段とされるが石垣のコーナーの根石と見た。一抱えもある石を山頂で石段に使うのだろうか。郭2は細長く、土塁（C）が東側から北側にかけて築かれている。郭4には虎口（E）、郭5に虎口（F）郭6の先端には桝形虎口（G）が築かれている。当初登城道が尾根の先端に取りついていたところを桝形虎口に改修したのだろう。効果的に守ろうとすれば郭の先端部には土塁か櫓台を築き防御拠点とし、登城路を出来るだけ郭6の西側に沿うように設け、上位の郭4からの反撃を最大限に効かせられる場所の虎口（F）周辺に築くのがベストだ。

しかし尾根の先端部に桝形虎口（G）を築いてしまうと上位の郭6の前面からの反撃だけになってしまう。郭の先端部に桝形虎口を築く事例は石丸城や鳶ヶ巣城、勝山城に確認できる。

桝形虎口による防御構想を、戦術的に未消化のまま築いたためだと考えている。

郭1と大規模な鞍部を挟んで対峙する郭7・8は普請が不十分なため、城外として放棄した馬来氏、またはそれ以前の時期の縄張りと考えられる。

夕景城の築かれている比高が注目されているが、毛利氏の築いた城郭を見ると高所に大規模な城郭を築く例が県内にも散見される。例えば邑智町浜原に築かれている青杉ヶ城は比高四一四メートルの高所に築かれている。江の川が北流から南流に大きく屈曲する位置にあり、地域で目立つ山である。未発達ながら桝形虎口も認められ、石見銀山を南方から攻める毛利氏によって改修されたものと見ている。

そもそも吉川元春の本拠である火野山城（山県郡北広島町）自体が標高七〇五メートル（比高三〇〇メートル）の地に築かれていることに注意したい。

【城の特徴】

土塁は縦土塁（H）と虎口周辺以外は北側に築かれている。当初は防御ラインと考えていたが北風に備えるために築いたものとも考えられる。郭3の南側に規模の大きな郭が雛段状に築かれており、ある程度の軍勢の駐屯は可能である。桝形虎口の存在から毛利氏によって築かれたものと考えているが、石垣の存在が気になる。

（寺井　毅）

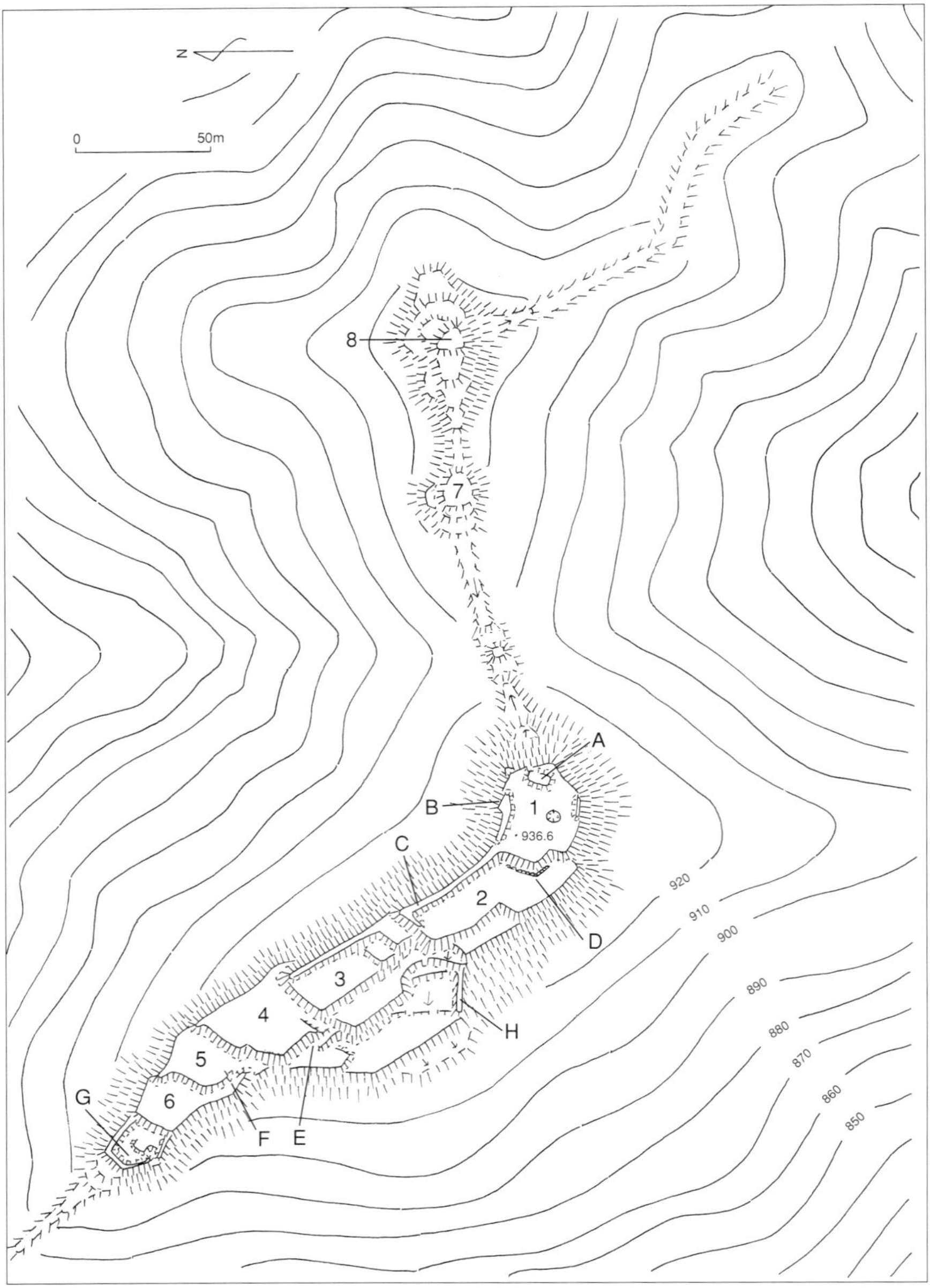

夕景城跡
所在地：仁多郡奥出雲町大馬木
調査日：1988
調査者：寺井　毅

49 賀《か》田《だ》城跡

賀田城跡遠景

◆所在地／飯石郡飯南町赤来下来島
◆標　高／四九四ｍ　◆比　高／一一〇ｍ
◆主な遺構／土塁、虎口、堀切、連続竪堀群

【地　理】

飯石郡飯南町赤来下来島に築かれた山城である。地形は急峻で一部に垂直な岩肌が露出する。国道五四号を松江方面に走り来島の集落を過ぎて坂を登ると左側に一見して城郭とわかる山容を目にすることができる。

【城　史】

毛利氏が瀬戸山城に籠る赤穴氏に降伏を迫った時、徹底抗戦を唱えた赤穴氏配下の森田氏と鳥田氏が籠った「松本山の石城」が賀田城とされている。両氏はゲリラ戦を展開したが、毛利氏との戦いのなかで鳥田氏、そして森田氏が討死すると残った将兵は白鹿城に向けて敗走したという。

【城の構造】

主郭は最高所の郭1であり、中央部に未整地の壇（A）

看板のある登山口から本丸まで600m程の登山道が続く。

矢印は登山口

が残る。東端に土塁（B）が築かれており、（C）は縦土塁のように見えるが虎口と考えられる。郭2は主郭の東側に築かれ、通称「要害」と呼ばれている。眺望がきき、周囲は岩肌が露出する。地元では「石垣」として伝えられているが、岩盤の亀裂の様に見える。郭3は主郭西側に築かれており、北側の（D）は通称「池の段」と呼ばれ、主郭への登城道が設けられている。郭3の南東に築かれている連続竪堀群（E）は山腹を回り込まれることを嫌って築かれたものである。

郭3の中央に石積み（F）が確認できた。石積みは「郭の仕切り」とも考えられるが、蔵など重量のある建造物を建てるため、基壇を強化するためにも築かれる。表面観察のみではこれ以上の推測は無理だが、何らかの建造物が存在していたものと考える。

主郭部の壇Aの様子

郭3から西に郭4、5、6が続くが、近年の公園化によって重要な部分が破壊されている。従来の登城路を利用して重機で幅の広い登山路を設けるのが手早かったようで、各地にこのような事例が認められる。公園化して多くの人々に郷土の「城跡」を見てもらいたいという気持ちが「城跡の破壊」を招いてしまった。善意の破壊と言うべきか。残念な事例である。

郭6から西側に下りると堀切（G）が築かれている。郭7は土塁が全面に築かれており、虎口も二カ所確認でき、山頂部の縄張りとは明らかに異なる。虎口（H）は土塁（I）から横矢がかかる構造になっている。土塁（J）の上を歩かせて虎口受け（K）に導かれる間、攻城側の将兵は土塁（I）から狙い撃ちにあうという優れた縄張であり、県下では類例が少ない。また、郭7の土塁は平坦地を掘り込んで築かれており、中央部（L）は掘り残したようになっており、あたかも鉄砲隊を配置する塹壕の様に見えるため、極度の軍事的緊張が存在したことを物語る。この塹壕のような施設は県内ではこの城にしか確認されていない。最終改修者を考えるにあたって参考になる縄張である。虎口（M）は竪堀（N）と土塁（O）によって築かれているが、竪堀（N）と堀切（G）がつながっていないことから郭7が後から築かれたことが分かる。

郭7の土塁O（東から西側をみる）

堀切G（右側が郭6）

【城の特徴】

郭7が他の縄張と防御構想が異なるため、賀田城は、堀切（G）までが当初の賀田城の縄張だったものと考えられる。下位の郭の端に築いた土塁の上を登らせ、上位の郭の虎口に導く縄張は出雲でも見られるが、侵入する勢力の側面を掃射する、近畿・東海地方等では一般的な防御構想だが、県下に類例が少ない。

（寺井　毅）

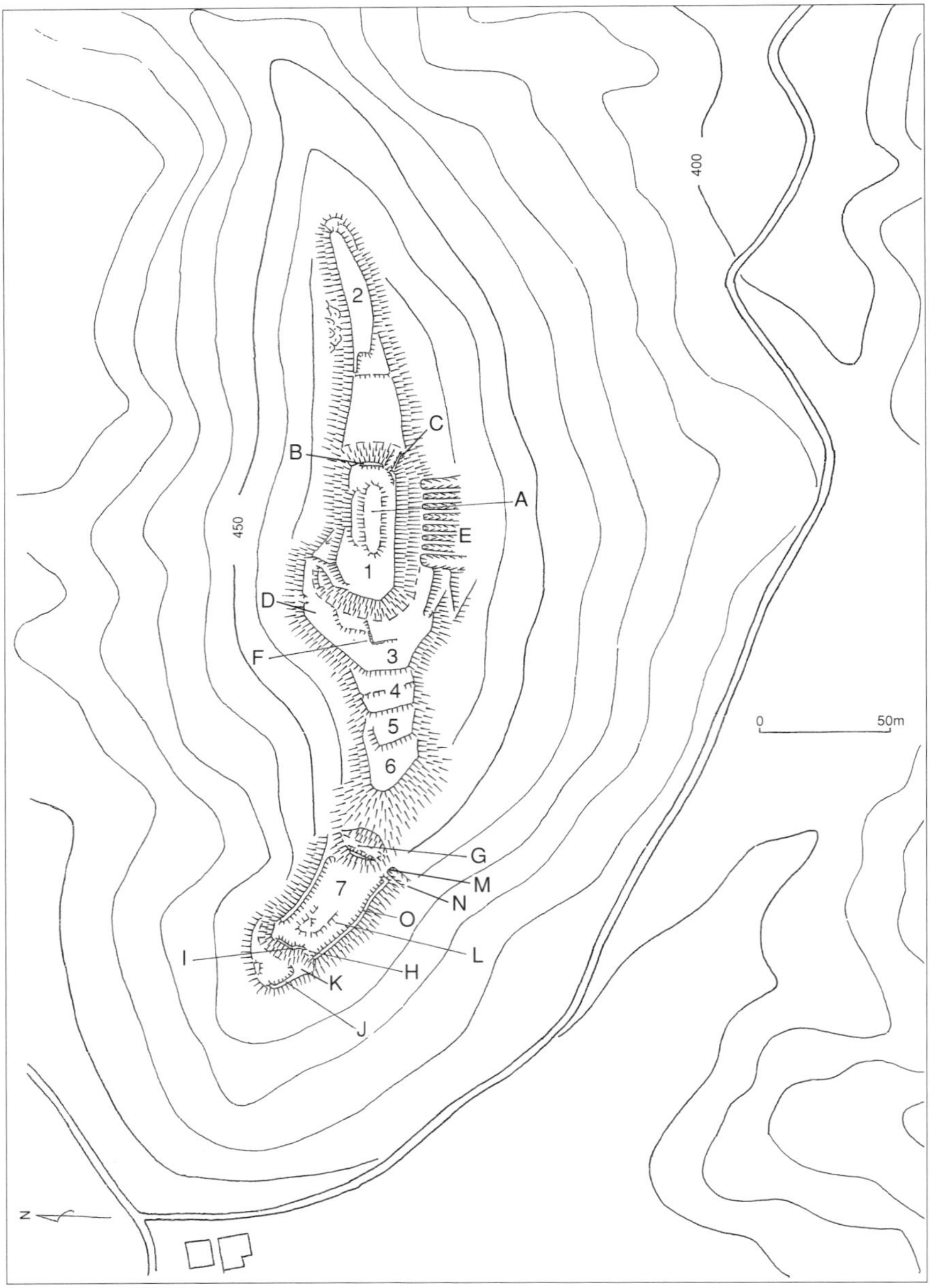

賀田城跡
所在地：飯石郡飯南町赤来下来島
調査日：2005
調査者：寺井　毅

50 瀬戸山城跡《せとやま》

赤名町からみる瀬戸山城跡

◆所在地／飯石郡飯南町下赤名
◆標　高／六八三ｍ　◆比　高／一九〇ｍ
◆主な遺構／石垣、虎口、堀切、竪堀、土塁

【地　理】

瀬戸山城は飯石郡飯南町下赤名に所在する山城で衣掛城、赤穴城とも呼ばれている。出雲、備後、石見の境に位置する交通の要衝であり、有力な勢力によって争奪の対象となってきた。

【城　史】

赤穴荘に入った佐波常連が築いたとされ、後に赤穴荘の佐波氏は赤穴氏と称した。永禄五年（一五六二）出雲に侵攻した毛利氏は瀬戸山城の赤穴氏を攻略するため、瀬戸山城の尾根筋に大規模な陣城「武名ヶ平城《ぶながひら》」を築き、赤穴氏を軍事・心理的に圧迫した。赤穴氏の降伏後、毛利氏は瀬戸山城を出雲侵攻の拠点として重視した。毛利氏が退去した後、出雲に入国した堀尾氏は当城に石垣を築き近世城郭に改修し、松田左近を配置した。松田氏は白鹿城塞群（松江市法吉町）の城主松田誠保の嫡子で尼

赤名小学校の北東に
登山道入口がある。

国道54号沿いの「道の駅赤来高原」には、
瀬戸山城登山道を記した案内板がある。

子氏が亡んだ後堀尾氏に仕官したとされる。

【城の構造】

現在見ることの出来る縄張は最終的に改修した堀尾氏の城郭である。城郭はほぼ同等の高さの郭1と郭12という防御拠点を中心に築かれており、典型的な1城2郭の城郭である。堀尾氏が改修した時期は、毛利氏が関ヶ原の戦いの戦後処理によって防長二ヵ国に減封され、その旧領国を堀尾氏が支配するという極度の軍事的緊張のなかにあった。そのため、軍事力はむろん己の経済力を領民に見せつけるためには高層の櫓群は必要であった。重層の建築物や頑丈な城門を築くためには地盤の強化が必要不可欠であり、それを可能にしたのが石垣であった。その石垣は集落からよく見える郭1周辺の郭に集中して築かれているが、郭12周辺の郭には石垣が確認出来ないため、郭1が堀尾期の主郭とわかる。郭1周辺には大規模な「破城」が行われており、特に往還（現国道五四号）から良く見える郭1の西側は徹底的に破壊されている。

郭1は変則的な五角形となっており、虎口（A）は入ると左に折れる内枡形になっている。郭2は虎口（A）の虎口受けのように見えるが、よく見ると東側から北側

郭3から郭2・1をのぞむ

に細く続いている。西側は徹底的に破壊されているため不明だが、郭1の周囲に築かれた石垣と郭2の周囲に築かれた石垣による二重構造の石垣によって主郭部が築かれていたのだろう。郭1の北側に方形の窪地が確認できるが、虎口か否かは分からない。城跡全体を踏査したが瓦片は発見できなかった。

郭2からは石段を伝って郭3に連絡している。石段は後から設置したようにも見える。当時は郭3の建物の二階からおりた可能性もある。郭3は西側に石段が残る虎口（C）が築かれ、東端は大手口と考えられる虎口（B）に続く細い通路となっている。現状は破城の際に上から落された大きな石が散乱しており歩き難いが、石垣を破壊するまでは広く、しっかりとした道だったのだろう（石を除けば数段の石垣が残っている可能性がある）。郭4の周囲には石垣が数段残っており個々の石はひと抱えもある大きさである。特に南側は見やすく富田城の郭4の両側に認められる石垣に似る。一ヵ所石に口形の刻印が認められる。

郭4から郭5に降りる虎口が確認できないため、様々な可能性を考えてみた。郭5西を放棄する事も考えたが、郭5に攻城のための拠点をみすみす攻城勢力に提供する危険性を堀尾氏は理解していたものと考える。また、郭6に石垣が築かれているのは南側の尾根筋に対して防御することを前提にしていたことがうかがわれ、堀尾氏は郭5を城内としていたことが分かる。では、郭4の虎口は何処かと探し回ったところ、郭4の北側に築かれている石垣に沿って認められる細い通路北端に石垣のコーナー（D）が認められる。したがってここから郭5に下りていたと考えている。郭5には明確な虎口が確認できない。郭5の西側の尾根には普請の不十分な郭が続くが、これは赤穴氏、もしくは毛利氏の時代の縄張と考えられ、これこそが堀尾氏が城郭外として放棄したものである。

郭7は郭1と郭12との間の鞍部に位置し、北西に大手口と考えられる虎口（B）が築かれている。大手口としたのは三十年近く昔に初めて瀬戸山城を調査した時に、虎口（B）の構造が石垣によって守られ、門の礎石とその周りを飾る長方形の化粧石を一面に敷きつめた近世城郭の虎口のイメージそのものだったためである（いつの間にか化粧石はなくなっていた）。虎口（B）は左に折れる構造になっているが、折れてそのまま進むと郭3、左に折れてすぐに右側の通路を行くと郭8に至る。郭8には虎口（E）が築かれ、郭9の周囲に石垣が確認できる。郭9の南端からは通路の痕跡が確認されるため、西方からの登る城路が築かれていたのだろう。郭10の南の郭11に土塁（F）が築かれているが、東北部が欠けているため、虎口と考えられる。東側が縦土塁になっており、西側に曲ってしだいに低くなっているため、土塁の上を歩かせて郭10に入れる典型的なパターンであるが、急峻な地形のため、攻められる危険性は低い。

虎口（B）の現状

郭12は郭1以上の面積を持ち、壁は削り込まれているが、主郭側の細尾根（G）はほぼ地山であり、防御施設が設けられていないため、郭1との主従関係は明確である。郭12から郭13に連絡する虎口は確認できないため、郭12は郭13に侵入する勢力を攻撃することを目的に築かれた純軍事的な郭として築かれたのだろう。（H）、（I）は虎口（J）から侵入する勢力を掃射する張り出しと考える。（H）は少し高くなっているため、櫓台の可能性がある。郭13は郭12の東側に築かれている。現状から見て郭13から郭12の北側を廻って郭7東端を結ぶルートが存在していた可能性がある。

堀切（K）の両端は縦掘となっているが短く、北側のみ縦掘が付随している。虎口（J）は櫓台（L）と土塁（M）によって構成されている。郭13に現在植生する木々の根は強

主郭跡の現状

く起伏し、枝は低く広く張っており、この地の風雨の苛酷さを知ることができる。これは郭7にも見られる。ともに長くのびた尾根の鞍部に位置する。したがって、苛酷な自然環境下により土塁や、土塁によって構成される防御施設の風化消滅も考えられる。

郭7には虎口（B）の他に虎口（I）が確認できる。当初は堀切かとも思ったが、石段の存在から虎口と考えた。したがって郭7には同じ方向に向けた虎口が二カ所存在することになる（松江城も東側が同様）。

以上が瀬戸山城の縄張りだが、堀切（K）を越えると尾根に築かれた防御施設から、赤穴氏の軍勢と毛利氏配下の軍勢との対峙、そして毛利軍によって赤穴氏の軍勢が城郭に追い込まれる過程が見事に読み取れる。関心がある方はぜひ探索してほしい。ただ、毛利軍が拠点とした「武名ヶ平城」は瀬戸山城の規模よりはるかに大きいことを念頭に置く必要がある。鞍部に接して築かれた郭の普請が十分に行われており、見上げると見事な壁が見えるため、つい上位の郭に登ってしまう。虎口も見える。「武名ヶ平城」恐るべし。

決して一人で挑まないようにしてほしい。そして昼を過ぎたら下山の準備を。「武名ヶ平城」を下りて鞍部に到着しても、瀬戸山城を通り抜け、麓に下山するのに必要な時間を忘れないでほしい。

堀切（K）を越え、尾根をしばらく歩くと堀切（O）と虎口（P）が築かれている。堀切と竪堀（N）を築き、掘り残した土塁状の通路の上を歩かせて虎口（P）に導くタイプだが、虎口（P）が築かれている削平地（Q）が城側の削平地（R）より高い位置にあることに注意したい。虎口（P）は明らかに郭13の方向に向けて築かれている。したがって虎口（P）は瀬戸山城を攻めるために毛利軍によって築かれた陣城なのが分かる。削平地（Q）の背後に防御施設は認められず、普請の不十分な削平地が続き、そのまま段階的に東側に降りてゆき、広い鞍部に至る。鞍部を経て対峙するのは毛利氏が瀬戸山城を攻めるために築いた大規模な陣城「武名ヶ平城」である。したがって赤穴氏は大規模な鞍部を境に防御施設を築いて毛利氏と対峙したが、毛利氏に攻められ、敗走し（Q）まで占領されたのだろう。堀切（O）を毛利軍が築く様子は瀬戸山城を守る将兵から見えていたものと考えられ、赤穴氏が毛利氏に降伏した要因のひとつになったのだろう。瀬戸山城に籠る将兵は目前にまで攻城施設を築いた毛利氏の軍事力と、築かせてしまった赤穴氏や援軍の尼子氏の軍事力の違いを目のあたりにした。

小学校の裏側に大規模な平坦部が重層的に認められ、

主郭跡からのながめ

居館と考えられる。発掘調査を行うとある程度の遺構が残っていると考えられる。また、並列して方形の削平地が集中している。当然ながら小学校が建つ敷地も居館の一部もしくは政庁と考えている。

【城の特徴】

瀬戸山城は毛利氏の攻撃に備えて赤穴氏によって尾根筋に城域を拡張して築いたが、やがて毛利氏によって突破され、赤穴氏が自ら築いていた瀬戸山城に追い込まれていく経過が明確に分かる事例である。また、近世初期に堀尾氏によって改修され、城下集落からの見栄えを意識しつつ防御を堅めた郭1周辺の南北に続く完結された「石垣の城」と東側の尾根筋からの攻撃の対処に専念する郭12周辺の「土の城」が混在する近世城郭としての好事例。そして破城によって破壊される事例。これらの事例が一カ所で体感できる城郭である。

国道五四号が迂回しているため現在も集落の主要道が直角にクランクしており、城下町特有の景観をとどめている。地籍図を見ると小学校の周辺には方形の空間、主要道沿いには短冊状の空間が集まっているのがわかる。

（寺井　毅）

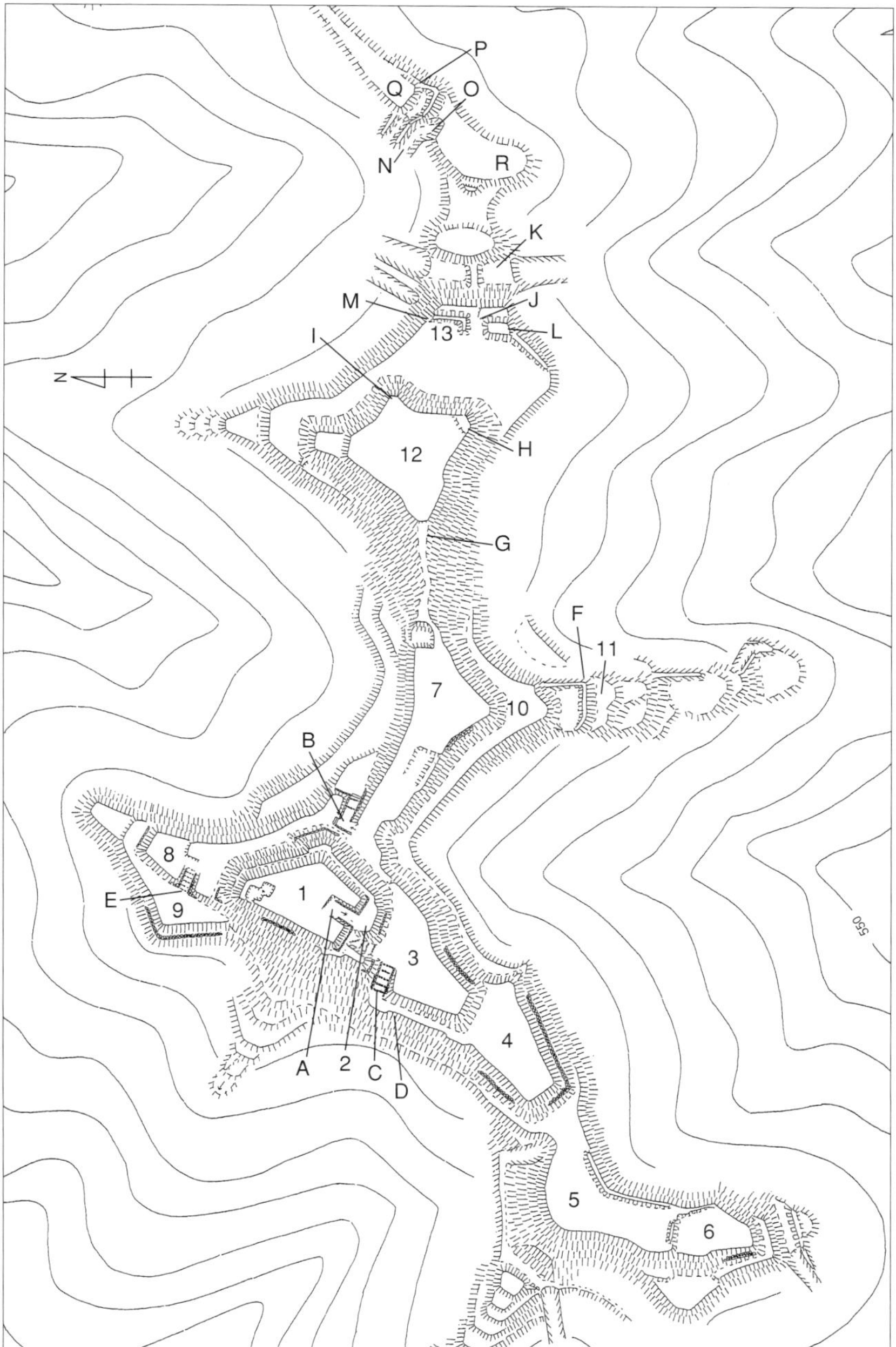

瀬戸山城跡主要部

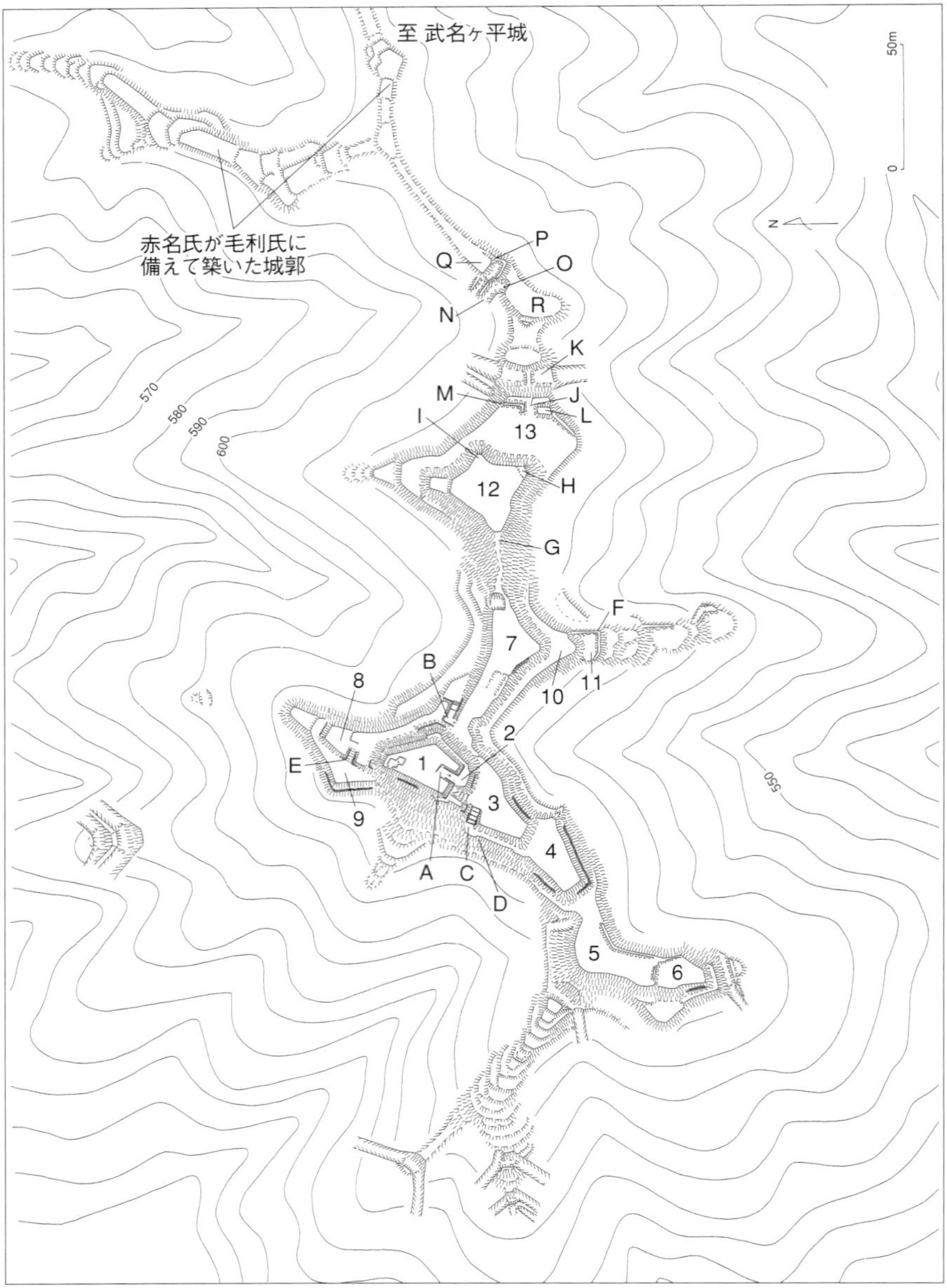

瀬戸山城跡
所在地：飯石郡飯南町赤名
調査日：1988、1989、1993、1997、2009、2010、2011
調査者：寺井　毅

第三章　発掘された出雲の城

一、平地の城

平安時代後期には地方豪族が武士化し、彼らの屋敷も支配の拠点として堀や土塁をめぐらしたものが見られるようになる。十二世紀末の大内城跡（京都府福知山市）などのように、発掘調査によって明らかになった例もある。出雲でも発掘調査によって解明された平地の城が存在する。

蔵小路西遺跡（出雲市渡橋町）

東西に平行する大溝と掘立柱建物や墓、井戸、土坑などが見つかっている。この大溝の内側には、調査時には既に失われていたが、土塁が存在したようである。また溝で橋の橋脚部分が確認されているので、ここに橋が架かっていたことが分かった。この橋の付近での遺物の出土が多く、どうやらゴミを大溝へ投げ入れたようである。出土遺物には、貿易陶磁や国産陶磁、土師器のほか、鍛冶に関するもの、木製品など多くの発見があった。館の全体が発掘されたわけではないが、中心的な大型の建物のほかに、まわりには倉庫などの施設や鍛冶場も存在し

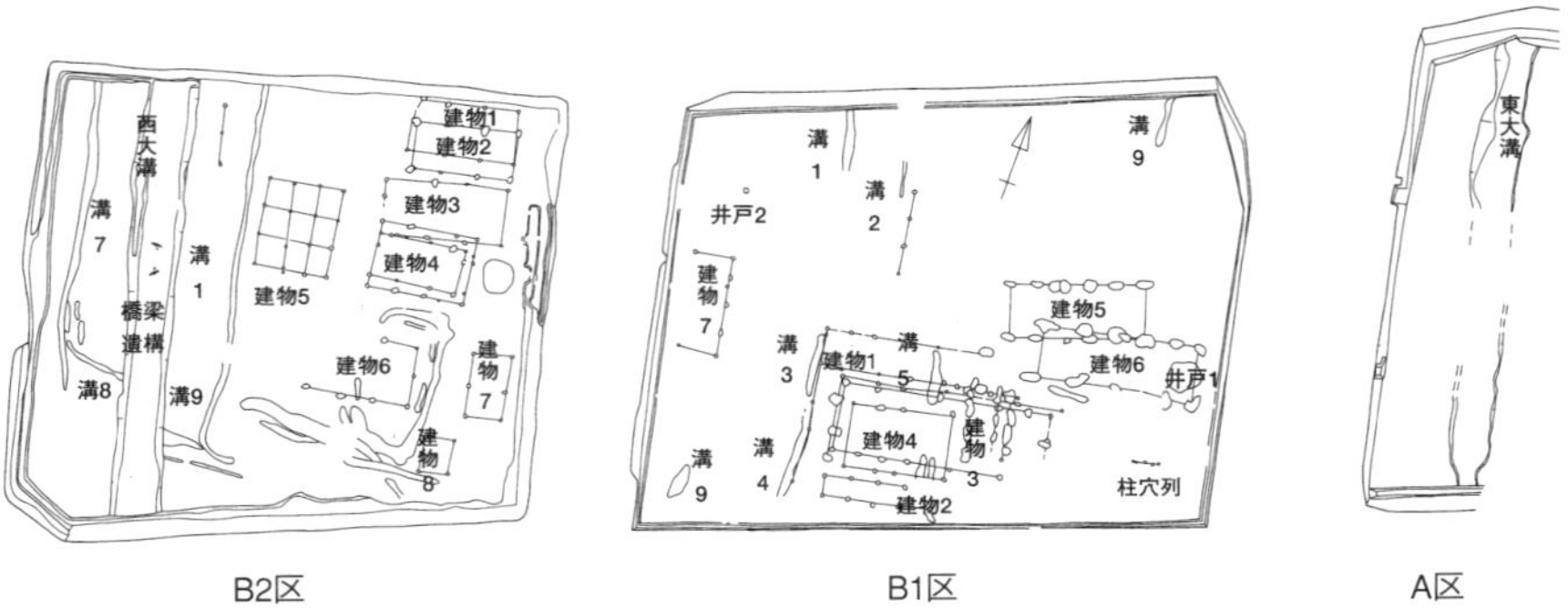

城跡の主要遺構配置図

第１図　蔵小路西遺跡

たことが確認された。また木製品の製作も行っていたようで、漆器や曲物《まげもの》、折敷《おしき》、下駄、竹笛などが見つかっている。これらのことから、この遺構は一町規模の館で、十二世紀後半から十五世紀前半頃と推定され、「平地の城」としての役割を担った武士の館と見てよいであろう。

黒田館跡（松江市山代町）

黒田館跡は、茶臼山の西南麓に位置し、古代の遺跡である山代郷正倉跡（国史跡）や下黒田遺跡と近接している。現在は遺構の大半が消滅しているが、昭和三十七年（一九六二）に住宅地の造成に伴い消滅前の土塁の測量調査、試掘が行われている。測量調査によって方形の土塁がめぐる遺構が確認され、その外側には堀が伴うことが判明している。その後、昭和五十八年（一九八三）に再び住宅の建て替えに伴って発掘調査が行われ、多数の柱穴が確認されている。また堀跡も検出され、以前の調査では方形と推定されたものが、実は台形をしていた館である可能性が強まった。その構築主体についても、井戸跡より粉青砂器という朝鮮半島産の高級な陶磁器が出土していることや、館の規模から有力な土豪層との推定がされている。この館の大きさは、北辺が三七・五メートル、南辺四五メートル、東辺六三・五メートル、西辺五六メートルで、周囲に断面V字の堀と土塁がめぐっていた。内部の北側では数棟の掘立柱建物が見つかっている。出土遺物の考察によると、使用時期のピークは二つの時期がある。第一のピークは七~八世紀で、第二のピークは十五世紀後半から十六世紀代である。しかし、南側の土塁の下で門あるいは塀などと推定される遺構（SB05、SB06）が見つかっている。そのため、当初、土

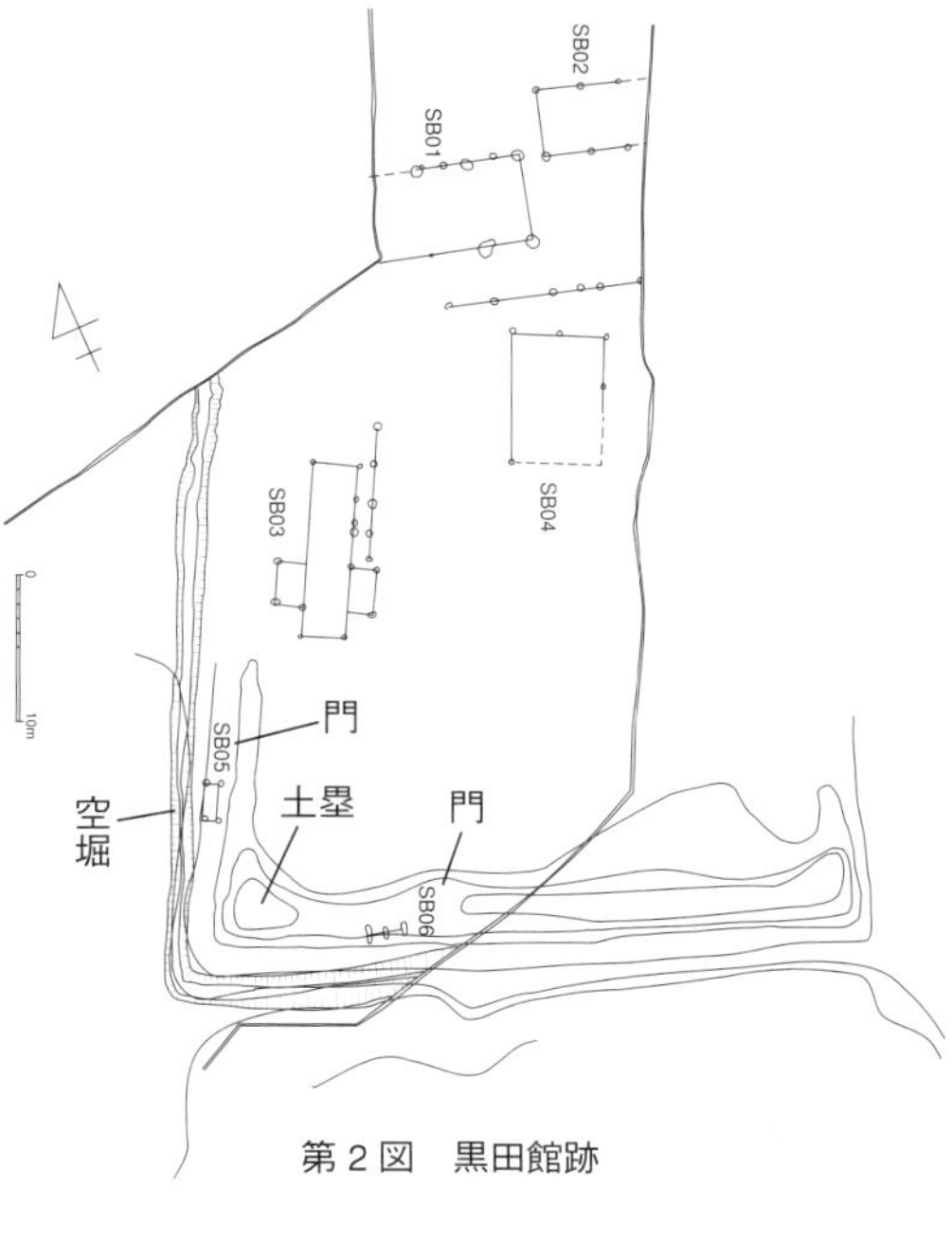

第２図　黒田館跡

塁がなく塀に囲まれていたものが、後に土塁に改変された可能性がある。より軍事的な緊張が高まったのであろう。出雲ではこのような平地や丘に築かれた方形の平面をした館の事例は、全国的に見ると少なく、貴重な事例となっている。なお、八雲立つ風土記の丘にある「武士の館」は、この黒田館跡をモチーフにしているが、正確な復元ではない。

写真１　八雲立つ風土記の丘に復元された「武士の館」

　その他、発掘調査はされていないが、全隆寺館跡（松江市八束町）、三木氏館跡（出雲市小山町）、浄音寺境内遺跡（出雲市塩冶町）のように、平地に築かれた館跡の遺構が存在する。これらは土塁や堀で囲まれ、平面が方形であることから「平地城館」「方形館」などと称される遺構であるが、全国的視点で見ると、出雲での確認例は少ない。

（高屋茂男）

写真２　全隆寺館跡

二、山上の城

つづいて山上の城、いわゆる山城について見ていこう。出雲でも数多くの山城の発掘調査が行われているが、全面的に発掘調査された事例は少ない。ここでは代表例を紹介しよう。

城山城跡（松江市宍道町）

ここは現在「山陰道宍道ＩＣ」となっている場所である。この城は主郭を中心に小規模な曲輪が五つとそれらを結ぶ通路、尾根を遮断する堀切などが確認されている。最も注目されるのは、主郭の北側斜面にある複数の竪堀と、一部竪堀をつぶして設けられた横堀状の通路だ。斜面に竪堀をならべて設置したものは、畑の畝のように見えることから、畝状空堀群と呼ばれる。この施設は緩斜面をつぶすように設けられたり、堀切から連続して掘られたり、さまざまな事例がある。城山城跡ではこの畝状空堀群を一部壊すように横堀が作られていることから、ある段階で改修が加えられていることは間違いない。この場合、畝状空堀群の城から横堀の城へと改修されたと思われがちだが必ずしもそうではない。というのもこの横堀や一部の竪堀からは、石を集めたところが見つかっ

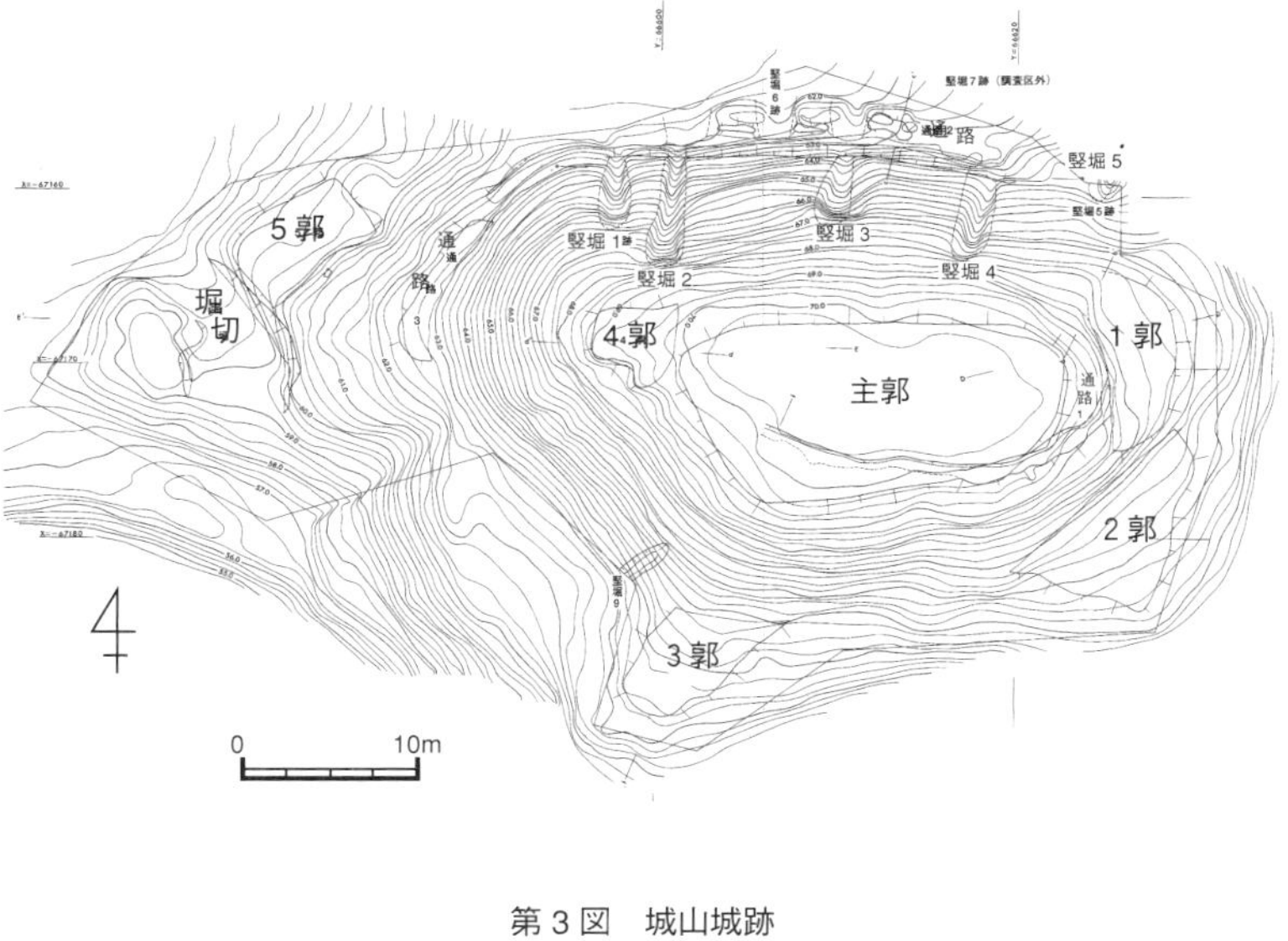

第３図　城山城跡

ている。このことから、空堀群は横堀と共存して使用されていた姿がうかがえる。このような畝状空堀群と横堀とが共存する事例は、各地で発見されている。

大井谷城跡（出雲市上塩冶町）

大井谷城跡では、主郭の西に位置する曲輪（西1郭）で発掘調査が行われ、掘立柱建物、柵、通路、虎口がまとまって発掘調査で確認できた数少ない事例である。西2郭から西1郭へ上がってくる通路には柵が設けられ、この柵は西1郭の建物に接続している。虎口部分をあけて柵は南側にも設けられている。西1郭の西側の部分には土留めの列石も見られる。

稲葉城跡（松江市西尾町）

主郭の南半分で発掘調査が行われ、土壙、柱穴群、礎石群が見つかっている。柱穴群は柵列の可能性がある。またこの柱穴群と並んで西側には礎石群が列をなす。三個しか検出されていないため断定できないが建物跡の可能性がある。また主郭南端では土塁が検出され、東側へ回り込んでいる。主郭の南側からは、長方形に掘り窪められたところがあり、中からは角礫がぎっしりと詰められており、投石用と報告されている。

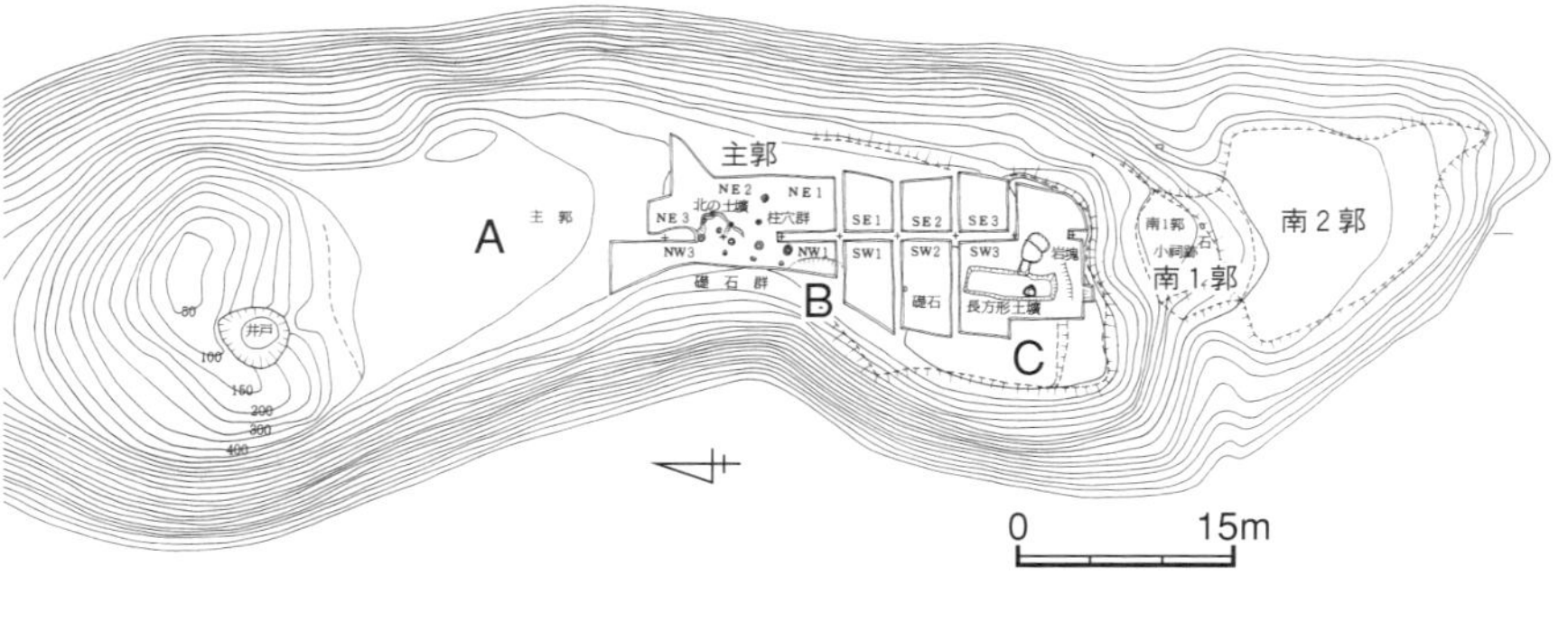

第4図　稲葉城跡

半分城跡（出雲市上塩冶町）

主郭の西側に一段下がった西1郭で発掘調査が行われている。この曲輪の北側には主郭からつづく二・五メートルの高さの土塁が回っている。地表面観察では北側に畝状空堀群が確認されている。

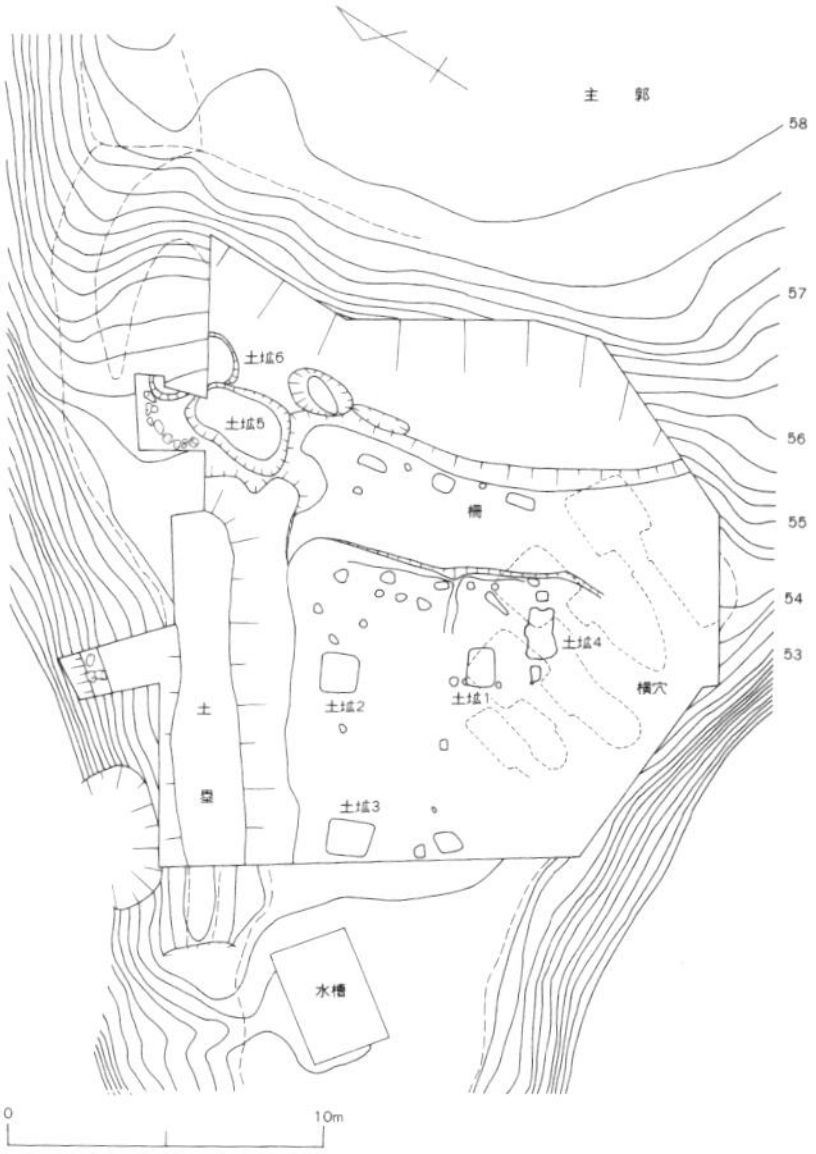

第5図　半分城跡

大井城跡（出雲市斐川町）

六つの曲輪と土塁、堀切、竪堀などの遺構が確認されている。第3郭で確認された建物跡のうち北側のものは、空堀と掘り残した土橋付近に設けられ、櫓などが想定できる。

荒隈城跡（松江市国屋町）

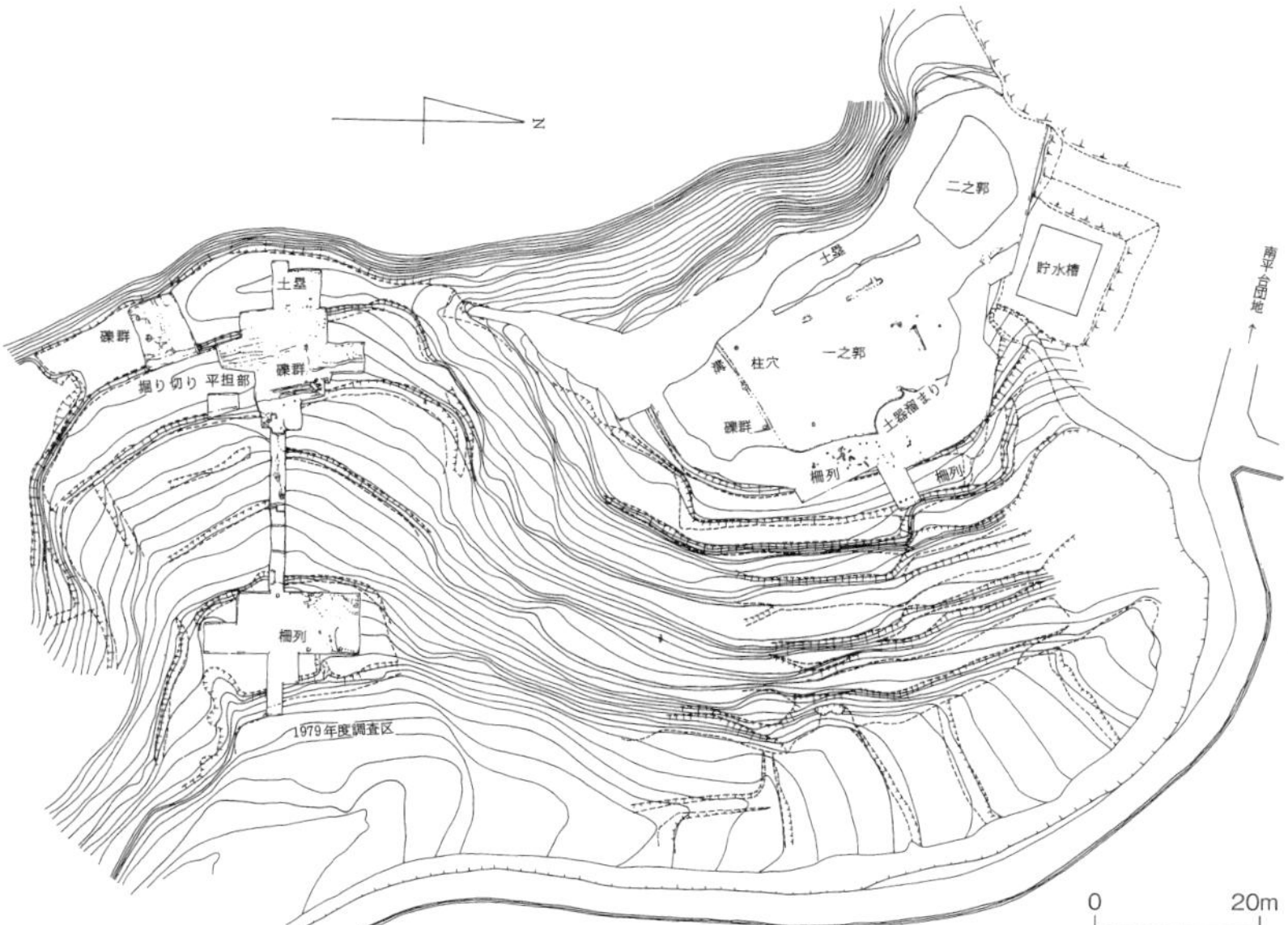

第6図　荒隈城跡

荒隈城跡は毛利元就が陣をとったところとしてよく知られている。これまでに城域推定範囲で幾度かの発掘調査が行われているが断片的な調査が多い。昭和四十三年の「南平台住宅団地」の調査では、掘立柱建物跡が五棟確認されている。昭和五十四年の調査では階段状遺構で礫群、柵列が確認されている。昭和五十五年度の調査では、「一ノ郭」と呼ばれる曲輪で土塁、柱穴、柵列、土器溜まりが確認されている。土塁は高さ五〇センチ、底辺幅二・三メートルの低い土塁で北側が九〇度に屈曲している。また「一之郭」の東では不規則な柱穴が確認されており、柵列と考えられている。土器溜まりで見つかった遺物は地鎮などの祭祀にまつわるものと考えられている。

下布施氏館跡（雲南市）

尾原ダム建設にともない発掘調査された。館跡という遺跡名ではあるが、山麓ではなく山頂にあるため名称から受ける印象とは異なる。ここでは小規模な曲輪や通路状遺構、堀切が確認されている。曲輪の規模や削平状況は良くなく建物もないので、それほど整備された城という印象はない。

写真３　下布施氏館跡　発掘調査時全景

藤ヶ谷遺跡・角谷遺跡（松江市西持田町・法吉町）

藤ヶ谷遺跡は現在、ソフトビジネスパークとなっている位置にあった遺跡である。角谷遺跡は法吉団地の開発にともない調査された。これらの遺跡は白鹿城跡の東西に位置する地続きの丘陵上にある遺跡である。白鹿城跡の周辺には大高丸、小高丸、小白鹿城などが知られるが、ここに紹介する遺跡も城砦跡群のうちとしてとらえる必要があるかもしれない。白鹿城跡や真山城跡では尾根上に土塁状の遺構が地表面観察により確認されており、藤ヶ谷遺跡、角谷遺跡ともに同様の遺構が発掘調査によって明らかになった。また共に鉄砲玉が見つかっていることも特筆される。おそらく土塁状の遺構もこれら城砦群共通の遺構と考えられる事例である。

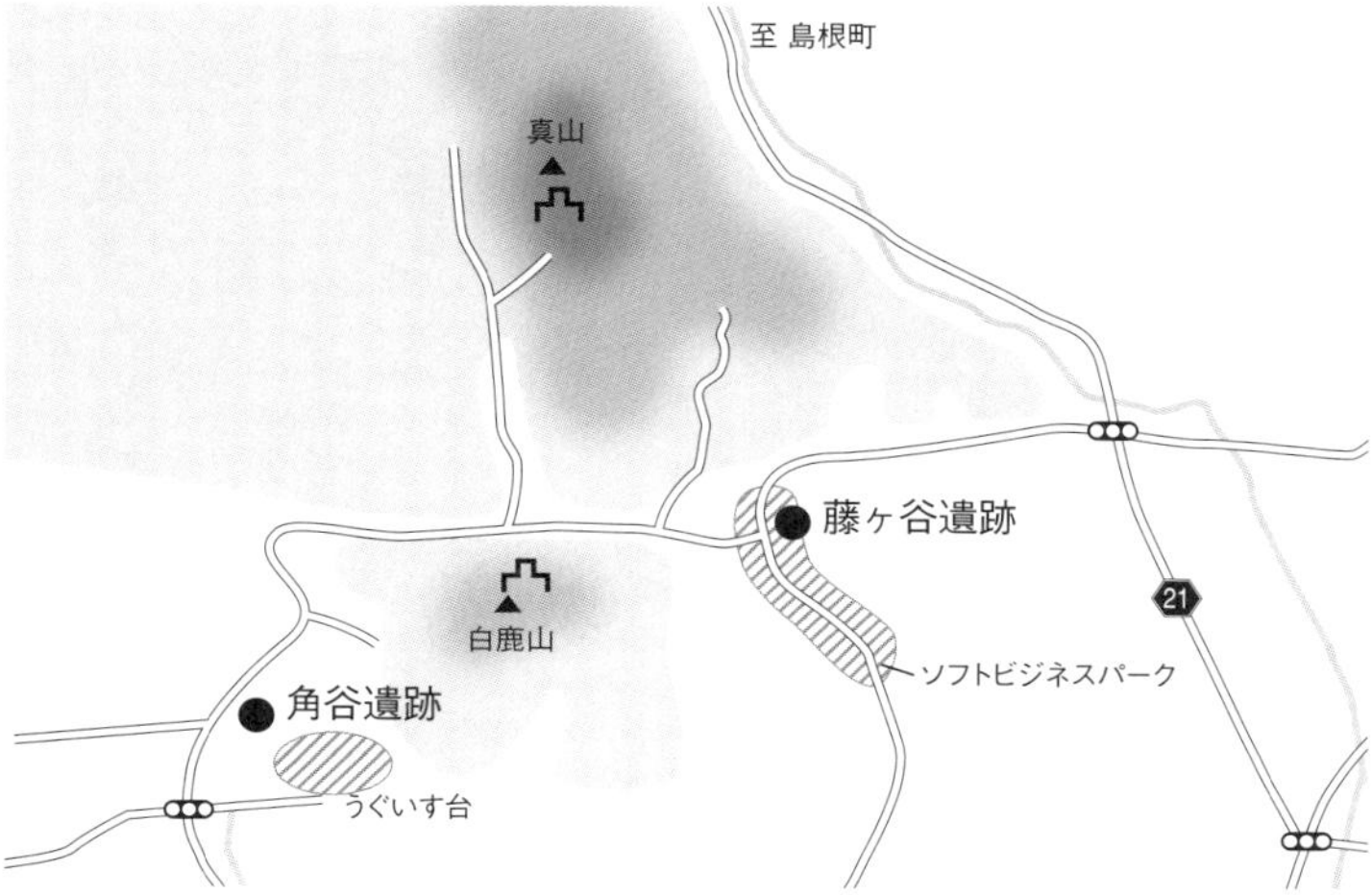

第７図　白鹿城と藤ヶ谷遺跡・角谷遺跡位置関係図

富田城跡（安来市広瀬町）

富田城跡は出雲の城の中で最もよく知られた城であるため、第三章、四に項目をたてることとする。

（高屋茂男）

三、城館の遺構

つづいてこれまでに見てきたように、発掘調査によって様々な遺構が明らかとなっている。ここでは遺構の種類毎に見ていきたい。

曲輪

曲輪は城の最も基本的な構成要素である。瀧谷山城跡（出雲市）では、もともとの地面の上に削った土を盛った痕跡が確認されている。このように山城の場合、尾根上に曲輪が築かれることが多く、削った土を下方へ盛って造成することが多い。また、敵兵が登りにくいようにするために岸を急傾斜としたり、屋敷地にしたりするためきれいに平坦にされることがある。森迫城跡（浜田市）ではみごとに整形された曲輪が検出されている。藤ヶ谷遺跡（松江市）では堀切に接した曲輪で三期の地形の改変があったことが明らかとなった（第9図）。一期はもともとなだらかな地形でそこに堀切を作った時期。二期は堀切の上方を盛土し切岸を作った時期。三期は堀切を埋め、腰曲輪とした時期。このように幾度か改変が行われ曲輪が造成されたことが分かる。

写真４　瀧谷山城跡　曲輪

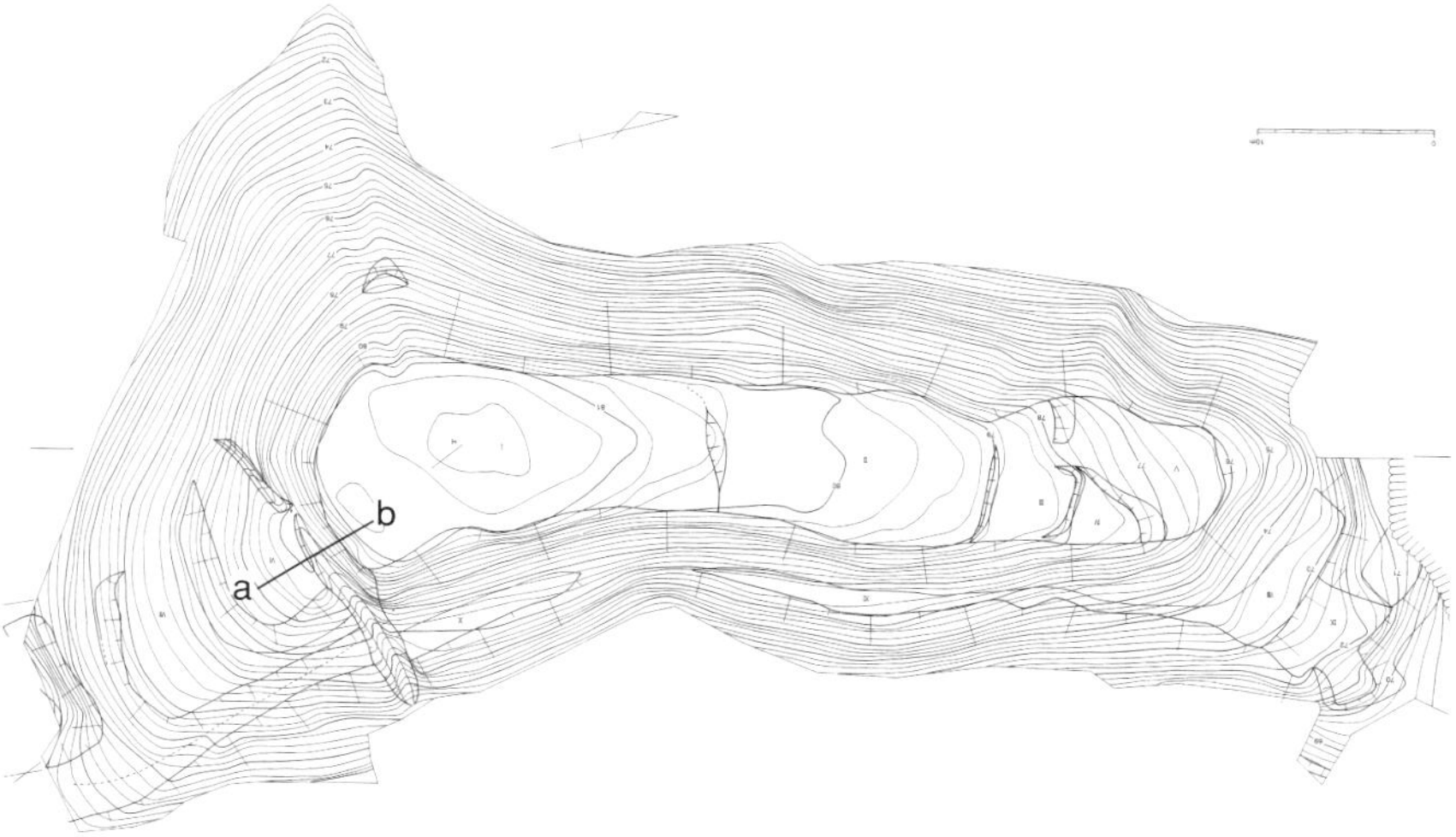

第８図　藤ヶ谷遺跡（曲輪）

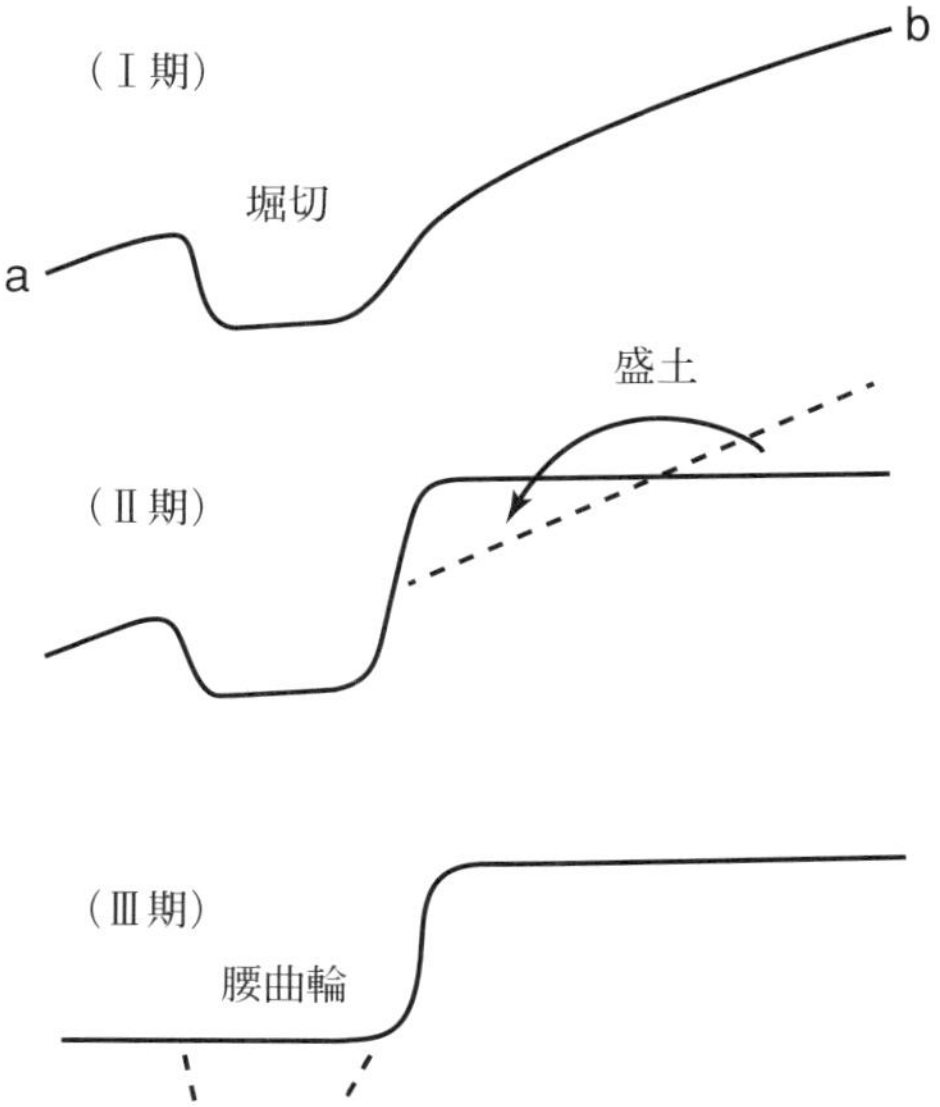

第９図　藤ヶ谷遺跡（曲輪造成）

堀切

堀切は尾根上を遮断するために築かれるため、深く鋭く掘られることが多い。堀底はV字やU字状、箱形になっている。藤ヶ谷遺跡（松江市）や下布施氏館跡（雲南市）では、するどくV字に掘られて堀切が検出されている。畑ノ前遺跡（雲南市）では、箱形に掘られた堀切が明らかになった。立山要塞（雲南市）では、上方はV字に掘られていたが、斜面の部分では箱形に掘られていた状況が確認できた。このように堀切は尾根筋から斜面部分に竪堀となって延びていることも多い。通常堀切は痩せ尾根の部分を完全に断ち切ることが多いが、大井城跡（出雲市）では一部を土橋として残している。

写真5　立山要塞（堀切）

写真6　下布施氏館跡（堀切）

写真7　畑ノ前遺跡（堀切）

竪堀

竪堀は堀切から延びている場合もあるが、単独でも構築される。また竪堀を連続させて構築することで、斜面の横移動を防ぐねらいや、下方から攻めてくる敵兵を攻撃することを目的としている。竪堀の発掘調査事例は少ないが、城山城跡では竪堀を何本も連続して構築している様子が明らかとなっている。このように群をなしているものを畝状空堀群と呼ぶ。

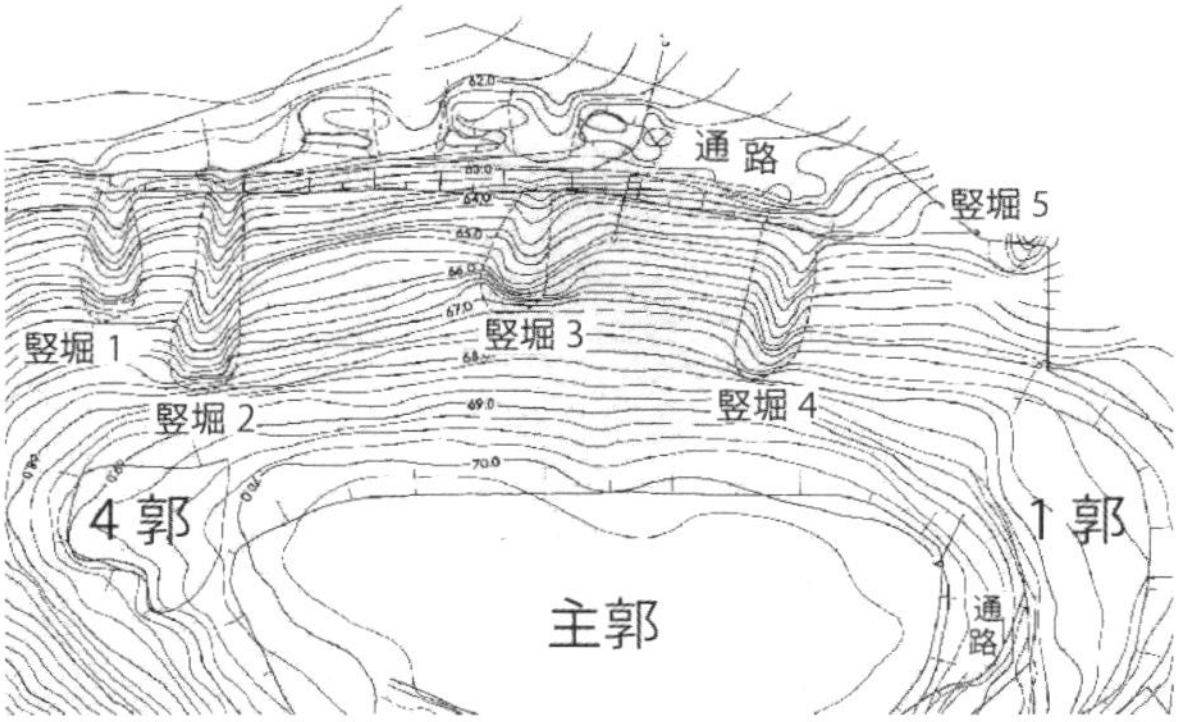

第10図　城山城跡（竪堀）

横堀

横堀は竪堀と異なり、曲輪の直ぐ下などに等高線に沿って掘られたものである。シアケ遺跡（安来市伯太町）では、主郭南側の急斜面下に地形に合わせてS字状に掘られている。主郭との間には細い段状遺構が設けられている。また堀底では多数の角礫が集められた状態で見つかっている。城山城跡では、先に触れたように複数の竪堀が設けられていたが、ある時期にこの竪堀の上部を壊して横堀が設けられていることが分かった。一般に横堀は戦国時代も後半に入ってから多用される傾向があり、城山城跡も畝状空堀群の城から横堀と竪堀の城へ改変された様子がうかがえ、集石が見られる点も共通している。

写真８　シアケ遺跡（横堀と飛礫石）

土塁

土塁は主に曲輪の縁や堀切などに接して構築されることが多く、曲輪を全周することもある。半分城跡では、地形を削り出して構築されたものであることが分かった。角谷遺跡（松江市）では、主郭北側に小さな平坦面が見つかったが、この平坦面から西側の通路部分にかけて土塁が設けられている。またこの土塁から北側に伸びる尾根筋に、幅五〇センチの土橋状の遺構も確認されている。土塁も土橋も盛土をして構築されたものであった。黒田館跡では堀とセットで大規模な土塁が見つかっている。

写真９　角谷遺跡（土橋・土塁）

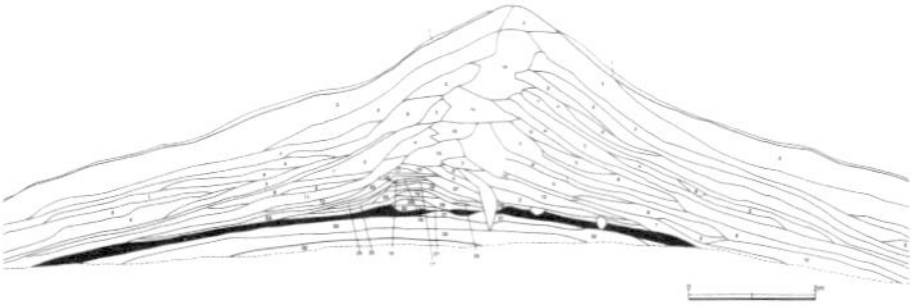

第11図　角谷遺跡（土橋・土塁断面）

柵

柵は発掘調査では明らかに出来ない遺構である。通路や曲輪の端、建物等に接して設けられることが多い。大井城跡（出雲市）では虎口付近で通路や建物に接して整備されている。

また斜面部分には、伐採した樹木や枝を用いて逆茂木や乱杭が設けられることもあった。池平山城跡（松江市）では、斜面部分で配列や間隔が不規則な柱穴が数多く見つかっている（第12図）。これらの柱穴は斜面下方に向けて掘られており、木の枝を城外に向けて立てて柵とした逆茂木のたぐいと考えられる。このような遺構は建物や通常の柵の規則正しく配置されたものではないため、検出されにくい。また通路上部に十カ所の柱穴が確認されている（第13図）。きれいに加工された曲輪ではなく、自然地形のゆるやかな部分に設けられ斜面の処理のしかたのひとつと考えられる。荒隈城跡でも斜面部分に柱穴が多数見つか

写真10　富田城跡（復元された柵・門・建物）

っている。藤ヶ谷城跡では、尾根筋の傾斜地でL字に曲がった溝が多数検出されている。ピットなどの遺構が見つかっていないので断定できないが、尼子陣所（美郷町）で検出されている柵列も同様の溝が掘られたものであることから、これも柵になる可能性がある。

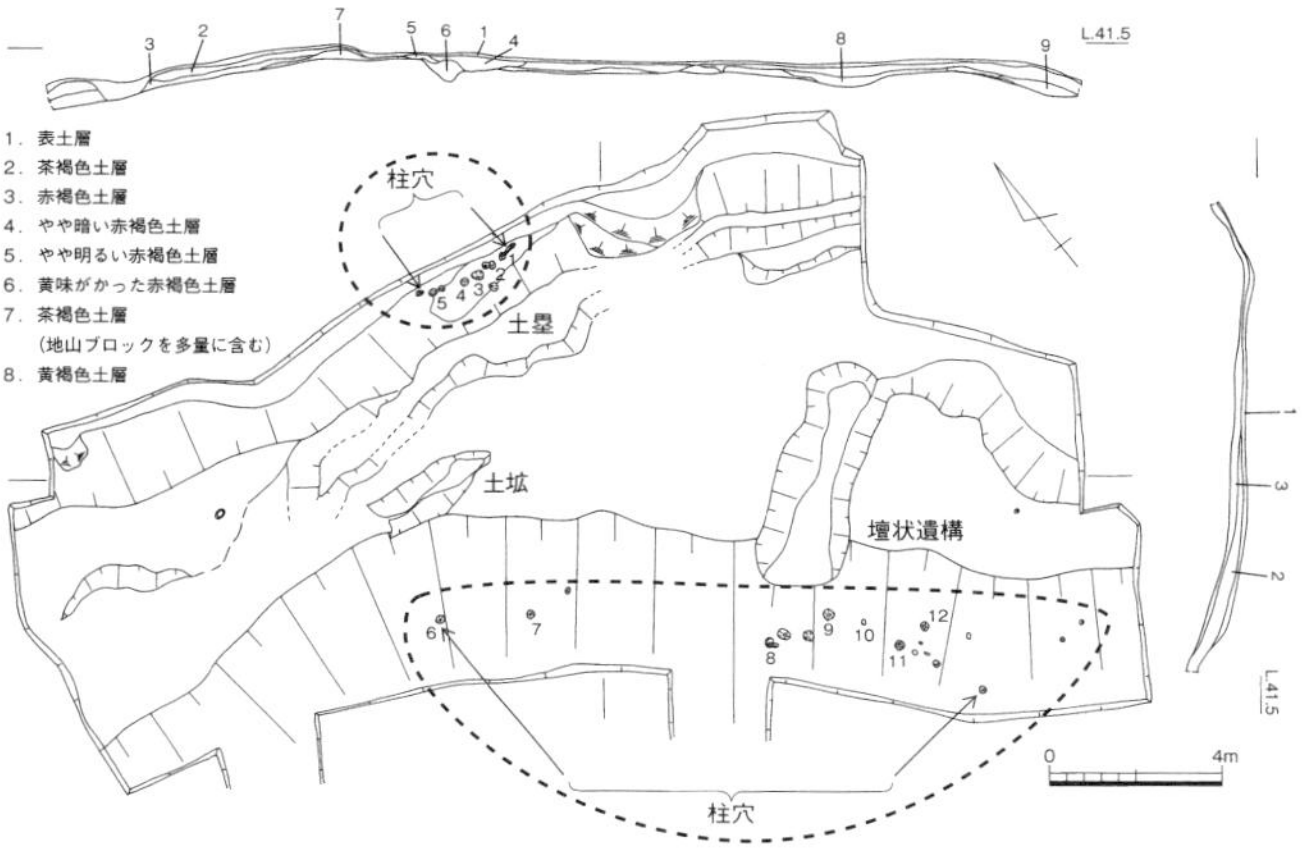

第12図　池平山城跡（逆茂木）

第14図　藤ヶ谷遺跡（柵）

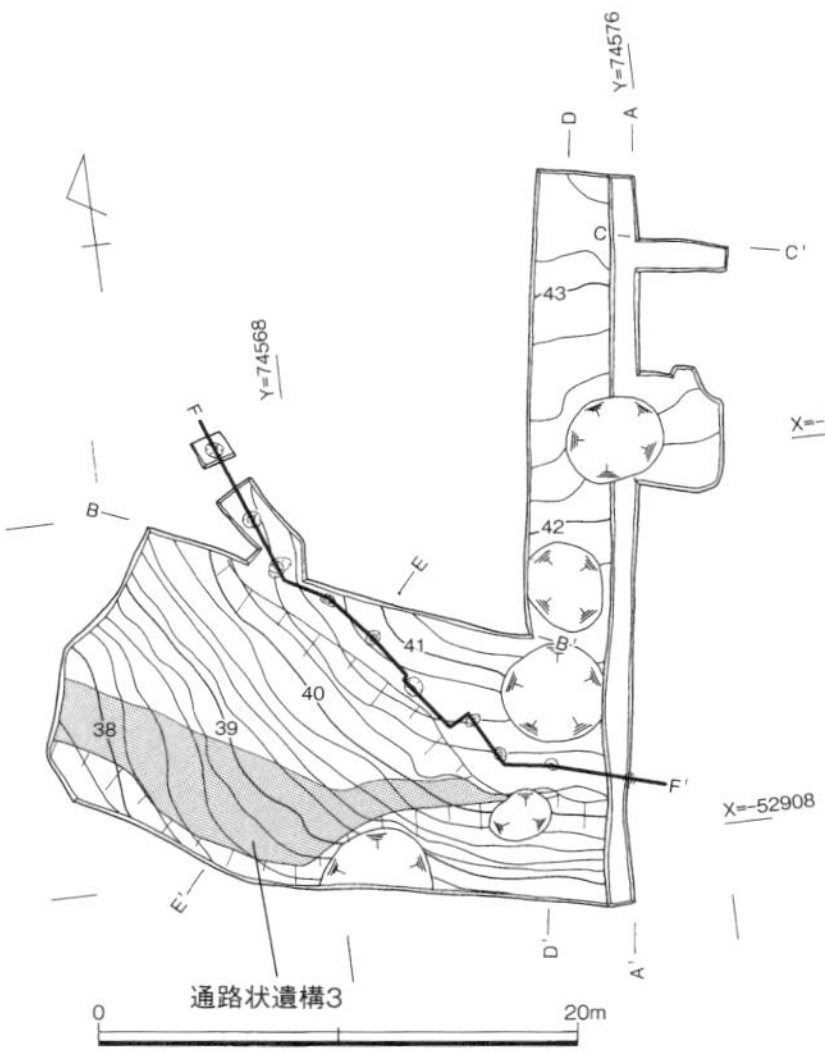

第13図　池平山城跡（柵）

建物

大井谷城跡では南2郭で曲輪の中央部分に二間×二間の掘立柱建物が見つかっている。西1郭では一間×一間の掘立柱建物が見つかっており、前述したように虎口附近にあり通路を上ってくる敵を俯瞰するような櫓のような建物であろう。大井城の建物も空堀に接してあり櫓が想定されている。瀧谷山城跡でも主郭から北へ伸びる尾根にある北1郭と呼ばれる曲輪で、一間（二メートル）×二間（四メートル）の掘立柱建物跡が見つかっている。主郭に接続する部分であるため、門などの可能性も考えられるが、位置的に通常あるべき姿と異なるため慎重に検討する必要がある。

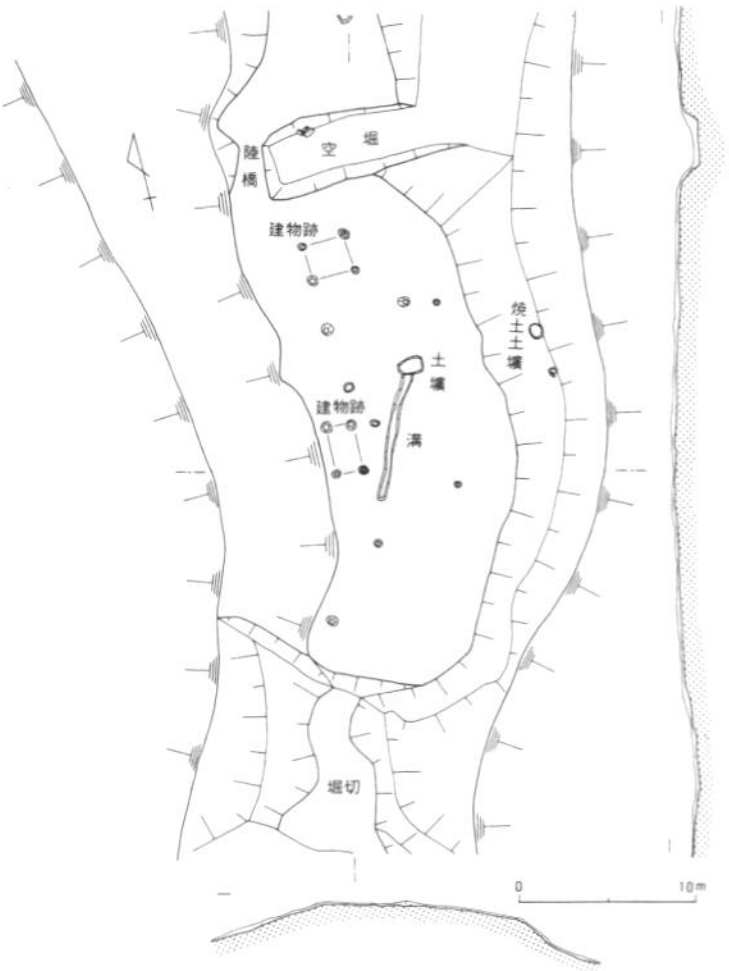

第15図　大井城跡（空堀・建物）

礎石建物跡は島根県内では富田城跡、山吹城跡（大田市大森町）、七尾城跡（益田市七尾町）など、拠点的城郭で採用例が見られる遺構である。しかし稲葉城跡のように必ずしも大規模城郭ではない城でも礎石建物跡と考えられるものが見つかっている。全国的に見ると山城でも礎石建物跡はかなりの量が見つかっているが、出雲の事例はまだ少ない。礎石建物というと立派な建物をイメージされるかもしれないが、瓦葺きの重厚な建物は織豊期城郭などに限られ、それ以外の山城の礎石建物は簡素なものであったと推定される。

写真11　瀧谷山城跡（布掘建物）

写真12　富田城跡（復元された建物）

虎口、通路、階段

虎口は城郭を考えるうえでも最も重要な遺構と言っても過言ではないであろう。これは食い違い虎口や枡形虎口などのように城郭の発展の中でも特に重要な位置づけをされるためである。富田城跡では、山中御殿平西部の塩谷口で発掘調査が行われている。高石垣の一画に設けられた虎口で、内側で壁に突き当たり左右に石段を上がって曲輪へ入る形式である。礎石は石垣に沿って六個確認され門が設けられていた。この虎口は幅が一・六メートルとかなり狭い半地下式で、破城にともない多量の土砂で埋められていた。また三ノ丸石垣の北東部でも門柱をささえる礎石と、控柱をささえる小ぶりの礎石が見つかっており、門の位置から枡形虎口と考えられる。大井谷城跡では通路、柵、建物とセットとなって虎口が設けられているのが特筆される。大井城跡では第4郭と3郭の間を空堀で遮断し、一部掘り残して土橋としている（**第15図**）。ここも第3郭の虎口と評価できる。

通路は曲輪と曲輪を結ぶ重要な役割を果たしたが、地表面観察で埋まっていることが多く判然としないが、発掘調査によって明らかになったものがある。大井城跡の

写真13　下布施氏館跡（通路状遺構）

写真14　下布施氏館跡（通路状遺構断面図）

写真15　大井城跡（階段状遺構）

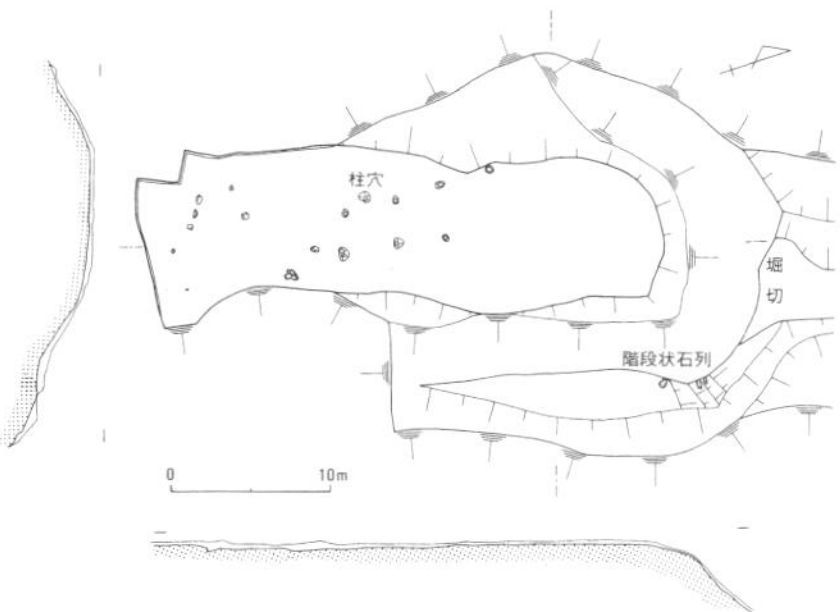

第16図　大井城跡（階段状遺構）

第3郭から堀切を越え、第2郭へ上がる通路が確認され、そこでは平らな石を置いた階段状遺構が確認されている（**第16図**）。幅は一メートル〜二メートルのものである。下布施氏館跡は館という名称は付いているが、実質的には麓からの比高六〇メートルをはかり山城に分類される。ここでも曲輪群の側面をめぐる通路状遺構が確認されている。幅は一・五メートルから三メートルで一定ではない。またその後の堆積によりほぼ埋没していた。

石垣・石積

中世の山城は「土の城」という呼び方をされることもある。これは石垣が用いられる城が織豊期城郭以降であるためである。出雲では松江城、富田城、三刀屋城、瀬戸山城などが代表例として挙げられる。しかし中世の山城に石を積んだ遺構がないかというと、そうではない。通常石積みの裏側に裏込め石（栗石）と呼ばれる小ぶりな石を入れているものがあり、高さもある程度高く構築されているものを石垣と呼ぶことが多い。石を積むこと自体は寺院でも用いられているので技術的には新しいものではない。発掘調査や測量などによって石垣・石積が明らかになった事例として、富田城跡、三刀屋城跡、大井谷城跡などがある。富田城跡では花の檀、山中御殿、

写真16　三刀屋城跡（石垣）

写真17　瀬戸山城跡（石垣）

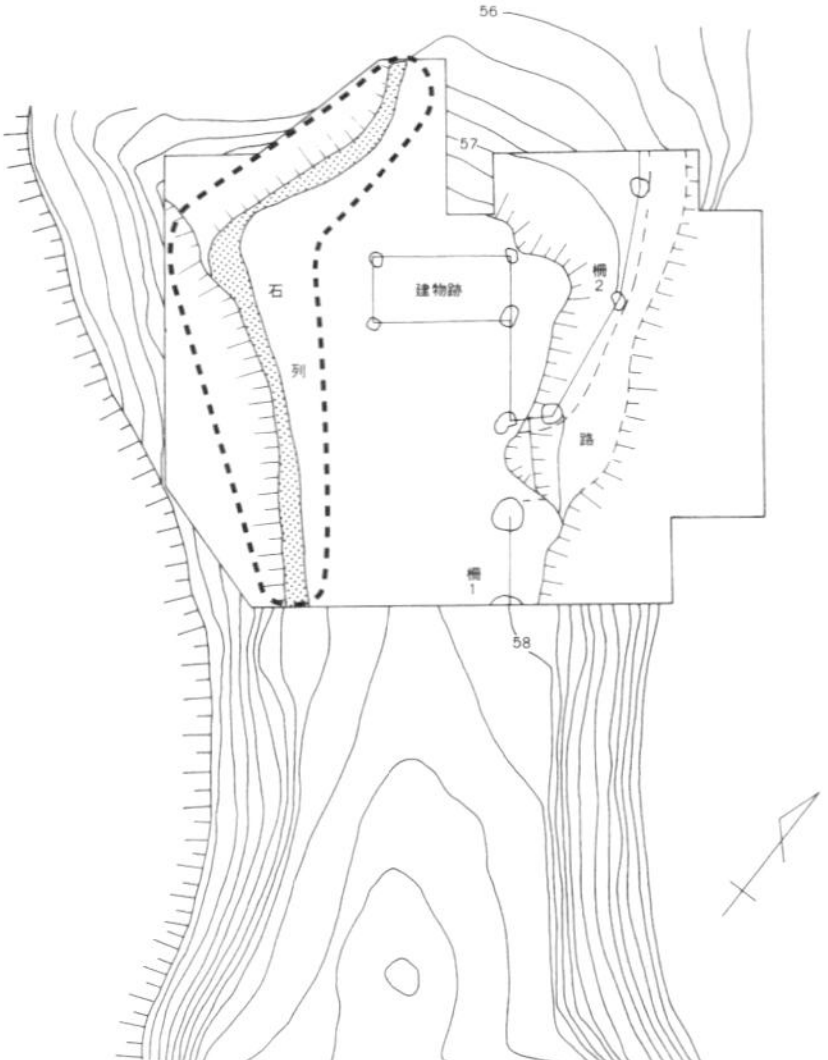

第17図　大井谷城跡（石積）

二の丸、三の丸などで、三刀屋城跡でも主郭で調査が行われている。三刀屋城跡では石材を切り出す際に付いた矢穴の痕跡も見られる。大井谷城跡では西1郭で曲輪に縁にそって石列が確認されている。これは本来この上に土塁があったと想定されている。

水の手

城にこもる人々にとって重要なのは、水と食料であろう。水は城内の井戸や、谷間の湧水などが利用されたと考えられる。水の手が明らかになった事例としては、瀧谷山城（出雲市）がある。城の北西側の谷部分で小規模な滝が確認された。この滝へ向かうための岩盤をノミにより加工して造られた道路状遺構や、階段状遺構が確認された。滝壷付近では水門のための柱穴が見つかっている。この

写真18　瀧谷山城跡（水の手）

ような水の手が発掘調査で明らかになる事例は稀である。その他、当然井戸が掘られている事例もある。城山城跡主郭の南側の谷で岩盤を掘り下げた井戸が二つ見つかっている。一つが深さ一・二一メートル、もう一つが深さ一・五メートルである。底には石が多数入れられており、井戸の廃絶にともない投げ込まれたものと考えられる。

焼土遺構

焼土遺構がどのような要因によるものかは、遺物が発見されないものが大半のため詳細は不明としか言いようがない。しかしシアケ遺跡では狼煙《のろし》と推定されている遺構が見つかっている。二・二〇メートル×一・六〇メートルの大きさで、炭層が二五センチでその下に焼土層が一三センチある。狼煙は城郭の施設としては、容易に存在が推測される遺構ではあるが、実際の発掘調査では判然としない。シアケ遺跡のものは炭層も厚く多量に燃やした跡であるため、狼煙と推定されている。またその他にも小規模な焼土土壙が城館内で確認されることもある。大井城跡では四カ所で焼土土壙が確認され、いずれも空堀の外や横堀など、主たる曲輪ではないところで確認されている。断定はできないが、籠城や兵士の駐屯にともなう煮炊きなどの跡とも考えることができる。

城郭類似遺構

城跡を調査していると、首をかしげたくなる遺構に出くわすことも多くある。現在ある城跡はその城が使用されなくなって自然に埋まったり、あるいは江戸時代から現在にいたるまでに、人々の生活の営みの中で、山道を造ったり植林したり、あるいは砂鉄を採取するための鉄穴《かんな》流しなどにより地形の改変が行われている。また谷間などでは田んぼにともなう石積みが見られることもある。そのため、このような長年の人々の営みを想定して調査を行わねばならない。その中でも出雲特有とも言えるのが、鉄穴流しにともなう遺構であろう。石見地方の事例であるが、森迫城跡（浜田市旭町）や内ヶ原城跡（浜田市旭町）などでも不自然な竪堀状遺構や土塁状遺構が確認され、鉄穴流しにともなう遺構の可能性が指摘されている。雲南市、奥出雲町、安来市広瀬町や伯太町などの城跡では特に注意が必要であろう。

中世城館の出土遺物

飛礫石《つぶていし》

中世の合戦では、飛礫石が多用されたことが判明している。これは軍忠状などでも飛礫石により傷を負った者が多くいたことが確認できる。発掘調査では集石遺構が見つかることがままある。横堀の項でも触れたが、城山城跡やシアケ遺跡のように横堀の底や曲輪面で石がまとまって見つかる場合がある。後平城では主郭で六四点の石が集められており、石は川原石ではなく角礫が選ばれていた。権現山城跡（出雲市上塩冶町）では石切場によ

写真19　後平城跡（飛礫石　中央の集石部分）

写真20　後平城跡（飛礫石）

り大きく改変を受けていたが、主郭で七五〇個を越える石が集められ、出土位置から飛礫石と考えられる。

写真21　権現山城跡（主郭の飛礫石）

祭祀にまつわるもの

中世の城では合戦や生活で用いられる道具と考えにくいものが見つかる場合がある。荒隈城跡は毛利氏が尼子氏を攻める際の拠点とした城であるが、発掘調査で土器がまとめて廃棄された場所が見つかっている。ここでは和鏡や青磁・白磁、耳坏形土師器皿、灯明具などが確認されている。これらは儀式で用いられたものと考えられている。中世においては、城を築く際に地鎮祭が行われたり、出陣や合戦にともない様々な儀式が行われたりした。出雲では他に具体的な祭祀の跡は確認されていないが、城内に鎮守が置かれている例もある。また墓地を造成して城とされている場合や、逆に城跡が墓

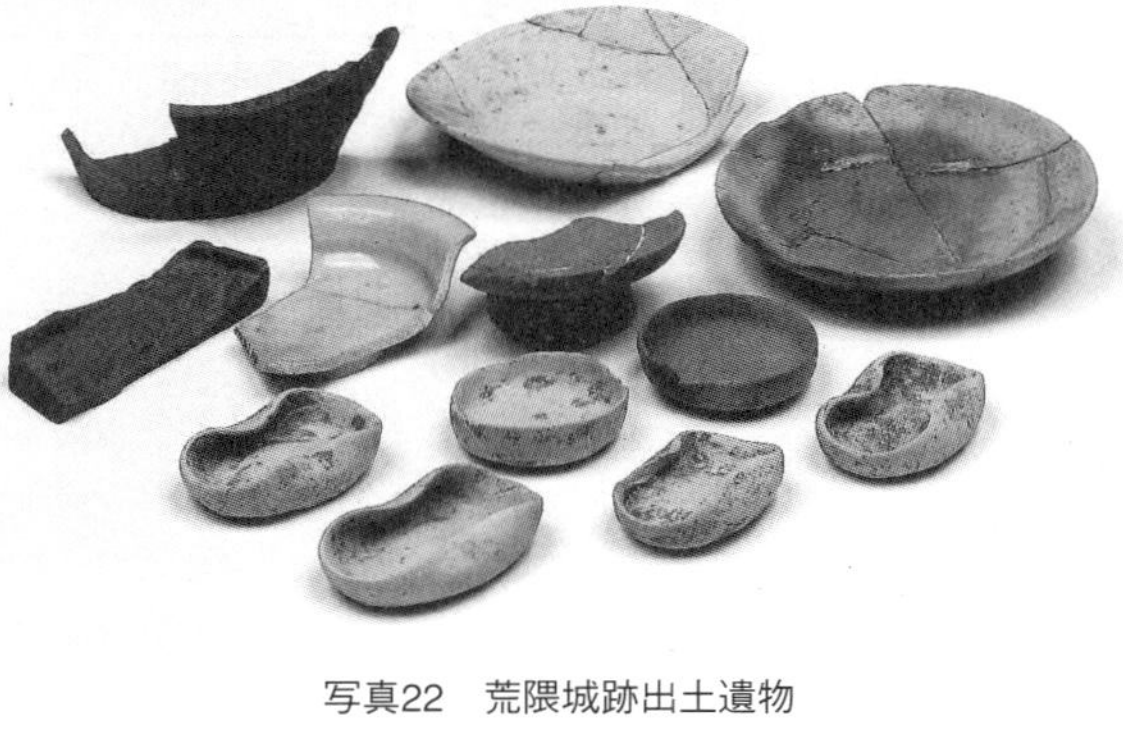

写真22　荒隈城跡出土遺物

地となっている例も見受けられる。明確な回答は得られないが何かしら関係があると考えられる。

武器・武具

城館は軍事目的であるため、武器や武具にまつわるものが出土する例がある。もっとも出土例が多いのは火縄銃の玉である。これは白鹿城の周辺で出土例が集中している。藤ヶ谷遺跡出土のものは大きさから中筒と考えられる。

城跡での火縄銃そのものの出土例はないものの、富田城の城下町である富田川河床遺跡で火縄銃が出土している。この遺跡は寛文六年（一六六六）に洪水により水没したとされるため、その頃まで使用されたものと考えられる。

写真23　火縄式銃（富田川河床遺跡）

表１　鉄砲玉の出土例

遺跡名	所在地	直径	重さ
藤ヶ谷遺跡	松江市西持田町	2.3㎝	63.5 g
角谷遺跡	松江市法吉町	1.1㎝	6.35 g
宮ノ前遺跡	松江市玉湯町	1.2㎝	7.5 g
大勝間山城	松江市鹿島町	1.2㎝	8.138 g

その他武具では、シアケ遺跡（安来市伯太町）で甲冑《かっちゅう》の部品である小札《こざね》が発見され、石見の事例であるが丸山城跡（川本町）では兜《かぶと》の前立《まえたて》が見つかっている。

武器と関連するものとしては、刃物などを研ぐ砥石が見つかることがある。もちろん鎌など武器ではないものを研いだ可能性も残るが、城山城跡では風化して柔らかくなった安山岩が砥石として用いられ、十四カ所の筋状の使用痕が残っている。

写真24　小札（シアケ遺跡）

建築関係

真如堂縁起には、めずらしい中世の山城の建築風景が描かれている。城跡では掘立柱建物や礎石建物跡が数多く見つかっているが、それらにともなう建築部材などが確認される例は稀である。これは城が廃棄されると部材などは持ち去られたり、廃棄されたりするためと考えられる。しかし、これら建築などに用いられた鉄釘が現地で廃棄されている場合がある。稲葉城跡では九本の鉄釘が確認されている。これらは限られた範囲に集中して見られ、そのうち四本は柱穴内から見つかっている。どれも太さ五ミリ程度で断面が長方形の釘である。シアケ遺跡でも鉄釘が確認されている。これは柱穴から発見され、数本が結合している。また中世の城で瓦葺きの建物は少なく、いわゆる織豊系城郭とよばれるものに限られる。出雲では今のところ富田城跡でのみ確認されている。

（高屋茂男）

写真25　鉄釘（シアケ遺跡）

写真26　瓦（富田城跡）

四、富田城跡の発掘調査

地理と歴史

富田城跡は安来市広瀬町富田に所在する城郭跡である。この地域は、戦国大名尼子氏の本拠地となり、中世から近世初頭にかけて出雲国の中心都市として機能していた。

城郭の構造としては、標高約一八九メートルの月山の山頂部に本丸、二ノ丸、三ノ丸などの主郭部を置き、月山から馬蹄形に伸びる丘陵上に、曲輪、堀切、土塁など多数の防御施設を構築している。永禄九年（一五六六）に尼子氏が毛利氏に敗れて開城した後は毛利氏の統治下に置かれ、その後天正十九年（一五九一）には吉川広家が、慶長五年（一六〇〇）の関ヶ原の戦い後は堀尾吉晴・忠氏親子が城主となった。

堀尾氏は慶長十六年（一六一一）に松江城を建設して本拠地を移したので、富田城はその後廃城となった。

発掘調査と整備の経過

富田城跡は、昭和九年一月二十二日に国の史跡に指定された後も、一部の研究者によって縄張などから検討が行われたことはあったものの、発掘調査など城の実態に迫るような研究は長らく行われなかった。

城跡について、初めて学術的なメスが入れられたのは、昭和五十年度から石垣修理と史跡整備に伴って実施された山中御殿平地区の調査であった。

この調査では、御殿の中心部及び虎口部分などが発掘され、多数の遺構・遺物が検出されたが、塩谷・菅谷などの虎口や石垣部分の調査結果以外の、御殿中心部の調査報告書は残念ながら未刊である。その後、平成元年から史跡整備に伴って本丸・二ノ丸といった主要な曲輪を中心として、遺構確認のための発掘調査が行われるようになり、数多くの遺構・遺物が見つかっており、その調査結果は広瀬町教育委員会（当時）によって報告されている。

本丸跡

本丸は長さ約一七〇メートルの長大な曲輪で、曲輪南東端には、『出雲国風土記』にも登場する勝日高守神社がある。

曲輪の北西端には岩盤を削り残したスロープがあり、そこが二ノ丸との間の大堀切から本丸へと進入するルー

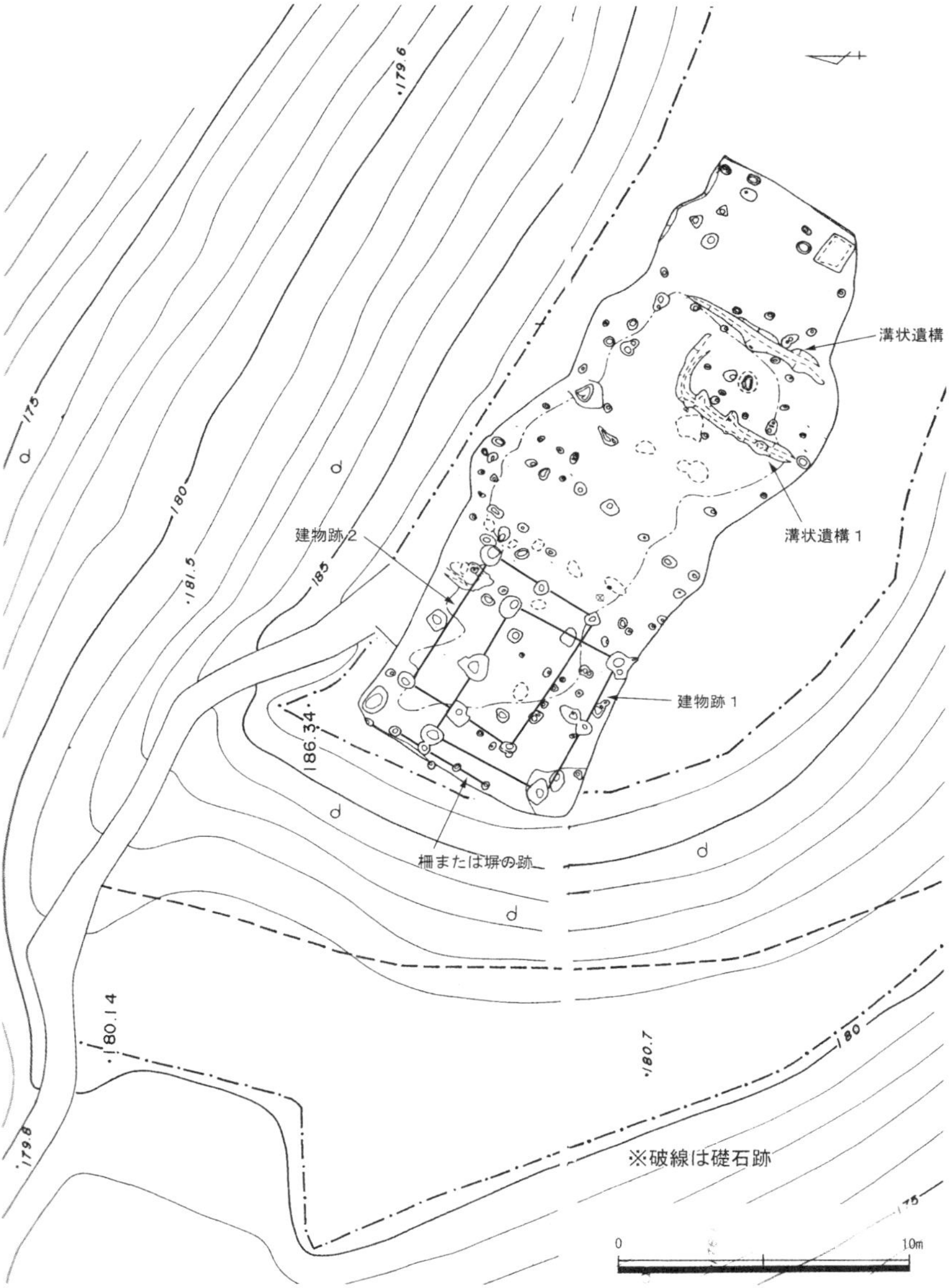
179.6
175
180
181.5
185
186.34
建物跡2
建物跡1
溝状遺構
溝状遺構1
柵または塀の跡
180.14
179.8
180.7
180
175
※破線は礎石跡
0
10m

第18図　本丸遺構図

トとなっている。曲輪のほぼ中央には、岩盤を削り残して築いているとみられる土塁状の高まりと、方形枡形状の窪地がある。

石垣は勝日高守神社の南東から南西側には確認できるが、それ以外の部分では現在のところ確認できない。

発掘調査は平成三年に曲輪北端部分、また平成八年度と十二年度には本丸・二ノ丸間の堀切部分、平成十二年度には本丸西側斜面の帯曲輪が城跡の整備事業に伴い実施されている。

本丸跡北端から柱穴群及び礎石、土壙などが検出され、

写真27　本丸調査区

写真28　本丸出土の土師器皿

柱穴のうち建物に復元できるものは二棟分ある。

柵もしくは塀の跡とみられる小型の柱穴は調査区の全域から検出されているが、配列については不整合なものが多く、その構造については不明な部分が多い。

礎石は二基が原位置を保っており、それ以外は礎石を据えていたとみられる浅い掘り込みを八基検出している。しかし配置も不規則で建物の規模や間取りについて復元できるものはない。

本丸からの出土品としては、手づくね成形によって作られた、いわゆる京都系土師器皿がまとまって出土している。

これらは富田城内で出土する同形のものに比べ、器壁が極めて薄く成形も丁寧である。富田城における京都系土師器皿の内では最古のものと考えられている。年代としては十六世紀中頃のものと推定される。

なお、平成十二年度に実施した南西斜面直下の帯曲輪上からは瓦片が多数出土していることから、本丸北東端部付近に近世期には瓦葺の建物（土塀？）が存在した可能性がある。

二ノ丸

二ノ丸跡は本丸と大堀切を挟んで北西に位置する曲輪

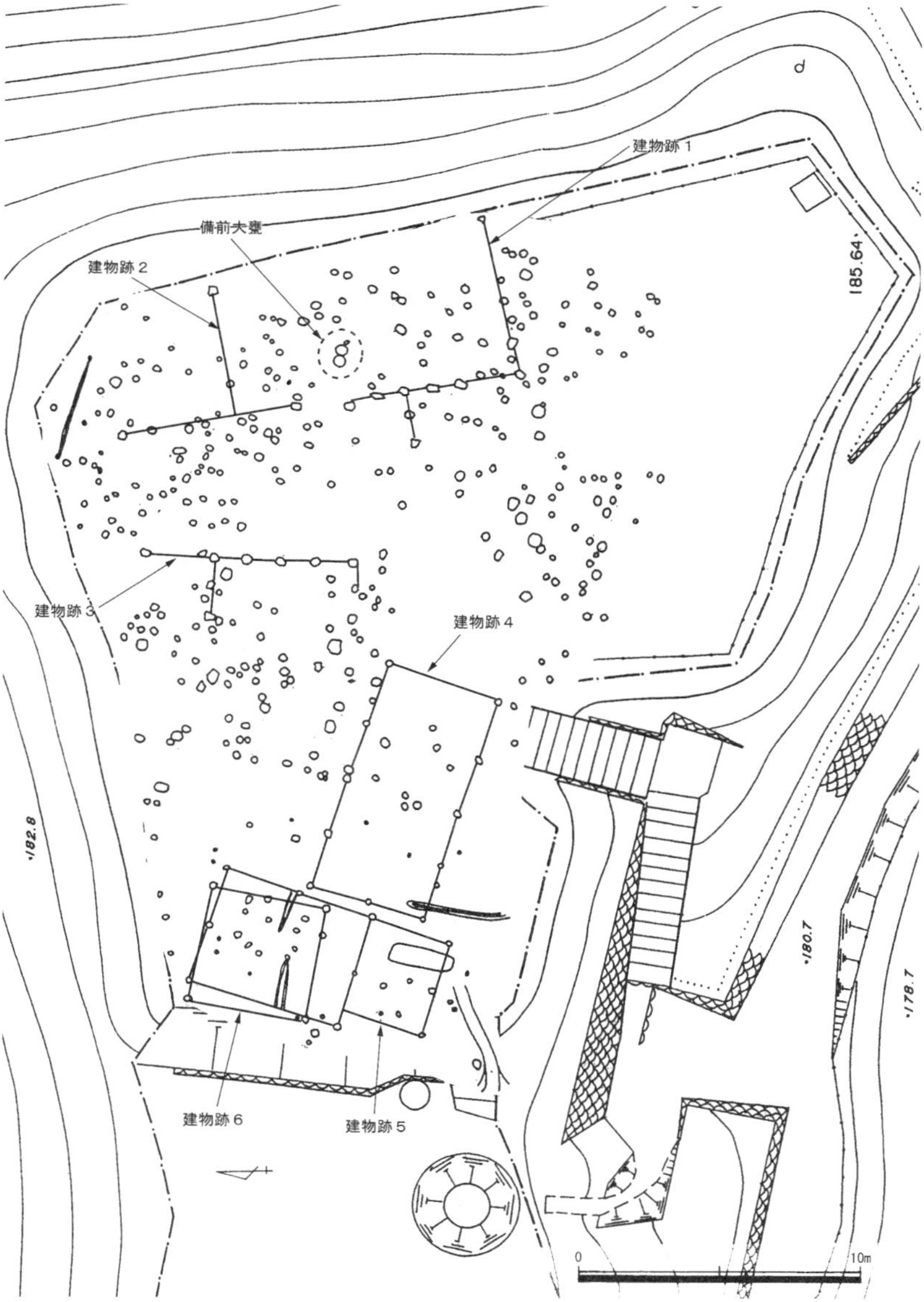

第19図　二ノ丸遺構図

である。平坦部は東西約三〇メートル、南北約二七メートルのいびつな五角形を呈し、南側には石段を伴う虎口を設けている。発掘調査では多数の柱穴と礎石が検出されているが、建物として復元できるものは礎石建物跡三棟（建物跡1~3）と掘立柱建物跡三棟（建物跡4~6）である。

なお、二ノ丸中央付近からは大量の玉砂利が出土しており、砂利の敷かれた箇所があったと推定される。

写真29　二ノ丸調査区

二ノ丸出土遺物の中には、中国青磁や白磁、青花などの他、磁州窯系の壺や青磁香炉、盤、古瀬戸の瓶子などといった権威の象徴とも言うべきもの（威信財）が出土していることから、二ノ丸には十六世紀中頃には城主の居宅など、城内でも中枢的な施設が存在した可能性が考えられる。

これら中世陶磁器の出土状態で注意すべき点として、十六世紀第3四半期頃に属するとみられるものは、破砕されてさらに熱を受けて器表面にダメージを受けているものが顕著にみられる点である。

このような破砕と焼成の痕跡は、同所で出土する十六世紀第4四半期から近世までの遺物には見られない。

十六世紀第3四半期といえば、永禄九年（一五六六）十一月に尼子氏が毛利氏に降伏、開城した時期に合致することから、尼子氏が所有していたと思われるこれらの威信財を中心とした道具類に対し、何らかの廃棄行為が

写真30　埋設されていた備前大甕と出土状況

行われた可能性も考えられる。

この他、近世期の遺物としては、瓦類が大量に出土している他は、唐津焼などが若干出土している程度で、その数は中世期の遺物の出土量に比べるとごくわずかである。このことから近世には二ノ丸は日常的に人が居住している場所ではなかったと考えられる。

三ノ丸

三ノ丸は二ノ丸の北側に隣接している曲輪で、発掘調査により、石垣や堀切、掘立柱建物跡、礎石建物跡などが検出されている。このうち礎石建物跡は、三ノ丸南斜面の帯曲輪の石垣上で発見され、南側斜面を防御するための櫓であったと考えられる。礎石建物跡の周辺からは鉄釘が多く出土しているが、瓦類はほとんど出土していないことから、この建物は瓦葺きではなかった可能性もある。礎石建物跡の下層には排水溝を伴う遺構面があった。

写真31　三ノ丸南斜面の礎石建物跡

堀切跡は三ノ丸ほぼ中央付近で曲輪を南北に分断するような形で検出された。この堀はある時期に埋め立てられ、元は二つに分かれていた曲輪を一つの大きな曲輪に改造していることが分かった。堀の埋められた時期ははっきりとはしないが、埋没後に上面に京都系土師器皿を廃棄した土壙が掘られており、そこから出土した土師器皿の型式からみて、十六世紀後半には既に埋められていたと考えられる。
三ノ丸から出土した遺物は中国製の陶磁器類や唐津焼、備前焼、越前焼、瀬戸美濃といった国産陶器類がある他、土師器皿や瓦器、銭貨や鉄釘、鎧の小札や小柄などがあり、珍しいものでは福井県から搬入されたとみられる笏谷石製のバンドコ（暖房具）がある。
三ノ丸出土の陶磁器類は二ノ丸と同様、十六世紀第3四半期頃のものは破砕されて二次的焼成を受けていた。

山中御殿平

山中御殿平は周囲を大規模な石垣で囲んだ城内最大規模の曲輪である。大きく分けて上御殿平と下御殿平の二

写真34　塩谷側門跡と石段

写真32　上御殿平の大型掘立柱建物跡

写真35　礎石建物跡

写真33　石組方形土壙と出土した絵唐津大皿

つの曲輪からなる。

昭和五十年に石垣の修復・整備が実施されるにあたり調査が行われ、土塀跡や門跡、櫓跡、石段遺構などが発見された。このうち塩谷側の門跡は埋門型式であったとみられるが、多量の土砂によって埋められており土砂中には石垣の石材とともに多量の瓦が層になって廃棄されていた。破城の痕跡である可能性がある。

上御殿地区からは大型の掘立柱建物跡三棟と、小型の礎石建物跡の他、石組方形土壙などが検出されている。また、上御殿地区の下層からは、石垣を伴う通路跡が見つかっており、上御殿地区西側の大石垣にその虎口のラインが確認できる。このことから、山中御殿もある時期に構造の改変が行われていることがわかる。

下御殿地区では、北西側から大規模な階段遺構と、番所もしくは厩の跡とみられる掘立柱建物跡を検出しており、ここが最終期の大手口である可能性がある。

花ノ壇

花ノ壇は山中御殿の北西に位置する曲輪である。南側は堀切によって尾根筋から切り離している。平成六年の調査により、三棟の掘立柱建物跡と塀跡、トイレと推定されるものをはじめ三基の土壙などが検出されている。

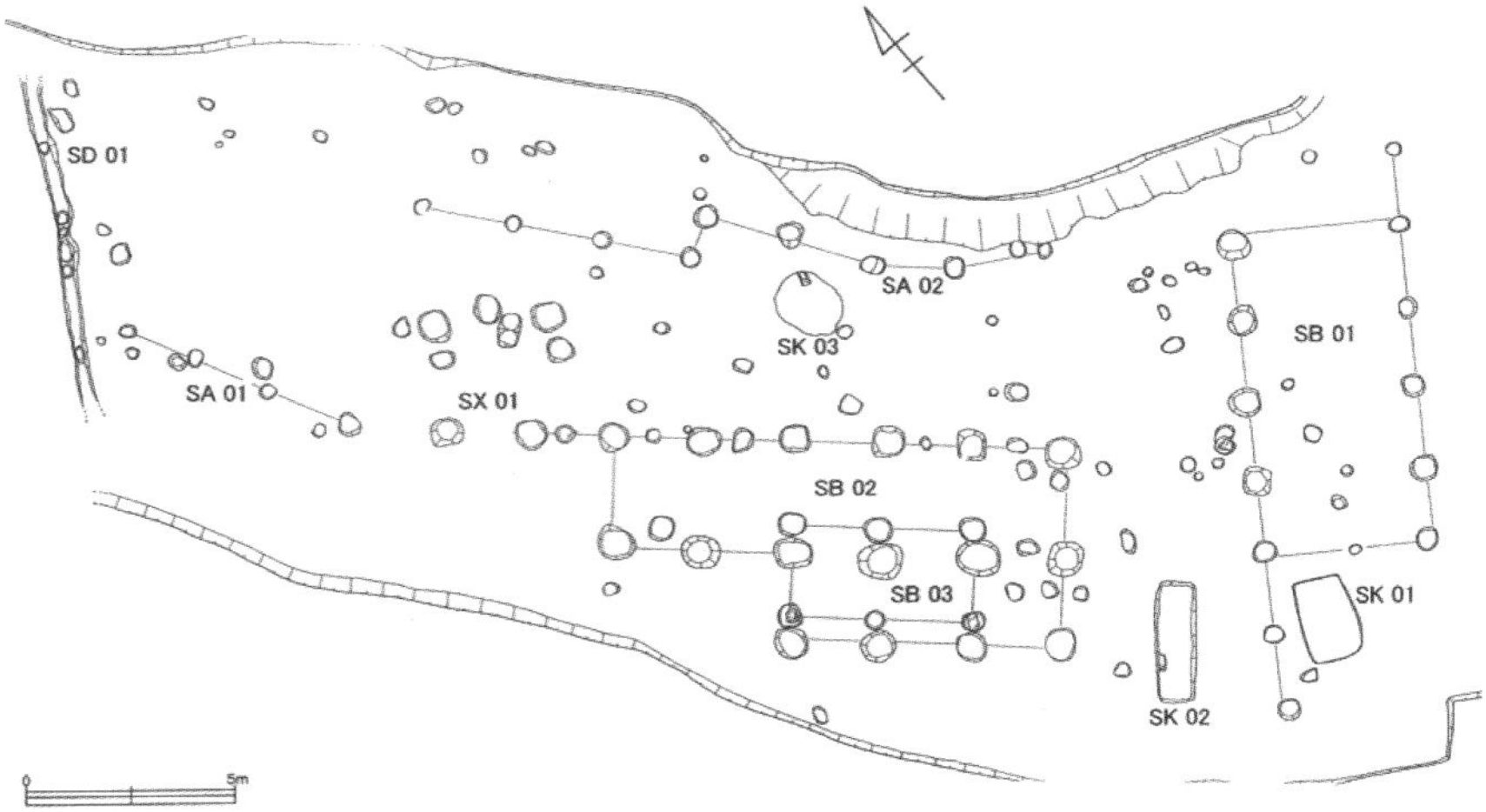

第20図　花ノ壇地区遺構図

出土品は各土壙から鉄絵の唐津が出土していることから、これらの遺構は十六世紀末から十七世紀初頭頃の時期のものであると推定される。

現在、花ノ壇から検出された掘立柱建物跡の内二棟は、主屋と侍所として推定復元され公開されている。

写真36　復元された花ノ壇建物

富田城跡の石垣

富田城の石垣は、総じて荒割石によって構築されており、石垣表面は扁平になるよう揃えられている。隅角部の構築方法は大きく分けて、主に月山山頂部にみられる隅角部が算木積みされていないものと、山麓の山中御殿など、主に山麓の曲輪群でみられる算木積みを志向している石垣の二つの形式に分けられる。

一般的に、算木積みが用いられるようになるのは、天正年間以後とされており、特に慶長五年（一六〇〇）の関ヶ原の戦い以後に築かれた城には広く用いられている技法である。

以上のことから、富田城跡においても、算木積みされていない石垣は天正期以前、算木積みされている石垣は天正以後おそらく慶長年間に築かれたものと推定される。

写真37　算木積みの石垣（千畳平）

写真38　算木積みを用いない石垣（三ノ丸）

おわりに

これまで述べてきたとおり、富田城跡は城内の主要な曲輪について発掘調査がなされているものの、史跡整備を急いだため部分的な発掘に留まっていたり、また発掘調査報告書が未刊行なものがあるなど、城の具体的構造や見つかった遺構の性格や年代などについては十分な検討がなされておらず、未だ明らかになっていない部分も多い。

今後は富田城跡から見つかった遺構や遺物を検討する上において、城下町遺構である富田川河床遺跡などの富田城関連遺跡群はもちろん、県内外の調査事例を参考にしながら富田城を総合的に研究していく必要があると考える。

（舟木　聡）

五、河床に眠る富田の城下町

江戸時代前半の寛文六年（一六六六）に起こった洪水で、飯梨川が中世以来の富田の町並みを飲み込み、富田の城下町は五町を残し壊滅した。その後、今日まで飯梨川の河川敷となり、町並みの実態が分からないまま、三五〇年以上が経過し、「幻の城下町」と呼ばれた。

その町並みについての手がかりは、江戸時代後半以降に作成された富田城絵図のみであった。二十枚以上残っている絵図は、町の範囲や名前にそれぞれに相違はあるものの、城の前面（西麓）に堀が廻り、その外側の河川敷には町並みが描かれている。また、城の南北に位置する新宮谷と塩谷には館や侍屋敷が描かれている。一方、町割りについては富田川（飯梨川）に沿って幹線道路二本が南北に走り、その間が小路によって区画されている。記載されている町名としては、本町、下町、魚町、板屋町などが認められ、対岸の広瀬に移転した町の名と同じものもある。但し、この絵図の信憑性については発掘調査の成果と比べるしかない。

戦後、発掘調査のきっかけとなったのは、砂防用の堰堤が上流に設けられ、遺跡を覆っていた砂が流失し、江戸時代の遺構が水面下に現れたことによる。昭和四十年代には、「幻の城下町」出現と話題となった。これを受けて、昭和四十九年から広瀬町教育委員会を中心として

写真39　富田川河床遺跡発掘調査（左上は富田城跡、1981年）

発掘調査が始まり、その後十数年間、河川改修事業に伴って発掘調査が続けられ、中世末から近世にかけての町並み遺構が少しずつ分かってきた。以下、昭和五十六（一九八一）年度に行われた島根県教育委員会の発掘調査で得られた遺構とその出土品を中心に記述する。

中世から近世の遺構が確認されたのは、飯梨川左岸の富田橋から新宮橋の間の河川敷である。厚く堆積した粗砂の下には、寛文六年（一六六六）に洪水を受けた遺構面が出てくる。この面を第一遺構面として、第五遺構面まで存在し、第五遺構面は戦国期末頃の十六世紀中頃の面である。

第一遺構面

洪水で壊滅した富田の最後の町並みである。飯梨川に平行に走る幅六メートル（三間）の道路に沿って、間口三間や六間の建物が多く、奥に長い建物が整然と並んでいる。この遺構面は新宮橋下流でも確認されており、前述の絵図のとおりに、町屋が存在していたことを裏付けるものである。なお、この時期には、富田城は廃城となっており、以前の城下町をそのまま町形態として踏襲しているかは不明である。町割りについては、下層の戦国期末の十六世紀のものとは、軸が三十度程異なる。何時の時期に、町割りが変更されたかは定かでない。建物についても、第一遺構面で二十棟以上が検出されている。その大部分は中世と同様の掘立柱建物である。しかし、建物の両側に雨水を流す石積み溝をもつ建物や、内部に土間、床板を張る家屋も確認されている。建物の裏手には、立木が点在する空き地もあり、石積み井戸跡や埋設桶（厠か）などが検出されている。また、新宮橋下流では、鉄滓が多く出土した小鍛冶の工房跡が二棟発見されている。文献において、洪水後移転した広瀬町における寛文八年（一六六八）の「広瀬町屋敷帳」では、十九軒の鍛冶屋が知られる。富田の町も、中国山地での鉄生産に関わり、鉄製品を生産・加工などを行っていたと推定される。

第二遺構面

寛文六年以前の遺構面は、部分的にしか確認されていない。第二遺構面は、祖父谷川と飯梨川が合流する所で知られ、掘立柱建物跡四棟が検出された。地割りや建物の規模は第一遺構面と同じであり、柱列もほぼ重なる。この建物群も洪水にあい、建て直したことが認められた。その時期は、出土した木札に書かれた寛永二十一年（一六四四）以降である。陶磁器は、唐津焼が多く、伊万里焼も数％存在する。

第三遺構面

遺構が富田橋と新宮橋との中間部分で部分的に確認され、大小の廃棄土坑（穴）が多く検出された。出土する陶磁器には、絵唐津などの肥前系陶器が三割強混じり、江戸時代初めの時期と推定される。松江へ城が移った時に、移住する人々が整理した生活用品の一部であったかもしれない。

第四遺構面

第三遺構面が検出された場所の南側に位置し、掘立柱建物跡一棟、井戸跡一基、土坑・ピット多数が検出された。建物跡は三間×四間の規模で、外壁には土壁をもつ。内部の土間には、埋められていた備前焼大甕六個と石積み炉一個が発見されており、職人の工房跡と推定される。時期は十六世紀後半で、出土する陶磁器には、肥前の唐津焼を含まない。

第五遺構面

最も古い面で、富田橋と新宮橋の中程で確認された。石垣と石積み井戸跡が各一基存在し、共に砂層で覆われていた。この遺構は、江戸時代以前に洪水に遭い、一定期間、河川敷になっていたことを物語っている。検出された石垣は長さ二〇メートル以上で、高さは一メートル程の規模をもち、武家屋敷か寺院などの石垣と考えられる。この石垣の方向は、前記した如く、第一・二遺構面の建物跡とは三十度の振れが認められる。これは戦国時代から江戸時代までの間に、町割りがやり直されたことを示している。この遺構面の時期は、井戸跡内部から出土した陶磁器より、十六世紀中頃の時期と推定される。青磁、白磁、青花などの中国陶磁器が、備前や美濃などの国産のものより多く出土している。

富田川河床遺跡の陶磁器以外の遺物としては、金属製品、石製品、木製品がある。金属製品には刀、小柄、鏡、笄、煙管、鉄鍋、銭などが、石製品には硯、石臼、砥石など日常生活品の他に五輪塔などの石塔も認められる。木製品には、櫛、漆碗、箸、曲物、桶、下駄等が多く出土している。

平成に入ってからは、富田川河床遺跡の発掘調査はほとんど行われていない。しかし、これまでに得られた多くの遺構の情報があり、また、大量の出土品も残されている。これらの資料をもとに、富田城下の成立や町並みの変遷について、具体的に再検討する時期にきている。

（西尾克己）

六、城跡の北麓に所在する館跡

富田城跡北側に位置する新宮谷にも、新宮党館跡をはじめとする幾つかの館跡が存在する。

新宮党館跡

富田城跡の北麓の新宮谷と呼ばれ谷間に位置する。館跡は谷の中程の低丘陵にあり、水田からの比高は五メートルで、東西八〇メートル×南北四五メートルの平坦面が存在する。地名は「大夫成」であり、現在、県指定史跡となっている。また、下方の水田には「大夫成馬場」という字名も残る。

戦国時代には、尼子経久の次男国久が新宮谷に館を構えており、その一族は新宮党と呼ばれ、尼子氏における軍事の一翼を担っていた。しかし、天文二十三年（一五五四）、尼子氏の当主である晴久により、一族は滅ぼされた。新宮党の居館の所在地については、近世以降では、新宮谷の谷間北側に当たる後谷の大夫成とされてきた。

昭和五十四年（一九七九）に、発掘調査が島根県教育委員会により遺構確認と遺構の遺残状況の把握を目的として実施された。平坦地を中心に、幅三メートルのトレンチ五本を設け、七五〇平方メートルが対象となった。その結果、建物跡が数棟検出され、陶磁器などの遺物が多く出土した。

館跡の平坦面の造成は、背後の低丘陵の先端を切崩し、その土砂を前面に埋め立てている。平坦面の南側半分の大半は、大規模な土地造成が行われ、敷地を造り上げている。さらに、斜面には石垣はないが、緩やかな勾配で仕上げられている。

遺構としては、水田下より礎石建物跡二棟、溜升一個、溝と柵列一条、石積み遺構二個のほかに、柱穴と考えられるピット十四個、土坑二個などが検出されている。礎石建物跡（ＳＢ１）には、礎石が残るものと、取られたものとがある。東側の柱通りは六間（一五メートル）あり、東西は確認した北から三列目で三間半（八メートル）ある。礎石建物跡（ＳＢ２）は、敷地の南側前面部にあるが、礎石は取り除かれている。東西五間×南北二間以上のものである。

新宮党館跡から出土した遺物としては、陶磁器、土器、硯、将棋の駒（玉将）、漆器の残欠と僅かな木片がある。遺物の大部分は中国や国産の陶磁器と土師器皿である。館の生活を窺わせるものとして、青磁の香炉、酒会壺、五彩盤、青花盤、華南三彩等があり、床飾りなどの威信財も混じる。

新宮谷遺跡大畑地区の館跡

新宮谷の細い谷合い奥に位置する。現在、宅地と水田からなる南北一〇〇メートル、東西五〇メートルの平坦地がある。昭和五十七年（一九八二）に、広瀬町教育委員会により遺構確認と遺構の遺残状況の把握を目的として発掘調査が実施された。遺構としては、山際には小さい池跡と二間×三間の掘立柱建物跡一棟が検出されている。また、建物が火災で焼けた後、建物跡に、長辺三・六メートル、短辺一・五メートル、深さ〇・四メートルで、平面長方形の土坑一個が掘られた。

この穴から中国龍泉窯の青磁碗や盤、景徳鎮窯の青磁や青花の皿、小杯、白磁の小杯、および鉄釘等が焼土や炭とともに出土している。さらに、葉茶壺と考えられる中国産褐釉壺、備前の鉢（水指）、水屋甕と呼ばれる壺なども数点含まれ、茶道具が多いのが注目される。なお、この大畑地区の遺構については尼子国久の館とし、後谷の新宮党館跡はその子の尼子敬久の館とする考えもある。

（西尾克己）

写真40　新宮谷遺跡（大畑地区土坑）出土遺物

参考文献

〔第一章〕

千田嘉博・小島道裕・前川要『城館調査ハンドブック』一九九三年

村田修三編『新視点中世城郭研究論集』新人物往来社 二〇〇二年

国立歴史民俗博物館『天下統一と城』二〇〇〇年

〔第三章〕

松江市『松江市史 史料編2 考古資料』二〇一二年

島根県埋蔵文化財調査センター『蔵小路西遺跡』一九九九年

松江市教育委員会『黒田館跡』一九八四年

島根県教育委員会『島根県文化財調査報告書 第五集』一九六八年

日本道路公団中国支社・島根県教育委員会『野津原Ⅱ（西区）遺跡・女夫岩西遺跡・城山遺跡』二〇〇〇年

建設省出雲工事事務所・島根県教育委員会『上沢Ⅱ遺跡・狐廻谷遺跡・大井谷城跡・上塩冶横穴墓群 第七・一二・二二・二三・三五・三六・三七支群』一九九八年

建設省松江工事事務所・島根県教育委員会『出雲・上塩冶地域を中心とする埋蔵文化財調査報告』一九八〇年

松江市教育委員会『岩穴平遺跡・稲葉城跡』一九八一年

斐川町教育委員会『大井城跡発掘調査報告書』一九八三年

斐川町教育委員会『大井城跡発掘調査報告書二』一九九六年

松江市教育委員会『荒隈城跡』一九八二年

国土交通省中国地方整備局・島根県教育委員会『前田遺跡（二）・下布施氏館跡・原田遺跡Ⅰ区（分析編）』二〇〇五年

松江市教育委員会・松江市教育文化振興事業団『ソフトビジネスパーク造成工事に伴う大佐遺跡群発掘調査報告書』一九九九年

島根県教育委員会『田中谷遺跡・塚山古墳・下がり松遺跡・角谷遺跡』二〇〇二年

国土交通省中国地方整備局出雲工事事務所・出雲市教育委員会『三谷遺跡・藤廻遺跡・長廻遺跡・大井谷Ⅱ遺跡・瀧谷山城跡』二〇〇三年

大東町教育委員会『立山要塞・奥明砦：大東ふれあい運動場整備計画地内の遺跡調査報告書』一九九六年

島根県出雲土木建築事務所・出雲市教育委員会『畑ノ前遺跡』二〇〇六年

伯太町教育委員会『伯太町埋蔵文化財調査報告書 第四集』二〇〇二年

松江市教育委員会・財団法人松江市教育文化振興事業団『池平山城跡』二〇〇九年

国土交通省中国地方整備局出雲工事事務所・島根県教育委員会『権現山城跡・権現山石切場跡・白石谷遺跡・三田谷Ⅰ遺跡（出土丸木舟・網代，同出土土器脂肪酸分析）』二〇〇三年

建設省中国地方整備局・頓原町教育委員会『神原Ⅲ遺跡・後平城跡』二〇〇四年

松江市教育委員会『鵜灘山遺跡他発掘調査報告書』二〇〇七年

松江市教育委員会『松江鹿島美保関線佐陀本郷工区改築（改良）工事に伴う大勝間山城跡発掘調査報告書』二〇〇九年

広瀬町教育委員会『史跡富田城跡環境整備事業報告書』一九九七年

広瀬町教育委員会『史跡富田城跡発掘調査報告書（千畳平地区）発掘調査報告 附．日向丸城砦跡群』二〇〇四年

島根県教育委員会『広瀬町内遺跡群総合整備計画策定報告書』一九八三年

広瀬町教育委員会『史跡富田城跡環境整備事業報告書』二〇〇三年

松江考古学談話会『富田城跡と富田川河床遺跡出土の朝鮮王朝陶磁について』二〇〇一年

広瀬町教育委員会『史跡富田城跡環境整備事業（ふるさと歴史の広場事業）に伴う史跡富田城発掘調査報告書（山中御殿平・花ノ壇地区）』二〇〇二年

島根県教育委員会『富田川河床遺跡発掘調査報告書』一九八三年

広瀬町教育委員会『富田川河床遺跡の発掘』一九七五年

島根県教育委員会『富田川　飯梨川河川改修に伴う富田川河床遺跡発掘調査報告』一九八四年

広瀬町教育委員会『富田川河床遺跡発掘調査報告』一九七七年

島根県教育委員会『広瀬町内遺跡群総合整備計画策定報告書』一九八三年

広瀬町教育委員会『飯梨川中小河川改修事業に伴う富田川河床遺跡発掘調査概報』一九八八年

広瀬町教育委員会『富田川河床遺跡　河川災害復旧事業に伴う発掘調査概報』一九八四年

松江考古学談話会『富田城跡と富田川河床遺跡出土の朝鮮王朝陶磁について』二〇〇一年

広瀬町教育委員会『飯梨川中小河川改修事業に伴う富田川河床遺跡発掘調査概報』一九八九年

藤原久良採集陶磁資料調査研究会「島根・富田川河床遺跡の研究―藤原久良氏採集資料（一）」（島根県古代文化センター『古代文化研究第一六号』）二〇〇八年

藤原久良採集陶磁資料調査研究会「島根・富田川河床遺跡の研究―藤原久良氏採集資料（二）」（島根県古代文化センター『古代文化研究第一七号』）二〇〇九年

藤原久良採集陶磁資料調査研究会「島根・富田川河床遺跡の研究―藤原久良氏採集資料（三）」（島根県古代文化センター『古代文化研究第一八号』）二〇一〇年

藤原久良採集陶磁資料調査研究会「島根・富田川河床遺跡の研究―藤原久良氏採集資料（四）」（島根県古代文化センター『古代文化研究第一九号』）二〇一一年

島根県古代文化センター『尼子氏の特質と興亡史に関わる比較研究』二〇一三年

『富田川河床遺跡発掘調査報告Ⅲ』広瀬町教育委員会他　一九七七

前島己基「尼子氏・新宮党の居館」『季刊文化財』三八　島根県文化財愛護協会　一九八〇

『新宮谷遺跡発掘調査報告書』広瀬町教育委員会　一九八二

『富田川河床遺跡発掘調査報告書』島根県教育委員会　一九八三

『史跡富田城関連遺跡群発掘調査報告書』島根県教育委員会　一九八三

原慶三「富田城下町の研究」『尼子氏の総合的研究―その一―』尼子氏研究会　一九九二

原慶三「尼子氏の石見国進出をめぐって」『山陰史談』二九　二〇〇〇

西尾克己「出雲・富田城とその城下町」『戦国時代の考古学』高志書院　二〇〇三

村上勇「出土陶磁から見た尼子時代の諸様相」『尼子氏の特質と興亡史に関わる比較研究』島根県古代文化センター　二〇一三

この他、尼子氏や出雲の戦国時代に関する本は多数あるが、比較的入手しやすいものに以下の本がある。

島根県立古代出雲歴史博物館『戦国大名　尼子氏の興亡』二〇一二年

長谷川博史『中世水運と松江（松江市ふるさと文庫）』松江市教育委員会　二〇一三年

山下晃誉『上月合戦～織田と毛利の争奪戦～』兵庫県上月町　二〇〇五年

佐々木倫朗『堀尾吉晴と忠氏（松江市ふるさと文庫）』松江市教育委員会　二〇〇八年

山根正明『堀尾吉晴―松江城への道（松江市ふるさと文庫）』松江市教育委員会　二〇〇九年

米原正義『出雲尼子一族』新人物往来社　一九八一年

史料解題

青方文書
長崎県上五島町を本拠とした藤原姓青方氏に伝来した文書
秋上家文書
神魂神社の神官秋上家に伝来した文書
出雲国風土記
出雲国の沿革や山川・神社・仏寺等の由来、物産などを記した地誌。天平五年（七三三）成立
陰徳太平記
戦国から江戸初期までの毛利氏を中心とした軍記。元禄年間に岩国藩主が作成
雲陽軍実記
尼子氏の盛衰を描いた軍記。尼子家臣の河本隆政が一五八〇年頃に記したという
雲陽誌
黒沢長尚による出雲国の地誌。村別に山川・神社・仏寺・名勝・旧跡等を記す。享保二年（一七一七）成立
小野家文書
日御碕神社の神官小野家に伝来した文書
懐橘談
黒沢石斎による出雲国風土記の形式にならった上下二巻からなる出雲国の地誌。十七世紀中頃の成立

吉川家文書
周防国岩国藩主吉川家に伝来した文書
佐方文書
三刀屋郷内伊萱村を領した佐方氏（本姓諏訪部）に伝来した文書
佐々木文書
毛利氏の家臣となって尼子から旧姓に替わった佐々木家に伝来した文書
富家文書
出雲大社の旧上官家である富家に伝来した文書
萩藩閥閲録
毛利家が藩内の諸家に伝来した古文書・系譜等を提出させて編集した史料集。本書では『萩閥』と略す
明徳記
明徳の乱（一三九一年）直後に書かれたという軍記
老翁物語
毛利元就から輝元までの間を記した軍記。江戸初期に毛利氏の家臣が著わしたとされる

出雲の城館に関する参考文献

日本城郭大系　第十四巻　鳥取・島根・山口　新人物往来社
県別に集成された城郭研究の本で、全二十巻。出雲国内では七四ヵ所の城の解説、二六〇ヵ所の城名と簡単な解説を附す。一九八〇年刊

探訪日本の城　七―山陰道　小学館
松江、富田、津和野、十神山、洗合（荒隈）、白鹿、真山、三沢、三刀屋、浜田、益田七尾を紹介。一九七八年刊

日本城郭全集　第十一巻　鳥取・島根・山口篇　新人物往来社
日本城郭大系が出版されてからは、存在感は薄れたが大系に含まれない情報もある

出雲・隠岐の城館跡　島根県教育委員会
現在最も多くの縄張り図を掲載する書籍。分布調査の成果をもとに作成されたが、悉皆調査も地域によって精度に差がある。一九九八年刊

戦国ロマン広瀬町シリーズ　全十巻　ハーベスト出版

尼子十旗　島根県中近世城郭研究会　一九九八年刊

あとがき

本書を編集するに当たって、なるべく登城路が整備されている城を掲載しようと考え、情報を集めてみますと、予想以上に地域の方々によって維持されている城跡が多く驚きました。これらは一朝一夕にできるものではなく、長年の地域の活動によるもので大変敬服しました。それと同時に関心の高さもうかがえました。本来ならこのような地域に愛されている城跡を全て掲載したいところですが、紙幅の都合もあり五十カ所に絞らざるを得ませんでした。

今回の企画は縄張り研究者が、名もなき城を足で稼いだ研究成果と、この十数年の出雲地方での発掘調査事例の両方を合わせることで、単なる五十カ所の城ガイドにとどまらず幅の広さを出すことにつとめました。また執筆者には数多くの実績がある方々に加わっていただいたことで、大変ボリュームのある内容になりました。

城跡調査は本来、秋から冬場に行うのが鉄則です。それは草木が枯れ地面が良く見えるのと、蚊やダニに悩まされることもないからです。私事ですがこの冬は論文の締め切りに追われたりと、なかなか調査に出かけることができず、結局春先から出版直前まで現地調査をすることになってしまいました。そのため、汗だくでヘトヘトになり、山頂の東屋《あずまや》で横になったり、斜面ですべってジーパンのお尻が破れたり……、家に帰るとダニを家に入れないように！　と厳しくしかられたり（当然ですが）と何かと大変でした。

最後になりましたが、若輩者の私にお力をお貸しいただいた執筆者の方々、出版にご理解をいただきましたハーベスト出版と、編集のため毎日のように打ち合わせに通ったり、現地の写真を撮って回ったりしていただいた山本勝さん、沖田知也さんをはじめ編集作業に関わっていただいた方々、八雲立つ風土記の丘企画展「山城の世紀～発掘された島根の城～」関連書籍として出版活動をさせていただいた私の職場、ヘリでの上空からの撮影で色々と無理難題を聞いてくださった出水伯明さん、そしてマダニを心配しながらも、活動させてくれた家族に感謝します。

平成二十五年九月

高屋茂男

【著者略歴】

高屋茂男
1973年京都府南丹市生まれ。島根県立八雲立つ風土記の丘学芸グループリーダー
主な著書：「戦国期城館における斜面防御の一形態」（新人物往来社『新視点中世城郭研究論集』2002年）、「黒田館跡と茶臼山城跡」（中国・四国地区城館調査検討会『西国城館論集１』2009年）、「文献・考古資料からみた出雲国造館」（島根県立八雲立つ風土記の丘『八雲立つ風土記の丘』2009年）

寺井　毅
1961年島根県松江市生まれ。中世城郭研究会、島根県中近世城郭研究会
主な著書：『石見の城館跡』（共著、島根県教育委員会、1997年）、『出雲・隠岐の城館跡』（共著、島根県教育委員会、1998年）、『大東町誌』（共著、大東町教育委員会）、『ビジュアル・ワイド　日本名城百選』（共著、小学館、2008年）

中井　均
1955年大阪府枚方市生まれ。滋賀県立大学人間文化学部教授
主な著書：『近江の城―城が語る湖国の戦国史―』（サンライズ出版）、『カラー徹底図解　日本の城』（新星出版）、『日本の城』（編著・実業之日本社）

西尾克己
1952年島根県出雲市生まれ。大田市教育委員会石見銀山課（石見銀山世界遺産センター勤務）
主な著書：『出雲平野の古墳』（共著、出雲市、1991年）、「月山富田城とその城下町」（『戦国時代の考古学』高志書院、2003年）、「伯耆江美城とその城下町」（共著、中国・四国地区城館調査検討会『西国城館論集Ⅰ』2009年）

舟木　聡
1970年島根県松江市生まれ。安来市教育委員会文化課主幹
主な著書：「富田城本丸跡・二ノ丸跡の遺構と遺物」（島根県古代文化センター『尼子氏の特質と興亡史に関わる比較研究』2013年）、「土居成遺跡出土の陶磁器について」（中国・四国地区城館調査検討会『西国城館論集Ⅰ』2009年）、「広瀬町立歴史民俗資料館所蔵の古墳写真」（島根考古学会『島根考古学会誌第20・21集合併号』2004年）

山根正明
1947年島根県松江市生まれ。島根県中世史研究会世話人
主な著書：「尼子家復興戦における佐陀江と満願寺城」（松江市教育委員会『松江城研究』２号、2013年）、松江ふるさと文庫６『堀尾吉晴　松江城への道』（松江市教育委員会、2009年）、「普請未成の山城について」（島根県教育委員会『出雲・隠岐の城館跡』1998年）

【写真提供者】（五十音順・敬称略）

出雲市（出雲弥生の森博物館）
飯南町教育委員会
雲南市教育委員会
島根県埋蔵文化財調査センター
島根県立古代出雲歴史博物館
島根県立八雲立つ風土記の丘
松江市教育委員会
安来市教育委員会

【協力者】（敬称略）

出水伯明

出雲《いずも》の山城《やまじろ》
山城《やまじろ》50選《せん》と発掘《はっくつ》された城館《じょうかん》

二〇一三年九月二十日　初版発行
二〇一四年一月十日　第二刷改版発行
二〇一九年一月十日　第五刷発行

編者　高屋茂男《たかやしげお》
発行　ハーベスト出版
〒六九〇―〇一三三
島根県松江市東長江町九〇二―五九
TEL　〇八五二―三六―九〇五九
FAX　〇八五二―三六―五八八九
印刷・製本　株式会社谷口印刷
定価はカバーに表示してあります。
落丁本、乱丁本はお取替えいたします。
Printed in Japan
ISBN978-4-86456-080-1 C0021